Repercussões no Processo do Trabalho do CPC de 2015

Homenagem ao
Desembargador Lorival Ferreira dos Santos

Ana Paula Pellegrina Lockmann
Francisco Alberto da Motta Peixoto Giordani
Coordenadores

Repercussões no Processo do Trabalho do CPC de 2015

Homenagem ao
Desembargador Lorival Ferreira dos Santos

EDITORA LTDA.
© Todos os direitos reservados

Rua Jaguaribe, 571
CEP 01224-003
São Paulo, SP – Brasil
Fone (11) 2167-1101
www.ltr.com.br
Maio, 2017

Produção Gráfica e Editoração Eletrônica: LINOTEC
Projeto de Capa: FABIO GIGLIO
Impressão: PAYM GRÁFICA E EDITORA LTDA.

Versão impressa: LTr 5779.8 — ISBN: 978-85-361-9248-2
Versão digital: LTr 9158.0 — ISBN: 978-85-361-9274-1

Dados Internacionais de Catalogação na Publicação (CIP)
(Câmara Brasileira do Livro, SP, Brasil)

Repercussões no processo do trabalho do CPC de 2015 / coordenação Ana Paula Pellegrina Lockmann, Francisco Alberto da Motta Peixoto Giordani. -- São Paulo : LTr, 2017.

Vários autores.

1. Direito processual do trabalho - Brasil 2. Processo civil - Legislação - Brasil I. Lockmann, Ana Paula Pellegrina. II. Giordani, Francisco Alberto da Motta Peixoto.

17-03902   CDU-347.9:331(81)(094.4)

Índice para catálogo sistemático:
1. Brasil : Código de processo civil e processo do
trabalho : Direito 347.9:331(81)(094.4)

Homenageado

LORIVAL FERREIRA DOS SANTOS
Natural de: Clementina - SP. Data do nascimento 03/07/48.
Filiação: José Ferreira dos Santos e Dna. Jocelina Rosa Ferreira.
Estado Civil: Casado com Maria Aparecida Cruz dos Santos, advogada.
Possui quatro filhos: Henrique, Otávio, Fabrício e Marcel, e, quatro netos.

FORMAÇÃO

Superior: Ciências pela Faculdade de Filosofia Ciências e Letras de Araçatuba/SP – concluído em 1973.

Direito pela Instituição Toledo de Ensino de Araçatuba/SP – concluído em 1978.

Especialização: Direito das Relações Sociais pelo Centro de Pós-Graduação da Instituição Toledo de Ensino de Bauru.

Mestre em Direito Processual Civil pela UNIP – Universidade Paulista S/A., tendo defendido dissertação sobre o "ACESSO À JUSTIÇA" em dezembro de 2003.

ATIVIDADES

Ingressou na Magistratura do Trabalho por meio de Concurso Público realizado pelo TRT da 2ª Região com Sede em São Paulo em 13.06.1986.

Em 1988 foi promovido por merecimento ao Cargo de Juiz Presidente da Junta de Conciliação e Julgamento de Fernandópolis. Em 1994 se removeu para a 3ª Junta de Conciliação e Julgamento de Araçatuba.

Promovido por merecimento ao Cargo de Juiz Togado do Tribunal Regional do Trabalho da 15ª Região, em 08.02.2002.

Integra a Seção de Dissídios Coletivos e a 3ª Turma do Tribunal Regional do Trabalho da 15ª Região, como presidente, de 09.12.2002 a 08.12.2004 e de 09.12.2004 a 08.12.2006.

Foi Vice-Coordenador, de 2006 a 2008, e Diretor da Escola da Magistratura do Tribunal Regional do Trabalho da 15ª Região, para o mandato de 2008/2010.

Por deliberação do Pleno do Tribunal Superior do Trabalho, passou a compor em 09.03.2009 o Conselho Consultivo da Enamat – Escola Nacional da Magistratura do Trabalho.

Vice-Presidente Judicial do Tribunal Regional do Trabalho da 15ª Região, no mandato de 2010/2012.

Compôs por duas vezes a lista tríplice para concorrer ao cargo de Ministro do Tribunal Superior do Trabalho, em 22 de setembro de 2009 e em 15 de outubro de 2012.

Presidiu o Tribunal Regional do Trabalho da 15ª Região no biênio 2014-2016, em cuja gestão instalou por toda a 15ª Região diversos Juizados Especiais da Infância e da Adolescência (JEIAs) e Centros Integrados de Conciliação (CICs) de 1ª e 2ª Instância.

Presidiu o COLEPRECOR – Colégio de Presidentes e Corregedores da Justiça do Trabalho, de dezembro de 2015 a novembro de 2016.

Presidiu Comissões Organizadoras de vários Congressos Nacionais de Direito Material e Processual do Trabalho e Direito do Trabalho Rural do TRT da 15ª Região.

Integrou várias bancas examinadoras de concursos do Tribunal Regional do Trabalho da 15ª Região.

Fundador e primeiro Diretor Cultural da Associação dos Magistrados da Justiça do Trabalho da 15ª Região.

Foi Vice-Presidente e Presidente da Associação dos Magistrados da Justiça do Trabalho da 15ª Região.

Foi Membro do Conselho Fiscal da Associação Nacional dos Magistrados da Justiça do Trabalho.

Lecionou as matérias "Organização e Técnica Comercial" e "Direito e Legislação" no Colégio Salesiano Dom Luiz de Lasagna de Araçatuba, de 01.10.1979 a 09.12.1985.

Foi Professor de Direito Processual do Trabalho da Instituição Toledo de Ensino de Araçatuba de 01.02.1985 a 30.07.1986 e de 01.02.1988 a 30.06.2004.

Foi Professor de Direito do Trabalho e Direito Processual do Trabalho da Universidade Paulista – Campus Araçatuba de 03.08.98 a 21.12.2004.

Atualmente, é professor licenciado de Direito do Trabalho e Direito Processual do Trabalho da Universidade Presbiteriana Mackenzie, Campus Campinas.

Participou do ciclo de palestras sobre o Sistema Constitucional Português realizado em Lisboa – Portugal, de 20 a 28 de outubro de 1998, e, também, do primeiro Congresso Brasil – Itália de Direito do Trabalho, em Roma e Bolonha – de 17 a 28 de abril de 2001.

Proferiu diversas palestras e participou de inúmeros Congressos, Seminários e Simpósios jurídicos realizados no país.

Admitido como Acadêmico na Academia Paulista de Magistrados, em outubro de 2015, pela relevante contribuição para a comunidade acadêmica.

Recebeu a "Medalha Honra ao Mérito", conferida pela ENAMAT em setembro de 2010, como reconhecimento e homenagem pelos relevantes serviços prestados à formação e ao aperfeiçoamento de Magistrados do Trabalho.

Recebeu os títulos de Cidadão Campineiro, em março de 2015, Cidadão Sorocabano, em julho de 2015, e Cidadão Joseense, em março de 2016.

Recebeu medalhas da Ordem do Mérito Judiciário dos Tribunais Regionais do Trabalho da 1ª, 4ª, 5ª e 8ª Regiões.

Recebeu, em agosto de 2016, o diploma da "Ordem do Mérito Judiciário do Trabalho", do Tribunal Superior do Trabalho.

Recebeu, em 15 de novembro de 2015, o "Troféu Raça Negra 2015", por sua contribuição para a construção de uma sociedade plural, por meio do combate ao preconceito, à intolerância e à discriminação.

Recebeu "Láurea de Agradecimento" da Ordem dos Advogados do Brasil, Seção de São Paulo, pela trajetória profissional e excelente gestão apresentada na presidência do TRT da 15ª Região, em julho de 2016.

Homenageado com o Prêmio São Paulo Diverso, concedido pela Secretaria de Promoção da Igualdade Racial do Município de São Paulo, em novembro de 2016, pelo destaque na promoção do desenvolvimento socioeconômico da população afrodescendente.

Homenageado pela Comissão da Igualdade Racial da OAB Seção de São Paulo com o Prêmio Dr. Benedicto Galvão, em dezembro de 2016, pelos relevantes serviços prestados em benefício da causa da raça negra.

SUMÁRIO

Prefácio 9
    Ana Paula Pellegrina Lockmann e Francisco Alberto da Motta Peixoto Giordani

Apresentação 11
    Fernando da Silva Borges

A Magistratura na Perspectiva da Ética 13
    Antonio José de Barros Levenhagen

Admissibilidade de Recursos no Novo CPC e sua Repercussão no Processo do Trabalho 19
    Augusto César Leite de Carvalho

Principiologia do Novo CPC: Reflexos no Direito Processual do Trabalho 33
    Carlos Henrique Bezerra Leite

Incidente de Resolução de Demandas Repetitivas no Processo do Trabalho 39
    Cláudio Brandão

A Prova no Processo do Trabalho 55
    Francisco Alberto da Motta Peixoto Giordani e Ana Paula Pellegrina Lockmann

Novo CPC e Princípio do Contraditório: Aplicações ao Processo do Trabalho. Aproximações críticas (Inclusive à luz da IN TST n. 39/2016) 67
    Guilherme Guimarães Feliciano

Jurisdição, Mediação e Justiça do Trabalho 81
    James Magno Araújo Farias

Ônus da Prova à Luz do Novo CPC 89
    José Affonso Dallegrave Neto

O Novo Código de Processo Civil e as Repercussões no Processo do Trabalho 101
    José Antonio Pancotti e José Antonio Pancotti Junyor

A Petição Inicial no Processo do Trabalho, diante das Modificações Introduzidas pelo Novo Código de Processo Civil 117
    José Antônio Ribeiro de Oliveira Silva

Breve Estudo sobre o Amicus Curiae como Modalidade de Intervenção de Terceiros no Código de Processo Civil e sua Incorporação na Justiça do Trabalho 133
    Larissa Satie Fuzishima Komuro

O Processo do Trabalho Brasileiro do Século XXI 145
    Manoel Carlos Toledo Filho

A Teoria da Ação no Novo CPC e o Processo do Trabalho 151
    Marcelo Antonio de Oliveira Alves de Moura

A Mediação e a Conciliação como Forma de Solução de Conflitos Trabalhistas Desportivos 165
    Mauricio de Figueiredo Corrêa da Veiga

Princípios da Execução Trabalhista 173
    Mauro Schiavi

Panorama do Atual Sistema Recursal na Justiça do Trabalho e a Formação de Precedentes: a Lei n. 13.015/2014 e o Novo CPC 185
    Renato Henry Sant'Anna

PREFÁCIO

Com a promulgação da Lei n. 13.256, de 16 de março de 2016 foi editado o novo Código de Processo Civil e, por consequência, no processo do trabalho, e em situações de lacuna legislativa, caberá a aplicação subsidiária ou supletiva do referido Estatuto.

Passado mais de ano da vigência da nova lei, viu-se por oportuno trazer à reflexão alguns temas, de forma esparsa, mas que tivesse correlação entre o novo Código e o processo trabalhista. Nesse momento, vislumbrou-se a ideia de homenagear o atuante Desembargador e ex-presidente do Tribunal Regional do Trabalho da 15ª Região, Lorival Ferreira dos Santos, por tudo que contribuiu, contribui e contribuirá para o direito e o processo do trabalho, com oportunos e recentes estudos, que envolvem o novo CPC e seus reflexos no processo trabalhista.

Muito se tem argumentado e debatido, seja academicamente, seja jurisdicionalmente, porém há muito ainda por refletir. A edição da Instrução Normativa n. 39/2016, do Tribunal Superior do Trabalho, por exemplo, tratou de elencar vários dispositivos do novo CPC que teriam ou não aplicação no processo do trabalho. A instrução não abordou os dispositivos legais, todavia, de forma exaustiva e, igualmente, não se tornou norma vinculante aos magistrados ou aos Tribunais Regionais do Trabalho, mas indicativo, segundo o próprio entendimento da Corregedoria Geral da Justiça do Trabalho.

Assim, o debate encontra-se em aberto e acredita-se que só o tempo e as situações *in concreto* contribuirão para a formação e estabilização de nova jurisprudência, que vem paulatinamente se formando.

A proposta do presente estudo, como enfatizado, é a de abordar temas de diversos interesses para os profissionais do Direito com enfoque no processo do trabalho, sem descurar de assunto sempre atual e de grande importância, com o tema de *A Magistratura na perspectiva da ética*, desenvolvido por S. Exa., o Ministro Antônio José de Barros Levenhagen.

Em relação à efetiva aplicação do novo CPC no processo do trabalho, um substancioso artigo da lavra de S. Exa o Ministro Augusto César Leite de Carvalho, trata da *Admissibilidade de recursos no novo CPC e sua repercussão no processo do trabalho*.

Com o tema *Incidente de Resolução de demandas repetitivas no processo do trabalho*, o Ministro Claudio Mascarenhas Brandão aborda de maneira clara as novidades contempladas no novo CPC e na Lei n. 13.015/2014 para as formas de se criar *solução de massa para as demandas igualmente de massa, marca da sociedade brasileira nos últimos anos*.

No que se refere aos princípios gerais, que são inspiradores e norteadores para a aplicação do direito material do trabalho *in concreto*, alguns autores abordaram a questão, sempre enfrentada no dia a dia das lides trabalhistas, com os temas *Principiologia do novo CPC: reflexos no direito Processual do Trabalho*, estudo elaborado pelo desembargador do trabalho Carlos Augusto Bezerra Leite; *Novo CPC e o princípio do contraditório: aplicações ao processo do trabalho. Aproximações críticas (inclusive à luz da "IN TST" n. 39/2016)*, ensaio da lavra do magistrado Guilherme Guimarães Feliciano; e *Princípios na execução trabalhista*, de autoria do igualmente magistrado Mauro Schiavi.

A visão da teoria da ação e a petição inicial no processo do trabalho também foi objeto de estudo e mereceu destaque com os temas *Teoria da ação no novo CPC e o processo do trabalho*, reflexões consubstanciadas pelo juiz Marcelo Antonio de Oliveira Alves de Moura; e *A petição inicial no processo do trabalho, diante das modificações introduzidas pelo novo Código de Processo Civil*, de autoria do juiz José Antonio Ribeiro de Oliveira Silva.

Prova, assunto de maior importância nas lides trabalhistas, também foi objeto de estudo na obra que ora vem à lume. Nessa seara, o artigo *A prova no processo do trabalho*, dos desembargadores e coordenadores Ana Paula Pellegrina Lockmann e Francisco Alberto da Mota Peixoto Giordani, além do *Ônus da prova à luz do novo CPC*, de José Afonso Dallegrave Neto.

Até alguns anos atrás, o processo civil, resistente à adoção de procedimento conciliatório, viu-se obrigado a adotá-lo como instrumentos de auto composição de conflitos, como forma de agilizar a prestação jurisdicional e sua efetividade. Na Justiça do Trabalho, a conciliação e a mediação são temas sempre recorrentes e incentivados pela grande maioria de operadores e, aqui, há a abordagem sob o viés mais genérico com *Jurisdição, Mediação e Justiça do Trabalho*, de autoria do desembargador e presidente do Coleprecor, James Magno de Araújo Farias; e sob o interessante enfoque mais específico, que aborda os conflitos no esporte, com o tema *A mediação e a conciliação como forma de solução de conflitos trabalhistas-desportivos*, da pena do advogado Maurício de Figueiredo Corrêa da Veiga.

De forma mais ampla, o assunto também é tratado pelo desembargador José Antonio Pancotti e pelo advogado José Antonio Pancotti Junyor com o trabalho *O novo código de Processo civil e as repercussões no processo do trabalho*; assim como pelo desembargador Manoel Carlos Toledo Filho, dando o enfoque do processo trabalhista no milênio em que vivemos, abordado no ensaio *O processo do trabalho brasileiro do século XXI*.

Finalmente, interessante estudo sobre a intervenção de terceiros foi objeto de análise pela advogada Larissa Satie Fuzishima Komuro, com a abordagem no trabalho *Breve estudo sobre "amicus curae" como modalidade de intervenção de terceiros no código de Processo civil e sua incorporação na Justiça do Trabalho*.

Como se vê do breve relato de assuntos examinados neste livro, reconhece-se por oportuna a sua vinda ao cenário jurídico trabalhista. Os artigos assinados por reconhecidos juristas, de inquestionável envergadura intelectual, certamente fornecerão valiosa contribuição para os interessados, estudiosos e aplicadores do Direito, sempre buscando a maior agilidade da Justiça com a *efetiva* efetividade e com o fito de se alcançar a Paz social!

Necessário um agradecimento especial a todo o grupo da Editora LTr, que não mediu esforços para que este livro pudesse vir a ser lançado.

E, mais uma vez ao homenageado, amigo Lorival Ferreira dos Santos, desejamos felicidades e vida longa!

A todos, auguramos que tenham uma boa, reflexiva e salutar leitura!

Ana Paula Pellegrina Lockmann
Francisco Alberto da Motta Peixoto Giordani
Coordenadores

APRESENTAÇÃO
Desembargador Lorival Ferreira dos Santos

"A gente não faz amigos, reconhece-os"
Garth Henrichs

A incumbência de apresentar o Desembargador Lorival Ferreira dos Santos nesta obra é, a um só tempo, um prazer e uma honra. Trata-se de um magistrado conhecido pela notável capacidade jurídica e pelo total comprometimento com as causas sociais. Lorival é mais do que um colega de magistratura, é um amigo, um irmão que se tem a felicidade de encontrar durante a caminhada da vida, o que torna, assim, mais prazerosa a tarefa de retratar a grandeza da sua história.

Lorival Ferreira dos Santos exerceu a Presidência do Tribunal Regional do Trabalho (TRT) da 15ª Região no biênio de 2014/2016. Em seu discurso de despedida do cargo, externou a certeza de "que as coisas de que mais gostamos, que mais prezamos, serão sempre bem cuidadas", pois o seu desejo mais profundo sempre foi a preservação e o aprimoramento das instituições que tanto ama: a "Justiça do Trabalho" e o "Tribunal".

Durante o exercício da Presidência do TRT da 15ª Região, também foi Presidente do Colégio de Presidentes e Corregedores dos Tribunais Regionais do Trabalho – Coleprecor. Jamais se deixou abater com os inúmeros compromissos e deveres inerentes aos cargos. Pelo contrário, enfrentou as dificuldades e os desafios, que não foram poucos, com destemor e competência, obtendo o reconhecimento da comunidade jurídica pelo seu trabalho exemplar.

Muito se pode aprender com sua história.

Eis um breve relato.

O HOMEM

Filho dos lavradores José Ferreira dos Santos e Jocelina Rosa Ferreira, Lorival nasceu em Clementina-SP. É o caçula de onze irmãos e residiu na zona rural até os 12 anos de idade, quando se mudou para a cidade de Araçatuba e foi trabalhar como mecânico em uma oficina de bicicletas e, posteriormente, como auxiliar de balcão nas empresas do Grupo Geraldi, daquela localidade.

Seu comprometimento com as questões sociais o levou à presidência do Sindicato dos Empregados do Comércio de Araçatuba, de 1973 a 1986, e ao Conselho Fiscal da Federação dos Empregados no Comércio do Estado de São Paulo.

Como líder comunitário, foi um dos fundadores da Cooperativa Habitacional de Araçatuba e do Centro Social do Sindicato dos Comerciários.

Graduou-se em Direito pela Instituição Toledo de Ensino de Araçatuba; em Ciências, pela Faculdade de Filosofia, Ciências e Letras de Araçatuba; possui Especialização em Direito das Relações Sociais pelo Centro de Pós-Graduação da Instituição Toledo de Ensino de Bauru, além de ter obtido o título de Mestre em Direito Processual Civil pela Universidade Paulista – *Campus* Campinas, cuja dissertação abordou tema sobre o "Acesso à Justiça", em dezembro de 2003.

Recebeu os títulos de Cidadão Araçatubense, Cidadão Campineiro, Cidadão Honorário de São José dos Campos, por decreto da Prefeitura de São José dos Campos-SP, Cidadão Joseense, outorgado pela Câmara Municipal de São José dos Campos e Cidadão Sorocabano, por deliberação da Câmara Municipal de Sorocaba-SP.

Sempre se dedicou à família e jamais ocultou o amor e o orgulho que nutre pela esposa, Maria Aparecida Cruz dos Santos, e pelos filhos Henrique, Otávio, Fabrício e Marcel. Avô coruja, diverte-se com os quatro netos: João Gabriel, Felipe, João Vítor e Ana Laura.

A DOCÊNCIA

Apaixonado pelo Direito e pela arte de ensinar, nosso homenageado é docente desde 1979, quando passou a ministrar aulas de Organização e Técnica Comercial e de Direito e Legislação, no Colégio Salesiano Dom Luiz de Lasagna, de Araçatuba.

Foi professor de Direito Processual do Trabalho na Instituição Toledo de Ensino de Araçatuba, de 1985 a 1986 e de 1988 a 2004. Lecionou Direito do Trabalho e Direito Processual do Trabalho na Universidade Paulista (Unip) – *Campus* Araçatuba, no período de 1998 a 2004. Também foi docente no Curso de Pós-Graduação em Direito do Trabalho das Faculdades Integradas de Três Lagoas-MS.

É autor de inúmeros artigos publicados em diversas revistas especializadas.

Atualmente é professor licenciado de Direito do Trabalho e Direito Processual do Trabalho da Universidade Presbiteriana Mackenzie, *Campus* Campinas.

A MAGISTRATURA

Lorival Ferreira dos Santos ingressou na Magistratura do Trabalho em junho de 1986, mediante concurso público, como Juiz Substituto no Tribunal Regional do Trabalho da 2ª Região (São Paulo), passando a integrar o quadro de juízes da 15ª Região desde sua criação, em dezembro de 1986.

Atuou como Juiz Substituto nos municípios de São Paulo, Itu, Ourinhos, Marília, Campinas e Fernandópolis, onde foi promovido a Juiz Titular da então Junta de Conciliação e Julgamento de Fernandópolis, removendo-se, posteriormente, para Araçatuba. Em junho de 1990, assumiu a Presidência da 2ª Junta de Conciliação e Julgamento de Araçatuba e o cargo de Diretor do Fórum Trabalhista.

No ano de 1994, removeu-se para a 3ª Junta de Conciliação e Julgamento de Araçatuba, assumindo a sua Presidência. Em 1995, passou a integrar o quadro de Juízes Convocados do TRT da 15ª Região, até ser promovido ao cargo de Desembargador do Trabalho, em 2002.

Presidiu a Terceira Turma do Tribunal entre 2002 e 2006. Atuou como Vice-Diretor e Diretor da Escola Judicial, de 2006 a 2010. Em março de 2009, por deliberação do Tribunal Superior do Trabalho (TST), passou a compor o Conselho Consultivo da Enamat – Escola Nacional da Magistratura do Trabalho.

Integrou por duas vezes a lista tríplice para concorrer ao cargo de Ministro do Tribunal Superior do Trabalho, em 2009 e em 2012.

Foi Presidente das Comissões Organizadoras do 7º, 8º e 9º Congresso Nacional de Direito do Trabalho e Processual do Trabalho da 15ª Região, realizado em 2007, 2008 e 2009, em Campinas/SP. Presidiu também a Comissão do XIII Congresso Nacional de Direito do Trabalho Rural da 15ª Região, em 2007, em Barretos/SP.

Participou de várias bancas examinadoras de concursos e foi Presidente do Conselho Editorial da Revista do Tribunal Regional do Trabalho da 15ª Região.

Foi Vice-presidente Judicial no biênio 2010/2012, presidindo o Núcleo Permanente de Métodos Consensuais de Solução de Conflitos da 15ª Região, criado para implantar políticas de conciliação em todo o território do Regional.

Na sua gestão como Presidente do TRT da 15ª Região, instalou diversos Juizados Especiais da Infância e da Adolescência (JEIAs) e Centros Integrados de Conciliação (CICs) de 1ª e 2ª Instâncias.

Lorival também participou ativamente da Associação dos Magistrados da Justiça do Trabalho da 15ª Região (AMATRA XV), sendo o primeiro Diretor Cultural da entidade, além de Diretor de Prerrogativas, Membro do Conselho Fiscal, Vice-Presidente e Presidente.

Atualmente, integra a 5ª Câmara e a Seção de Dissídios Coletivos do TRT, além do Órgão Especial e do Tribunal Pleno.

A rica história de vida do nosso homenageado é uma obra que ainda está sendo escrita. Além do emprego das técnicas inerentes à grande capacidade profissional acumulada, aqueles que têm o privilégio de compartilhar a sua história percebem nitidamente que essa obra carrega nas tintas do humanismo, da humildade, da dedicação à família e ao trabalho traços peculiares daqueles seres de espírito elevado.

Como diria Milton Nascimento, "o que importa é ouvir a voz que vem do coração".

Parabenizo os organizadores desta obra, Desembargadora Ana Paula Pellegrina Lockmann e Desembargador Francisco Alberto da Motta Peixoto Giordani, pela feliz iniciativa de homenagear o Desembargador Lorival Ferreira dos Santos, e agradeço o honroso convite para fazer a sua apresentação.

FERNANDO DA SILVA BORGES
Presidente do Tribunal Regional do Trabalho da 15ª Região
Biênio 2016/2018

A Magistratura na Perspectiva da Ética

Antonio José de Barros Levenhagen
Ex-Presidente do TST e do CSJT no biênio 2014/2016.

O convite que me fora feito para participar de obra coletiva em homenagem ao eminente Presidente do Tribunal Regional do Trabalho da 15ª Região, Desembargador Lourival Ferreira dos Santos, deixou-me, a um só tempo, vivamente agradecido e extremamente preocupado.

É que, além da estatura intelectual do homenageado, Sua Excelência tem se destacado como excepcional gestor, sobretudo nesse período de acentuado e discriminatório corte orçamentário imposto ao Judiciário do Trabalho, o que o levou corajosamente a tomar decisões importantíssimas para o funcionamento do Tribunal e de suas Varas, muito embora saiba que elas não se coadunavam com a sua reconhecida e enaltecedora sensibilidade social.

Para tanto, veio-me à mente o tema "A Magistratura na Perspectiva da Ética", a qual, segundo o Dicionário Aurélio, a ética é definida como "**o estudo dos juízos de apreciação que se referem à conduta humana, suscetível de qualificação do ponto de vista do bem e do mal, seja relativamente a determinada sociedade, seja de modo absoluto**".

Esse conceito, no entanto, se aplica mais apropriadamente à moral como experiência moral vivida, isto é, à distinção entre o bem e o mal, ao passo que a reflexão filosófica sobre essa singular experiência é que define a ética.

Por certo que não se tem a intenção de abordar a ética, nessa acepção de uma reflexão filosófica, desde que, além da magnitude do empreendimento, o tema não a comporta, porque o vocábulo "ética" está empregado no sentido de experiência moral vivida no âmbito da magistratura.

No entanto, para uma boa compreensão dos inúmeros problemas morais que a judicatura suscita, é de bom alvitre tecer algumas considerações, mesmo que breves, sobre o significado da consciência psicológica, da consciência moral e sobre o fundamento da moral.

Consciência é sabidamente um termo ambíguo. Não há quem não perceba a diferença entre a expressão "esta pessoa perdeu a consciência" e a locução "isto é um caso de consciência".

A primeira se refere à consciência psicológica que LALANDE define como "a intuição que tem o espírito dos seus estados e dos seus atos. Perder a consciência é perder o sentimento da existência do mundo e de si próprio, que acompanha todos os atos humanos".

Todavia, quando se diz "isto é um caso de consciência", logo vem à mente tratar-se da consciência moral, em que a consciência deixa de ser mera expectadora para se transformar num juiz.

É por isso que se ensina ser a consciência psicológica uma simples testemunha que observa o que é, e a consciência moral uma "voz" interior que prescreve o que se deve fazer, ou, como escrevem DENIS HUISMAN e ANDRÉ VERGER, enquanto uma revela o que é, a outra ordena o que deve ser.

Sem embargo, porém, dessa nítida separação entre ambas, a verdade é que se encontram num processo permanente de íntima correlação. É que o problema moral, para o ser humano, só se estabelece porque lhe é inerente a percepção das situações propostas pelo meio social, a partir da qual está em condições de orientar o seu comportamento.

Quer dizer que a existência da consciência psicológica é a condição necessária da possibilidade da escolha entre vários atos possíveis e a consciência moral o conjunto das exigências e prescrições, reconhecidas como válidas para orientar essa escolha, da qual decorre ou um sentimento de satisfação ou um sentimento de remorso.

Já o fundamento da moral é uma das mais intrincadas questões filosóficas, que se põe à cognição humana pela necessidade de justificá-la, sobre a qual rivalizam os mais variados sistemas.

Esses comumente se enquadram no que se convencionou chamar de "morais do interesse", como as de Epicuro e Bentham, nas quais se realça a natural inclinação do ser humano para o prazer, "morais de sentimento", como as de Shopenhauer e Henri Bergson, em que a moral seria imanente ao próprio impulso vital.

E "morais do dever", como as de Durkhein e Kant, nas quais se ressalta o caráter transcendental do fenômeno moral, a exemplo do imperativo categórico de Kant, segundo o qual deve-se agir sempre de tal maneira que a norma de conduta possa ser erigida em regra universal.

Todos esses sistemas, contudo, acabaram perdendo o seu poder de sedução, porque procuravam justificar a moral por outra coisa que não ela mesma. Ao reduzir a moralidade dos atos humanos aos interesses ou aos impulsos do sentimento, à harmonia do cosmo, às determinações de uma sociedade ou às injunções lógicas da razão, depara-se em todos eles com a inserção do valor no próprio ser, explicando o que deve ser pelo que é.

Por causa disso, se consolidou a convicção de que era preciso renunciar, ao menos momentaneamente, ao ambicioso empreendimento de justificar a moral, limitando-se a descrever a experiência moral tal como é vivida pela consciência em sua irredutível originalidade.

Nesse sentido, foi decisivo o método fenomenológico de Edmund Husserl, em que o fenômeno não se confunde com a aparência ilusória, por oposição à realidade profunda de que falava Kant, mas com o que surge e se impõe à luz da reflexão. "Muito além das teorias, observam Denis Huisman e André Verger, é preciso ir às próprias coisas, a fim de aclarar os significados autenticamente experimentados pela consciência".

Na perspectiva dessa nova abordagem do fenômeno moral, que aliás se apresenta sob duplo caráter, como inclinação para o bem e como dever de o realizar, impõe-se privilegiar a experiência moral.

Essa consiste, num primeiro momento, em reconhecer a existência de ideias preconcebidas com as quais se costuma resolver os dilemas surgidos da condição de cidadão e depois em submetê-las à verificação experimental, que não é outra coisa senão esclarecer-se sobre a boa vontade inicial que as presidia.

Por conta desse novo enfoque é que FREDERICO RAUH ensinava que o homem de bem é aquele que só julga com conhecimento de causa, depois de ter apreciado e, se possível, vivido profundamente o problema, arrematando que ser moral é, antes de tudo, ser lúcido.

Com essas colocações, pode-se entrever que a questão da magistratura na perspectiva da ética passa, inicialmente, pela identificação das ideias preconcebidas que cada um tem dela e, depois, por uma incessante busca de informações sobre os deveres que lhe são inerentes.

Contudo, em que pese o fenômeno moral reclamar do juiz, sobretudo daquele que se encontra em fase de noviciado, que o viva efetiva e intensamente, não é desarrazoado nem presunçoso sublinhar algumas de suas peculiaridades.

Essas podem ser examinadas sob duas grandes vertentes, vale dizer, o juiz e o processo e o juiz e a sociedade, em que a primeira pode ser desdobrada ainda no seu relacionamento com as partes, serventuários, testemunhas e advogados.

Não obstante o processo seja uma relação jurídica triangular, envolvendo as partes e o juiz, é antes de mais nada um método de composição de litígios, em que o seu ápice reside na sentença, na qual, segundo alguns, se aplica a lei ao caso concreto, ou, segundo outros, se dá a cada um o que é seu, não no sentido da irônica tirada de Anatole France de se dar ao rico sua riqueza e ao pobre sua pobreza.

Sendo o processo um método, qualificado pelo seu dinamismo, assoma-se o primeiro dever do juiz de velar pelo seu desenvolvimento linear, particularmente do processo trabalhista, em face do princípio da oralidade que nele fora consagrado na sua inteireza, e do qual ressaem como altaneiras a irrecorribilidade imediata das decisões interlocutórias e a concentração dos atos processuais.

Esse desenvolvimento linear nada mais é do que a expressão do dever insculpido no art. 765 da CLT, e no inciso II do art. 139 do CPC de 2015, de o juiz velar pela duração razoável do processo, para cujo cumprimento o art. 370, do novo CPC, o investe do poder de determinar, de ofício ou a requerimento da parte, as provas necessárias ao julgamento do mérito, podendo indeferir, mediante decisão fundamentada, as diligências inúteis ou meramente protelatórias.

A par desse dever de imprimir a desejada celeridade ao processo, compatível, é claro, com o direito à ampla defesa e ao contraditório, agiganta-se ainda o de coibir que autor e réu dele se sirvam para praticar ato simulado ou conseguir fim proibido em lei, tanto quanto o de prevenir e reprimir qualquer ato atentatório à dignidade da Justiça.

Todavia, conquanto esse último dever não comporte tergiversações, nem uma frouxa leniência, é exigido do magistrado ponderação na visualização desses atos, durante o processo de conhecimento, por causa da aflita expectativa das partes com o seu desfecho, diferentemente do processo de execução em que o seu objetivo, de tornar efetiva a sanção jurídica, clama se utilize do poder inscrito no inciso II do art. 772, do CPC de 2015, de advertir o executado de que o seu procedimento constitui ato atentatório à dignidade da justiça, com o fim inclusive de lhe cominar a penalidade prevista no parágrafo único do art. 774 do novel Código de Processo Civil.

A identificação do processo como método objetiva, de outra parte, ressalta a singular importância da sentença como epílogo do dinamismo que o caracteriza. É que mais que uma fase procedimental, a sentença é um momento axiológico riquíssimo, para o qual devem convergir a sensibilidade, a capacidade e o preparo intelectual do juiz.

É que a sentença não é mais passível de ser representada como o produto de um puro jogo de lógica formal, concebido mediante definições abstratas, ligadas por uma concatenação de premissas e consequências.

Isso porque o juiz não lida com categorias processuais, mas, com pessoas das quais, como adverte Calamandrei, "irradiam forças magnéticas, que encontram eco ou reação – ilógica mas humana – nos sentimentos de quem veio a juízo".

"Posto que continue a repetir-se que a sentença pode esquematicamente reduzir-se a um silogismo, no qual, prossegue Calamandrei, de premissas dadas, o juiz, por simples virtude de lógica, tira a conclusão, sucede às vezes que ele, ao elaborar a sentença, inverte a ordem normal do silogismo, isto é, encontre primeiro o dispositivo e depois as premissas que o justificam."

Essa inversão lógica vem inclusive aconselhada por vários preceitos legais, entre eles, o que permite ao juiz, em particular ao juiz do trabalho, declarar ao final da audiência o dispositivo da sentença, relegando por alguns dias a publicação dos seus fundamentos.

A partir deles, pontua Calamandrei ser a própria lei que reconhece "que a dificuldade de julgar não consiste em achar a conclusão, o que se pode fazer num dia, mas em encontrar depois, após longa meditação, as premissas de que aquela conclusão, segundo o vulgo, devia ser a conseqüência".

Entretanto, se é certo que a intuição do juiz é determinante para uma justa solução da contenda, cujo aprimoramento só se obtém no exercício da judicatura, não é menos certo ser imprescindível que se disponha a ler pacientemente as peças dos autos e a perquirir detidamente as provas ali coligidas.

Essa sua resignada atitude de ler com atenção as petições das partes, mesmo que lhe pareçam extensas, prolixas e enfadonhas, e de se inteirar de todas as provas dos autos, é que o habilita a proferir uma sentença concisa, clara e completa.

Ela é ainda fruto de um hábil compromisso dos deveres, aparentemente antagônicos, da rapidez e da segurança na prestação da tutela jurisdicional, facilmente alcançável mediante a estratégia de selecionar as causas pela sua maior ou menor complexidade jurídica, sem que isso implique alongar o desfecho das primeiras nem tratar as últimas com desdém e afogadilho.

Assinalado ser o processo um método marcadamente dinâmico, o que sugeriu a Pontes de Miranda a célebre advertência de o juiz estar condenado à permanente atividade, vem à tona o conhecido e opressor problema da lentidão processual.

Embora ele não possa ser imputado exclusivamente ao juiz, seja por causa do elevado número de processo ou porque a toga não encobre um autômato, mas revela o ser humano e todo o seu universo psicológico e social, não é concebível seja agravado pelo pecado da preguiça.

Tirando o exagero da afirmação de Edgar de Moura Bittencourt (autor de "O Juiz"), de ser preferível o juiz corrupto ao juiz moroso, porque magistratura e corrupção são termos antitéticos, é dever do juiz pôr-se de atalaia contra esse insidioso vício, submetendo-se a uma disciplina de trabalho, pela qual consiga harmonizar suas expectativas pessoais com as dos litigantes, representadas basicamente pelo rápido desenlace da pendência judicial.

Desse estado psicológico, de dolorida aflição com o desenrolar do processo, extrai-se ainda o dever de o juiz dispensar às partes um tratamento afável e mesmo bondoso, ainda que sejam flagradas em atitudes antiéticas, já que a energia exigida para a sua repressão não pode ser sinônimo de histerismo nem pretexto para uma iracunda represália.

Esse mesmo estado de desconforto psicológico explica a compulsão de falar que não raro toma de assalto alguns litigantes, a partir do qual espera-se do magistrado compreensão e tolerância para com esses desabafos intempestivos. Até porque o princípio do *due process of law*, conquanto seja conhecido como o direito ao devido processo legal, significa igualmente a oportunidade de o litigante ter acesso ao juiz, sob cuja autoridade desata a se queixar de tudo e de todos, com o intuito de o sensibilizar para o seu "direito", em que os excessos devem ser reprimidos com moderação e complacência.

Ao lado da aflição das partes com a morosidade da Justiça, outra de igual intensidade costuma atingi-las, representada pela suspeita de parcialidade do juiz, sobretudo do juiz do trabalho, por causa de uma tendenciosa e maledicente versão, que corre à boca miúda, de o empregado, em razão da sua hipossuficiência, ser um protagonista mais do que privilegiado do processo.

É preciso então que o magistrado saiba distinguir entre a proteção que lhe é dispensada pelo direito material e os seus deveres, direitos e ônus enquanto personagem da relação processual, em regra, mas, nem sempre, idênticos aos do empregador reclamado, por força do princípio da igualdade processual das partes.

E sabendo dessa distinção, faça dela o norte do seu relacionamento com o autor e o réu, de modo que não pairem dúvidas sobre a sua equidistância entre os apaixonados interesses em choque. Essa atitude de equidistância, que não significa evidentemente uma afetada postura de frio alheamento, porque é inerente à humanidade do magistrado indignar-se com as patologias sociais, ganha invulgar relevo por ocasião da tentativa de conciliação.

Apesar do maior ou menor êxito dessa delicada missão se dever mais a uma natural propensão da pessoa, é possível, mesmo àqueles que não a têm ou que a têm em pequena proporção, vencer a resistência dos contendores com exortações serenas e apropriadas, pelas quais se convençam da seriedade e conveniência da proposta de acordo, segundo as técnicas de conciliação que lhes foram transmitidas no Curso.

Se as partes são os protagonistas do processo, os serventuários e as testemunhas são respectivamente os auxiliares e os colaboradores da Justiça. Tal condição dos serventuários os credencia a uma especial atenção do juiz, com o declarado objetivo de os motivar para o projeto, comum à família forense, de oferecer um serviço cartorário rápido e eficiente, sem que para tanto haja de transigir com o contingente inexpressivo de maus funcionários.

E dentre os serventuários das Varas de Trabalho, cabe destacar a proeminente figura do Diretor de Secretaria, cuja experiência e inexcedível dedicação ao juiz o recomendam à sua consideração, ao longo da caminhada, não raro espinhosa, pela judicatura.

Já a condição das testemunhas, de colaboradores da Justiça, impõe ao juiz o dever de tratá-las com urbanidade, mesmo quando se mostrem contraditórias em seus depoimentos, pois nem sempre é indício de que estejam faltando com a verdade, podendo ser debitado ao nervosismo de estarem na presença do magistrado.

No entanto, se as contradições indicarem efetivamente a ocorrência de falso testemunho, com o qual o juiz não pode ser pusilânime, a energia inerente às providências cabíveis não deve ser pretexto para humilhações ou para bazófias do tipo "prendo e arrebento".

Malgrado o impulso natural diante da testemunha que esteja mentindo seja o de intimidá-la com imprecações desse jaez, é preciso controlá-lo a fim de que não se perca o equilíbrio que distingue o autêntico magistrado.

E tanto quanto às partes, e talvez até mais do que elas, também o advogado se acha nesse estado psicológico de aflita expectativa com o processo, em que pese ser um profissional do direito, dada a imensa responsabilidade de bem representar os interesses de quem o constituiu seu procurador.

Isso explica, e quase sempre justifica, a sua exaltada combatividade, que por vezes chega às raias da descortesia, com a qual o juiz, sem abdicar do dever de o exortar a discutir a causa com elevação, precisa ser extremamente paciencioso.

Principalmente no transcorrer das audiências, em que o contato pessoal entre ambos precipita o surgimento de incidentes motivados ora por uma má percepção do magistrado sobre os seus poderes, ora por uma distorcida percepção do causídico sobre as suas prerrogativas.

Para evitar que esses incidentes se transmudem num constrangedor bate-boca, é aconselhável que o juiz imprima às audiências um clima de mútuo respeito e mútua cordialidade, sem olvidar a necessária solenidade com que deve conduzi-las, tudo de tal forma que o advogado se conscientize da sua indeclinável contribuição para a busca da Justiça.

E, a despeito da possível ingenuidade desse propósito, tantas são as denúncias de uma atuação profissional chicaneira, parte considerável das quais é definitivamente imerecida, é bom o juiz o perseguir com insistência, até mesmo para dissuadir a militância inescrupulosa desse ou daquele advogado.

Afinal, "onde começa a santa vaidade, que ordena que não se dobre a espinha perante a superstição, e onde começa a baixa e petulante chicana, que despreza todo o senso de tolerância social e de compreensão humana?" indagava Calamandrei para completar:

> É este um dos mais difíceis problemas, que todos os dias atormentam a consciência do advogado, que sabe que trairia o seu ofício se encorajasse o chicaneiro a litigar às cegas, mas sabe também que o trairia ainda mais gravemente se matasse no coração do justo a heróica intenção de se bater pela Justiça, suportando os respectivos riscos.

O Juiz e a sociedade, de resto, se reduz à indagação de como compatibilizar sua atuação funcional e social. Essa afortunadamente não se constitui num problema para a maioria esmagadora dos magistrados, porque sabem que são naturalmente respeitados pelos seus concidadãos, desde que, segundo alertava Edgar de Moura Bittencourt, a sensatez, a bondade, a compreensão e o zelo profissional superem o interesse pessoal.

Mesmo assim, não é demais ter presente a lição de D'Aguesseau de que "um dos perigos que o juiz deve evitar é revelar-se demasiadamente magistrado fora de suas funções e não o ser suficientemente no exercício delas".

Ao fim dessas despretensiosas reflexões pessoais, permite-se este Magistrado reiterar o seu mais profundo sentimento de amizade e admiração ao ilustre Presidente do Tribunal Regional do Trabalho da 15ª Região, Desembargador Lourival Ferreira dos Santos, que, inclusive, à frente do Coleprecor soube honrar sobremaneira todo o Judiciário do Trabalho.

Admissibilidade de Recursos no Novo CPC e sua Repercussão no Processo do Trabalho

Augusto César Leite de Carvalho
Ministro do Tribunal Superior do Trabalho e professor de direito do trabalho no Instituto de Educação Superior de Brasília e na pós-graduação do Curso de Direito Constitucional do Trabalho na UnB, convênio com o TST, de direito dos contratos em Curso de Mestrado em Direito da Universidade Autônoma de Lisboa. Mestre em direito constitucional e doutor em direito das relações sociais. Membro da Academia Brasiliense de Direito do Trabalho e da Academia Sergipana de Letras Jurídicas.

1. O problema cultural da recorribilidade e sua dimensão

Entre as tantas mudanças trazidas com o novo Código de Processo Civil, destacam-se aquelas que dizem sobre a admissibilidade de recursos ordinários e extraordinários, quer pela clara aproximação ao sistema de precedentes que caracteriza o *common law*, quer pela estratégia de acrescer à forma de interposição a exigência de que se indiquem pormenorizadamente os tópicos recursais, o seu prequestionamento e a base normativa ou jurisprudencial da pretensão deduzida em recurso, com o escopo de promover a dialetização e a dinamização da atividade jurisdicional nos tribunais.

Não se sabe ao certo se o remédio será o adequado para a enfermidade, mas não se pode ter dúvida quanto à existência de um sistema enfermo que reclamava alguma profilaxia. As razões de ordem quantitativa são expressivas e estão contempladas em relatórios disponíveis nas páginas virtuais do CNJ (relatório Justiça em Números[1]) e do TST (Movimentação Processual – Série Atual[2]):

a) enquanto as varas do trabalho julgaram 2.371.312 processos em 2014, os tribunais regionais julgaram 771.743 processos e o tribunal superior julgou 256.114 processos nesse mesmo ano;

b) *per capita*, a pirâmide se inverte: cada juiz de primeiro grau julgou em média 1.148 processos em 2014 (4.4/dia), cada desembargador julgou em média 1.434 processos (5,5/dia) e cada ministro julgou em média 9.436 processos (36/dia);

c) das sentenças proferidas em primeiro grau, 69,2% foram objeto de recurso ordinário que transferiu a solução da lide para o TRT correspondente;

d) dos acórdãos proferidos pelos tribunais regionais, 72,8% geraram recursos de revista que transferiram a solução da lide para o TST;

e) em 2014, 77,2% das decisões denegatórias de recursos de revista foram objeto de agravos de instrumento para apreciação do TST;

f) mais de 80% dos recursos que chegam ao TST se apresentam como agravos de instrumento puros[3];

---

(1) Disponível em: <http://www.cnj.jus.br/files/conteudo/arquivo/2015/09/4c715b2994da3187c127bd1b10011f07.swf>.

(2) Disponível em: <http://www.tst.jus.br/situacao-atual>.

(3) Em 2015, dos 206.954 novos recursos, 168.083 foram agravos de instrumento e os demais foram agravos combinados com recursos de revista, recursos ordinários e recursos de revista, estes na quantidade de 30.964.

g) em média, 91,38% dos agravos de instrumento são desprovidos pelo TST, mantendo-se incólume a decisão exarada em instância ordinária[4].

Os números revelam que há uma enorme concentração de poder nas mãos dos ministros do TST, pois é expressiva a parte percentual dos processos que lhes cabe decidir; mas os números igualmente revelam que a quase totalidade dos processos que acessam o TST estão em consonância com a jurisprudência por ele sedimentada e, por isso, as decisões dos tribunais regionais não se modificam na instância extraordinária. Se é assim, por que esses processos transitam até a mais alta jurisdição trabalhista?

Outro aspecto interessante e correlacionado: a quantidade de agravos de instrumento, sobretudo em comparação com a de outros recursos, e o insucesso dos agravantes na quase totalidade dos casos, retratam a consonância entre os julgamentos proferidos em todos os graus de jurisdição. É de se perguntar uma vez mais: se é assim, por que esses processos percorrem todas as instâncias e sobem à apreciação do TST?

Parece lógico que o problema não reside na pluralidade de ideias e valores que servem de fundamentação a diferentes decisões de juízes diferentes, embora essa diversidade exista e enriqueça a atividade judicial, fazendo-a coerente com a extensão de nosso território, com a heterogeneidade de nossa gente, com a variedade de nossa cultura. O problema está nos estímulos que o atual sistema recursal oferece à recorribilidade graciosa, inconsequente, anódina, a qual congestiona o tempo de magistrados que deveriam estar desatrelados de obrigações estatísticas e concentrados na missão de solucionar conflitos reais ou de definir teses, ou modelos hermenêuticos de alcance transcendente.

Tais estímulos à recorribilidade podiam, há algum tempo, ser identificados e entre eles enumeraríamos: a) o desprestígio dos elementos de distinção – de fato ou de direito – que eram percebidos pelos juízes de primeiro grau e não impediam que recursos fossem interpostos com vistas à adoção de tese em nível de abstração que desconsiderava essas particularidades do caso concreto; b) o desprestígio da jurisprudência regional, alusiva a aspectos da realidade próprios de certo estado da Federação, ante a inexistência de mecanismos processuais que promovessem, com eficiência, a uniformização da jurisprudência no âmbito de cada região jurisdicional; c) o desprestígio, perante as partes, da jurisprudência assentada pelo TST, dado que inexistiam fórmulas impedientes da admissibilidade de recursos, sobretudo de agravos de instrumento, aforados contra a orientação jurisprudencial antes consolidada.

Cabe verificar em que medida as reformas trazidas com a Lei n. 13.015/2014 e com o novo CPC (Lei n. 13.105/2016) contribuem para inibir a sanha recursal e imunizar a jurisprudência regional ou nacional já uniformizada.

2. Aproximação do *stare decisis* e independência funcional do juiz

Não há, propriamente, uma mudança de paradigma ideológico quando se atribui aos órgãos colegiados de jurisdição a tarefa de definir a jurisprudência a ser seguida por ele e pelos demais juízes. A uniformização da jurisprudência é da tradição e da lógica do nosso modelo processual, conforme explicava Barbosa Moreira em tempo no qual a novidade era o CPC de 1973:

> A fixação de uma tese jurídica reflete entendimento necessariamente condicionado por diversas circunstâncias. Mutável que é a realidade social, compreende-se que mude também, com o correr do tempo, o entendimento das normas de direito, ainda quando permaneça invariável o respectivo teor literal. […]
>
> Outro é, pois, o fenômeno que se tem em vista quando se alude à conveniência de adotar medidas tendentes à uniformização dos pronunciamentos judiciais. Liga-se ele ao fato da existência, no aparelho estatal, de uma *pluralidade* de órgãos judicantes que podem ter (e com frequência têm) de enfrentar iguais questões de direito e, portanto, de enunciar teses jurídicas em idêntica matéria. Nasce daí a possibilidade de que, num mesmo instante histórico – *sem* variação das condições culturais, políticas, sociais, econômicas, que possa justificar a discrepância –, a mesma regra de direito seja diferentemente entendida, e a espécies semelhantes se apliquem teses jurídicas divergentes ou até opostas. Assim se compromete a unidade do direito – que não seria posta em xeque, muito ao contrário, pela evolução *homogênea* da jurisprudência dos vários tribunais – e não raro se semeiam, entre os membros da comunidade, o descrédito e o ceticismo quanto à efetividade da garantia constitucional.

---

(4) Dado (letra g) proveniente de pesquisa realizada pelo Ministro Cláudio Brandão, do TST.

Nesses limites, e somente neles, é que se põe o problema da uniformização da jurisprudência. Não se trata, nem seria concebível que se tratasse, de impor aos órgãos judicantes uma camisa-de-força, que lhes tolhesse o movimento em direção a novas maneiras de entender as regras jurídicas, sempre que a anteriormente adotada já não corresponda às necessidades cambiantes do convívio social. Trata-se, pura e simplesmente, de evitar, na medida do possível, que a sorte dos litigantes, e afinal a própria unidade do sistema jurídico vigente, fiquem na dependência exclusiva da distribuição do feito ou do recurso a este ou àquele órgão.[5]

Caso recorrêssemos a algum pragmatismo jurídico, poderíamos sublinhar, inclusive, que a autonomia funcional do juiz deveria remeter à força de sua decisão, mais que à vaidade de expor razões que seriam somente suas; e deveria remeter igualmente à independência do ato de decidir sem apego a influências externas (vide "liberdade" em Kant), mais que à prerrogativa de decidir com base apenas em certa visão de mundo. Os motivos são simples: o juízo de primeiro grau resulta debilitado, porque assume papel residual, se em 69,2% dos processos a seu cargo a solução da controvérsia é transferida para o segundo grau de jurisdição, que igualmente se debilita quando tem 72,8% de suas decisões submetidas ao crivo do TST.

Por outro lado, a propósito do modo como o magistrado vê a realidade, e pretensiosamente almeja que todos a vejam, haverá sempre uma matriz normativa – formada pelas normas constitucionais e tantas leis – a limitar a atividade jurisdicional. A eventual rebeldia contra a jurisprudência consolidada, ao tempo em que se reverencia a ordem legal, não parece condizente com o esforço de valorizar o papel social do juiz – os interesses egoístas ou espasmos nefelibatas de algum juiz são irrelevantes na procura do melhor sistema processual – e com a necessária percepção de que é esse um esforço coletivo, como bem dilucida Uriarte, com endosso em Couture:

"O momento supremo do Direito não é o momento do grande tratado doutrinário". Isso é muito importante. Sem isso, não podemos aplicar o Direito. É importante, mas não é o momento supremo do Direito. Acrescentava ele (Eduardo Couture): "O momento supremo do Direito tampouco é o momento do grande código, a grande codificação, essa grande catedral do Direito, que é o Código Civil, o Código Penal, a Consolidação das Leis do Trabalho". Isso é muito importante, mas não é o essencial. Tampouco o momento supremo do Direito é o momento da grande constituição. Claro que é fundamental. Estamos advogando pela sua aplicação correta pelos juízes. É fundamental, é importante, mas não é o momento supremo do Direito. "O momento supremo do Direito" – diz Couture – "é aquele no qual ele, essas obras monumentais, faraônicas, essas catedrais aterrissam na realidade". E esse momento está nas mãos do juiz. "O momento supremo do Direito é aquele no qual um desconhecido juiz de província de uma perdida cidade do interior, sozinho, frente à sua consciência, assina uma sentença reconhecendo ou não um direito a um cidadão, fundado", disse Couture – "no Preâmbulo da Constituição, aplicando um princípio constitucional". Está nas mãos dos juízes fazer com que os grandes discursos, que as grandes fantasias jurídicas, sejam ou não realidade. Evidentemente, os juízes não estão sozinhos, não podem estar sozinhos. Para isso, é necessário que a doutrina desenvolva realmente um pensamento fundado nos direitos e lhes forneça um corpo conceitual que permita a aventura de aplicar corretamente a Constituição, a norma internacional, etc. É também necessário o apoio dos advogados. Os juízes não vão sentenciar nesse sentido, se não houver um advogado que opine na demanda e que a fundamente apropriadamente.[6]

Do *common law*, o novo sistema recursal não colhe a prevalência de normas consuetudinárias, pois isso sim significaria grande retrocesso. O *civil law* que historicamente adotamos oferece-nos gama expressiva de normas definidoras de direitos e garantias fundamentais, direitos da personalidade e tutela processual que concorre para o aprimoramento das relações sociais e elevação de nosso patamar civilizatório. O que se colhe

---

(5) MOREIRA, José Carlos Barbosa. *Comentários ao Código de Processo Civil*. Rio de Janeiro: Forense, 1976. p. 13. v. V.

(6) URIARTE, Ermida. *Aplicação Judicial das Normas Constitucionais e Internacionais sobre Direitos Humanos Trabalhistas*. Conferência proferida em 2004 no "Fórum Internacional sobre Direitos Humanos e Direitos Sociais", evento promovido pelo Tribunal Superior do Trabalho, e reproduzida na Revista TST, Brasília, v. 77, n. 2, abr./jun. 2011. Disponível em: <http://aplicacao.tst.jus.br/dspace/bitstream/handle/1939/25360/011_uriarte.pdf?sequence=4>. Acesso em: 02 jan. 2016.

do sistema *common law* é somente a técnica de atribuir força vinculativa aos precedentes[7], assim entendidos como a combinação de *ratio decidendi* e tese jurídica.

Conforme sustentamos em escrito anterior[8], as súmulas da jurisprudência de um tribunal normalmente não inovam a ordem jurídica no sistema *civil law*, pois servem tão somente para revelar a orientação jurisprudencial que já existia e consolidá-la definitivamente. No sistema *common law*, malgrado alguma dissensão teórica[9], a norma jurídica nasce com o precedente e este não veicula um modelo exegético, com teor abstrato, como fazem as nossas súmulas de jurisprudência.

Os precedentes, no sistema *common law* (e agora também em nosso sistema jurídico-processual), decidem casos concretos e servem à solução de outros conflitos cujo contorno factual seja semelhante[10]. Por isso, a composição necessariamente binária do precedente: a *tese jurídica* por ele veiculada se vincula à sua *ratio decidendi*. Em boa parte, seguem esses outros povos o princípio *stare decisis*[11], que é como se resolve, para eles, o adágio latino *stare decisis et non quieta movere* (mantenha-se a decisão e não se moleste o que foi decidido[12]).

Porquanto se reportem a casos (*law cases*), não a regras abstratas, os tribunais afetados pelo *common law* desenvolveram as técnicas da distinção (*distinguishing*), da superação (*overruling*) e da substituição (*overriding*) com vistas a descolar-se do precedente ou caso-líder sempre que haja, respectivamente, elementos diferenciados no caso sob julgamento (ou diferenças sensíveis na *ratio decidendi*), necessidade de suplantar inteiramente ou de substituir parcialmente a tese antes sufragada, porque novos seriam os fundamentos de fato ou jurídicos.

Essas técnicas de distinção, superação e substituição estão afinadas com o princípio norteador do sistema de precedentes, qual seja, o propósito de estabelecer tratamento isonômico para além do processo, igualando assim a solução judicial que todos, em situação substancialmente idêntica, possam pretender. À igualdade, assim compreendida como igualdade externa ao processo, soma-se o postulado da segurança jurídica – mas também o conceito "segurança jurídica" ganha, então, novo e auspicioso alcance que se descola da associação tão comum com a prescrição de pretensões trabalhistas (ou seja, com a consolidação de violações ao direito do trabalho) para augurar a sensação, por toda a sociedade, de que a jurisdição é una e coerente, não se confundindo o processo com uma aposta lotérica.

3. O sistema de precedentes no novo CPC e nos novos preceitos da CLT

O novo CPC inclui os precedentes judiciais e também os verbetes da súmula de jurisprudência entre as fontes formais de direito, como se pode extrair à leitura

---

(7) Anota Juliane Dias Facó que "o Código de Processo Civil de 2015 vem para quebrar a resistência aos precedentes e tentar promover uma cultura de respeito às decisões judiciais, objetivando uma valorização do Poder Judiciário e do sistema de justiça do Brasil, que sofre um déficit de confiança por parte dos jurisdicionados, na medida em que impera uma jurisprudência lotérica, em que casos iguais são tratados de forma desigual, sem nenhuma justificativa para ferir a isonomia" (FACÓ, Juliane Dias. *Recursos de Revista Repetitivos*. São Paulo: LTr, 2016. p. 58).

(8) CARVALHO, Augusto César Leite de. "Modulação da Súmula 277 do TST na Perspectiva do Novo Sistema Recursal". In: *Direito Constitucional do Trabalho*: princípios e jurisdição constitucional do TST. Gabriela Neves Delgado *et alii* (Coords.). São Paulo: LTr, 2013. p. 263.

(9) Dworkin observa que "os juristas levam décadas discutindo esse assunto (se os precedentes criam a norma ou declaram a norma preexistente), não porque ignorem quais são as decisões que tomam os juízes ou as razões que dão, senão porque não se sentem esclarecidos acerca do que significa realmente o conceito de seguir as normas. Nos casos fáceis (por exemplo, quando se acusa um homem de violar uma disposição que proíbe exceder um limite de velocidade), parece correto dizer que o juiz se limita a aplicar uma regra anterior a um caso concreto. Porém, podemos dizer o mesmo quando a Suprema Corte desatende os precedentes e ordena a desagregação nas escolas dos Estados Unidos ou declara ilegais procedimentos usados pela polícia e tolerados pelos tribunais há décadas? Em casos tão chamativos, a Corte dá razões, não cita leis, apenas apela a princípios políticos e de justiça" (DWORKIN, Ronald. *Los Derechos en Serio*. Tradução para o espanhol de Marta Guastavino. Tradução livre para o português. Barcelona: Ariel, 2002. p. 47).

(10) Parece-me assistir razão a Juliane Dias Facó, portanto, quando observa que "o magistrado, ao decidir, é incumbido de criar duas normas jurídicas: uma de caráter geral e outra individual. A primeira é derivada da sua análise a respeito da matéria fática suscitada na causa sob julgamento em cotejo com o direito aplicável, expondo, na fundamentação, os motivos que sustentam a adoção de determinada tese jurídica (*ratio decidendi*). A ratio, por vez, se bem delimitada e precisa, poderá ser utilizada como referencial para julgamentos de casos análogos pelos órgãos judiciais" (*op. cit.*, p. 25).

(11) Em texto que serviu à sua dissertação de Mestrado, Augusto César de Carvalho Leal, citando Alfred Simpson, Thomas de Rosa de Bustamante, Arthur Hogue e outros, observa que até o século XIX o sistema *common law* não adotava a doutrina do *stare decisis*, pois não se havia consolidado o uso de os juízes, ao decidirem, recorrerem a sentenças anteriores, inclusive em razão de as decisões serem manuscritas e sequer poderem ser distribuídas amplamente até o advento da imprensa no fim do século XV (LEAL, Augusto César Carvalho de. *A decisão judicial como centro de gravidade do princípio da segurança jurídica*: os precedentes judiciais vinculantes como instrumento eficaz de promoção do estado de cognoscibilidade, confiabilidade e calculabilidade do Direito. Disponível em: <http://repositorio.unb.br/bitstream/10482/13844/1/2013_%20AugustoCesardeCarvalhoLeal.pdf>. Acesso em: 17 fev. 2017.

(12) Tradução preconizada por: LOURENÇO, Haroldo. *Precedente Judicial como Fonte do Direito*: algumas considerações sob a ótica do novo CPC. Disponível em: <http://www.temasatuaisprocessocivil.com.br/edicoes-anteriores/53-v1-n-6-dezembro-de-2011-/166-precedente-judicial-como-fonte--do-direito-algumas-consideracoes-sob-a-otica-do-novo-cpc>. Acesso em: 17 fev. 2017.

do art. 489, § 1º, V e VI, bem assim do seu art. 927, com incisos e parágrafos que não somente impõem a observância da jurisprudência consolidada mas, também, balizam a eventual necessidade de se proceder à mutação jurisprudencial (*overruling*).

Para que os processos atendam à prioridade de servir à definição de precedentes, o CPC de 2015/2016 consolida o incidente de recursos especiais ou extraordinários repetitivos e inova a assunção de competência (art. 947) e o incidente de resolução de demandas repetitivas (arts. 976 a 987). Parece haver absoluta compatibilidade entre esse "microssistema de litigiosidade repetitiva"[13] e o processo do trabalho, tanto que o art. 896, § 13, da CLT[14], corresponde à assunção de competência pelo Pleno do TST e há forte expectativa de que as cortes trabalhistas, especialmente os tribunais regionais, adotem o incidente de resolução de demandas repetitivas sempre que houver efetiva repetição de processos que contenham controvérsia sobre a mesma questão unicamente de direito, com risco de ofensa à isonomia e à segurança jurídica (art. 976 do CPC). O art. 8º da Instrução Normativa n. 39/2016, do TST, recomenda a sua adoção[15].

A necessidade de estabelecer precedentes é, além do mais, a mesma que tem motivado a atribuição de efeitos *erga omnes* ou pelo menos *in utilibus* em processos coletivos instaurados com base na Lei da Ação Civil Pública (Lei n. 7.347/1985) ou no Código de Defesa do Consumidor (Lei n. 8.078/1990), ambas as leis de inquestionável aplicação subsidiária para a solução de conflitos de massa ambientados no mundo do trabalho. A preocupação, no caso, é a de estender a outros, que protagonizem interesses de igual natureza, uma solução judicial única e atenta ao caráter coletivo da demanda, como anota Manoel Jorge e Silva Neto:

> Fenômeno interessante ocorreu no momento da consolidação do Estado de Direito Social – substitutivo do modelo liberal-individualista das sociedades políticas predominantes até início do século XX: a coletivização dos direitos, o prestígio conferido aos direitos sociais como forma de obstar o ímpeto dos movimentos sociais, não foi acompanhada da respectiva coletivização do processo.
>
> Convivia-se dentro de um contexto absolutamente antagônico entre o direito material, corporificado em prestações positivas do Estado, direitos de segundo grau, e o processo, ainda preso ao velho paradigma de solução de conflitos individuais.
>
> Se houve sensível modificação do direito material, tornando-o consentâneo às reivindicações populares, era injuntiva a atualização do processo, pena de não se consumar a tutela integral do direito substantivo, pois ali onde não residir uma pronta e expedita resposta do Poder Judiciário diante da ameaça ou efetiva lesão a interesses transindividuais, não se pode aventar de presente uma efetiva proteção estatal ao direito garantido na norma.[16]

A diferença está na contingência de as ações coletivas serem propostas com o objetivo preconcebido de solucionar uma demanda massiva, enquanto os incidentes de que ora tratamos permitem a adoção de mecanismos aptos ao redirecionamento de processos (individuais ou coletivos) inicialmente desvestidos desse propósito. Sem embargo, porém, de somente as ações coletivas estarem originariamente vocacionadas à resolução de conflitos metaindividuais, é certo que a existência de conflitos de massa, ou repetitivos, é a razão de existirem uma e outra técnica processuais.

A propósito da consequência de as instâncias extraordinárias fixarem tese jurídica, o art. 1039 do CPC autoriza os tribunais a darem por prejudicados os recursos versando sobre idêntica controvérsia, caso a tese já esteja posta na decisão recorrida. A emissão de tese, em qualquer incidente de causas repetitivas, tranca os

---

(13) Expressão preferida por Dierle Nunes (NUNES, Dierle. *O IRDR do Novo CPC*: este "estranho" que merece ser compreendido. Disponível em: <http://justificando.com/2015/02/18/o-irdr-novo-cpc-este-estranho-que-merece-ser-compreendido/>. Acesso em: 20 fev. 2016.

(14) Art. 896, § 13 da CLT – Dada a relevância da matéria, por iniciativa de um dos membros da Seção Especializada em Dissídios Individuais do Tribunal Superior do Trabalho, aprovada pela maioria dos integrantes da Seção, o julgamento a que se refere o § 3º poderá ser afeto ao Tribunal Pleno.

(15) Art. 8º da IN n. 39/2016 – Aplicam-se ao Processo do Trabalho as normas dos arts. 976 a 986 do CPC que regem o incidente de resolução de demandas repetitivas (IRDR). § 1º Admitido o incidente, o relator suspenderá o julgamento dos processos pendentes, individuais ou coletivos, que tramitam na Região, no tocante ao tema objeto de IRDR, sem prejuízo da instrução integral das causas e do julgamento dos eventuais pedidos distintos e cumulativos igualmente deduzidos em tais processos, inclusive, se for o caso, do julgamento antecipado parcial do mérito. § 2º Do julgamento do mérito do incidente caberá recurso de revista para o Tribunal Superior do Trabalho, dotado de efeito meramente devolutivo, nos termos dos arts. 896 e 899 da CLT. § 3º Apreciado o mérito do recurso, a tese jurídica adotada pelo Tribunal Superior do Trabalho será aplicada no território nacional a todos os processos, individuais ou coletivos, que versem sobre idêntica questão de direito.

(16) SILVA NETO, Manoel Jorge e. *Proteção Constitucional dos Interesses Trabalhistas*: difusos, coletivos e individuais homogêneos. São Paulo: LTr, 2001. p. 58.

recursos que contra ela se interponham. E é possível afirmar que o mesmo sucede, a partir de quando se tornou eficaz a Lei n. 13.015/2014, em processos trabalhistas.

Basta perceber que os citados dispositivos do CPC estão estreitamente afinados com aqueles da CLT que já se encontram em vigor desde a edição da Lei n. 13.015/2014, especialmente quando estatuem que os recursos de revista "terão seguimento denegado na hipótese de o acórdão recorrido coincidir com a orientação a respeito da matéria no Tribunal Superior do Trabalho" (art. 896-C, § 11, I da CLT) e esclarecem que a alteração da tese jurídica deve dar-se "quando se alterar a situação econômica, social ou jurídica, caso em que será respeitada a segurança jurídica das relações firmadas sob a égide da decisão anterior, podendo o Tribunal Superior do Trabalho modular os efeitos da decisão que a tenha alterado" (art. 896-C, § 17, da CLT). A modulação temporal da eficácia da nova tese jurídica corresponde ao que a doutrina usa denominar *prospective overruling*.

Portanto, e ressalvando sempre a existência de elemento de distinção (*distinguishing*) que excepcione o procedimento, os recursos especial e de revista sequer serão examinados, em seu mérito, quando insurgirem contra a jurisprudência assentada pelo STJ e pelo TST, respectivamente.

E, ao modificar os preceitos legais atinentes à admissibilidade dos recursos de revista, a Lei n. 13.015/2014 conferiu efeito semelhante às teses jurídicas fixadas pelos tribunais regionais. É que a Lei n. 13.015/2014 não apenas aparelhou a obrigação de os tribunais regionais uniformizarem sua jurisprudência mediante a possibilidade de tal uniformização ser imposta ao exame da admissibilidade dos recursos de revista – pelo presidente (ou vice-presidente) do TRT a quem couber o primeiro juízo de admissibilidade ou ao relator do recurso de revista no TST (art. 896, §§ 4º e 5º, da CLT) –, mas igualmente acresceu ao art. 896 da CLT o § 6º para estabelecer que depois de o TRT uniformizar sua jurisprudência "unicamente a súmula regional ou a tese jurídica prevalecente no Tribunal Regional do Trabalho e não conflitante com súmula ou orientação jurisprudencial do Tribunal Superior do Trabalho servirá como paradigma para viabilizar o conhecimento do recurso de revista, por divergência".

Para consolidar o sistema de precedentes, o CPC incrementa dois institutos de direito processual que exigem cautela extrema em sua adoção, pois do contrário desbordarão para prática que se revestiria de viés autoritário. Referimo-nos à *reconsideração* pelo órgão judicial de decisão anterior que tenha destoado da tese jurídica uniformizada e à *reclamação* contra o órgão judicial recalcitrante.

A reconsideração pelo juízo de origem, quando definida tese destoante em julgamento de recurso especial repetitivo, está disciplinada no art. 1041, I, do novo CPC, em perfeita consonância com o art. 896-C, § 11, II da CLT, que, a propósito de recursos de revista sobrestados enquanto se julga incidente de recursos de revista repetitivos, prescreve: "serão novamente examinados pelo Tribunal de origem na hipótese de o acórdão recorrido divergir da orientação do Tribunal Superior do Trabalho a respeito da matéria."[17]

A reclamação está prevista no art. 988 do CPC e cabe, por provocação da parte ou do Ministério Público, para preservar a competência do tribunal, garantir a autoridade das decisões do tribunal, garantir a observância de enunciado de súmula vinculante ou de decisão do STF em controle concentrado de constitucionalidade e, na fração de maior interesse, para "garantir a observância de acórdão proferido em julgamento de incidente de resolução de demandas repetitivas ou em incidente de assunção de competência". Antes de se concluir a sua *vacatio legis*, o novo CPC sofreu modificação para, depois de se ratificar essa chancela legal para a reclamação, e se confirmar que a reclamação será inadmissível quando a decisão reclamada já houver transitado em julgado, acrescer-se, enfim, que também não será admitida a reclamação "proposta para garantir a observância de acórdão de recurso extraordinário com repercussão geral reconhecida ou de acórdão proferido em julgamento de recursos extraordinário ou especial repetitivos, quando não esgotadas as instâncias ordinárias" (art. 988, § 5º, II, do CPC).

A preocupação do legislador, ao encetar essa pequena, mas significativa, modificação nas regras de cabimento da reclamação, foi, certamente, a de não congestionar a pauta das instâncias superiores com reclamações movidas em face de decisões de primeira instância, reservando aos tribunais regionais a competência natural de rever, antes e em recursos ordinários, as sentenças que destoassem da jurisprudência uniformizada.

4. A admissibilidade do recurso ordinário – A chance perdida

Enquanto não sobreveio a Lei n. 13.105, de 2015, que regula o novo CPC, vigorou entre nós o art. 518,

---

(17) É o que se extrai, igualmente, do art. 21, II, do Ato n. 491/SEGJUD.GP, de 23 de setembro de 2014, Ato da Presidência do Tribunal Superior do Trabalho.

§ 1º, do CPC de 1973 (modificado, para acréscimo desse dispositivo, pela Lei n. 11.276/2006) que autorizava o juiz de primeiro grau cuja decisão estava em consonância com súmulas do STF e do STJ a trancar a apelação. *Ipsis litteris*: "O juiz não receberá o recurso de apelação quando a sentença estiver em conformidade com súmula do Superior Tribunal de Justiça ou do Supremo Tribunal Federal." As súmulas seriam, portanto, impeditivas de recurso.

A adoção supletiva dessa regra pela Justiça do Trabalho impediria que acudissem ao TST recursos de revista quando desde o primeiro grau de jurisdição já se houvesse observado orientação jurisprudencial, súmula do TST ou do STF. A denegação do recurso ordinário poderia ser objeto de agravo de instrumento, mas contra a decisão do TRT não caberia a interposição de recurso de revista, conforme enuncia a Súmula n. 214 do Tribunal Superior do Trabalho.

O mencionado artigo do CPC de 1973 não foi, porém, repristinado pelo CPC de 2015/2016 em razão de este haver eliminado o primeiro juízo de admissibilidade da apelação, que haverá de ascender ao tribunal local sem que o juiz de primeiro grau analise se ela é ou não admissível (art. 1010, § 3º, do novo CPC). Aparentemente, o fim do primeiro juízo de admissibilidade das apelações estaria, por via oblíqua, a impedir a aplicação supletiva de igual regra no processo do trabalho – dado que inexistente essa regra na nova sistemática processual.

Temos, contudo, alguma resistência a esse entendimento, que parece ser resignadamente aceito pelos primeiros e qualificados intérpretes da nova ordem processual. É que o sistema processual civil, faz algum tempo, dispõe coerentemente acerca de serem insusceptíveis de reforma as decisões que envolvem matéria estritamente jurídica se essa matéria já estiver definitivamente decidida por jurisprudência que se houver uniformizado em instância extraordinária. Ao juiz de primeiro grau cabia trancar a apelação (art. 518, § 1º, do CPC de 1973) porque ao tribunal, em segunda instância, não competia decidir em contraste com a orientação jurisprudencial antes estabilizada.

O respeito aos precedentes (*ratio decidendi* + tese jurídica) e às súmulas ou teses fixadas em julgamentos de casos repetitivos potencializou-se, bem se sabe, com o CPC de 2015/2016 e, no âmbito trabalhista, com a Lei n. 13.015/2014. O novo CPC autoriza o juiz de primeiro grau a indeferir liminarmente a petição inicial quando o pedido contrariar enunciado de súmula do STF ou do STJ, julgamento de casos repetitivos ou súmula de tribunal de justiça sobre direito local (art. 332). A interpretação lógica e sistêmica do ordenamento jurídico permite concluir que aos juízes de todos os graus de jurisdição cabe impedir que se inicie ou se desenvolva o processo voltado à vulneração da jurisprudência já consolidada.

O indeferimento da petição inicial estaria facultado também ao juiz do trabalho, dado que incidiriam, combinadamente, os arts. 15 e 332 do CPC de 2015/2016, consoante recomendam os arts. 1º e 15, I da IN n. 39/2016. Se ao juiz do trabalho, em primeira instância, cabe proceder ao primeiro juízo de admissibilidade do recurso ordinário, pois *legem habemus* (art. 897, *b* da CLT), e aos tribunais de segundo grau não compete examinar a matéria de fundo quando a sentença recorrida houver adotado a jurisprudência sumulada ou assente em julgamento de casos repetitivos (art. 932, IV, do novo CPC, e art. 6º, § 1º, III, da IN n. 39/2016), o juiz do trabalho poderia, *a fortiori*, negar seguimento a recurso ordinário que investisse (somente) contra decisão sobre matéria jurídica se essa decisão estivesse consonante com precedentes em casos repetitivos, súmulas e orientações jurisprudenciais dos tribunais superiores.

No entanto, o TST, ao editar a Instrução Normativa n. 39/2016, preferiu conter-se e não autorizar esse entendimento *de lege ferenda*, o que conota a intenção, inclusive, de não interferir demasiadamente em matéria que comporta alguma controvérsia e terá seus desdobramentos naturais aos cuidados dos juízes de primeira e segunda instâncias. De toda sorte, a Lei n. 13.256/2016 trouxe modificação que impedirá o acesso ao TST desses processos que contenham decisões respaldadas em julgamento de casos repetitivos, pois o art. 1030, § 2º, do CPC, prevê, para a impugnação de tais decisões, apenas o agravo interno.

5. A admissibilidade do recurso de revista quanto aos pressupostos intrínsecos

Ao julgar os recursos de revista, o Tribunal Superior do Trabalho cumpre "a missão constitucional de guardião da segurança jurídica no que se refere às demandas trabalhistas", como anotam Kátia Arruda e Rubem Milhomem[18].

As funções do TST atendem ao princípio federativo e, nessa medida, restringem-se, no tocante ao recurso de revista – o mais importante dos recursos que aprecia – à

---

(18) ARRUDA, Kátia Magalhães; MILHOMEM, Rubem. *A Jurisdição Extraordinária do TST na Admissibilidade do Recurso de Revista*. São Paulo: LTr, 2012. p. 17.

função de garantir a aplicação das normas constitucionais e legais de incidência em todo o território nacional e à de definir a interpretação adequada de leis nacionais e de normas estaduais, convencionais ou regulamentares de abrangência suprarregional. Assim está detalhadamente regulado no art. 896 da CLT, cabendo aqui a palavra consciente de Ricardo José Macêdo de Britto Pereira:

> É necessário compreender a função de zelar pelo direito e por sua uniformidade de interpretação, a partir de referências textuais que se abre para outras disposições e fatores externos e são apreendidas diferentemente, segundo experiências particularizadas e valores compartilhados pela coletividade em cada tempo e lugar. Essas leituras feitas desde variados pontos de vista dão lugar a uma pluralidade de significados. A jurisprudência dos tribunais superiores atende em parte o ideário da unidade, previsibilidade e segurança jurídica, estando ao mesmo tempo sujeita às modificações de entendimento, para impedir a exclusão de indivíduos e grupos dos direitos assegurados no ordenamento jurídico, numa sociedade altamente dinâmica e aberta.[19]

Durante algum tempo, coube ao TST resolver a divergência entre turmas de um mesmo tribunal regional, uma vez que até antes de viger a Lei n. 9.756/1998 o art. 896, *a*, da CLT, previa o cabimento do recurso de revista quando acórdão regional desse ao mesmo dispositivo de lei federal interpretação diversa da que lhe houvesse dado "o mesmo ou outro Tribunal Regional". A mencionada lei modificou o texto legal para facultar o recurso de revista em razão da divergência com interpretação dada por "outro Tribunal Regional do Trabalho", mas nada esclareceu sobre o órgão judicial ao qual caberia dirimir as divergências internas, entre turmas dos tribunais regionais.

A consequência é conhecida: os recursos de revista não eram admitidos quando visavam à solução de dissensos internos dos tribunais regionais, mas o eram quando a divergência se apresentava entre turmas de tribunais diferentes. Obviamente, o desentendimento entre turmas de regionais distintos não significa, necessariamente, a discordância entre as correspondentes cortes regionais. E como foi insuficiente prescrever que os tribunais regionais deveriam uniformizar sua jurisprudência para evitar que o entendimento minoritário, em cada qual, ensejasse a apreciação de recursos de revista (art. 896, § 3º, da CLT), sobreveio a Lei n. 13.015/2014 e, nela, a regra de que os presidentes (ou vice-presidentes) de tribunais regionais, responsáveis pelo primeiro exame de admissibilidade das revistas, e bem assim os ministros relatores no âmbito do TST, devem determinar a uniformização da jurisprudência regional sempre que constatem a "existência de decisões atuais e conflitantes no âmbito do mesmo Tribunal Regional do Trabalho sobre o tema objeto de recurso de revista" (art. 896, §§ 4º e 5º, da CLT).

A partir de quando uniformizada a jurisprudência regional, "unicamente a súmula regional ou a tese jurídica prevalecente no Tribunal Regional do Trabalho e não conflitante com súmula ou orientação jurisprudencial do Tribunal Superior do Trabalho servirá como paradigma para viabilizar o conhecimento do recurso de revista, por divergência" (art. 896, § 6º, da CLT). São muitos os incidentes de uniformização de jurisprudência regional instaurados pelos ministros do TST e assim se procura atribuir ao Tribunal Superior do Trabalho a incumbência de dissipar a divergência jurisprudencial entre tribunais regionais, não mais entre órgãos fracionários do mesmo tribunal ou de tribunais distintos.

5.1. Vetores impeditivos da admissibilidade do recurso de revista

Antes de sobrevir a Lei n. 13.015/2014, o art. 896, *a*, da CLT já previa que o recurso de revista interposto em razão de divergência jurisprudencial não seria admitido se a decisão recorrida estivesse em consonância com súmula do TST e, nessa senda, a Súmula n. 333 do TST emprestava amplitude a essa restrição legal ao preconizar: "não ensejam recurso de revista decisões superadas por iterativa, notória e atual jurisprudência do Tribunal Superior do Trabalho." Vale dizer: ainda que estivesse revelado o dissenso entre os tribunais regionais, ou entre eles e a SBDI-1, a afinidade entre o acórdão regional e a jurisprudência uniformizada pelo TST era um vetor contrário à admissibilidade, impedindo-a enfim.

O texto normativo inaugurado com a Lei n. 13.015/2014 veio em endosso dessa restrição ao incluir, entre os parágrafos do art. 896 da CLT, o § 7º: "A divergência apta a ensejar o recurso de revista deve ser atual, não se considerando como tal a ultrapassada por súmula do Tribunal Superior do Trabalho ou do Supremo Tribunal Federal, ou superada por iterativa e notória jurisprudência do Tribunal Superior do Trabalho."

---

(19) PEREIRA, Ricardo José Macêdo de Britto. *Recursos de Natureza Extraordinária no TST*: recurso de revista e embargos de divergência. Salvador: Editora JusPodivm, 2015. p. 49.

Vê-se que pelo menos três outros vetores impeditivos da admissibilidade do recurso de revista surgiram com a Lei n. 13.015/2014:

a) o primeiro, a impedir que acesse o TST recurso interposto contra decisão que discrepa de outras decisões do mesmo tribunal regional, caso em que se determina o retorno à corte desavinda a fim de uniformizar ela a sua jurisprudência (art. 896, § 4º, da CLT: "Ao constatar, de ofício ou mediante provocação de qualquer das partes ou do Ministério Público do Trabalho, a existência de decisões atuais e conflitantes no âmbito do mesmo Tribunal Regional do Trabalho sobre o tema objeto de recurso de revista, o Tribunal Superior do Trabalho determinará o retorno dos autos à Corte de origem, a fim de que proceda à uniformização da jurisprudência");

b) o segundo, a impedir que decisão de qualquer dos tribunais regionais possa servir para demonstrar dissenso jurisprudencial depois de uniformizar-se a jurisprudência em âmbito local (art. 896, § 6º, da CLT: "Após o julgamento do incidente a que se refere o § 3º, unicamente a súmula regional ou a tese jurídica prevalecente no Tribunal Regional do Trabalho e não conflitante com súmula ou orientação jurisprudencial do Tribunal Superior do Trabalho servirá como paradigma para viabilizar o conhecimento do recurso de revista, por divergência");

c) o terceiro, a obstar que suba à apreciação do TST recurso interposto em relação à matéria a ser apreciada em julgamento de recurso repetitivo, sempre que o ministro responsável pela decisão de afetação ordenar a suspensão dos processos sobre o mesmo tema (art. 896-C, § 5º, da CLT, e art. 5º da IN n. 38/2015), cabendo à presidência (ou vice-presidência) do TRT, a quem caiba o primeiro juízo de admissibilidade, aguardar o julgamento do incidente de recurso repetitivo e, depois, negar seguimento ao recurso de revista quando o acórdão recorrido coincide com a tese adotada pelo TST (art. 896-C, § 11, I) ou encaminhá-lo à reconsideração pela turma regional na hipótese de ela não haver adotado a tese paradigma (art. 896-C, § 11, II).

Em rigor, o advento do Novo Código de Processo Civil acresceu, a nosso ver, mais um vetor impeditivo do recurso de revista. É que o incidente de resolução de demandas repetitivas pode gerar tese que haverá de ser aplicada em toda a instância regional (art. 985) ou, havendo recurso para o TST, em todo o território nacional (art. 987, § 2º). Logo, a alegação de divergência jurisprudencial entre tribunais regionais será inidônea se fundada em tese jurídica que contrarie aquela adotada em julgamento de incidente de resolução de demandas repetitivas (IRDR). O cabimento do IRDR no processo do trabalho tem hoje, como visto, o beneplácito do art. 8º da IN n. 39/2016.

5.2. Novas exigências formais para viabilizar a análise dos pressupostos intrínsecos

Os pressupostos intrínsecos, normalmente associados ao *modo de recorrer*[20] ou, para outros, a *fatores internos da decisão*[21], devem ser sustentados analiticamente, pois assim exige o art. 896, § 1º-A, da CLT (com rigor maior que o previsto pelo art. 1.029 do CPC para outros recursos de natureza extraordinária). Segundo o mencionado dispositivo da Consolidação das Leis do Trabalho, caberá à parte que interpuser o recurso de revista: I – indicar o trecho da decisão recorrida que consubstancia o prequestionamento da controvérsia objeto do recurso de revista; II – indicar, de forma explícita e fundamentada, contrariedade a dispositivo de lei, súmula ou orientação jurisprudencial do Tribunal Superior do Trabalho que conflite com a decisão regional; III – expor as razões do pedido de reforma, impugnando todos os fundamentos jurídicos da decisão recorrida, inclusive mediante demonstração analítica de cada dispositivo de lei, da Constituição Federal, de súmula ou orientação jurisprudencial cuja contrariedade aponte.

Tais elementos formais se somam a outros que desde sempre foram exigidos para a análise dos pressupostos

---

(20) MARINONI, Luiz Guilherme; ARENHART, Sérgio Cruz; MITIDIERO, Daniel. *Novo Código de Processo Civil*. São Paulo: Revista dos Tribunais, 2016, p. 1051. Os autores enumeram, como pressupostos ou requisitos intrínsecos de admissibilidade recursal: o cabimento, o interesse recursal, a legitimidade para recorrer e a inexistência de fato extintivo do direito de recorrer. Como requisitos extrínsecos, relacionados ao *poder de recorrer*, os autores citam a tempestividade, a regularidade formal, a inexistência de fato impeditivo do direito de recorrer e o preparo.

(21) NERY JUNIOR, Nelson. *Princípios Fundamentais*: teoria geral dos recursos. São Paulo: Revista dos Tribunais, 2000. p. 240-241. Embora o autor afirme adotar o critério de Barbosa Moreira, que dá aos pressupostos intrínsecos e extrínsecos os significados referidos na nota anterior (Marinoni *et alii*), prefere ele definir os pressupostos intrínsecos como "aqueles que dizem respeito à decisão recorrida em si mesmo considerada" e os pressupostos extrínsecos como os que "respeitam aos fatores externos à decisão judicial que se pretende impugnar". Alexandre Simões Lindoso, em capítulo reservado a essa distinção, traz comparativo interessante sobre o modo como vários renomados processualistas se referem aos pressupostos intrínsecos e extrínsecos (LINDOSO, Alexandre Simões. *Técnica dos Recursos Trabalhistas Extraordinários*. São Paulo: LTr, 2010. p. 132).

intrínsecos, a exemplo da apresentação de aresto divergente, sendo esse o caso, em conformidade com a Súmula n. 337 do TST. As turmas do TST têm sido austeras quanto à observância dessas novas exigências formais a serem cumpridas pela parte a fim de obter o exame, em juízo de admissibilidade, dos pressupostos intrínsecos acima referidos.

A saber, a indicação do trecho da decisão que consubstancia o prequestionamento normalmente se dá mediante a transcrição do segmento do acórdão regional que contém os fundamentos adotados pelo TRT, não se aceitando que a parte transcreva todo o capítulo da decisão recorrida se apenas parte dela serve à indicação precisa do objeto do recurso[22]. Não basta, por outro lado, dizer contrariada a lei, outra espécie normativa ou verbete da jurisprudência, pois se impõe à parte explicitar os motivos pelos quais a norma, a súmula ou a orientação jurisprudencial foi vulnerada. E a pretensão recursal deve estar não apenas fundamentada, mas assim se apresentar em relação a todos os fundamentos da decisão recorrida, indicando-se de que forma cada dispositivo ou enunciado sofreu violação ou contrariedade.

Essas exigências formais atendem, a nosso ver, a dois claros propósitos: o da *dialetização* e o da *dinamização* da atividade jurisdicional. Para que a instância recursal esteja segura de que provê jurisdição nos limites do interesse deduzido em juízo, a parte recorrente deve estabelecer um diálogo claro com o órgão de jurisdição, especificando suas razões e objetivos, pois somente assim poderá ter a expectativa de uma decisão exaustivamente fundamentada (art. 489, § 1º, do CPC) – a exigência de argumentação exaustiva é a contraparte da exigibilidade de decisão fundamentada, tal por qual.

A seu turno, a admissibilidade mais restrita dos recursos extraordinários, inclusive do recurso de revista (consulta-se, agora e além do mais, a existência de conflito interno na corte regional, a preexistência de julgamento de caso repetitivo e a suprarregionalidade do conflito), está a recomendar que a parte recorrente, e seu contraposto, entreguem pronta a matéria recursal, com todos os seus claros delineamentos, de modo a evitar que o juízo *ad quem* consuma tempo excessivo, ou tempo não razoável, a investigar se estão presentes os pressupostos intrínsecos (que reclamam a unificação da jurisprudência) ou seus vetores impeditivos (que inibem, porque já antes satisfeita, a pretensão de unidade jurisdicional).

6. A primazia da decisão de mérito como vetor positivo para a admissibilidade – Saneamento de vícios formais

O rigor exigido na demonstração dos pressupostos intrínsecos não deve, portanto, ser compreendido como um método de *jurisprudência defensiva* que se prestaria apenas a dificultar o acesso dos recursos de revista ao TST. Atende, como se tentou alinhavar, aos propósitos da dialetização e da dinamização da atividade jurisdicional. Tanto é assim que as alterações sofridas pela CLT e pelo processo civil exaltam, em contraponto, o *princípio da primazia da decisão de mérito*, cujo conteúdo jurídico é sintetizado por Fredie Didier Jr.:

> O CPC consagra o princípio da primazia da decisão de mérito. De acordo com esse princípio, deve o órgão julgador priorizar a decisão de mérito, tê-la como objetivo e fazer o possível para que ocorra. A demanda deve ser julgada – seja ela a demanda principal (veiculada pela petição inicial), seja um recurso, seja uma demanda incidental.[23]

No CPC de 2015, o professor Didier Jr. ilustra o postulado da preeminência das decisões de mérito fazendo remissão, dentre tantos, ao art. 4º ("As partes têm o direito de obter em prazo razoável a solução integral do mérito, incluída a atividade satisfativa"), ao art. 6º ("Todos os sujeitos do processo devem cooperar entre si para que se obtenha, em tempo razoável, decisão de mérito justa e efetiva"), ao art. 76 (prevê o direito geral de o juiz determinar seja sanada a incapacidade processual ou a irregularidade da representação da parte) e ao art. 139, IX (o juiz tem o dever de determinar o suprimento de pressupostos processuais e o saneamento de outros vícios processuais).

No processo do trabalho, é igualmente ilustrativo desse princípio o art. 896, § 11, da CLT, introduzido pela Lei n. 13.015/2014: "Quando o recurso tempestivo contiver defeito formal que não se repute grave, o Tribunal Superior do Trabalho poderá desconsiderar o vício ou mandar saná-lo, julgando o mérito." Em igual sentido, mas voltado à Justiça Comum, o art. 1.029, § 3º,

---

(22) Nesse sentido: RR n. 172000-12.2003.5.03.0060, Relator Ministro: Augusto César Leite de Carvalho, Data de Julgamento: 11.05.2016, 6ª Turma, Data de Publicação: DEJT 13.05.2016; RR n. 216-96.2014.5.03.0054, Relator Ministro: Augusto César Leite de Carvalho, Data de Julgamento: 11.05.2016, 6ª Turma, Data de Publicação: DEJT 13.05.2016.

(23) DIDIER JR., Fredie. *Curso de Direito Processual Civil*: introdução ao direito processual civil, parte geral e processo de conhecimento. Salvador: JusPodivm, 2016. p. 137. v. 1.

do CPC: "O Supremo Tribunal Federal ou o Superior Tribunal de Justiça poderá desconsiderar vício formal de recurso tempestivo ou determinar sua correção, desde que não o repute grave."

Ao editar a Instrução Normativa n. 39/2016, o TST não precisou endossar, porque desnecessária, a aplicação do art. 1.029, § 3º, do CPC, mas esteve atento à aplicação, até por similitude, do art. 932, parágrafo único, do novo CPC – "antes de considerar inadmissível o recurso, o relator concederá o prazo de 5 (cinco) dias ao recorrente para que seja sanado vício ou complementada a documentação exigível" – e o disse compatível com o processo do trabalho[24].

A Instrução Normativa n. 39/2016 indica, ainda e no que interessa a este tópico, a compatibilidade com o processo do trabalho, por igual, dos §§ 1º e 2º do art. 938 e dos §§ 2º e 7º do art. 1007, a saber:

> Art. 938 [...]
>
> § 1º Constatada a ocorrência de vício sanável, inclusive aquele que possa ser conhecido de ofício, o relator determinará a realização ou a renovação do ato processual, no próprio tribunal ou em primeiro grau de jurisdição, intimadas as partes.
>
> § 2º Cumprida a diligência de que trata o § 1º, o relator, sempre que possível, prosseguirá no julgamento do recurso.
>
> Art. 1007 [...]
>
> § 2º A insuficiência no valor do preparo, inclusive porte de remessa e de retorno, implicará deserção se o recorrente, intimado na pessoa de seu advogado, não vier a supri-lo no prazo de 5 (cinco) dias.
>
> § 7º O equívoco no preenchimento da guia de custas não implicará a aplicação da pena de deserção, cabendo ao relator, na hipótese de dúvida quanto ao recolhimento, intimar o recorrente para sanar o vício no prazo de 5 (cinco) dias.

Como nota Cláudio Brandão, o art. 896, § 11, da CLT, há pouco transcrito, tem a "virtude de representar, menos uma regra, e mais a ampliação e concretização do princípio da instrumentalidade das formas, especificamente em matéria recursal"[25]. O eminente professor e ministro do TST submete o preceito legal à análise e então observa que ele estabelece: a) uma *cláusula de barreira* que é a tempestividade do recurso cujo vício se pretende sanar; b) a existência de "defeito formal", o que remete "à maneira pela qual o ato jurídico é praticado, seja no que diz respeito ao elemento externo à vontade manifestada [...], seja em relação aos requisitos indicados na lei como imprescindíveis para ser considerado existente ou válido"; c) vício que não se repute grave, o que estaria relacionado, em princípio, a nulidades relativas (quando a norma atingida é de natureza cogente de tutela de interesse privado) ou a casos de anulabilidade (se a norma atingida é meramente dispositiva).

A pergunta que se faz é acerca de quais os vícios formais releváveis, ou seja, quais os que podem ser sanados. Parece-nos, em uma primeira reflexão, que é preciso distinguir, com apoio nas lições de Carnelutti, dois significados para *forma*, pois tanto é formal o ato que soleniza cada um dos fatos processuais[26] (ex.: atas ou termos) quanto é formal o modo como se realiza a progressão entre um e outro fatos do processo[27] (ex.: indicação de qual a pretensão recursal e seu fundamento).

O defeito no ato formal (ex.: guia de custas ilegível ou incompleta[28], procuração inidônea, fotocópia sem nitidez de ato de investidura em cargo diretivo de entidade sindical que outorga procuração etc.) haverá, ao que intuímos, de ser relevado, permitindo-se que a parte o saneie e assim se proceda à decisão de mérito.

---

(24) *Vide* art. 10 da Instrução Normativa n. 39/2016.

(25) BRANDÃO, Cláudio. *Reforma do Sistema Recursal Trabalhista*. São Paulo: LTr, 2015. p. 81-88.

(26) Como ilustra Carnelutti, "para apreender a forma do real, ou o real na sua forma, basta abrir os olhos. Abri-los, digo, embora logo a seguir se fechem de novo. Insisto na comparação com fotografia: a forma é o resultado de um instantâneo (como se costuma dizer), isto é de um abrir e fechar de objetiva. A forma é, portanto, um aspecto da realidade, aquela parte da realidade que se revela, ou seja, que se ilumina em cada percepção. O primeiro aspecto que de si a realidade mostra é a sua forma" (CARNELUTTI, Francesco. *Teoria Geral do Direito*. Tradução de Antônio Carlos Ferreira. São Paulo: Lejus, 1999. p. 17).

(27) Nesse caso, "a essência do fato formal é, portanto, a transformação. Este conceito deve construir-se muito cautelosamente, devendo ter-se, sobretudo, presente que a transformação supõe não só a sucessão, como também a progressão. Podemos defini-la como uma sucessão contínua de situações espacial e formalmente diferenciadas, ou como uma progressão de situações qualitativamente diversas. O essencial do conceito está também aqui na continuidade, a qual, referida à diversidade formal entre o princípio e o evento, se resolve na existência, entre as duas situações extremas, de uma multiplicidade de situações intermediárias, ligando a forma do primeiro à do segundo [...]" (Carnelutti, *op. cit.*, p. 66).

(28) A jurisprudência que emana das turmas do TST já se tem posicionado no sentido de relevar defeitos de impressão (RR n. 1201-11.2013.5.03.0051), autenticação mecânica ou bancária parcialmente ilegível (RR n. 626-51.2011.5.01.0205, RR n. 1728-39.2012.5.01.0055, RR n. 974-67.2014.5.23.0006 e RR n. 191-11.2012.5.06.0009), preenchimento incorreto das guias de custas e depósito recursal (RR n. 2027-88.2013.5.03.0034), ausência de identificação do processo (RR n. 917-86.2011.5.02.0055), irregularidade no preenchimento da guia do depósito recursal (RR n. 296-76.2012.5.04.0030, RR n. 755-68.2014.5.06.0122, RR n. 1757-92.2014.5.11.0006 e RR n. 11515-13.2014.5.03.0073).

O mesmo não deve suceder em relação à *forma-progressão*, ou seja, ao modo de a parte conduzir-se com vistas a atender aos pressupostos intrínsecos e extrínsecos do recurso por ela interposto. As petições se prestam à *forma-progressão* enquanto os documentos (atas, termos, guias de depósito etc.) se revelam *atos formais*. É como dizer:

a) a pessoa que recorre deve ter legitimidade para fazê-lo, por ser parte sucumbente, terceiro interveniente ou *amicus curiae* (este nos casos do art. 138, § 1º, do CPC), sendo tal um pressuposto extrínseco a ser atendido desde a primeira hora, não sanável; mas o documento, ou ato formal, que revela o interesse do terceiro, se defeituoso, pode ser corrigido para que então se avance para o exame do mérito;

b) o advogado que subscreve a petição do recurso deve ser mandatário da parte e esse é um pressuposto extrínseco não relevável; mas os atos ou instrumentos de mandato ou substabelecimento podem ser regularizados, se inicialmente defeituosos;

c) a tempestividade do recurso é, como antecipa o art. 896, § 11, da CLT, pressuposto extrínseco que não pode ser relevado, mas o documento que revela feriado local, apto a fazer tempestivo o apelo, pode ser conduzido aos autos em um momento seguinte, conforme já recomenda a Súmula n. 385, III do TST;

d) o depósito recursal compõe o preparo do recurso e não pode ser postergada a sua realização integral ou a sua comprovação (art. 10, parágrafo único, da IN n. 39/2016), mas os eventuais defeitos na guia comprobatória do depósito recursal, a exemplo de sua parcial ilegibilidade, podem ser relevados ou sanados, em prazo para tanto assinado[29];

e) as exigências formais previstas no art. 896, § 1º-A (indicação do trecho do acórdão regional que consubstancia a controvérsia, alegação fundamentada de violação de lei ou contrariedade a verbete de súmula e cotejo analítico), ou ainda a existência de dissenso com a jurisprudência atual, permitem, alternativamente, a progressão do recurso de revista e afetam a pressupostos intrínsecos que devem ser atendidos no momento da sua interposição, mas o documento que comprova a divergência jurisprudencial (ex.: cópia de acórdão juntado na íntegra para atestar a dissonância entre os seus fundamentos e a decisão recorrida) pode ter defeitos físicos ou materiais (ex.: cópia sem autenticação, ou com fonte de publicação imprecisa) que comportam saneamento.

Ao que se apresenta no contexto do Novo CPC e em achegas da IN n. 39/2016, ao menos uma exceção a esse modelo hermenêutico – segundo o qual o vício material em atos formais pode ser sanado, não o podendo ser as exigências de rito (que são também formais, mas não são atos formais instantâneos e meramente documentais, conotando *progressão* ou *transformação*) – deve ser mencionada: ao referir-se ao art. 1007 do Novo CPC, a IN n. 39/2016 do TST afirma serem aplicáveis apenas os seus §§ 2º e 7º, acima transcritos, com um importante remate:

> Parágrafo único do art. 10 da IN n. 39/2016 – A insuficiência no valor do preparo do recurso, no Processo do Trabalho, para os efeitos do § 2º do art. 1007 do CPC, concerne unicamente às custas processuais, não ao depósito recursal.

Em suma, a insuficiência percebida no recolhimento das custas importa o não atendimento de pressuposto extrínseco do recurso, não significando um vício, apenas, no documento (ou ato formal) comprobatório do preparo. Mas é interessante observar que o CPC não regula essa matéria no art. 1029, § 3º (que corresponderia, como visto, ao art. 896, § 11, da CLT, e seria alusivo ao defeito de atos formais). O art. 1007 do Novo CPC está inserido em capítulo que contempla as disposições gerais dos recursos e confere, exclusivamente ao pressuposto objetivo atinente ao preparo, um tratamento diferenciado, qual seja, o de o seu atendimento poder ser protraído.

Conforme se percebe, o TST entendeu, na ocasião em que se debruçou sobre o tema, que somente as custas podem ser complementadas, se o forem quando o relator notificar a parte recorrente, por seu advogado, para fazê-lo. Deixou claro, neste primeiro momento, que lhe pareceu inconciliável com o processo do trabalho a possibilidade de se franquear ao recorrente o complemento do depósito recursal, sobretudo porque o art. 1007, § 4º, do CPC, prevê que essa diferença haveria de ser recolhida em dobro e tal cominação deu ares de ser incompatível com os limites estabelecidos nos parágrafos do art. 899 da CLT.

7. Conclusões

Os estímulos à recorribilidade, tradicionais no direito processual brasileiro, não correspondem a alguma virtual tendência de reforma, pelas instâncias extraordinárias, das decisões regionais. As estatísticas denunciam,

---

(29) *Vide* nota de rodapé anterior.

a um só tempo, a afinidade entre a maior parte das sentenças e acórdãos trabalhistas à jurisprudência consolidada pelo TST e a ascensão da maior parte dos processos ao TST para que ele ultime a prestação jurisdicional por meio de veredictos apenas confirmatórios.

A Lei n. 13.015/2014 e o CPC de 2015, com o beneplácito de instruções normativas do Tribunal Superior do Trabalho, conferem ao sistema de recursos maior racionalidade, pois blindam as instâncias regionais e extraordinárias contra processos nos quais já se aplicou a jurisprudência sedimentada e exigem das cortes recursais a verificação de elementos de distinção identificados pelas instâncias de primeiro ou segundo graus, sem que se possam apegar os tribunais, como o fazem atualmente, a teses jurídicas abstratas que potencialmente desconsideram as especificidades da causa.

O novo sistema processual adota técnicas do *stare decisis* sem impregnar-se de outras características do sistema *common law*; mas incorpora a reclamação e a reconsideração de decisões, dois instrumentos de proteção aos precedentes judiciais que exigem prudência e uso restritivo, para não impedirem o fluxo normal de processos em que se identificam elementos factuais ou jurídicos de distinção.

A par de inovar vetores impeditivos do recurso de revista (em especial o incidente prévio de uniformização da jurisprudência regional e a suspensão de processos durante julgamento de casos repetitivos), o novo sistema recursal estabelece exigências formais inéditas para a veiculação de pressupostos intrínsecos do recurso de revista, com vistas a atender aos propósitos de maior dialetização e dinamização da atividade jurisdicional que se realiza em instância extraordinária.

A primazia da decisão de mérito é princípio informante das novas regras de direito processual e ganha substância na possibilidade, que elas estatuem, de os tribunais relevarem ou permitirem sejam sanados vícios formais que não reputem graves, impedindo que atos formais ou documentos defeituosos embacem a admissibilidade dos recursos e a apreciação da matéria de fundo.

8. Referências bibliográficas

ARRUDA, Kátia Magalhães; MILHOMEM, Rubem. *A Jurisdição Extraordinária do TST na Admissibilidade do Recurso de Revista*. São Paulo: LTr, 2012.

BRANDÃO, Cláudio. *Reforma do Sistema Recursal Trabalhista*. São Paulo: LTr, 2015.

CARNELUTTI, Francesco. *Teoria Geral do Direito*. Tradução de Antônio Carlos Ferreira. São Paulo: Lejus, 1999.

CARVALHO, Augusto César Leite de. "Modulação da Súmula n. 277 do TST na Perspectiva do Novo Sistema Recursal". In: *Direito Constitucional do Trabalho*: princípios e jurisdição constitucional do TST. Gabriela Neves Delgado *et alii* (Coords.). São Paulo: LTr, 2013. p. 263.

DIDIER JR., Fredie. *Curso de Direito Processual Civil*: introdução ao direito processual civil, parte geral e processo de conhecimento. Salvador: JusPodivm, 2016. v. 1.

DWORKIN, Ronald. *Los Derechos en Serio*. Tradução para o espanhol de Marta Guastavino. Tradução livre para o português. Barcelona: Ariel, 2002.

FACÓ, Juliane Dias. *Recursos de Revista Repetitivos*. São Paulo: LTr, 2016.

LEAL, Augusto César Carvalho de. *A decisão judicial como centro de gravidade do princípio da segurança jurídica*: os precedentes judiciais vinculantes como instrumento eficaz de promoção do estado de cognoscibilidade, confiabilidade e calculabilidade do Direito. Disponível em: <http://repositorio.unb.br/bitstream/10482/13844/1/2013_%20AugustoCesardeCarvalhoLeal.pdf>. Acesso em: 17 fev. 2017.

LINDOSO, Alexandre Simões. *Técnica dos Recursos Trabalhistas Extraordinários*. São Paulo: LTr, 2010.

LOURENÇO, Haroldo. *Precedente Judicial como Fonte do Direito*: algumas considerações sob a ótica do novo CPC. Disponível em: <http://www.temasatuaisprocessocivil.com.br/edicoes-anteriores/53-v1-n-6-dezembro-de-2011-/166--precedente-judicial-como-fonte-do-direito-algumas-consideracoes-sob-a-otica-do-novo-cpc>. Acesso em: 17 fev. 2017.

MARINONI, Luiz Guilherme; ARENHART, Sérgio Cruz; MITIDIERO, Daniel. *Novo Código de Processo Civil*. São Paulo: Editora Revista dos Tribunais, 2016.

MOREIRA, José Carlos Barbosa. *Comentários ao Código de Processo Civil*. Rio de Janeiro: Forense, 1976. v. V.

NERY JUNIOR, Nelson. *Princípios Fundamentais*: teoria geral dos recursos. São Paulo: Revista dos Tribunais, 2000.

NUNES, Dierle. *O IRDR do Novo CPC*: este "estranho" que merece ser compreendido. Disponível em: <http://justificando.com/2015/02/18/o-irdr-novo-cpc-este-estranho-que-merece-ser-compreendido/>. Acesso em: 20 fev. 2016.

PEREIRA, Ricardo José Macêdo de Britto. *Recursos de Natureza Extraordinária no TST*: recurso de revista e embargos de divergência. Salvador: Editora JusPodivm, 2015.

SILVA NETO, Manoel Jorge e. *Proteção Constitucional dos Interesses Trabalhistas*: difusos, coletivos e individuais homogêneos. São Paulo: LTr, 2001.

URIARTE, Ermida. *Aplicação Judicial das Normas Constitucionais e Internacionais sobre Direitos Humanos Trabalhistas*. Conferência proferida em 2004 no "Fórum Internacional sobre Direitos Humanos e Direitos Sociais", evento promovido pelo Tribunal Superior do Trabalho, e reproduzida na Revista TST, Brasília, v. 77, n. 2, abr./jun. 2011. Disponível em: <http://aplicacao.tst.jus.br/dspace/bitstream/handle/1939/25360/011_uriarte.pdf?sequence=4>. Acesso em: 02 jan. 2016.

Principiologia do Novo CPC: Reflexos no Direito Processual do Trabalho

Carlos Henrique Bezerra Leite
Doutor e Mestre em Direito (PUC/SP). Professor de Direito Processual do Trabalho e Direitos Metaindividuais da Faculdade de Direito de Vitória (FDV). Titular da Cadeira 44 da Academia Brasileira de Direito do Trabalho. Desembargador do TRT/ES. Ex-Procurador Regional do Ministério Público do Trabalho. Ex-Procurador do Município de Vitória. Ex-Advogado.

1. Uma Singela Homenagem

Este singelo estudo é uma modesta homenagem ao querido amigo, colega, professor e magistrado Desembargador Lorival Ferreira dos Santos, por tudo que representa para a consolidação e fortalecimento do Direito Material e Processual do Trabalho em nosso País.

Estão, pois, de parabéns os organizadores desta obra coletiva, em especial o meu querido amigo e colega Desembargador Francisco Alberto da Motta Peixoto Giordani, pela justa e merecida lembrança a um grande homem que honra a magistratura laboral brasileira.

2. O paradigma do Estado Democrático de Direito e seus impactos no direito processual brasileiro

Depois de diversos momentos históricos de colonização, liberalismo e sucessivas ditaduras políticas, em que o juiz era rotulado de "boca da lei", entramos no paradigma do *Estado Democrático de Direito*, também chamado de *Estado Constitucional*, *Estado Pós-Social* ou *Estado Pós-Moderno*, cujos fundamentos residem não apenas na proteção e efetivação dos direitos humanos (ou fundamentais) de *primeira dimensão* (direitos civis e políticos) e *segunda dimensão* (direitos sociais, econômicos e culturais), como também dos *direitos de terceira dimensão* (direitos ou interesses difusos, coletivos e individuais homogêneos).

Podemos dizer, portanto, que o *Estado Democrático de Direito* tem como princípio estruturante a dignidade da pessoa humana, ladeado pelos princípios da liberdade, igualdade e solidariedade. Vale dizer, a dignidade da pessoa humana passa a ser o epicentro de todo o sistema político, jurídico, econômico e social.

Para propiciar a máxima efetividade desses princípios, a Constituição elegeu alguns objetivos fundamentais que devem ser implementados não apenas pelo Estado, como também pela sociedade e por todos os cidadãos e cidadãs, como a construção de uma sociedade mais livre, justa e solidária, a correção das desigualdades sociais e regionais, a promoção do bem-estar e justiça sociais para todas as pessoas sem quaisquer espécies de preconceitos, o desenvolvimento socioambiental, a paz e a democracia.

Em verdade, o principal objetivo do Estado Democrático de Direito não é apenas justificar os direitos civis, políticos, sociais e metaindividuais como direitos humanos e fundamentais, como também garanti-los. Daí a importância do Poder Judiciário (e do processo) na promoção da defesa dos direitos fundamentais e da inclusão social, especialmente por meio do controle judicial de políticas públicas.

Afinal, se o nosso tempo é marcado por uma sociedade de massa, profundamente desigual e contraditória, então as lesões aos direitos humanos, notadamente os de ordem social, alcançam dezenas, centenas, milhares ou milhões de cidadãos. São lesões de massa (macrolesões) que exigem um novo comportamento dos atores jurídicos em geral e do juiz em particular, voltado para tornar efetivos os interesses difusos, coletivos e individuais homogêneos, cujos conceitos são extraídos do CDC (art. 81, parágrafo único), verdadeiro código de acesso à justiça na pós-modernidade.

A "jurisdição justa" passa, então, a ser a gênese do sistema pós-moderno de acesso individual e coletivo à justiça (CF, art. 5º, XXXV), razão pela qual o Judiciário torna-se o Poder mais importante na "era dos direitos". A principal luta do povo não é mais a criação de novas leis, e sim a manutenção dos direitos. Em verdade, a luta é por democracia e direitos.

3. A constitucionalização do processo

O processo, no *Estado Democrático de Direito*, passa a ser compreendido a partir dos princípios e objetivos fundamentais (CF, arts. 1º, 3º e 4º), bem como pelos princípios processuais de acesso à justiça insculpidos no Título II ("Dos Direitos e Garantias Fundamentais"), Capítulo I ("Dos Direitos e Deveres Individuais e Coletivos"), especialmente os princípios da inafastabilidade da jurisdição (CF, art. 5º, XXXV), do devido processo legal (*idem*, incisos LIV e LV), da ampla defesa (autor e réu) e contraditório e o da duração razoável do processo (*idem*, inciso LXXVIII).

Trata-se do fenômeno conhecido como **constitucionalização do processo**, o qual, como lembra Cassio Scarpinella Bueno:

> convida o estudioso do direito processual civil (e do trabalho, acrescentamos) a lidar com métodos hermenêuticos diversos – a filtragem constitucional de que tanto falam alguns constitucionalistas – tomando consciência de que a interpretação do direito é *valorativa* e que o processo, como método de atuação do Estado, não tem como deixar de ser, em igual medida, valorativo, até como forma de realizar adequadamente aqueles *valores*: no e pelo processo. A dificuldade reside em identificar adequadamente estes *valores* e estabelecer parâmetros os mais objetivos possíveis para que a interpretação e aplicação do direito não se tornem aleatórias, arbitrárias ou subjetivas. A neutralidade científica de outrora não pode, a qualquer título, ser aceita nos dias atuais.[1]

A **constitucionalização do processo**, que tem por escopo a **adequação, a tempestividade e a efetividade do acesso** individual e coletivo ao Poder Judiciário brasileiro, possui algumas características[2], como:

- a **inversão dos papéis da lei e da CF**, pois a legislação deve ser compreendida a partir dos princípios constitucionais de justiça e dos direitos fundamentais;

- o **novo conceito de princípios jurídicos**, uma vez que os princípios jurídicos, especialmente os que têm assento constitucional, passam a ser normas de introdução ao ordenamento jurídico, superando, assim, a posição de meras fontes subsidiárias como prevista na Lei de Introdução às Normas do Direito Brasileiro (art. 4º);

- os **novos métodos de prestação da tutela jurisdicional**, que impõem ao juiz o dever de interpretar a lei conforme a Constituição, de controlar a constitucionalidade da lei, especialmente atribuindo-lhe novo sentido para evitar a declaração de inconstitucionalidade, e de suprir a omissão legal que impede a proteção de um direito fundamental;

- a **coletivização do processo** por meio de instrumentos judiciais para proteção do meio ambiente, patrimônio público e social e outros interesses metaindividuais (difusos, coletivos e individuais homogêneos dos trabalhadores, aposentados, mulheres, negros, pobres, crianças, adolescentes, consumidores etc.), como a ação civil pública, o mandado de segurança coletivo, a ação popular, o mandado de injunção coletivo;

- a **ampliação da legitimação** *ad causam* para promoção das ações coletivas reconhecida ao Ministério Público, aos corpos intermediários (associações civis, sindicais etc.) e ao próprio Estado (e suas descentralizações administrativas);

- a **ampliação dos efeitos da coisa julgada** (*erga omnes* ou *ultra pars*) e sua relativização *secundum eventum litis* (segundo o resultado da demanda) para não prejudicar os direitos individuais;

- o **ativismo judicial** (CF, art. 5º, XXXV; CDC, art. 84; LACP, art. 12; CPC/1973, arts. 273 e 461; NCPC, arts. 294, 300, 497 e 536);

---

(1) BUENO, Cassio Scarpinella. *Curso sistematizado de direito processual civil*: teoria geral do direito processual civil. São Paulo: Saraiva, 2007. p. 71. v. 1.

(2) LEITE, Carlos Henrique Bezerra. *Curso de direito processual do trabalho*. 15. ed. São Paulo: Saraiva, 2017, *passim*.

- a **supremacia das tutelas alusivas à dignidade humana e aos direitos da personalidade** sobre os direitos de propriedade, o que permite, inclusive, tutelas inibitórias ou específicas, além de tutelas ressarcitórias nos casos de danos morais individuais e coletivos;
- a possibilidade de **controle judicial de políticas públicas**, conforme previsto no art. 2º do Pacto Internacional de Direitos Econômicos, Sociais e Culturais – PIDESC, ratificado pelo Brasil em 1992.

Em suma, no Estado Democrático de Direito, o processo pode ser definido como o "direito constitucional aplicado", na feliz expressão de Carlos Alberto Alvaro de Oliveira[3], enquanto o acesso à justiça passa a ser, a um só tempo, em nosso ordenamento jurídico, princípio de direito constitucional processual, bem como direito humano e direito fundamental.

É *direito humano* porque é previsto em tratados internacionais de direitos humanos e tem por objeto a dignidade, a liberdade, a igualdade e a solidariedade entre todos os seres humanos, independentemente de origem, raça, cor, sexo, crença, religião, orientação sexual, idade ou estado civil.

Com efeito, o art. 8º da Declaração Universal dos Direitos Humanos, de 1948, dispõe textualmente: "Toda a pessoa tem direito a recurso efetivo para as jurisdições nacionais competentes contra os atos que violem os direitos fundamentais reconhecidos pela Constituição ou pela Lei."

O acesso à justiça é, também, *direito fundamental*, porquanto catalogado no elenco dos direitos e deveres individuais e coletivos constantes do Título II da Constituição da República de 1988, cujo art. 5º, inciso XXXV, prescreve que a "lei não excluirá da apreciação do Poder Judiciário lesão ou ameaça a direito".

4. Novo conceito de princípios jurídicos

A coerência interna de um sistema jurídico decorre dos princípios sobre os quais se organiza. Para operacionalizar o funcionamento desse sistema, torna-se necessária a subdivisão dos princípios jurídicos. Extraem-se, assim, os princípios gerais e os princípios especiais, conforme a natureza de cada subdivisão.

Debruçando-nos, por exemplo, sobre o direito processual e o direito processual civil, verificaremos que o direito processual possui seus princípios gerais, e o direito processual civil, que é um dos seus ramos, possui princípios especiais.

A harmonização do sistema ocorre porque os princípios especiais ou estão de acordo com os princípios gerais ou funcionam como exceção. Nessa ordem, as normas, regras, princípios especiais e princípios gerais seguem a mesma linha de raciocínio, com coerência lógica entre si.

Além da coerência lógica, deve haver uma coerência teleológica entre os princípios que compõem o sistema, consentânea com determinados fins políticos, filosóficos, éticos e sociológicos. Com isso, as normas assumem, no sistema, um caráter instrumental na busca de determinados valores idealizados pela sociedade.

Com efeito, a norma-ápice do ordenamento jurídico pátrio, logo no seu Título I, confere aos princípios o caráter de autênticas normas constitucionais. Vale dizer, já não há mais razão para a velha discussão sobre a posição dos princípios entre as fontes do direito, porquanto os princípios fundamentais inscritos na Constituição Federal passaram a ostentar a categoria de fontes normativas primárias do nosso sistema jurídico e político.

Daí a importância de um novo conceito de princípio jurídico, para além da posição de meras fontes subsidiárias integrativas que ocupavam no paradigma do Estado liberal que influenciou a edição da LICC (Decreto-Lei n. 4.657, de 04.09.1942)[4], utilizada para interpretar e aplicar as normas do Código Civil de 1916, já que os princípios, notadamente os previstos, explícita ou implicitamente, no Texto Constitucional, são as normas jurídicas mais importantes do ordenamento jurídico brasileiro.

O jusfilósofo Norberto Bobbio ressalta a importância dos princípios como fator determinante para a completude do ordenamento jurídico. Segundo esse notável mestre peninsular, os princípios gerais são:

> normas fundamentais ou generalíssimas do sistema, as normas mais gerais. A palavra *princípios* leva a engano, tanto que é velha questão entre os juristas se os princípios gerais são normas. Para mim não há dúvida: os princípios gerais são normas como todas as outras. E esta

---

(3) OLIVEIRA, Carlos Alberto Alvaro de. *Do formalismo no processo civil*. São Paulo: Saraiva, 2003, *passim*.

(4) Por força da Lei n. 12.376, de 2010, o título, ou melhor, o apelido da Lei de Introdução ao Código Civil – LICC foi alterado para "Lei de Introdução às Normas do Direito Brasileiro" – LINDB. O conteúdo dos artigos que compõem o corpo da antiga LICC, porém, ficaram inalterados, ou seja, os princípios gerais de direito continuaram ocupando a posição de simples técnicas de colmatação de lacunas, e não de fontes primárias do Direito Brasileiro.

é também a tese sustentada por *Crisafulli*. Para sustentar que os princípios gerais são normas, os argumentos são dois, e ambos válidos: antes de mais nada, se são normas aquelas das quais os princípios gerais são extraídos, através de um procedimento de generalização sucessiva, não se vê por que não devam ser normas também eles: se abstraio da espécie animal obtenho sempre animais, e não flores ou estrelas. Em segundo lugar, a função para a qual são extraídos e empregados é a mesma cumprida por todas as normas, isto é, a função de regular um caso. E com que finalidade são extraídos em caso de lacuna? Para regular um comportamento não regulamentado: mas então servem ao mesmo escopo a que servem as normas expressas. E por que não deveriam ser normas?[5]

É dizer, os princípios, assim como as regras, são normas jurídicas, razão pela qual a violação a quaisquer dessas espécies normativas implica a invalidação do ato correspondente. Mas em função da posição que ocupam os princípios no Estado Democrático de Direito podemos inferir que desrespeitar um princípio, por implicar ameaça a toda estrutura de um sistema, é muito mais grave do que transgredir uma regra.

5. Funções dos princípios constitucionais fundamentais

Do ponto de vista da dogmática tradicional, os princípios constitucionais fundamentais exercem *tríplice função* no ordenamento jurídico, a saber: informativa, interpretativa e normativa.

A **função informativa** é destinada ao legislador, inspirando a atividade legislativa em sintonia com os princípios e valores políticos, sociais, éticos e econômicos do ordenamento jurídico. Sob essa perspectiva, os princípios atuam com propósitos prospectivos, impondo sugestões para a adoção de formulações novas ou de regras jurídicas mais atualizadas, em sintonia com os anseios da sociedade e atendimento às justas reivindicações dos jurisdicionados.

A **função interpretativa** é destinada ao aplicador do direito, pois os princípios se prestam à compreensão dos significados e sentidos das normas que compõem o ordenamento jurídico. Entre os diversos métodos de interpretação oferecidos pela hermenêutica jurídica, os princípios podem desempenhar um importante papel na própria delimitação e escolha do método a ser adotado nos casos submetidos à decidibilidade.

A **função normativa**, também destinada ao aplicador do direito, decorre da constatação de que os princípios podem ser aplicados tanto de *forma direta*, isto é, na solução dos casos concretos mediante a derrogação de uma norma por um princípio, por exemplo, o princípio da norma mais favorável aos trabalhadores (CF, art. 7º, *caput*), quanto de *forma indireta*, por meio da integração do sistema nas hipóteses de lacuna (CPC, art. 128), como se dá, por exemplo, com a aplicação do princípio da preclusão no campo processual.

Não obstante a importância das referidas funções, cremos ser factível alinhar *outras importantes funções* que os princípios constitucionais fundamentais desempenham no ordenamento jurídico brasileiro:

- integram o direito positivo como normas fundamentais;
- ocupam o mais alto posto na escala normativa;
- são fontes formais primárias do direito (superação da LICC, art. 4º, que coloca os princípios gerais na posição de meras fontes subsidiárias nas hipóteses de lacunas do sistema);
- passam a ser normas de introdução ao ordenamento jurídico brasileiro;
- em caso de conflito entre princípio (justiça) e regra (lei), preferência para o primeiro;
- propiciam a atividade criativa (e vinculativa) do juiz, impedindo o dogma da neutralidade e os formalismos legalistas (supremacia dos valores superiores na interpretação do direito sobre o legalismo restrito);
- prestigiam a verdadeira segurança jurídica, pois a atividade legislativa e a judicante ficam vinculadas à observância dos princípios constitucionais fundamentais;
- vinculam todos os Poderes (Executivo, Legislativo e Judiciário): judicialização da política e politização da justiça (Judiciário);
- estabelecem a *função promocional do Ministério Público* (defesa do regime democrático e do ordenamento jurídico).

6. Hermenêutica principiológica do Novo CPC

Demonstrando conhecer o novo papel dos princípios jurídicos, e em sintonia com a teoria da força

---

(5) BOBBIO, Norberto. *Teoria do ordenamento jurídico*. 10. ed. Brasília: Editora UnB, 1997. p. 158-159.

normativa da Constituição (Konrad Hesse), o Título I do Novo CPC passa a adotar a mesma técnica redacional da Constituição Federal, já que o seu Livro I, Título I, Capítulo I, art. 1º, dispõe, *in verbis*:

> Art. 1º O processo civil será ordenado, disciplinado e interpretado conforme os valores e os princípios fundamentais estabelecidos na Constituição da República Federativa do Brasil, observando-se as disposições deste Código.

É inegável que o Novo CPC adota como premissa ideológica o paradigma do Estado Democrático de Direito e como inspiração hermenêutica o pós-positivismo, sendo que este "não mais se reduz a regras legais, senão, e, principalmente, compõe-se de princípios maiores que representam o centro de gravidade de todo o sistema jurídico"[6].

Em rigor, tal artigo art. 1º, no atual estágio de constitucionalização do direito em geral, e do direito processual em particular, sequer seria necessário, mas, ainda assim, parece-nos importante inseri-lo no frontispício do Novo CPC para reafirmar, dogmaticamente, a supremacia da Constituição sobre as demais espécies normativas que compõem o sistema jurídico brasileiro.

E, nesse ponto, andou bem o Senado Federal, porquanto no Substitutivo da Câmara dos Deputados n. 8.046, de 2010, o referido art. 1º teria a seguinte redação: "O processo civil será ordenado e disciplinado conforme as normas deste Código."

Felizmente, redação final do art. 1º do PLS n. 166/2010, do Senado Federal, foi aprovada na íntegra, pois reconhece expressamente a hierarquia dos valores e princípios constitucionais na interpretação e aplicação dos dispositivos do Novo CPC, o que, certamente, contribuirá para uma nova hermenêutica do processo e para a formação constitucional e humanística dos estudiosos e operadores do direito processual brasileiro, abarcando não apenas o direito processual civil como também, no que couber, o direito processual trabalhista, tributário, administrativo, penal etc.

7. Heterointegração dos sistemas processuais por meio dos princípios constitucionais e infraconstitucionais

De modo inovador, o art. 8º do Novo CPC reconhece literalmente a necessidade de heterointegração (diálogo das fontes) dos diversos sistemas e subsistemas jurídicos, porquanto determina que, ao aplicar o ordenamento jurídico, o juiz atenderá aos fins sociais e às exigências do bem comum, resguardando e promovendo a dignidade da pessoa humana e observando a proporcionalidade, a razoabilidade, a legalidade, a publicidade e a eficiência.

Vê-se que o preceptivo em causa promoveu, de forma inédita, a heterointegração das normas principiológicas previstas, explícita ou implicitamente, na Constituição (art. 1º, II; art. 37, *caput*) e na Lei de Introdução às Normas do Direito Brasileiro (art. 5º), servindo, assim, como pedra fundamental para interpretação e aplicação do Novo CPC.

Noutro falar, o juiz ao aplicar o ordenamento jurídico deverá promover o diálogo das fontes entre o Direito Processual (civil, trabalhista, administrativo e tributário), o Direito Constitucional, os Direitos Humanos (ou Fundamentais) em todas as suas dimensões, o Direito Administrativo, o Direito Civil (direitos da personalidade), o Direito do Trabalho etc.

Vale dizer, o Novo CPC, adotando o método hermenêutico concretizador da Constituição Federal, "erigiu normas *in procedendo* destinadas aos juízes, sinalizando que toda e qualquer decisão judicial deve perpassar pelos princípios plasmados no tecido constitucional e ínsitos ao sistema processual como forma de aproximar a decisão da ética e da legitimidade"[7].

8. Princípios fundamentais do processo

Os princípios fundamentais do processo, também chamados de princípios gerais do processo, são os princípios "sobre os quais o sistema jurídico pode fazer opção, considerando aspectos políticos e ideológicos. Por essa razão, admitem que em contrário se oponham outros, de conteúdo diverso, dependendo do alvedrio do sistema que os está adotando"[8].

Nos termos do art. 8º do Novo CPC, são fundamentais os seguintes princípios: dignidade da pessoa humana, proporcionalidade, razoabilidade, legalidade, publicidade e eficiência. Vale dizer, todas as normas (princípios e regras) contidas no CPC devem ser interpretadas e aplicadas conforme a Constituição Federal.

Plasma-se do referido dispositivo do Novo CPC que o legislador invocou princípios fundamentais da própria Constituição (dignidade da pessoa humana,

---

(6) FUX, Luiz. O novo processo civil. In: FUX, Luiz (coord.) *O novo processo civil brasileiro*: direito em expectativa. Rio de Janeiro: Forense, 2011. p. 13.

(7) FUX, Luiz, *op. cit.*, p. 14.

(8) NERY JUNIOR, Nelson. *Princípios do processo civil na Constituição Federal*. 6. ed. São Paulo: Revista dos Tribunais, 2000. p. 29.

proporcionalidade e razoabilidade) e princípios específicos da Administração Pública (legalidade, publicidade e eficiência), de modo a considerar que a prestação jurisdicional passa a ser um serviço público.

Vale dizer, a prestação jurisdicional, por força do novel art. 8º do Novo CPC, passará definitivamente a integrar o âmbito da Administração Pública da Justiça, o que, certamente, influenciará no próprio conceito de jurisdição, uma vez que esta, além de ser função-dever-poder-atividade estatal de pacificar os conflitos sociais, passará a ser também um serviço público a ser prestado à sociedade e aos cidadãos com arrimo nos princípios dispostos no art. 37, *caput*, da CF.

De tal arte, o magistrado, além das suas funções institucionais tradicionais voltadas à prestação jurisdicional, também deverá atuar como um verdadeiro administrador público, um autêntico gestor público dos processos sob sua responsabilidade. Para tanto, haverá necessidade de formação preparatória e continuada dos juízes, de modo a propiciar-lhes capacitação em gestão: a) de pessoas, a fim de que o "serviço público da justiça" seja prestado para promover a dignidade humana tanto dos jurisdicionados (partes, terceiros, advogados etc.) como também dos próprios servidores públicos do Judiciário e demais auxiliares judiciários; b) de processos, pois estes deverão ser ordenados, disciplinados e interpretados sob o enfoque dos princípios norteadores dos atos praticados pela Administração Pública, quais sejam, os princípios da legalidade, moralidade, impessoalidade, publicidade e eficiência.

9. Aplicação dos princípios do Novo CPC no processo do trabalho

Os princípios do Novo CPC exercerão grande influência no processo do trabalho, seja pela nova dimensão e papel que exercem como fontes normativas primárias do ordenamento jurídico, seja pela necessidade de reconhecer o envelhecimento e inadequação de diversos preceitos normativos de direito processual contidos na CLT, o que exigirá do juslaboralista formação continuada e uma nova postura hermenêutica, de modo a reconhecer que o processo do trabalho nada mais é do que o próprio direito constitucional aplicado à realidade social, política, cultural e econômica.

Com efeito, o art. 15 do Novo CPC prevê que:

> Art. 15. Na ausência de normas que regulem processos eleitorais, trabalhistas ou administrativos, as disposições deste Código lhes serão aplicadas supletiva e subsidiariamente.

Lexicamente[9], o adjetivo "supletivo" significa "que completa ou serve de complemento", "encher de novo, suprir", enquanto o adjetivo "subsidiário" quer dizer "que auxilia", "que ajuda", "que socorre", "que contribui".

Poderíamos inferir, então, que o Novo CPC não apenas subsidiará a legislação processual trabalhista como também a complementará, o que abre espaço, a nosso ver, para o reconhecimento das lacunas ontológicas e axiológicas do processo trabalhista, máxime se levarmos em conta a necessidade de adequação do Texto Consolidado, concebido em um Estado Social, porém, ditatorial, ao passo que o Novel CPC foi editado no paradigma do Estado Democrático de Direito.

O art. 15 do Novo CPC, evidentemente, deve ser interpretado sistematicamente com o art. 769 da CLT, que dispõe: "Nos casos omissos, o direito processual comum será fonte subsidiária do direito processual do trabalho, exceto naquilo em que for incompatível com as normas deste Título."

No entanto, ambos dispositivos – art. 769 da CLT e art. 15 do Novo CPC – devem estar em harmonia com os princípios e valores que fundamentam o Estado Democrático de Direito.

10. Conclusão

No paradigma do Estado Democrático de Direito, não se pode defender o isolamento de nenhum microssistema de acesso à justiça, mas também não se pode admitir a aplicação desmedida e automática das normas (princípios e regras) do Novo CPC nos sítios do processo do trabalho, especialmente nas ações oriundas da relação de emprego.

Propõe-se, assim, a promoção de um diálogo franco e virtuoso entre estes dois importantes setores do edifício jurídico.

Tal diálogo deve passar, necessariamente, pela função precípua de ambos (processo civil e processo trabalhista): realizar os direitos fundamentais e a justiça social em nosso País, de forma adequada, tempestiva e efetiva.

---

(9) *Dicionário Houaiss da Língua Portuguesa*. Rio de Janeiro: Objetiva, 2001. p. 2628.

Incidente de Resolução de Demandas Repetitivas no Processo do Trabalho

Cláudio Brandão
Ministro do Tribunal Superior do Trabalho. Mestre em Direito pela Universidade Federal da Bahia (UFBA). Membro da Asociación Iberoamericana de Derecho del Trabajo, da Academia Brasileira de Direito do Trabalho, da Academia de Letras Jurídicas da Bahia e do Instituto Baiano de Direito do Trabalho. Professor convidado da Pós-Graduação da Faculdade Baiana de Direito e da Universidade Católica do Salvador.

1. Introdução

É voz corrente afirmar que o legislador brasileiro inspirou-se nos modelos inglês e americano para construir o sistema de precedentes judiciais, inicialmente introduzido pelas denominadas "reformas do CPC" ocorridas a partir dos anos 1990, mais particularmente pela Lei n. 11.418/2006, com a introdução do incidente de julgamento de recursos extraordinário e especial repetitivos.

É também assente na doutrina a constatação de que os sistemas da *civil law* e da *common law*, no que toca à respeitabilidade dos precedentes, são cada vez mais próximos. Veja-se, como exemplo, a análise feita por Luiz Guilherme Marinoni, sob diversas premissas, a respeito de cada um dos sistemas:

> "[...] ainda que os precedentes tenham sido fundamentais para o desenvolvimento do *common law*, o *stare decisis* não se confunde com o *common law*, tendo surgido no curso do seu desenvolvimento para, sobretudo, dar segurança às relações jurídicas. É equivocado imaginar que o *stare decisis* existe porque o juiz do *common law* cria o direito. 'Muito do direito jurisprudencial agora toma a forma de interpretações explicativas (*glosses*) da lei'. [...]
>
> De outra parte, a tradição do *civil law*, ancorada nas razões da Revolução Francesa, foi completamente descaracterizada com o passar do tempo. [...] Lembre-se que a força do constitucionalismo e a atuação judicial mediante a concretização de normas abstratas fizeram surgir um modelo de juiz completamente distinto do desejado pela tradição do *civil law*."[1]

Ricardo de Barros Leonel também identifica a mesma aproximação, motivada, entre outros fatores, pelos "influxos da moderna sociedade globalizada". Essa constatação decorre da adoção, cada vez mais frequente, de codificações nos países da *common law*, a exemplo do *Civil Procedure Rules* (Código de Processo Civil inglês), na Inglaterra, em 2001, como também nos Estados Unidos, cujo sistema "jamais foi refratário à positivação normativa", ao lado do controle de constitucionalidade, do processo coletivo e do fortalecimento do valor do precedente, nos países da *civil law*, inclusive no Brasil[2].

---

(1) MARINONI, Luiz Guilherme. *Precedentes obrigatórios*. 4. ed. São Paulo: Revista dos Tribunais, 2016. p. 78-79.

(2) Na mesma linha: MINGATI, Vinícius Secafen. *Reclamação (neo)constitucional*: precedentes, segurança jurídica e os juizados especiais. Brasília: Gazeta Jurídica, 2013. p. 35-64;

A diferença entre ambos os sistemas jurídicos, portanto, não reside na existência ou não de leis escritas, mas no "papel conferido à interpretação judicial das leis, pela cultura de respeito aos precedentes (*stare decisis*), que construiu ao longo do tempo a ideia de vinculação à tese jurídica firmada em casos passados (*binding precedent*)"[3].

No processo do trabalho, o marco histórico no caminho à implantação do sistema de precedentes judiciais dotados de cumprimento obrigatório remete ao ano de 2014, em mais uma iniciativa na direção do conhecido sistema da *common law*.

A edição da Lei n. 13.015/2014, além de antecipar algumas das novidades contempladas no CPC, introduziu-o de modo pioneiro e definitivo na Justiça do Trabalho e certamente inspirada na ideia de criar solução de massa para as demandas igualmente de massa, marca da sociedade brasileira nos últimos anos.

Essa norma consolidou o que se pode denominar de **Unidade Sistêmica**, relacionada à imprescindibilidade de fixação de **tese jurídica prevalecente** nos tribunais sobre uma mesma questão jurídica. A partir da análise dos novos incidentes processuais por ela criados, ou dos antigos que foram alterados, pode-se concluir que, uma vez provocado, caberá ao tribunal eliminar a diversidade de interpretações possíveis em torno da questão jurídica posta ao seu exame e fixar uma única, a qual se imporá, de modo obrigatório, nos planos **horizontal** (internamente ao tribunal) e **vertical** (instâncias inferiores).

A coerência e a força normativa do precedente judicial, se dúvidas pudessem haver, foram expressamente previstas no art. 926 do CPC, que não apenas afirmou o dever de os tribunais uniformizarem a sua jurisprudência, à semelhança do que ocorre com o art. 896, § 3º, da CLT[4], como o ampliou para que seja mantida "estável, íntegra e coerente".

Tais predicados possuem relação intrínseca com a garantia de isonomia na criação e interpretação dos precedentes. O primeiro, a **estabilidade**, diz respeito à necessidade de sua fiel observância, a fim de que sejam evitadas mudanças ocasionais de posicionamentos ou julgados que destoem do entendimento hegemônico, a exemplo do que se denomina, pejorativamente, no jargão forense, de "jurisprudência de verão", ou ocasional. A **integridade**, por sua vez, se relaciona com a preservação, na sua inteireza, da *ratio decidendi* neles contida; finalmente, a **coerência** toca à interpretação de temas conexos, pois, conquanto não decorram diretamente do que já foi decidido, devem guardar correspondência com os precedentes editados e seguir a mesma linha decisória neles adotada.

Evidentemente, também é necessário que os argumentos das partes sejam coerentes entre si e guardem pertinência com a questão jurídica controvertida. Argumentação irrelevante, ainda que faça parte da defesa ou da petição inicial, carecerá de exame, pois não será capaz de alterar a decisão; se o for, a obrigação será a mesma: apreciá-la e nisso não há nada de novo.

O objetivo de uniformizar a interpretação sobre questão jurídica no âmbito do mesmo Tribunal é concebido no denominado **Microssistema de Formação Concentrada de Precedentes Obrigatórios**[5] representado pelos incidentes processuais identificados na sequência, com a observação de que o primeiro deles foi suprimido no Código e, por conseguinte, reside unicamente no processo do trabalho, com fundamento no art. 896, § 3º, da CLT:

a) **Incidente de Uniformização de Jurisprudência Regional – IUJR**[6]: embora prevista na CLT desde 1998, em face da introdução do § 3º ao art. 896 por meio da Lei n. 9.756, de 17.12.1998[7], a determinação legal para que os tribunais uniformizassem a sua jurisprudência, na prática, para os TRTs, não passou de mera exortação,

---

(3) LEONEL, Ricardo de Barros. *Reclamação constitucional*. São Paulo: Revista dos Tribunais, 2011. p. 82.

(4) § 3º Os Tribunais Regionais do Trabalho procederão, obrigatoriamente, à uniformização de sua jurisprudência e aplicarão, nas causas da competência da Justiça do Trabalho, no que couber, o incidente de uniformização de jurisprudência previsto nos termos do Capítulo I do Título IX do Livro I da Lei nº 5.869, de 11 de janeiro de 1973 (Código de Processo Civil).

(5) Expressão tomada de empréstimo da doutrina de Fredie Didier Jr. que aponta no sentido da existência de dois microssistemas no Novo CPC: a) de gestão, administração e julgamento de casos repetitivos, formado pelos Incidente de Julgamento de Demandas Repetitivas – IRDR e Incidente de Julgamento de Recursos Repetitivos – IJRR; e b) de formação concentrada de precedentes judiciais obrigatórios, o qual, além dos incidentes mencionados, também inclui o Incidente de Assunção de Competência – IAC.

(6) Acrescentei o termo "regional" à denominação anteriormente contida no CPC por considerá-lo mais adequado para identificar o incidente, tendo em vista que, como dito, subsiste apenas no âmbito dos TRTs.

(7) § 3º Os Tribunais Regionais do Trabalho procederão, obrigatoriamente, à uniformização de sua jurisprudência, nos termos do Livro I, Título IX, Capítulo I do CPC, não servindo a súmula respectiva para ensejar a admissibilidade do Recurso de Revista quando contrariar Súmula da Jurisprudência Uniforme do Tribunal Superior do Trabalho. (Redação dada pela Lei n. 9.756, de 17.12.1998)

sugestão, recomendação ou algo do gênero, considerando o reduzido número de súmulas editadas desde então ou a inusitada ausência de vinculação ao quanto decidido pelo Tribunal Pleno, pois, não raras vezes e ainda que sumulado o entendimento, órgãos fracionários e magistrados de primeiro grau deixavam de observá-lo sob a justificativa da autonomia e liberdade na interpretação e aplicação do Direito, ocasionando absoluta insegurança jurídica.

Doravante, ao invés do caráter suasório, passou-se à compulsoriedade, decorrente da competência atribuída ao Ministro Relator no TST para **determinar** a instauração do incidente, uma vez constatada a diversidade de interpretações sobre a mesma questão jurídica, também delegada, pela própria norma, aos Presidentes dos TRTs (art. 896, §§ 4º e 5º, do art. 896, da CLT).

Novidade, também, diz respeito à criativa solução para os casos em que, muito embora decidido o incidente, não se alcançava o quórum correspondente à maioria absoluta dos membros do tribunal, necessário para a edição de súmula, como definido no *caput* do art. 479 do CPC/1973[8]. Nessas hipóteses, a decisão proferida se limitava ao caso concreto. Na nova sistemática da CLT, mesmo que não seja obtido o número de votos mencionado, ainda assim será emitida a **tese jurídica prevalecente**, indicativa da compreensão sobre o tema (§ 6º).

Como se verá adiante, a necessidade de fixação de tese única para a mesma questão jurídica, além de ser preservada, é aprimorada com novos incidentes e organizada metodologicamente no CPC, o que significa afirmar que não há impacto negativo nos TRTs, mesmo porque **não há revogação da Lei n. 13.015/2014**, no particular; muito pelo contrário, o dever de estabilização da jurisprudência é aprimorado.

Muda, contudo, a fonte normativa, que passa a ser a CLT, com exclusividade, e o procedimento disciplinado nos regimentos internos dos tribunais. Essa compreensão foi externada no art. 2º da Instrução Normativa n. 40/2016, do TST;

b) **Incidente de Julgamento de Recursos de Revista Repetitivos – IRRR**: essa mesma premissa – uniformização da jurisprudência – também se faz presente no âmbito do TST e por meio de outro incidente que lhe é específico: o Incidente de Julgamento de Recursos de Revista Repetitivos, suscitado a partir das Turmas ou da SbDI-I, quando for constatada a ocorrência de múltiplos recursos fundados em idêntica questão de direito, em virtude da relevância da matéria ou a existência de divergência interna (entre Ministros dos mesmos Órgãos);

c) **Incidente de Resolução de Demandas Repetitivas – IRDR**: embora originariamente previsto no projeto de lei e suprimido na tramitação no Congresso Nacional, o Incidente de Resolução de Demandas Repetitivas – IRDR tem aplicação nos TRTs e no TST, com a vigência do CPC, no qual é disciplinado.

Destinado, igualmente, à formação de precedentes, pode ser suscitado quando se constatar a existência de repetição de processos que contenham controvérsia sobre a mesma questão unicamente de direito e que ocasione risco de ofensa à isonomia e à segurança jurídica, desde que haja, pelo menos, um recurso sob exame do Tribunal, exigência que se faz necessária para que não se converta em espécie de avocatória, como se examinará adiante.

Esse incidente em muito se assemelha ao mencionado no item anterior, com a peculiaridade de referir-se às causas que tramitam nas diversas instâncias – e não a recursos –, cuja solução estará necessariamente atrelada – à questão jurídica definida;

d) **Incidente de Assunção de Competência – IAC**: tal como o anterior, este incidente processual se destina à fixação da tese jurídica prevalecente, embora com maior alcance, por ser cabível até para prevenir divergência futura, ainda não existente, portanto. A diferença reside nos fundamentos sobre os quais se assenta, por não exigir a existência de recursos repetitivos (TST) ou demandas repetitivas (TRTs e TST); é suficiente identificar-se a relevância da matéria, a qual pode ser compreendida nos aspectos social, econômico, jurídico e de política judiciária.

No Código, acrescentou-se a possibilidade de prevenção da divergência interna como motivação autorizadora da instauração do incidente (art. 947, § 4º).

Leonardo Carneiro da Cunha e Fredie Didier Jr., ao dissertarem sobre ele e identificarem pontos de contato com o julgamento de recursos repetitivos, assinalam comporem, ambos, o já mencionado *microssistema de formação concentrada de precedentes obrigatórios*:

---

(8) Art. 479. O julgamento, tomado pelo voto da maioria absoluta dos membros que integram o tribunal, será objeto de súmula e constituirá precedente na uniformização da jurisprudência.

Há uma unidade e coerência sistêmicas entre o incidente de assunção de competência e o julgamento de casos repetitivos, cumprindo lembrar que o termo 'julgamento de casos repetitivos' abrange a decisão proferida em incidente de resolução de demandas repetitivas e em recursos repetitivos (CPC, art. 928).

Em outras palavras, existe um *microssistema de formação concentrada de precedentes obrigatórios,* formado pelo incidente de assunção de competência e pelo julgamento de casos repetitivos. Suas respectivas normas intercomunicam-se e formam um microssistema, garantindo, assim, unidade e coerência. Para que se formem precedentes obrigatórios, devem ser aplicadas as normas que compõem esse microssistema, tal como se passa a demonstrar nos subitens a seguir destacados.

O incidente de assunção de competência *não* pertence ao microssistema de gestão e julgamento de casos repetitivos (CPC, art. 928). A informação é relevante. O julgamento de casos repetitivos é gênero de incidentes que possuem natureza híbrida: servem para gerir e julgar casos repetitivos e, também, para formar precedentes obrigatórios. Por isso, esses incidentes pertencem a *dois* microssistemas: o de gestão e julgamento de casos repetitivos e o de formação concentrada de precedentes obrigatórios; o incidente de assunção de competência pertence apenas ao último desses microssistemas. Por isso, apenas as normas que dizem respeito à função de formação e aplicação de precedentes obrigatórios devem aplicar-se ao incidente de assunção de competência; as normas relativas à gestão e julgamento de casos repetitivos (como a paralisação de processos a espera da decisão paradigma) não se lhe aplicam."[9]

Como se percebe da leitura dos dispositivos que tratam dos novos incidentes, constata-se que sempre se deve buscar a pacificação do posicionamento sobre questões jurídicas submetidas ao crivo dos tribunais, sejam os TRTs, seja o TST, e, uma vez fixada a tese, a novidade é a força obrigatória que adquire junto ao próprio tribunal que proferiu a decisão, inclusive perante os seus órgãos fracionários, como também nas instâncias inferiores, ressalvada a possibilidade de alteração por ele próprio ou por instância superior.

2. Regras gerais

Como destacado em diversas passagens ao longo do texto, o ordenamento jurídico brasileiro passa por um processo de transformação e nele são incorporados institutos próprios do sistema da *common law*, em especial a força obrigatória dos precedentes judiciais.

Afirmou-se, de igual modo, que constava, no § 3º do art. 896 da CLT no projeto de lei enviado pelo TST, a determinação para que os TRTs aplicassem o novo instituto, como se constata na transcrição abaixo, com destaque para o trecho suprimido durante a tramitação, em virtude de, à época, ainda não haver sido aprovado o CPC:

> § 3º Os Tribunais Regionais do Trabalho procederão, obrigatoriamente, à uniformização de sua jurisprudência (**e aplicarão, nas causas da competência da Justiça do Trabalho, no que couber, o incidente de resolução de demandas repetitivas previsto no Código de Processo Civil, não servindo a eventual súmula ou a tese aprovada sobre a questão jurídica controvertida, no julgamento do incidente, para ensejar a admissibilidade do recurso de revista quando contrariar súmula ou orientação jurisprudencial do Tribunal Superior do Trabalho**).

Superado o óbice legislativo, não mais há que se falar em qualquer outro, em especial pelo disposto no art. 15 do CPC.

Fecha-se, dessa forma, o ciclo relativo à obrigatoriedade dos precedentes judiciais e, da mesma forma que o TST, os TRTs dispõem de uma importante ferramenta destinada a viabilizar o exame das demandas de massa, como também apta a pacificar o debate jurisprudencial nas instâncias inferiores e no âmbito interno da Corte.

Assemelha-se, sobremaneira, ao julgamento dos recursos repetitivos. Assim, muito do que se diz sobre esse incidente próprio dos tribunais superiores aplica-se a este último, no âmbito dos TRTs. Para analisá-lo, adotar-se-á no presente trabalho a metodologia sob a forma de comentários.

CAPÍTULO VIII
DO INCIDENTE DE RESOLUÇÃO DE DEMANDAS REPETITIVAS

Pressupostos intrínsecos

Art. 973. É cabível a instauração do incidente de resolução de demandas repetitivas quando houver, simultaneamente:

---

(9) CUNHA, Leonardo Carneiro da; DIDIER JR., Fredie. Incidente de assunção de competência e o processo do trabalho. In: BRANDÃO, Cláudio; MALLET, Estêvão (org.). *Repercussões do novo CPC*: processo do trabalho. Salvador: Juspodivm, 2015. p. 593-594.

I – efetiva repetição de processos que contenham controvérsia sobre a mesma questão unicamente de direito;

II – risco de ofensa à isonomia e à segurança jurídica.

§ 1º A desistência ou o abandono da causa não impede o exame do mérito do incidente.

§ 2º Se não for o requerente, o Ministério Público intervirá obrigatoriamente no incidente e deverá assumir sua titularidade em caso de desistência ou de abandono.

§ 3º A inadmissão do incidente de resolução de demandas repetitivas por ausência de qualquer de seus pressupostos de admissibilidade não impede que, uma vez presente o pressuposto antes considerado inexistente, seja o incidente novamente suscitado.

§ 4º É incabível o incidente de resolução de demandas repetitivas quando um dos tribunais superiores, no âmbito de sua respectiva competência, já tiver afetado recurso para definição de tese sobre questão de direito material ou processual repetitiva.

§ 5º Não serão exigidas custas processuais no incidente de resolução de demandas repetitivas.

COMENTÁRIO

A instauração do Incidente de Resolução de Demandas Repetitivas – IRDR, autorizado genericamente no dispositivo, exige, conjuntamente, a presença de dois pressupostos intrínsecos específicos:

a) **efetiva repetição de processos que contenham controvérsia sobre a mesma questão jurídica unicamente de direito**: caberá à jurisprudência precisar o alcance desse conceito indeterminado ("efetiva repetição de processos"). Cheguei até afirmar, em trabalho sobre o tema, para fins de determinação da quantidade, que pudesse ser instaurado a partir de quatro processos sobre o mesmo tema. Contudo, melhor refletindo, tendo em vista as consequências geradas pelo citado incidente, especialmente a possibilidade de suspensão dos processos e o natural retardamento em sua solução, o melhor caminho é não fixar um número absoluto; deve-se deixar em aberto para que, aos poucos e com a maturação do seu uso, a jurisprudência fixe o que considerar razoável e até mesmo podendo variar a partir da conjugação dos demais pressupostos. Quanto maior a relevância da questão jurídica e a possibilidade de risco de ofensa à isonomia e à segurança jurídica embora e o potencial multiplicador, maior será a possibilidade de ser instaurado e menor poderá ser o número exigido para as demandas já em curso;

b) **risco de ofensa à isonomia e à segurança jurídica**: dois conceitos jurídicos indeterminados que passarão pelo crivo jurisprudência, quanto ao seu alcance. A caracterização de ofensa ao princípio da igualdade pode ser evidenciada por decisões diferentes para a mesma questão jurídica, no âmbito da jurisdição do TRT; a ofensa à segurança jurídica pela diversidade de posicionamentos, inclusive e até mesmo na mesma unidade judiciária, como pode ocorrer entre titulares e substitutos ou em função da composição do quórum de julgamento do órgão colegiado.

Observe-se que, ao utilizar a palavra "demanda" e não "recursos", o legislador teve por objetivo conferir a possibilidade de o juiz de primeiro grau também o provocar.

Esse foi o posicionamento adotado no Senado, ao alterar texto oriundo da Câmara dos Deputados:

> Os §§ 1º, 2º e 3º do art. 988 do SCD desfiguram o incidente de demandas repetitivas. Com efeito, é nociva a eliminação da possibilidade da sua instauração em primeira instância, o que prolonga situações de incerteza e estimula uma desnecessária multiplicação de demandas, além de torná-lo similar à hipótese de uniformização de jurisprudência.

O § 1º autoriza – digo eu, determina – o prosseguimento do incidente, mesmo que o recorrente, ciente de que o recurso prosseguirá no rito especial previsto no artigo comentado, desista da causa. Já afirmei alhures a justificativa dessa regra, em função da necessidade de pacificação do debate e da fixação da tese jurídica prevalecente, ambos no âmbito da região.

A intervenção do Ministério Público do Trabalho é prevista no § 2º, que assumirá a demanda, em caso de desistência ou abandono, mencionado no § 1º. Deverá ser intimado pessoalmente, assim que instaurado o incidente e, se a parte desistir ou abandonar a causa, passará a figurar como titular.

Admite o § 3º a renovação do incidente em momento posterior, na hipótese de não ser admitido, pela falta de observância dos pressupostos de admissibilidade, caso seja superado o óbice antes constatado.

No § 4º, é instituída "cláusula de barreira" para que o IRDR possa ser suscitado no TRT, que consiste no fato de o TST já haver instaurado o incidente para julgamento de recursos de revista repetitivos e houver afetado a mesma questão jurídica. A razão se faz presente em virtude do alcance de ambos os institutos jurídicos: o IRDR tem abrangência regional, ao passo que o

IRRR alcançará todo o território nacional. Além disso, o primeiro solucionará o debate na respectiva região; o segundo, no TST e entre TRTs.

O § 5º não tem aplicação no processo do trabalho. Não há cobrança de custas prévias e são elas calculadas sobre o valor final da condenação.

Legitimidade

> Art. 974. O pedido de instauração do incidente será dirigido ao Presidente do Tribunal:
>
> I – pelo juiz ou relator, por ofício;
>
> II – pelas partes, pelo Ministério Público ou pela Defensoria Pública.
>
> Parágrafo único. O ofício ou a petição será instruído com os documentos necessários à demonstração do preenchimento dos pressupostos para a instauração do incidente.

COMENTÁRIO

A legitimidade para suscitar o IRDR é o tema objeto do dispositivo. Competirá:

a) ao desembargador relator, ao constatar a presença dos pressupostos nos recursos ordinários, agravos de petição, remessas necessárias ou agravos de instrumento;

b) ao juiz de primeiro grau, diante dos mesmos pressupostos, mas nos processos em tramitação no primeiro grau;

c) a qualquer uma das partes, Ministério Público do Trabalho ou Defensoria Pública, estando o processo nos três graus de jurisdição.

No caso das partes, a petição deve estar acompanhada dos documentos que comprovem a presença dos pressupostos do incidente propriamente dito, como previsto no parágrafo único, já mencionado.

O mesmo ocorre quando suscitado pelo juiz, hipótese em que deverão estar anexados ao ofício em que noticiar o fato. Como as demandas estarão ainda na primeira instância, neste último caso, o ofício deve ser enviado ao Presidente do TRT, para que determine a instauração do incidente; se já houver recurso distribuído, no qual o tema esteja sendo discutido, o destinatário será o relator.

Ainda, em se tratando de iniciativa do juiz, cabe analisar se há necessidade de causa pendente no tribunal, especialmente em face da regra prevista no art. 978 do CPC.

A doutrina, no particular, é controvertida.

De um lado, autores como Sofia Temer sustentam ser dispensável, a começar por vício formal no citado dispositivo, por não haver constado nas versões aprovadas pela Câmara dos Deputados e do Senado Federal, passando pela afirmação de que, superado esse óbice, conteria ele regra de prevenção, e não como determinação da existência de causa pendente no tribunal, além de também assinalar que o juiz de primeiro grau seria o melhor agente para provocar a instauração do citado incidente, "justamente por observar de perto a repetição sobre a questão jurídica"[10]. De outro, Fredie Didier Jr. e Leonardo Carneiro da Cunha afirmam o contrário[11].

Apesar das respeitáveis e fundadas ponderações feitas pela citada autora, fico com a segunda corrente. Compreendo que a possibilidade de o citado incidente nascer a partir da provocação de magistrado de primeiro grau é salutar, pois é quem primeiro percebe a multiplicidade de processos ajuizados que contêm idêntica questão jurídica relevante e também pode constatar a ocorrência de dissenso capaz de autorizá-lo. Contudo, representaria jurisdição *per saltum* ou, em outras palavras, verdadeira avocatória, causando prejuízos à condução regular do processo e também ao salutar debate de teses pelos juízes responsáveis pela compreensão da matéria, o que produziria frutos positivos na fixação posterior pelo tribunal.

Competência

> Art. 975. O julgamento do incidente caberá ao órgão indicado pelo regimento interno dentre aqueles responsáveis pela uniformização de jurisprudência do tribunal.
>
> Parágrafo único. O órgão colegiado, incumbido de julgar o incidente e de fixar a tese jurídica, julgará igualmente o recurso, a remessa necessária ou a causa de competência originária de onde se originou o incidente.

COMENTÁRIO

A competência para julgamento do incidente é objeto da regra em foco, autorizada ao órgão indicado no regimento interno: Tribunal Pleno, Órgão Especial ou outro criado com tal finalidade. Mas, além disso, se confere ao mesmo órgão interessante competência

---

(10) TEMER, Sofia. *Incidente de resolução de demandas repetitivas*. Salvador: Juspodivm, 2016. p. 103-108.

(11) DIDIER Jr., Fredie; CUNHA, Leonardo Carneiro da. *Curso de direito processual civil*. 13. ed. Salvador: Juspodivm, 2016. p. 632. v. 3.

excepcional: a ele competirá decidir o recurso, remessa necessária ou a causa de competência originária na qual o incidente foi suscitado.

O julgamento será duplo: fixará a tese jurídica prevalecente, no incidente propriamente dito, e, na sequência, alcançará o recurso, a remessa necessária e a causa que se encontrava sob sua apreciação, nesta última hipótese, em se tratando de competência originária do tribunal, na qual tenha sido suscitado o incidente, o que vejo como de rara ocorrência, considerando a natureza excepcional das lides desta natureza.

Nesse ponto, o incidente guarda semelhança com incidente de julgamento dos recursos repetitivos e ambos se distanciam do incidente de uniformização de jurisprudência, cuja competência do Pleno ou Órgão Especial se limita a fixar a tese jurídica, com posterior devolução ao órgão no qual foi suscitado para continuação do julgamento do recurso cuja tramitação foi sustada.

Veja-se o Parecer do Relator que chancela tal posicionamento:

> Acontece que, para clareza textual, é importante deixar claro que, no incidente de recursos repetitivos, o órgão julgador não se limita a fixar a tese, mas também avança no julgamento do caso concreto. É verdade que tal procedimento já está implícito na redação do SCD, do que dá ilustração o fato de o § 4º do art. 995 do SCD prever o cabimento de recursos especial e extraordinário contra o veredito firmado sobre o incidente.

Divulgação e publicidade

> Art. 976. A instauração e o julgamento do incidente serão sucedidos da mais ampla e específica divulgação e publicidade, por meio de registro eletrônico no Conselho Nacional de Justiça.
>
> § 1º Os tribunais manterão banco eletrônico de dados atualizados com informações específicas sobre questões de direito submetidas ao incidente, comunicando-o imediatamente ao Conselho Nacional de Justiça para inclusão no cadastro.
>
> § 2º Para possibilitar a identificação das causas abrangidas pela decisão do incidente, o registro eletrônico das teses jurídicas constantes do cadastro conterá, no mínimo, os fundamentos determinantes da decisão e os dispositivos normativos a ela relacionados.
>
> § 3º Aplica-se o disposto neste artigo ao julgamento de recursos repetitivos e da repercussão geral em recurso extraordinário.

COMENTÁRIO

O dispositivo deve ser adaptado à realidade da Justiça do Trabalho, ainda que preservadas as mais amplas divulgação e publicidade nele mencionadas.

O "Banco de Teses", tratado no art. 6º do Ato n. 491/2014 (TST), é previsto no § 1º do dispositivo, que deve também ser divulgado no sítio do Conselho Superior da Justiça do Trabalho – CSJT na internet, do qual pode se valer o TST para caracterizar a relevância da questão e ele próprio suscitar o incidente de recursos repetitivos, quando apreciar o primeiro recurso de revista que a veicular.

A regulamentação do dispositivo ocorreu por meio da Resolução n. 235, de 13.07.2016, do Conselho Nacional de Justiça, a qual dispõe sobre a padronização de procedimentos administrativos decorrentes de julgamentos de repercussão geral, de casos repetitivos e de incidente de assunção de competência, no Superior Tribunal de Justiça, no Tribunal Superior Eleitoral, no Tribunal Superior do Trabalho, no Superior Tribunal Militar, nos Tribunais Regionais Federais, nos Tribunais Regionais do Trabalho e nos Tribunais de Justiça dos Estados e do Distrito Federal, cujos dados começarão a ser alimentados a partir de 1º.09.2016 (art. 13, § 1º).

A referida norma define os tribunais gestores dos incidentes de formação de precedentes, de acordo com as respectivas competências, e lhes atribui a responsabilidade pela criação dos temas e divulgação das informações a eles pertinentes, além de criar, no âmbito do CNJ, o banco nacional de dados com informações da repercussão geral, dos casos repetitivos e dos incidentes de assunção de competência do STF, do STJ, do TST, do TSE, do STM, dos Tribunais Regionais Federais, dos Tribunais Regionais do Trabalho e dos Tribunais de Justiça dos Estados e do Distrito Federal (art. 5º).

As informações serão padronizadas segundo regras definidas pelo CNJ, com destaque para a criação do Número Único dos Temas (NUT) e do Núcleo de Gerenciamento de Precedentes (NUGEP).

De acordo com o § 4º do art. 5º da Resolução mencionada, o primeiro, NUT, segue a regra geral da composição da numeração única de processos descrita nos §§ 4º e 5º do art. 1º da Resolução n. 65/2008 do CNJ, "além de um número sequencial único gerado por ordem cronológica de cadastro, que será vinculado à descrição do tema, enviada pelos Tribunais Regionais Federais, Tribunais Regionais do Trabalho e pelos Tribunais de Justiça dos Estados e do Distrito Federal".

O segundo, o NUGEP, organizado segundo as regras traçadas no art. 6º da mesma Resolução n. 235/2016, tem como atribuições (art. 7º):

I – informar ao Nugep do CNJ e manter na página do tribunal na internet dados atualizados de seus integrantes, tais como nome, telefone e *e-mail*, com a principal finalidade de permitir a integração entre os tribunais do país, bem como enviar esses dados, observadas as competências constitucionais, ao STF, ao STJ e ao TST, sempre que houver alteração em sua composição;

II – uniformizar, nos termos desta Resolução, o gerenciamento dos procedimentos administrativos decorrentes da aplicação da repercussão geral, de julgamentos de casos repetitivos e de incidente de assunção de competência;

III – acompanhar os processos submetidos à técnica dos casos repetitivos e da assunção de competência em todas as suas fases, nos termos dos arts. 8º e 11 desta Resolução, alimentando o banco de dados a que se refere o art. 5º, observado o disposto nos Anexos I (julgamento de casos repetitivos) ou V (incidente de assunção de competência) desta Resolução;

IV – controlar os dados referentes aos grupos de representativos previstos no art. 9º desta Resolução, bem como disponibilizar informações para as áreas técnicas de cada tribunal quanto à alteração da situação do grupo, inclusive se admitido como Controvérsia ou Tema, conforme o tribunal superior, alimentando o banco de dados a que se refere o art. 5º, observado o disposto no Anexo II desta Resolução;

V – acompanhar a tramitação dos recursos selecionados pelo tribunal como representativos da controvérsia encaminhados ao STF, ao STJ e ao TST (art. 1.036, § 1º, do CPC), a fim de subsidiar a atividade dos órgãos jurisdicionais competentes pelo juízo de admissibilidade e pelo sobrestamento de feitos, alimentando o banco de dados a que se refere o art. 5º, observado o disposto no Anexo III (controvérsia recebida pelo tribunal superior) desta Resolução;

VI – auxiliar os órgãos julgadores na gestão do acervo sobrestado;

VII – manter, disponibilizar e alimentar o banco de dados previsto no art. 5º, com informações atualizadas sobre os processos sobrestados no estado ou na região, conforme o caso, bem como nas turmas e colégios recursais e nos juízos de execução fiscal, identificando o acervo a partir do tema de repercussão geral ou de repetitivos, ou de incidente de resolução de demandas repetitivas e do processo paradigma, conforme a classificação realizada pelos tribunais superiores e o respectivo regional federal, regional do trabalho ou tribunal de justiça, observado o disposto no Anexo IV desta Resolução;

VIII – informar a publicação e o trânsito em julgado dos acórdãos dos paradigmas para os fins dos arts. 985; 1.035, § 8º; 1.039; 1.040 e 1.041 do Código de Processo Civil;

IX – receber e compilar os dados referentes aos recursos sobrestados no estado ou na região, conforme o caso, bem como nas turmas e colégios recursais e nos juízos de execução fiscal;

X – informar ao Nugep do CNJ a existência de processos com possibilidade de gestão perante empresas, públicas e privadas, bem como agências reguladoras de serviços públicos, para implementação de práticas autocompositivas, nos termos do art. 6º, VII, da Resolução CNJ n. 125/2010.

Além disso, a divulgação dos incidentes instaurados e das teses fixadas pelos tribunais obedecerá padrões uniformes definidos no mesmo ato e os tribunais deverão criar "Grupos de Representativos" – GR, os quais conterão o conjunto de processos enviados ao STF, ao STJ ou ao TST, em observância ao procedimento previsto no § 1º do art. 1.036 do CPC, equivalente ao § 4º do art. 896-C da CLT.

O § 3º pode ser interpretado como também dirigido ao Recurso de Revista e ao Recurso Extraordinário interposto de decisão que apreciou o incidente ora em foco, quando cabível.

Prazo para julgamento

Art. 977. O incidente será julgado no prazo de um ano e terá preferência sobre os demais feitos, ressalvados os que envolvam réu preso e os pedidos de *habeas corpus*.

Parágrafo único. Superado o prazo previsto no *caput*, cessa a suspensão dos processos prevista no art. 979, salvo decisão fundamentada do relator em sentido contrário.

COMENTÁRIO

A precedência para julgamento do IRDR e a fixação do prazo (um ano) são tratadas na regra em foco, superada, a primeira, apenas pelo *habeas corpus* no processo do trabalho, diante da inexistência da outra hipótese nela tratada (réu preso).

Findo o prazo sem que tenha sido julgado o incidente, os recursos ou processos que se encontravam sobrestados retornarão ao seu curso normal, embora se permita ao relator, mediante decisão fundamentada, prorrogar o prazo.

A dilação do termo final do prazo, embora possível, deve ser evitada ao máximo, considerando que podem estar paralisados centenas ou milhares de processos no âmbito da Região aguardando o desfecho pelo TRT. Ao invés de agilizar a tramitação, produz efeito inverso. Portanto, o relator deve justificar a decisão mediante a indicação dos motivos que o levaram a descumprir o limite fixado pelo legislador para definição da tese jurídica prevalecente.

Não se menciona novo limite, mas, por coerência lógica, deve ser de, no máximo, um ano.

Juízo de admissibilidade

> Art. 978. Após a distribuição, o órgão colegiado competente para julgar o incidente procederá ao seu juízo de admissibilidade, considerando a presença dos pressupostos do art. 973.

COMENTÁRIO

O dispositivo trata da competência para verificação da presença dos pressupostos do incidente, de modo especial, dos pressupostos intrínsecos mencionados no art. 973 do CPC, ou seja, efetiva repetição de processos que contenham a questão jurídica controvertida e risco de ofensa à isonomia e à segurança jurídica.

É o ato inicial necessário para que se constate a viabilidade do processamento do incidente, requerido na forma prevista no citado art. 973. Caso o rejeite, determinará o retorno dos autos à Turma na qual foi suscitado para julgamento do recurso ou à primeira instância.

Se constatar que não se encontram presentes, o relator, de pronto, poderá indeferir o processamento, decisão que comportará impugnação por meio de agravo interno (art. 1.021 do CPC).

Providências preliminares

> Art. 979. Admitido o incidente, o relator:
>
> I – suspenderá os processos pendentes, individuais ou coletivos, que tramitam no estado ou na região, conforme o caso;
>
> II – poderá requisitar informações a órgãos em cujo juízo tramita processo no qual se discute o objeto do incidente, que as prestarão no prazo de quinze dias;
>
> III – intimará o Ministério Público para, querendo, manifestar-se no prazo de quinze dias.
>
> § 1º A suspensão será comunicada aos juízes diretores dos fóruns de cada comarca ou seção judiciária, por ofício.
>
> § 2º Durante a suspensão, o pedido de tutela de urgência deverá ser dirigido ao juízo onde tramita o processo suspenso.
>
> § 3º Visando à garantia da segurança jurídica, qualquer legitimado mencionado no art. 974, inciso II, poderá requerer ao tribunal competente para conhecer do recurso extraordinário ou especial a suspensão de todos os processos individuais ou coletivos em curso no território nacional que versem sobre a questão objeto do incidente já instaurado.
>
> § 4º Independentemente dos limites da competência territorial, a parte no processo em curso no qual se discuta a mesma questão objeto do incidente é legitimada para requerer a providência prevista no § 3º deste artigo.
>
> § 5º Cessa a suspensão a que se refere o inciso I do *caput* deste artigo se não for interposto recurso especial ou recurso extraordinário contra a decisão proferida no incidente.

COMENTÁRIO

Uma vez admitido o incidente, diversas providências preliminares deverão ser adotadas pelo relator. Trata-se de regra impositiva e não de mera faculdade, semelhante ao despacho saneador, destinada a evitar o prosseguimento dos feitos em que a questão jurídica esteja sendo debatida, como também reunir informações necessárias ao aparelhamento do incidente.

Assim, deverá ele:

a) determinar o sobrestamento de todos os processos que, na região, tenham como objeto a mesma questão jurídica definida na decisão que admitiu o incidente, medida que se destina a evitar que os magistrados continuem produzindo decisões que mais ainda alimentarão o debate em torno do tema e causarão insegurança jurídica às partes às quais se dirige;

b) requisitar, se necessário, informações aos órgãos nos quais haja processos cujo objeto se assemelhe àquele discutido no incidente, que deverão prestá-las em quinze dias. O objetivo é subsidiar o relator, de maneira mais ampla possível, de todos os aspectos fático-jurídicos que fundamentam a demanda e, com isso, construir decisão que tenha igual alcance, na linha da formação de precedentes judiciais;

c) intimar, pessoalmente, o Ministério Público do Trabalho para, querendo, manifestar-se, também em quinze dias, o que deve ocorrer ao final da instrução;

d) comunicar aos juízes diretores dos fóruns de cada localidade onde haja Vara do Trabalho. Embora não mencione o motivo, essa comunicação certamente se destina a permitir que, caso sejam ajuizados novos processos com a mesma questão jurídica afetada, deva ser informado ao relator para, de igual modo, determinar a sua paralisação.

Nada impede – aliás, é recomendável para evitar maiores prejuízos – o próprio juiz, diante do ajuizamento de novos processos que versem sobre a mesma questão jurídica, determinar, de imediato, a suspensão e informar ao relator para que tenha conhecimento.

Caso haja tutela de urgência a ser decidida, o pedido deverá ser encaminhado a cada um dos juízes onde tramitam os processos sobrestados. Não se transfere a competência para apreciação para o relator. Veja-se que a regra menciona "o pedido [...] deverá ser dirigido ao juízo onde tramita o processo suspenso".

Medida excepcional é autorizada no § 3º, por meio do qual as partes, o Ministério Público do Trabalho e a Defensoria Pública poderão enviar ao TST (tribunal competente para conhecer do recurso de revista que, na regra em foco, se equipara ao recurso especial) pedido para que todos os processos individuais ou coletivos em tramitação no território nacional que versem sobre a mesma questão jurídica objeto do incidente sejam sobrestados (suspensos, na dicção legal).

Essa providência igualmente é prevista no § 4º do art. 1.026 do CPC, ao disciplinar o procedimento dos recursos extraordinário e especial[12].

Em virtude de grave efeito que pode ocasionar, com a paralisação de até centenas de milhares de processos, somente deve ser deferida em situações excepcionalíssimas, mas pode ser extremamente útil, especialmente nos casos de empresas com quadro de pessoal organizado em carreira de âmbito nacional ou normas coletivas de alcance nacional que estejam ensejando interpretações díspares entre os tribunais.

Vale ressaltar, ainda quanto ao disposto no § 3º, que o sobrestamento diz respeito ao tema objeto do incidente. Nada impede, por conseguinte, que o juiz promova a formação de autos suplementares quanto às demais pretensões contidas no processo, prossiga a instrução e posteriormente prolate a sentença, diante da autorização contida no art. 355 do CPC para o julgamento parcial de mérito.

Outro efeito negativo que pode produzir é impedir que o debate sobre a questão não amadureça o suficiente para permitir a diversidade de teses. Muitas vezes a inquestionável verdade inicial se transforma em entendimento superado pelas decisões conflitantes proferidas por juízes de diferentes regiões do País; o debate é sempre salutar, especialmente quando seja oriundo de decisões proferidas pelos diferentes Tribunais, com o olhar diversificado de seus magistrados.

De qualquer modo, pode ser, como dito, útil e até necessário no novo cenário jurídico e jurisdicional em que a segurança jurídica, a proteção da confiança e a garantia da isonomia de tratamento de todos perante a decisão judicial constituem a sua base valorativa encampada pelo legislador.

Instrução do incidente

> Art. 980. O relator ouvirá as partes e os demais interessados, inclusive pessoas, órgãos e entidades com interesse na controvérsia, que, no prazo comum de quinze dias, poderão requerer a juntada de documentos, bem como as diligências necessárias para a elucidação da questão de direito controvertida; em seguida, no mesmo prazo, manifestar-se-á o Ministério Público.
>
> § 1º Para instruir o incidente, o relator poderá designar data para, em audiência pública, ouvir depoimentos de pessoas com experiência e conhecimento na matéria.
>
> § 2º Concluídas as diligências, o relator solicitará dia para o julgamento do incidente.

COMENTÁRIO

O objetivo dessa norma é fornecer ao relator meios capazes de permitir coletar a maior quantidade de informações em torno da questão jurídica objeto do incidente. Assim, poderá ele ouvir as partes e demais interessados, admitir o ingresso na lide do *amicus curiae* (pessoas, órgãos e entidades com interesse na controvérsia – ver comentário sobre tal figura jurídica) e determinar a realização de audiências públicas (§ 1º).

A autorização para ingresso dos "amigos da corte" é prevista de modo genérico no art. 138 do CPC e a sua contribuição pode ser muito importante para fornecer ao tribunal elementos que podem não estar presentes nas argumentações das partes ou nos elementos probatórios contidos no processo. Não deve atuar na defesa de interesse de qualquer dos litigantes, mas em colaboração

---

(12) Art. 1.026. [...] § 4º Quando, por ocasião do processamento do incidente de resolução de demandas repetitivas, o presidente do Supremo Tribunal Federal ou do Superior Tribunal de Justiça receber requerimento de suspensão de processos em que se discuta questão federal constitucional ou infraconstitucional, poderá, considerando razões de segurança jurídica ou de excepcional interesse social, estender a suspensão a todo o território nacional, até ulterior decisão do recurso extraordinário ou do recurso especial a ser interposto.

para a edição da norma jurídica mais qualificada, em termos de conteúdo e alcance.

Todos poderão requerer a juntada de documentos e diligências necessárias ao esclarecimento da questão jurídica e deverão fazê-lo, diz a lei, no prazo comum de quinze dias. É claro que, para tanto, deverão ser intimadas para a produção da prova mencionada.

Concluída a instrução, o relator solicitará a inclusão do processo em pauta para julgamento, depois da manifestação do MPT.

O procedimento, como visto, é bastante semelhante ao adotado no incidente de julgamento de recursos repetitivos.

Julgamento

> Art. 981. No julgamento do incidente, observar-se-á a seguinte ordem:
>
> I – o relator fará a exposição do objeto do incidente;
>
> II – poderão sustentar suas razões, sucessivamente:
>
> a) o autor e o réu do processo originário, e o Ministério Público, pelo prazo de trinta minutos;
>
> b) os demais interessados, no prazo de trinta minutos, divididos entre todos, sendo exigida inscrição com dois dias de antecedência.
>
> § 1º Considerando o número de inscritos, o prazo poderá ser ampliado.
>
> § 2º O conteúdo do acórdão abrangerá a análise de todos os fundamentos suscitados concernentes à tese jurídica discutida, sejam favoráveis ou contrários.

COMENTÁRIO

A ordem dos trabalhos no julgamento é disciplinada, com detalhes, na regra comentada.

Principia-se com a exposição, pelo relator, da questão jurídica. Deve fazê-lo de forma minuciosa, para que os demais membros do colegiado tenham a exata noção de todas as variáveis nela postas e das implicações produzidas pelo julgamento.

Na sequência, haverá a oportunidade para sustentação oral na seguinte ordem: autor e réu do processo originário e representante do Ministério Público do Trabalho, cada um pelo prazo de trinta minutos.

O mesmo prazo, desta vez de forma conjunta, é assegurado para a sustentação dos demais interessados, desde que o requeiram com dois dias de antecedência. O requerimento prévio não é novidade; é comum constar dos regimentos internos e geralmente é feito pela internet. Nova é a regra inserida em lei e, como se definiu o prazo, entendo que é preclusivo e, se desatendido, o interessado não mais poderá fazê-lo, já que o seu ingresso na lide tem apenas o objetivo de fornecer informações a respeito do conteúdo e alcance da questão jurídica controvertida. Observe-se que a lei menciona a expressão "exigida a inscrição com dois dias de antecedência", o que revela o caráter impositivo da observância do prazo.

Se forem muitos – e ficará a critério do presidente da sessão avaliar –, o prazo poderá ser ampliado (§ 1º) e, conquanto nada se mencione, de forma prudente pelo período que julgar adequado aos esclarecimentos ao órgão julgador.

Uma vez julgado, o conteúdo do acórdão deve ser o mais abrangente possível, quanto às teses discutidas, argumentos contrários e favoráveis (§ 2º), para que se possa aquilatar a *ratio decidendi*, diante do seu caráter de observância compulsória no âmbito de alcance da decisão (regional ou nacional, conforme o caso). Quanto mais ampla for a decisão e mais detalhados forem os aspectos fático-jurídicos que nortearam a questão jurídica, melhor será para todos aqueles a quem se destina.

Não se deve esquecer de que o precedente é norma jurídica expressa em texto e, por isso mesmo – tal como ocorre com qualquer diploma normativo –, é sujeito à interpretação, a qual deve ser facilitada.

Efeitos

> Art. 982. Julgado o incidente, a tese jurídica será aplicada:
>
> I – a todos os processos individuais ou coletivos que versem sobre idêntica questão de direito e que tramitem na área de jurisdição do respectivo tribunal, inclusive àqueles que tramitem nos juizados especiais do respectivo estado ou região;
>
> II – aos casos futuros que versem idêntica questão de direito e que venham a tramitar no território de competência do tribunal, salvo revisão na forma do art. 983.
>
> § 1º Não observada a tese adotada no incidente, caberá reclamação.
>
> § 2º Se o incidente tiver por objeto questão relativa a prestação de serviço concedido, permitido ou autorizado, o resultado do julgamento será comunicado ao órgão, ao ente ou à agência reguladora competente para fiscalização da efetiva aplicação, por parte dos entes sujeitos a regulação, da tese adotada.

COMENTÁRIO

A grande mudança da legislação reside no procedimento referente ao julgamento e nos efeitos que produz, tema objeto do dispositivo em análise. A tese definida será aplicada nos recursos objeto do incidente, nos demais recursos sobrestados e nas causas em tramitação na primeira instância. Não há espaço para debates quanto ao acerto da tese ou possibilidade de não ser adotada, seja no âmbito do próprio tribunal (eficácia horizontal), seja nas demais instâncias (eficácia vertical). O legislador vale-se de expressão de conteúdo imperativo: "a tese jurídica **será aplicada**" (não menciona, por exemplo, "poderá ser aplicada").

Essa é das maiores inovações do Código e representa, com todo vigor, a adoção no âmbito dos TRTs e do próprio TST, das mesmas premissas que orientam o julgamento dos recurso repetitivos pelo TST: a força obrigatória do precedente judicial, respaldada nos princípios da segurança jurídica, proteção da confiança e tratamento isonômico entre pessoas que se encontrem na mesma situação perante a lei.

Os processos que vierem a ser ajuizados estarão vinculados à mesma tese e podem ser decididos, quanto a esse aspecto, pelos juízes, ressalvada a possibilidade de superação (*overruling* ou, na referência contida no inciso II, "revisão na forma do art. 983"), para cuja compreensão remete-se ao comentário específico.

Convém ponderar que a revisão do posicionamento cabe ao Tribunal, de ofício ou a requerimento das partes, do Ministério Público do Trabalho ou Defensoria Pública. Ao magistrado de primeiro grau, caberá decidir em consonância com a jurisprudência firmada em torno da questão jurídica.

É evidente que, também aqui, se permite a adoção da técnica do *distinguishing*; caberá à parte demonstrar ao magistrado, fundamentalmente, a possibilidade de não aplicação do precedente em virtude de o caso que se encontra sob sua apreciação conter elementos de distinção que o afastam dos elementos fáticos e jurídicos que ensejaram a construção do precedente.

Não pode o magistrado simplesmente deixar de aplicar a tese porque com ela não concorda ou algo semelhante; trata-se, sim, de afirmar – e fundamentar, friso mais uma vez – que o caso é distinto, diverso, diferente, portanto, daqueles que permitiram fosse gerado o precedente e, por isso, não estará a ele vinculado.

A força vinculante da decisão dos TRTs passa a ser dotada de um eficaz instrumento auxiliar, previsto no § 1º: a reclamação. Originada da jurisprudência do STF e posteriormente incorporado ao texto constitucional (art. 102, I, "i"), a denominada "reclamação constitucional", agora também contemplada na lei ordinária, destina-se a preservar a competência do Tribunal e garantir a autoridade de suas decisões.

A regulamentação no STF ocorreu por meio da Lei n. 8.038/1990 (arts. 13 a 18) – revogada pelo CPC (art. 1.072, IV) e, em linhas gerais, foi transportada e ampliada no CPC. Dentre os seus aspectos positivos, encontra-se a possibilidade de imediata suspensão do processo ou do ato impugnado e o imediato cumprimento da decisão, independentemente da lavratura do acórdão que a materializa.

A regra prevista no § 2º, em princípio, é de difícil aplicação na Justiça do Trabalho, que não resolve questões pertinentes à concessão, permissão ou autorização de serviços, muito embora possa envolver discussões em torno da validade de terceirização de serviços. Cabível, em termos de competência a demanda, e fixada a tese, competirá ao Tribunal comunicar aos órgãos e empresas envolvidas o resultado do julgamento.

Revisão da tese jurídica

> Art. 983. A revisão da tese jurídica firmada no incidente far-se-á pelo mesmo tribunal, de ofício ou mediante requerimento dos legitimados mencionados no art. 974, inciso II.

COMENTÁRIO

A possibilidade de o Tribunal rever a tese jurídica é prevista no dispositivo, provocado que tenha sido pelas partes, pelo Ministério Público do Trabalho ou Defensoria Pública, além de também poder fazê-lo de ofício.

O ineditismo da Lei n. 13.015/2014, que antecipou institutos do CPC, também é constatado na autorização para superação do precedente, técnicas conhecidas como *overruling* e *overriding*, previstas no § 17 do art. 896-C.

Mais uma vez, o recurso à doutrina abalizada permite identificá-las e diferenciá-las[13]. A primeira, o *overruling*, se caracteriza quando o próprio tribunal que firmou o precedente ou tribunal superior decide pela perda de sua força vinculante, por haver sido substituído (*overruled*) por outro.

É imprescindível, no sistema de precedentes judiciais obrigatórios, para garantir o desenvolvimento do direito, implementar as mudanças necessárias e essenciais à jurisprudência solidificada em decorrência de alterações legislativas ou mesmo mutações sociais que a torne incompatível com a realidade, ultrapassada mesmo.

---

(13) DIDIER JR., Fredie; BRAGA, Paula Sarno; OLIVEIRA, Rafael Alexandria de. *Curso de direito processual civil*. 9. ed. Salvador: Juspodivm, 2015. p. 409-411. v. 2,

Luiz Guilherme Marinoni[14], ao analisar essas mudanças, afirma, com base na doutrina de Melvin Eisenberg, que "um precedente está em condições de ser revogado quando deixa de corresponder aos **padrões de congruência social** e **consistência sistêmica** e, ao mesmo tempo, os valores que sustentam a estabilidade – basicamente os da isonomia, da confiança justificada e da vedação da surpresa injusta – não justificam a sua preservação".

Continua, ao explicar os fundamentos autorizadores da superação, que a primeira hipótese existe quando o precedente "passa a negar proposições morais, políticas e de experiência": as primeiras "determinam uma conduta como certa ou errada, a partir do consenso geral da comunidade; as segundas "caracterizam uma situação como boa ou má em face do bem-estar geral"; as últimas "dizem respeito ao modo como o mundo funciona" e a maior parte delas descreve as tendências de condutas seguidas por subgrupos sociais.

Diz, quanto ao segundo pressuposto, que "o precedente não tem consistência sistêmica quando deixa de guardar coerência com outras decisões"[15].

Assemelha-se à revogação de uma lei por outra e pode ocorrer de forma expressa (*express overruling*), quando resolve, expressamente, adotar uma nova orientação e abandonar a anterior, ou tácita (*implied overruling*), quando essa nova orientação é adotada em confronto com a anterior, embora sem que o faça de modo expresso.

Em ambos os casos, exige-se uma carga de motivação maior, que contenha argumentos até então não suscitados e justificação complementar capaz de incentivar o Tribunal a modificar a tese jurídica – *ratio decidendi*, razão de decidir ou fundamento determinante –, o que, convenha-se, não deve ocorrer com frequência, em virtude da necessidade de preservação da segurança jurídica.

A natureza da motivação foi identificada objetivamente no citado § 17 do art. 896-C da CLT, que pode ser invocado de modo analógico: "alteração da situação econômica, social ou jurídica", mas há que se exigir elemento qualitativo que justifique a mudança; não é, portanto, o simples desejo do Tribunal ou mesmo a alteração em sua composição que a legitimará: deve ser significativa e, ainda assim, preservada a segurança jurídica.

É mais um exemplo de norma que insere, no seu texto, conceitos jurídicos indeterminados, cuja densificação ficará a cargo do Poder Judiciário, especialmente no que toca à relevância.

Possível do ponto de vista teórico, a substituição com eficácia *ex tunc* (*retrospective overruling*) – mudança retroativa, portanto –, não é admitida, por dicção da própria lei, quando atinja as relações jurídicas firmadas a partir da tese encampada anteriormente.

A segunda, o *overriding*, também pode ser identificada na norma da CLT. É a técnica de superação que se diferencia da anterior por ser de menor alcance. Neste caso, o tribunal apenas limita o âmbito de incidência do precedente, em função da superveniência de uma regra ou princípio legal. Não há superação total, mas parcial do precedente, semelhante ao que ocorre com a revisão das súmulas vinculantes[16].

Mais um alerta se faz necessário, aplicável às duas hipóteses mencionadas:

> Cabe reiterar aqui que a superação somente pode ser feita pelo Tribunal Superior do Trabalho; os demais tribunais e juízes não podem superar entendimento de órgão superior na hierarquia judiciária – havendo dissenso, ele deve ser consignado na fundamentação, apontando as respectivas razões. Além disso, o TST precisa fazer a superação de acordo com os parâmetros argumentativos-procedimentais já enumerados, respeitando os seguintes aspectos: 1) o substancial, o tribunal precisa demonstrar que a *ratio decidendi* em voga causa injustiças ou é inadequada, e que determinado princípio determina sua mudança por uma norma que demonstre ser mais adequada ou justa para a situação; 2) o formal, o tribunal precisa demonstrar que as razões substanciais para a mudança superam as razões formais para a continuidade, isto é, que é mais importante a prevalência do princípio material do que a segurança jurídica fornecida pela continuidade da tese; 3) o da segurança na mudança, aspecto final, que consiste na proteção da confiança legítima, ou seja, depois de o tribunal posicionar-se pela necessidade de mudança, deve passar a se preocupar com a proteção dos jurisdicionados que atuaram com expectativa

---

(14) MARINONI, Luiz Guilherme. *Precedentes obrigatórios*. 4. ed. São Paulo: Revista dos Tribunais, 2016. p. 251.
(15) MARINONI, Luiz Guilherme. *Precedentes obrigatórios*. 4. ed. São Paulo: Revista dos Tribunais, 2016. p. 252.
(16) DIDIER JR., Fredie; BRAGA, Paula Sarno; OLIVEIRA, Rafael Alexandria de. *Curso de direito processual civil*. 9. ed. Salvador: Juspodivm, 2015. p. 409-411. v. 2.

legítima na aplicação dos precedentes, seja determinando um regime de transição ou aplicando o chamado *prospective overruling*, fazendo a nova tese incidir apenas sobre relações jurídicas que se dêem a partir de certo momento.[17]

De maneira didática, Lucas Buril de Macedo destaca alguns aspectos importantes em relação à superação[18]:

a) superar significa retirar o precedente do ordenamento jurídico como direito vigente e colocar outro em seu lugar;

b) pode ocorrer com a exclusão do precedente em si ou a eliminação de sua *ratio decidendi*;

c) pode ocorrer de duas formas: pelo próprio Judiciário, ao proferir nova decisão que supere a anterior, com fundamentos distintos, ou pelo legislador, ao dispor de modo contrário ou promulgando lei que repita a norma contida no precedente do Judiciário, passando a ser o novo referencial normativo;

d) deve observar o paralelismo entre a formação e a modificação ou extinção da norma, observando-se, por conseguinte, o procedimento específico;

e) somente pode ocorrer por outro órgão se se tratar de tribunal superior.

Novidade também é a adoção da técnica da modulação dos efeitos da decisão, prevista no § 3º do art. 927 do CPC e também no § 17 do art. 896-C da CLT (embora destinado aos incidente de recursos de revista repetitivos, também tem lugar no IRDR). O sistema recursal trabalhista passa a contar com regra de mitigação dos efeitos temporais da decisão para fixá-los para momento posterior e, com isso, preservar as situações jurídicas consolidadas ao tempo da tese jurídica anteriormente consagrada pelo TST.

Alvo de acirrado debate na doutrina e especialmente utilizada em matéria tributária, a regra existia anteriormente no art. 27 da Lei n. 9.868/1999, nos casos de declaração de inconstitucionalidade pelo Supremo Tribunal Federal. Em casos excepcionais, autoriza-o a preservar os efeitos produzidos pela norma declarada inconstitucional e posta em estado latente no ordenamento jurídico. Tais efeitos somente se modificam a partir da decisão ou em momento posterior, observado o quórum qualificado de 2/3, respaldado em razões de segurança jurídica ou de excepcional interesse social.

Ao comentar o dispositivo, Gilmar Ferreira Mendes[19] e Ives Gandra da Silva Martins asseveram:

> Nos termos do art. 27 da Lei n. 9.868/1999, o STF poderá proferir, em tese, tanto quanto já se pode vislumbrar, uma das seguintes decisões:
>
> a) declarar a inconstitucionalidade apenas a partir do trânsito em julgado da decisão (declaração de inconstitucionalidade *ex nunc*), com ou sem repristinação da lei anterior;
>
> b) declarar a inconstitucionalidade com a suspensão dos efeitos por algum tempo a ser fixado na sentença (declaração de inconstitucionalidade com efeito *pro futuro*), com ou sem repristinação da lei anterior;
>
> c) declarar a inconstitucionalidade sem a pronúncia de nulidade, permitindo que se opere a suspensão de aplicação da lei e dos processos em curso até que o legislador, dentro de prazo razoável, venha a se manifestar sobre a situação inconstitucional (declaração de inconstitucionalidade sem pronúncia da nulidade = restrição de efeitos); e, eventualmente,
>
> d) declarar a inconstitucionalidade dotada de efeito retroativo, com a preservação de determinadas situações.[20]

Esse importante instrumento de política judiciária, para uns, ou de controle de constitucionalidade, para outros, é destacado por Eduardo Talamini:

> A possibilidade de excepcionalmente restringir os efeitos retroativos ou mesmo atribuir apenas efeitos prospectivos à declaração de inconstitucionalidade – ao contrário do que possa parecer – confere maior operacionalidade ao sistema de controle abstrato. A regra da retroatividade absoluta e sem exceções acaba fazendo com que o tribunal constitucional, naquelas situações de conflito entre os valores acima mencionados, muitas vezes simplesmente deixe de declarar a

---

(17) DIDIER JR., Fredie; MACÊDO, Lucas Buril de. Reforma no processo trabalhista brasileiro em direção aos precedentes obrigatórios: a Lei n. 13.015/2014. *Revista do Tribunal Superior do Trabalho*, Rio de Janeiro: Imprensa Nacional, v. 21, n. 1, p. 159, 1947.

(18) MACÊDO, Lucas Buril. *Precedentes judiciais e o direito processual civil*. Salvador: Juspodivm, 2015. p. 484-487.

(19) Autor do esboço que resultou na Lei, na época em que ocupava o cargo de Advogado-Geral da União.

(20) MARTINS, Ives Gandra da Silva; MENDES, Gilmar Ferreira. *Controle concentrado de constitucionalidade*. São Paulo: Saraiva, 2009. p. 544.

inconstitucionalidade da norma, para assim evitar gravíssimas conseqüências que adviriam da eficácia *ex tunc* dessa declaração.[21]

Impugnação da decisão – Recurso cabível

Art. 984. Do julgamento do mérito do incidente caberá recurso extraordinário ou especial, conforme o caso.

§ 1º O recurso tem efeito suspensivo, presumindo-se a repercussão geral de questão constitucional eventualmente discutida.

§ 2º Apreciado o mérito do recurso, a tese jurídica adotada pelo Supremo Tribunal Federal ou pelo Superior Tribunal de Justiça será aplicada no território nacional a todos os processos individuais ou coletivos que versem sobre idêntica questão de direito.

COMENTÁRIO

A transposição da regra para o processo do trabalho assegura o cabimento do recurso ordinário da decisão do TRT que julgou o mérito do incidente. Não se admite, de logo, recurso extraordinário, em face da competência do TST para examinar matéria constitucional, inexistente no âmbito do STJ.

Evidente que, provido o recurso pelo STF, o efeito substitutivo da decisão por ele proferida gerará a substituição da tese jurídica por aquela que, por ele, vier a ser adotada, em todo o território nacional.

3. Referências bibliográficas

BRANDÃO, Cláudio. *Reforma do sistema recursal trabalhista*: comentários à Lei n. 13.015/2014. São Paulo: LTr, 2015.

BRASIL. Conselho Nacional de Justiça. *Relatório Justiça em Números*, 2014. Disponível em: <ftp://ftp.cnj.jus.br/Justica_em_Numeros/relatorio_jn2014.pdf>. Acesso em: 30 maio 2015.

CHAVES, Luciano Athayde. Interpretação, aplicação e integração do direito processual do trabalho. In: CHAVES, Luciano Athayde (org.). *Curso de direito processual do trabalho*. 2. ed. São Paulo: LTr, 2012.

CUNHA, Leonardo Carneiro da; DIDIER JR., Fredie. Incidente de assunção de competência e o processo do trabalho. In: BRANDÃO, Cláudio; MALLET, Estêvão (orgs.). *Repercussões do novo CPC*: processo do trabalho. Salvador: Juspodivm, 2015.

DIDIER Jr., Fredie; BRAGA, Paula Sarno; DE OLIVEIRA, Rafael Alexandria. *Curso de direito processual civil*. 9. ed. Salvador: JusPodivm, 2015. v. 2.

_____; MACÊDO, Lucas Buril de. Reforma no processo trabalhista brasileiro em direção aos precedentes obrigatórios: a Lei n. 13.015/2014. *Revista do Tribunal Superior do Trabalho*, Rio de Janeiro: Imprensa Nacional, v. 21, n. 1, 2015.

MARINONI, Luiz Guilherme. *Precedentes obrigatórios*. 4. ed. São Paulo: Revista dos Tribunais, 2016.

MELO, Raimundo Simão de. *Coletivização das ações individuais no âmbito da Justiça do Trabalho*. Disponível em: <http://www.conjur.com.br/2014-out-03/reflexoes-trabalhistas-coletivizacao-acoes-individuais-ambito-justica-trabalho>. Acesso em: 30 mar. 2015.

MINGATI, Vinícius Secafen. *Reclamação (neo)constitucional*: precedentes, segurança jurídica e os juizados especiais. Brasília: Gazeta Jurídica, 2013.

TALAMINI, Eduardo. *Coisa julgada e sua revisão*. São Paulo: Revista dos Tribunais, 2005.

TUPINAMBÁ, Carolina. A aplicação do CPC ao processo do trabalho. In: BRANDÃO, Cláudio; MALLET, Estêvão (orgs.). *Repercussões do novo CPC*: processo do trabalho. Salvador: Juspodivm, 2015.

---

(21) TALAMINI, Eduardo. *Coisa julgada e sua revisão*. São Paulo: Revista dos Tribunais, 2005. p. 439.

A Prova no Processo do Trabalho

Francisco Alberto da Motta Peixoto Giordani
*Desembargador do Trabalho.
Diretor da Escola Judicial do TRT da 15ª Região – biênio 2014/2016.
Membro da Academia Nacional de Direito Desportivo.*

Ana Paula Pellegrina Lockmann
*Desembargadora do Trabalho
Vice-Diretora da Escola Judicial do TRT da 15ª Região – biênio 2016/2018.
Mestre em Direito do Trabalho pela USP.
Membro da Academia Nacional de Direito Desportivo.*

À guisa de introdução, oportuno tecer algumas considerações sobre a verdade, especificamente como ela deve ser compreendida, em sede de prova no processo.

E de partida, de se indagar: Qual seria o significado de verdade?

Trata-se de questão tormentosa que, desde os primórdios, permeia o pensamento da humanidade.

A exemplo, "vale lembrar a citação bíblica conhecida de todos, relativa a um fato histórico ocorrido no próprio nascedouro da Era Cristã, quando Pôncio Pilatos formulou a Jesus a seguinte indagação: Que é a verdade?" (BARROS, Marco Antonio de Barros. *A Busca da Verdade no Processo Penal*. São Paulo: RT, 2002. p. 13).

O dicionário Aurélio traz a seguinte definição de verdade: "Conformidade com o real; exatidão, realidade."

De toda sorte, o que nos interessa é que não cabe cogitar em verdade absoluta, pois está sempre sujeita a processos de mudanças decorrentes de fatores históricos, sociais e culturais de determinada sociedade, dentre outros, bem como da perspectiva de cada pessoa. O que é verdade no presente, pode não ser no futuro.

Neste contexto, e nos dias que correm, reconhece-se que a verdade "verdadeira", por não ser algo que se possa atingir, não é a finalidade da prova no processo, a qual tem ambição bem mais modesta, contentando-se com a elevada probabilidade de que os fatos alegados tenham mesmo se dado da forma como relatados.

O culto Humberto Cesário, depois de lembrar a observação dos professores Luiz Guilherme Marinoni e Sérgio Cruz Arenhart, de que, "atualmente, a distinção entre verdade formal e substancial perdeu o brilho", aderindo a tal posicionamento, acrescenta que: "Para a visualização do acerto de tal informação, é suficiente notar, consoante já deixamos entrever um pouco atrás, que os termos 'verdade' e 'ficta' são contraditórias. A verdade, portanto, é uma só. Isso significa que não existem duas verdades, como, por exemplo, uma substancial e outra formal." (CESÁRIO, João Humberto. *Provas no Processo do Trabalho – De acordo com o Novo Código de Processo Civil*. Cuiabá: Instituto JHC, 2015. p. 54/5.)

E, linhas adiante, diz que: "É nesse contexto que deve ser compreendida a visão de que a verdade é inalcançável nos autos, razão pela qual o magistrado, por ocasião da decisão, se pauta muito mais por um juízo de probabilidade do que de certeza. Isso não quer dizer, naturalmente, que o juiz não deva se pautar pela utopia da verdade na condução processual." (CESÁRIO, João Humberto. *Provas no Processo do Trabalho – De acordo com o Novo Código de Processo Civil*. Cuiabá: Instituto JHC, 2015. p. 56.)

Ensina Marinoni que: "Como a 'busca da verdade' é uma ilusão, uma vez que toda 'certeza jurídica', na perspectiva gnosiológica, sempre se resolve em verossimilhança." E acrescenta, ainda, que: "a verdade, por ser inatingível, não pode ser vista como meta a ser encontrada pelo processo." (MARINONI, Luiz Guilherme. *Técnica Processual e Tutela dos Direitos*. São Paulo: RT, 2004. p. 45/46.)

Por óbvio que, malgrado a circunstância de a verdade histórica ser algo inatingível, não justifica abrir mão na busca da melhor possibilidade, ou seja, a que propicie a maior convicção possível.

Como bem observado por Amini Haddad Campos: "Embora o juízo de certeza, necessário ao provimento cognitivo, represente probabilidades, quanto maior sua convicção, melhor." (CAMPOS, Amini Haddad. *O Devido Processo Proporcional*. São Paulo: Lejus, 2001. p. 50.)

Nesse mesmo diapasão, como magnificamente sintetizado pelo grande processualista José Carlos Barbosa Moreira: "A parcela da verdade que podemos realmente atingir é reduzida; mas ao menos que se busque essa: antes buscar essa do que não buscar nenhuma." (BARBOSA MOREIRA, José Carlos. *O Juiz e a Prova*. Repro, ano 9, n. 35, p. 181, jul./set./84.)

Vale ressaltar, outrossim, as oportunas reflexões de Margareth Vetis Zaganelli e Maria Francisca dos Santos Lacerda:

> "O mundo moderno compreendeu que as verdades mudam de acordo com o olhar e a posição do observador. A idéia de uma verdade absoluta, tanto no processo como fora dele, poderá desaguar no autoritarismo, na tirania, como ocorreu com aquele Califa de que fala Humberto Eco que ordena a destruição da biblioteca de Alexandria, argumentando que os livros eram falsos, porque não diziam as mesmas coisas que o Alcorão. Ele tinha uma verdade, apenas.
>
> O oposto, da mesma forma, é perigoso. O relativismo acerca da verdade produz a inércia. Já que a verdade é um objetivo que nunca será atingido, os juízes se justificarão, não se importando com ela, transformando-se no juiz Pilatos que, ao invés de tentar descobrir se havia sustentação para certas acusações históricas e específicas contra um réu, ficou a conjecturar acerca da verdade e lavou as mãos.
>
> No processo, o que vale é a tentativa de encontrar a verdade dos fatos, dentro de uma perspectiva de respeito ao contraditório, ao debate, com amplo espaço para a argumentação, vingando o resultado desse embate entre as partes, com paridade de armas; uma verdade que não nasce da reconstrução dos fatos, mas de uma visão desses mesmos fatos, pela lente de todos os partícipes de tema *probandum*.

> A verdade não constitui um fim em si mesma, mas partes e juiz, na perspectiva apontada, têm o dever de buscá-la, para que se faça uma justiça 'justa' no processo". (ZAGANELI, Margareth Vetis; SANTOS LACERDA, Maria Francisca dos. *Livre Apreciação da Prova, Ciência e Raciocínio Judicial*: Considerações sobre a 'Cientificização' da Prova no Processo", ob. coletiva, "*Processo, Verdade, Justiça & Estudos sobre a Prova Judicial*". RJ: Editora Lumen Juris, 2009. p. 150/1.)

A propósito, Umberto Eco assim pondera: "Conhecemos a lenda do Califa que ordena a destruição da biblioteca de Alexandria argumentando: ou estes livros dizem as mesmas coisas que o Alcorão, e são úteis, ou dizem coisas diferentes, e são falsos e danosos. O califa conhecia e possuía uma Verdade e, com base na sua verdade, julgava os livros." (ECO, Umberto. *Os Limites da Interpretação*. São Paulo: Perspectiva, 2010. p. 23.)

Avançando mais um pouco no tema, e agora adentrando na importância da prova no processo, é certo que "o resultado do processo está diretamente relacionado à produção de provas pelas partes" (PEREIRA, Tales Ricardo Migliorini Tavares. A Distribuição Dinâmica do ônus da Prova no Processo do Trabalho. *Revista Trabalhista Direito e Processo*, ano 14, n. 53, p. 153).

E já se disse, e com boa dose de razão, que a prova é a "alma do processo" (PEREIRA e SOUZA *apud* AZEVEDO, Vicente de Paulo Vicente de. *Curso de Direito Judiciário Penal*. São Paulo: Saraiva, 1958. p. 7. v. 2).

Tendo, de sua parte, Jeremy Bentham observado que "el arte del proceso es esencialmente el arte de administrar las pruebas" (BENTHAM, Jeremy. *Tratado de las Pruebas Judiciales*. México: Editorial Jurídica Universitária, 2002. p. 2).

A importância das provas, em sentido lato, acompanha o homem desde tempos imemoriais, e é mesmo uma maneira de o homem conhecer melhor a si próprio.

Aliás, o professor João Monteiro, reproduzindo ensinamento de Raymond Bordeaux, já dizia que: "A teoria da prova em geral é um dos mais vastos assuntos que abrir se possam diante do espírito humano; a filosofia inteira nela se compreenderia, pois que ela mesma tem por objeto a descoberta da verdade." (MONTEIRO, João. *Programa do Curso de Processo Civil*. São Paulo: Duprat & Comp., 1912. p. 96/7. v. 2.)

Releva salientar ainda que, conquanto bárbaras, certas provas, vistas com os olhos de hoje, na sua época tinham por escopo dar certas garantias aos indivíduos, o que já era um progresso; assim, os ordálios, cujas variedades arrepiam só de ouvi-las ao homem de hoje, mas que, apesar disso, duraram séculos em quase toda a Europa, como observado pelo preclaro jurista português Marcelo Caetano (CAETANO, Marcelo. *História do Direito Português (1140-1495)*. 2. ed. Editorial Verbo, p. 262)

Sobre este ponto, vale registrar a exposição feita por esse ilustre jurista, a respeito de comentários do grande escritor Alexandre Herculano:

> "Por imperfeitas que elas fossem em geral, por bárbaro e absurdo que fosse o sistema dos juízos de Deus, é certo que o pensamento de todos esses métodos mais ou menos complicados, mais ou menos seguros para averiguar a verdade, fora o de criar garantias a favor da inocência contra o crime. Para apreciar com justiça a índole de semelhantes instituições convém que se não vejam à luz da civilização actual, mas que, remontando a essas eras, se meçam pelos costumes e idéias de então, quando o sentimento religioso, não só profundo, mas também exagerado, dava grande valor ao juramento de alma, sobretudo sendo dado sobre a cruz; a essas eras em que se acreditava que, não bastando à providência as leis físicas e morais com que ela revela sabedoria eterna no regime das cousas humanas, o seu dedo aparecia a cada momento, em manifestações miraculosas, e que a vontade do homem podia compeli-la a semelhantes manifestações." (CAETANO, Marcelo. *História do Direito Português (1140-1495)*. 2. ed. Portugal: Editorial Verbo. p. 263.)

Nesse passo, interessante recordar a referência feita por Luiz Fabiano Corrêa, em trabalho seu, sobre um ensinamento de Jerome Frank, no sentido de que, para este último, "ninguém possui direito algum antes de tê-lo proclamado uma decisão judicial definitiva. Ainda que na realidade os fatos tenham sido outros, de forma que de acordo com o direito vigente a razão estaria com fulano, se na sua contenda com beltrano os testemunhos favorecerem a esse, normalmente também em favor desse será a decisão. Se isso ocorrer, que serventia terá, na prática, o direito teórico de alguém" (CORRÊA, Luiz Fabiano. *Prova Testemunhal*. São Paulo: RT, n. 762, abril/1999. p. 773.)

Na mesma linha, Evaristo de Moraes Filho, citando outro autor (Bandry Lacantinerie): "A não existência de um direito e a impossibilidade de prová-la são uma e a mesma coisa, pois se chega nos dois casos ao mesmo resultado negativo." (MORAES FILHO, Evaristo de. *A Justa Causa na Rescisão do Contrato de Trabalho*. 3. ed. LTr. p. 255.)

Carnelutti mesmo já dizia que, sem as provas, "en noventa e nueve por ciento de las veces, el derecho no podría alcanzar su finalidad" (CARNELUTTI, Francesco *apud* AQUINO, José Carlos G. Xavier de. *A Prova Testemunhal no Processo Penal Brasileiro*. 2. ed. Saraiva. p. 8).

Otto Tschadek também explana que:

> "En el trascurso de más de dos decenios de práctica judicial he llegado a convencerme de que no hay procedimiento probatorio sin trampas y peligros. Hasta los casos que parecen claros entrañan el riesgo del error.
>
> El escollo para la jurisprudencia no está en el error de derecho, sino en el error de hecho.
>
> Pero los errores de hecho tienen origen en un procedimiento probatorio mal o deficientemente practicado, en una incorrecta apreciación de la prueba, o en la falta de experiencia psicológica." (TSCHADEK, Otto. Editorial Temis S.A., 2010, Bogotá-Colombia. p. 01.)

O renomado jurista português, José Joaquim Gomes Canotilho, já advertia que: "Há muito tempo que os juspublicistas dão conta que, no direito constitucional, e, mais especificamente, campo dos direitos fundamentais, existe um clamoroso déficit quanto ao direito à prova." E assevera que se faz necessário "deslocar o direito à prova do estrito campo jusprocessualístico para o localizar no terreno constitucional". Depurando mais seu raciocínio, o professor Canotilho acrescenta que: "Neste sentido poderá falar-se de um direito constitucional à prova entendido como o poder de uma parte (pessoa individual ou pessoa jurídica) 'representar ao juiz a realidade dos factos que lhe é favorável' e de 'exibir os meios representativos desta realidade." (CANOTILHO, José Joaquim Gomes. *Estudos sobre Direitos Fundamentais*. Coimbra Editora, 2004. p. 169/170.)

Consoante ensinam os doutrinadores, o direito à prova tem estatura constitucional, embora isso não esteja colocado com todas as letras na nossa Carta Magna, mas por decorrer de princípios e valores que abraça e positiva em seu texto.

Como exemplo, de se mencionar o princípio da inafastabilidade da jurisdição (direito de ação), inculpido no art. 5º, XXXV, da CF. Nesse aspecto, não temos dúvida de que o direito à prova está diretamente relacionado ao direito de ação, até porque seria difícil compreender ou conciliar o direito à prova, sem a correspondente garantia de poder demonstrar, em Juízo, a veracidade do que se alega.

Nesse ponto, relevante mencionar o art. 371 do NCPC, *in verbis*:

> Art. 371. O juiz apreciará a prova constante dos autos, independentemente do sujeito que a tiver promovido, e indicará na decisão as razões da formação de seu convencimento.

Mencione-se, outrossim, o princípio do contraditório (art. 5º, LV, da CF), com a importância que o nosso ordenamento jurídico lhe empresta, e que o Novo Código de Processo Civil procura acentuar, de tornar efetiva a participação de cada parte, permitindo-lhe que atue, intensamente e com igualdade de oportunidades, na e para a formação do convencimento do juiz.

Vale lembrar, contudo que, embora de envergadura constitucional, o direito à prova, direito fundamental mesmo, não se cuida de um direito absoluto, havendo limitações que a própria Constituição Federal, atendendo a outros valores, lhe impõe, podendo-se aqui mencionar, para ilustração, os incisos X, XI, XII e o LVI do art. 5º da CF.

Atento ao ensinamento de que "quem pretende ver confirmada em juízo a existência de um direito deve produzir a prova da ocorrência do fato de que ele decorre, o que permite afirmar que, no processo, é a prova do fato de que decorre o direito que permite confirmar a sua existência e, com isso, conferir-lhe vida" (ALMEIDA, Cleber Lúcio de. *Elementos de Teoria Geral da Prova*. Del Rey, 2013. p. 26).

E atento também ao disposto no art. 371 do NCPC, transcrito linhas acima, o qual dispõe que o juiz é o destinatário da prova, segue-se que fica ainda mais clara a necessidade de que a parte demonstre ao julgador que o fato que sustenta sua pretensão efetivamente ocorreu.

Considerando tudo isso, e para reflexão, de se indagar: O que seria de uma pessoa que, precisando produzir uma prova, conforme o caso e a necessidade, não pudesse ou não tivesse quem a produzisse?

No particular, uma vez mais a História nos dá a resposta, por meio de eloquente exemplo:

> "*A finales de 1492 o comienzos de 1493, estando Fernando el Católico en Barcelona fue objeto de una agresión por un sujeto probablemente loco, al decir de André Bernáldez. Horroriza la descripción que el cronista hace de la pena que se impuso al traidor y de la ejecución de la misma.*"
>
> Nota de rodapé: "*El traidor fue condenado por la justicia de la ciudad a muy cruelíssima muerte, fue puesto en un carro y traído por toda la ciudad, y primeiramente le cortaron la mano con que le dió al Rey, y luego con tenazas de hierro ardiente le sacaron una teta, y después le sacaron un ojo, y después le cortaron la outra mano, y luego le sacaron el outro ojo, y luego la outra teta, y luego las narices, y todo el cuerpo y le abocadaron los herreros con tenazas ardendo, e fuéronle cortando los pies, y después que todos los membros le fueron cortados, sacáronle el corazón por las espaldas y echáronlo fuera de la ciudad, lo apedrearon e lo quemaron en fuego e aventaron la ceniza al viento: llamábase este traidor Juan de Cañamas*" (*André Bernáldez, Historia de los Reyes Católicos...*, págs. 655-656). (VALIENTE, Francisco Tomás Y. *El Derecho penal de la monarquia absoluta* – siglos XVI, XVII y XVIII. 2. ed. Madrid: Ed. Tecnos, 1992.)

Tem-se, portanto, que não basta, no plano abstrato, seja possibilitada a produção de provas. É preciso verificar se, no plano real, isso é possível, ou seja, se a parte tem, efetivamente, como fazê-la, e isso porque vale perguntar: de que adianta permitir à parte, no plano teórico, a produção de provas que, na realidade, ela não tem meios de fazê-la?

Isso, ao fim e ao cabo, não implica, em poucas e objetivas palavras, negar-lhe o acesso à justiça? Ou se preferir, conferi-lo deficientemente.

Nesse contexto, de se destacar as observações de Jorge Luiz Souto Maior:

> "A desigualdade da relação material, ademais, permite que o empregador tenha aquilo que, na teoria processual, se denomina 'autotutela'. Ou seja, o empregador tem o poder de tutelar, por ato unilateral, o seu interesse, impondo ao empregado determinados resultados fático-jurídicos. Se o empregado não comparece ao trabalho, o empregador desconta seu salário; se atrasa, a mesma coisa.
>
> Se o empregado age de modo que não atenda à expectativa do empregador, este, mesmo que o direito, em tese, não lhe permita fazê-lo, multa, adverte e até dispensa o empregado...
>
> O empregador, portanto, não precisa da tutela do Estado para a satisfação de seu interesse." (SOUTO MAIOR, Jorge Luiz. *O Conflito entre o Processo do Trabalho e o Novo CPC*, publicação da Escola Judicial do TRT-15ª Região, Estudos Jurídicos 2015, *Os Impactos do Novo CPC no Processo do Trabalho*, p. 31.)

No mesmo sentido, se alinha Manoel Carlos Toledo Filho:

> "o empregador não necessita da Justiça do Trabalho porque, no cotidiano do labor, pratica a autotutela, enquanto que o empregado, por não deter poder de reação imediata, deve aguardar o momento oportuno para propor uma reclamação em que, talvez, logre recuperar ao menos uma parte de seus direitos". (Manoel Carlos Toledo Filho, mesma publicação, f. 78/9.)

Conquanto se referindo à ação acidentária, aplica-se, perfeitamente, ao tema em foco, a observação de que: "Não seria, portanto, compatível com tal perspectiva de Direito Material a sucumbência por deficiência de prova, encarada esta como ônus exclusivo das partes" (José Raimundo Gomes da Cruz, *Ônus da Prova em Ação Relativa a Acidente do Trabalho*), ou seja, não se coaduna com o espírito e os fins que justificam a existência do Direito do Trabalho.

No tocante ao ônus probatório, apenas para lembrar, por mais desnecessário que seja, trata-se do encargo que tem a parte em demonstrar em Juízo os fatos que amparam sua assertivas e pretensões, de modo a sustentá-las, ou como superiormente dito por Cândido Rangel Dinamarco: "ônus da prova é o encargo atribuído pela lei a cada uma das partes, de demonstrar a ocorrência de fatos de seu próprio interesse para as decisões a serem proferidas no processo." (DINAMARCO, Cândido Rangel. *Instituições de Direito Processual*. Malheiros, 2009. p. 73. v. III.)

Em relação à distribuição do ônus da prova, assim dispõe o art. 373 do NCPC:

> Art. 373. O ônus da prova incumbe:
>
> I – ao autor, quanto ao fato constitutivo de seu direito;
>
> II – ao réu, quanto à existência de fato impeditivo, modificativo ou extintivo do direito do autor.
>
> § 1º Nos casos previstos em lei ou diante de peculiaridades da causa relacionadas à impossibilidade ou à excessiva dificuldade de cumprir o encargo nos termos do *caput* ou à maior facilidade de obtenção da prova do fato contrário, poderá o juiz atribuir o ônus da prova de modo diverso, desde que o faça por decisão fundamentada, caso em que deverá dar à parte a oportunidade de se desincumbir do ônus que lhe foi atribuído.
>
> § 2º A decisão prevista no § 1º deste artigo não pode gerar situação em que a desincumbência do encargo pela parte seja impossível ou excessivamente difícil.
>
> § 3º A distribuição diversa do ônus da prova também pode ocorrer por convenção das partes, salvo quando:
>
> I – recair sobre direito indisponível da parte;
>
> II – tornar excessivamente difícil a uma parte o exercício do direito.
>
> § 4º A convenção de que trata o § 3º pode ser celebrada antes ou durante o processo.

Como se observa, a norma acima, em sua parte inicial (*caput* e incisos I e II), manteve a regra tradicional da distribuição estática do ônus da prova. A novidade reside em seus parágrafos, que incorporou e possibilitou a aplicação da teoria da distribuição dinâmica do encargo probatório.

O art. 333 do revogado CPC/1973, com sua distribuição rígida do *onus probandi*, com a qual visou a segurança jurídica e a igualdade formal, já abria o flanco às críticas no sentido de que ignorava completamente a realidade, o caso concreto e suas especificidades, e, principalmente, não levava em consideração a possibilidade de inaptidão da parte, em inúmeros casos, de produzir a prova dos fatos que embasam suas alegações e pretensões.

Com a distribuição dinâmica do ônus da prova, se pretende afastar a iniquidade decorrente de se atribuir o ônus da prova, de maneira inflexível, sem atenção ao caso concreto e às dificuldades ou reais possibilidades de sua produção, pela parte a quem o encargo é atribuído.

Que fundamentos podem ser apresentados para justificar a teoria da distribuição dinâmica do ônus da prova?

Dá-los a eminente Inés Lépori White:

> "*Los fundamentos dados por los distintos tribunales del país, al aplicar la teoría de las cargas probatorias dinámicas en sus respectivas resoluciones, pueden resumirse de la seguiente forma:*
>
> *Concepción dinámica del proceso, brindar la objetiva concreción de la justicia, perseguir una resolución justa, búsqueda de una solución justa para el caso, hallar el justo equilibrio entre las partes, criterio de equidad en la relación procesal, deberes de lealtad, probidad y buena fe, deber de las partes de colaborar con la verdad jurídica objetiva, deber de cooperación de los profesionales.*" (WHITE, Inés Lépori. *Cargas Probatorias Dinámicas*, obra coletiva Cargas Probatorias Dinámicas, Rubinzal-Culzoni Editores, 2004. p. 69.)

Bom é lembrar, com Eduardo Cambi, em obra publicada em 2006, que: "No entanto, a teoria da carga dinâmica da prova não chega a ser uma novidade no direito brasileiro, nem uma exclusividade da tutela dos bens jurídicos coletivos. A distribuição dinâmica do ônus da prova, no direito brasileiro, tem sido acolhida pela jurisprudência e pela doutrina, por exemplo, em matéria de responsabilidade civil do médico e com relação aos contratos bancários, apesar da inexistência de regra expressa." Também acrescenta que "a tutela do direito material não pode ser prejudicada pela dificuldade ou impossibilidade da prova, sob pena de valorizar mais o meio (prova) que o fim (proteção dos direitos)" (CAMBI, Eduardo. *A Prova Civil – Admissibilidade e Relevância*. RT, 2006. p. 344/346).

De se reforçar que, conforme estabelece o art. 6º do NCPC, "Todos os sujeitos do processo devem cooperar entre si para que se obtenha, em tempo razoável, decisão de mérito justa e efetiva".

Igualmente, o art. 378 do NCPC reza que "Ninguém se exime do dever de colaborar com o Poder Judiciário para o descobrimento da verdade".

Trata-se, portanto, de dispositivos que trazem em seu bojo o princípio da colaboração, os quais devem ser observados.

Insta frisar que "esse princípio não implica em colaboração *entre as partes*, mas sim *entre a parte e o juiz*. Como são antagônicos os interesses das partes em conflito, não seria razoável exigir de uma parte a contribuição para o sucesso de seu adversário. Contudo, isto não significa que a parte pode agir maliciosamente. Qualquer uma delas tem o dever de se abster de criar embaraços fraudulentos, evitando tumultuar o deslinde do processo" (JAYME, Fernando Gonzaga; FARIA, Juliana Cordeiro de; LAUAR, Maira Terra (coords.). *Processo Civil – Novas Tendências – em homenagem ao Ministro Sálvio de Figueiredo Teixeira*. Belo Horizonte: Del Rey Editora, 2011)

Inclusive, explana Humberto Theodoro Júnior que: "É natural que não se exija de um litigante que coopere com o adversário na defesa do seu interesse antagônico. Mas, a cooperação de todos os sujeitos processuais, sem excluir as partes, deve realmente acontecer entre todos eles, muito embora o comportamento cooperativo não seja exatamente igual para cada um deles. Na medida do possível os sujeitos processuais haverão de comportar-se de modo a contribuir para o adequado esclarecimento da verdade, sem tumultuar a marcha processual com expedientes e obstáculos desnecessários e procrastinatórios, pautando sua conduta sempre pelos ditames da boa-fé e lealdade. A cooperação das partes, de tal maneira, poderá acontecer tanto de forma ativa como passiva. O importante é ver na cooperação dos litigantes uma conexão com o poder que o processo democrático assegura às partes de influírem, de maneira real e efetiva, na condução do processo e na formulação do provimento pacificador do litígio." (THEODORO JÚNIOR, Humberto. *A Constitucionalização do Processo no Estado Democrático de Direito*, obra coletiva, "Novo CPC: reflexões e perspectivas", Del Rey Editora, 2014. p. 185.)

E mesmo não constando expressamente do revogado CPC/1973, a jurisprudência já vinha admitindo a teoria da distribuição dinâmica do ônus da prova, conforme se verifica de decisão do E. STJ, no REsp n. 1286704/SP, de relatoria da eminente Ministra Nancy Andrighi:

> 7. Embora não tenha sido expressamente contemplada no CPC, uma interpretação sistemática da nossa legislação processual, inclusive em bases constitucionais, confere ampla legitimidade à aplicação da teoria da distribuição dinâmica do ônus da prova, segundo a qual esse ônus recai sobre quem tiver melhores condições de produzir a prova, conforme as circunstâncias fáticas de cada caso. (Relª Ministra Nancy Andrighi, REsp n. 1286704/SP.)

Na Justiça do Trabalho, também já era usada a teoria em comento, antes mesmo do advento do Novo Código de Processo Civil:

> PROVA. ÔNUS. DISTRIBUIÇÃO DINÂMICA, NÃO MAIS ESTÁTICA, DO *ONUS PROBANDI*. DEVE PROVAR A PARTE QUE TEM MELHORES E MAIORES CONDIÇÕES DE FAZÊ-LO. A visão estática da distribuição do ônus da prova, turvou-se já, sendo que, de maneira muito límpida, nos dias que correm, há dar proeminência ao modo de ver que redunda na idéia da distribuição dinâmica do *onus probandi*: deve atendê-lo quem está em melhores condições e/ou possibilidades de produzir a prova, o que há de ser estabelecido atento ao caso concreto e não de maneira vaga e abstrata (também superficial?), antecipadamente fixada, o que, não raras vezes, acaba por ignorar a realidade, a palpitação e as incontáveis variações que a complexidade da vida hodierna provoca, refletindo, como é palmar, de maneira negativa no processo e na distribuição da Justiça, com o que, por óbvio, não se pode concordar. (TRT 15ª Região – Processo 0196600-36.2009.5.15.0066 – Ac. 3ª Turma, 6ª Câmara, Relator Desembargador Francisco Alberto da Motta Peixoto Giordani, publicado em 26.07.2013.)

Assim, de inferir que, com a observância da teoria dinâmica da distribuição do ônus da prova, ter-se-á maiores possibilidades de que a justiça e a equidade estejam presentes na decisão, evitando-se que a dificuldade ou a inviabilidade de uma parte na produção da prova acabe por interferir, negativamente, em uma decisão judicial.

E isso muito importa, porquanto o reconhecimento de um direito que o ordenamento confere a alguém, enquanto parte em um processo judicial, não pode ficar na dependência das reais possibilidades de que essa parte tenha de produzir as provas que podem levar ao reconhecimento do seu direito.

Já se disse que: "Afortunadamente, esta teoria procura igualar processualmente quem está em desigualdade material frente a necessidade de provar, por isso em algumas situações a prova deve recair sobre quem possui melhores condições técnicas, fáticas ou profissionais para aportar em juízo o convencimento necessário para o adequado julgamento do caso em concreto, independentemente de sua posição na relação processual ou material e do tipo do fato, seja ele constitutivo, impeditivo, modificativo ou extintivo." (RIBEIRO, Darci Guimarães. *Questões Relevantes da Prova no Projeto do Novo Código de Processo Civil*, obra coletiva, "Novo CPC: reflexões e perspectivas". BH: Del Rey Editora, 2014. p. 142.)

A teoria da distribuição dinâmica do ônus da prova tem a acompanhá-la a questão de que não se pode exigir de uma parte sua autoincriminação.

Sobre este aspecto, dispõe o art. 379 do NCPC:

> Art. 379. Preservado o direito de não produzir prova contra si própria, incumbe à parte: (...)

Além disso, também não pode gerar a chamada prova diabólica reversa, ou seja, não caberá a inversão do ônus da prova, se caso verificar que a desincumbência do encargo pela parte onerada também seja impossível ou excessivamente difícil (§ 2º do art. 373 do NCPC).

De se observar, ainda, que o juiz, ao aplicar a inversão do ônus da prova, deverá dar oportunidade para a parte onerada se desvencilhar de seu encargo, em obediência ao princípio do contraditório (§ 1º do art. 373 do NCPC).

Há de se registrar, contudo, que as vantagens da teoria da distribuição dinâmica não é algo tão pacífico assim, pois há vozes contrárias, como a de Francisco Antonio de Oliveira, que posiciona-se no sentido de que: "O parágrafo [1º, do art. 373] não nos parece de boa inspiração. Os incisos I e II já esgotam a matéria do ônus da prova que compete a cada parte. Deixar por conta do juiz modificar a ordem natural das coisas e atribuir o ônus da prova de forma diversa não tem sentido lógico. Atribuir à parte contrária ônus que não lhe é próprio, só porque o juiz concluiu que assim seria melhor para proceder ao julgamento, obscurece o tratamento de igualdade das partes, retirando o ônus de um e o transferindo para o outro. De resto, seria o mesmo que determinar que a parte produza provas contra si mesma!" (OLIVEIRA, Francisco Antonio de. *Comentários Pontuais sobre o Novo Código de Processo Civil*. São Paulo: LTr, 2015. p. 120.)

Por outro lado, como já dito, o Novel Código de Processo Civil não ignorou, nem alterou a regra tradicional do *onus probandi*, disposta no *caput* do art. 373, incisos I e II, sendo que apenas possibilitou sua flexibilização em dado caso concreto, desde que observadas as situações previstas em seu § 1º e a ressalva contida em seu § 2º.

Todavia, daí exsurge o seguinte questionamento, para reflexão:

Se a parte tem consciência de que deve colaborar para a produção da prova, promovendo, assim, o equilíbrio processual, e de que o juiz pode determinar a produção da prova pela parte que tem melhores condições para fazê-lo, especificamente no processo do trabalho, essa teoria terá função secundária/complementar em relação a então principal, que é a teoria estática, ou os papéis aqui podem se inverter, sendo essa teoria muito mais aplicada no processo do trabalho do que no processo civil?

Entretanto, vale mencionar a advertência feita por um grande estudioso do tema, ao comentar uma das conclusões do *XVII Congreso Nacional de Derecho Procesal*, quanto a um cuidado que especialmente se deve ter quando da aplicação da teoria da distribuição dinâmica, ao fazê-la recair sobre a parte que tenha melhores condições para produzi-la, no sentido de que:

> "*En efecto: se recomienda que la valoración probatoria sea estricta al ponderar el material allegado por la parte que está en 'mejores condiciones' de producir, verbigratia, la prueba de descargo. Piénsese, verbigracia, en el ejemplo del médico demandado por la mala praxis al que se le requiere que proporcione al juicio la historia clínica respectiva: elemento de juicio que, claro está, puede ser en algunos casos objeto de manipulaciones tendientes a favorecer la situación procesal de la parte que aproxima la prueba en cuestión.*" (PEYRANO, Jorge W. "Nuevos Lineamentos de las Cargas Probatorias Dinámicas", ob. coletiva, "Cargas Probatorias Dinámicas", Rubinzal-Culzoni Editores, 2004. p. 21/22.)

E também:

> "*Hace a la esencia de la magistratura el impedir que el más fuerte, o el que tiene una posición ventajosa, ya sea económica, social o jurídica, tanto en*

la relación sustancial o procesal, saque provecho de ello en el proceso, y en detrimento del más débil." (WHITE, Inés Lépori. "Cargas Probatorias Dinámicas", ob. coletiva, "Cargas Probatorias Dinámicas", Rubinzal-Culzoni Editores, 2004. p. 68.)

A respeito da possibilidade de as próprias partes convencionarem sobre o ônus da prova, prevista nos §§ 3º e 4º do art. 373 do NCPC, já transcritos linhas acima, cabe destacar, outrossim, a norma contida no art. 190 do NCPC:

> Art. 190. Versando o processo sobre direitos que admitam a autocomposição é lícito às partes plenamente capazes estipular mudanças no procedimento para ajustá-lo às especificidades da causa e convencionar sobre os seus ônus, poderes, faculdades e deveres processuais, antes ou durante o processo.
>
> Parágrafo único. De ofício ou a requerimento, o juiz controlará a validade das convenções previstas neste artigo, recusando-lhes aplicação somente nos casos de nulidades ou de inserção abusiva em contrato de adesão ou em que alguma parte se encontre em manifesta situação de vulnerabilidade."

Nesse particular, vislumbram-se dificuldades práticas de sua aplicação na Justiça do Trabalho, em virtude dos seguintes fatores:

a) estado de dependência do empregado, tanto antes, como durante e depois da relação de emprego;

b) o conceito de abusivo, embora pareça claro, num primeiro momento, não é de tão fácil definição assim;

c) o que, se em um momento, pode não ser exatamente abusivo, mudadas as condições, pode passar a sê-lo.

É claro que, no plano teórico, pode-se vislumbrar alguma situação em que um alto empregado, ou um diretor empregado de uma multinacional, venha a realizar semelhante negócio jurídico, mas, ainda assim, questionamentos podem ser feitos.

Poder-se-á querer apelar para o princípio da proporcionalidade nesse momento, com base no argumento de que há um choque de interesses/direitos, e que isso reclamaria uma ponderação, para se ver qual deve prevalecer, mas há de se lembrar, quanto a esse tema, de que o princípio em tela não pode ser validamente usado quando daí resulta em prejuízos para a parte já, de saída, mais fraca.

De fixar que não se pode cerrar com um véu, simplesmente, a disparidade de forças para fazer valer determinados interesses, que existe entre o empregador e seus empregados, de maneira que, se fosse para cuidar do princípio da proporcionalidade, no particular, seria para compensar o desequilíbrio existente, e não para aprofundá-lo, o que bem poderia se dar, se usado com o fim acima referido.

Quanto à prova emprestada, assim estabelece o art. 372 do NCPC:

> Art. 372. O juiz poderá admitir a utilização de prova produzida em outro processo, atribuindo-lhe o valor que considerar adequado, observado o contraditório.

A prova emprestada tem como um de seus fundamentos contribuir para a duração razoável do processo, e também considera os princípios da unidade da jurisdição e da economia processual.

Quanto a essa prova, convém salientar que não se trata de prova de menor valor, e manterá a mesma natureza que possuía nos autos em que originariamente produzida, ou seja, laudo é laudo, prova testemunhal é prova testemunhal.

Além disso, a sua produção não está condicionada à aceitação da parte contrária, a qual, entretanto, em respeito ao princípio do contraditório, poderá manifestar-se sobre a prova emprestada.

Como bem dilucidado por Eduardo Cambi: "Logo, para que não possa haver nenhuma violação ou restrição da garantia constitucional do contraditório, toda prova emprestada trazida por uma das partes está sujeita às contra-argumentações e às contraprovas da parte adversária, que pode impugnar a utilização da prova emprestada, em razão da ausência dos requisitos de admissibilidade, bem como negar a existência do fato ou a eficácia a qual se pretende extrair a partir do meio de prova utilizado." (CAMBI, Eduardo. *A Prova Civil – Admissibilidade e Relevância*. RT, 2006. p. 57.)

No que toca à prova documental, de se chamar a atenção para os controles de horário que não são assinados pelo empregado, mais especificamente quanto à sua validade ou não como prova dos horários praticados pelo trabalhador.

Para tanto, se mostra útil citar os arts. 408 do NCPC e 219 do Código Civil:

> Art. 408. As declarações constantes do documento particular escrito e assinado ou somente assinado presumem-se verdadeiras em relação ao signatário.
>
> Parágrafo único. Quando, todavia, contiver declaração de ciência de determinado fato, o documento particular prova a ciência, mas não o fato em si, incumbindo o ônus de prová-lo ao interessado em sua veracidade.

Art. 219. As declarações constantes de documentos assinados presumem-se verdadeiras em relação aos signatários.

Parágrafo único. Não tendo relação direta, porém, com as disposições principais ou com a legitimidade das partes, as declarações enunciativas não eximem os interessados em sua veracidade do ônus de prová-las.

A jurisprudência majoritária entende que a mera ausência da assinatura do empregado nos controles de ponto não tem o condão de invalidá-los:

> HORAS EXTRAS. CARTÕES DE PONTO APÓCRIFOS. VALIDADE. A legislação não exige a assinatura do trabalhador no espelho de marcação de jornada, sendo válidos cartões apócrifos quando, a partir dos demais elementos dos autos, se constate a lisura das marcações. (TRT 15ª Reg. RO 2181-96.2012.5.15.0070, Ac. 4ª Turma, 8ª Câmara, Relator Desembargador Claudinei Zapata Marques, publicado em 25.10.2013.)

> JORNADA DE TRABALHO – CARTÕES DE PONTO APÓCRIFOS – *ÔNUS DA PROVA. A ausência de assinatura nos cartões de ponto, por si só, não enseja a inversão automática do ônus da prova quanto à jornada de trabalho, eis que o* art. 74, § 2º, da CLT não exige a aposição de assinatura nos referidos documentos, cabendo ao empregado o ônus da prova em relação ao fato constitutivo de seu direito. *In casu*, o reclamante não se desvencilhou de seu encargo probatório, sendo que, ao reverso, confessou que anotava sua jornada de trabalho nos controles de ponto. Recurso não provido neste particular. (TRT 15ª Região – RO 0001566-33.2011.5.15.0041, Ac. 3ª Turma, 6ª Câmara, Relatora Desembargadora Ana Paula Pellegrina Lockmann, publicado em 30.11.2012.)

> CARTÕES DE PONTO APÓCRIFOS. VALIDADE. VIOLAÇÃO DOS ARTS. 74 E 818 DA CLT E 333 DO CPC. NÃO OCORRÊNCIA. I – Ao estabelecer a obrigatoriedade do registro de frequência para as empresas com mais de 10 empregados, o art. 74, § 2º, da CLT não contemplou a exigibilidade de assinatura pelo trabalhador. II – Nesse passo, a firme jurisprudência desta Corte é no sentido de que a ausência de assinatura nos cartões de ponto configura mera irregularidade administrativa, não tendo o condão de torná-los inválidos, ante a ausência de previsão legal. III – Outrossim, o fato de ser apócrifo o registro de frequência não acarreta a inversão do ônus probatório, permanecendo com o reclamante o encargo de comprovar a veracidade da jornada de trabalho declinada na inicial. IV – *In casu*, a Corte local, alicerçada na matriz fático-probatória dos autos, assentou que o autor não se desincumbiu de provar suas alegações quanto à invalidade dos cartões de ponto. V – Ademais, externou o entendimento que a ausência de assinatura, neste caso, não tem o condão de afastar a validade dos controles de frequência. VI – Assim, para acolher entendimento diverso, incontestes a necessidade de revolvimento dos fatos e provas, atividade refratária no âmbito de cognição deste Tribunal, a teor da Súmula 126/TST. VII – Estando a decisão recorrida em conformidade com a atual, iterativa e notória jurisprudência desta Corte, avulta a convicção de que o recurso de revista não desafiava processamento, quer à guisa de violação aos arts. 74 e 818 da CLT e 333 do CPC, quer a título de divergência pretoriana, ante o óbice do art. 896, § 7º, da CLT e da Súmula n. 333/TST, em que os precedentes desta Corte foram erigidos à condição de requisitos negativos de admissibilidade do apelo extraordinário. VIII – Agravo de instrumento a que se nega provimento. (TST – Processo: AIRR – 375-76.2014.5.02.0083. Data de Julgamento: 14.12.2016, Relator Ministro: Antonio José de Barros Levenhagen, 5ª Turma, Data de Publicação: DEJT 19.12.2016.)

No entanto, fica o registro do posicionamento minoritário:

> EMENTA. Jornada de trabalho. Prova. Ônus da. Controles não-assinados. Valor.
>
> No que toca à validade dos controles de frequência quando não assinados pelo empregado, não constituem meio de prova eficaz, a partir de quando impugnados pelo obreiro, pois, do reverso, a facilidade em descumprir a finalidade que está à raiz da obrigação legal de anotá-los deporia mesmo contra a utilidade da respectiva assinalação, ainda em se cuidando de controles magnéticos ou equivalentes, pois não imunes a adulterações e/ou indevidas substituições, e aqui a pergunta que não quer calar: por que determinada empresa, se determina sejam assinalados escorreitamente os cartões de ponto, não faz os empregados firmarem-nos, o que conferiria maior valor probatório aos mesmos, atestando com maior vigor a correção do seu procedimento e o que neles consignado? O que justificaria tal omissão? Essa postura emprestaria, aí sim, um peso mais elevado, enquanto meio de prova, aos aludidos controles de frequência, e sua não adoção, por uma questão de lógica, enfraquece-os. Nesse passo, de ponderar que há certas coisas que não precisam ser ditas, como que compõem, por uma questão de coerência, outra mais ampla, na qual inseridas, assim é na vida (lembre-se de quantas coisas às vezes são faladas, a mensagem emitida, embora referindo a um aspecto e/ou ponto do todo!), assim é no que toca a um comando legal,

ao determinar o controle da jornada por meio da anotação em cartões de ponto, está claro que a intentio da lei é ter um registro fidedigno, e para tanto, faz parte desse desiderato, sejam os mesmos assinados, do reverso, como se pode, sem mais, tê-los como reproduzindo a realidade, pelo simples fato de que exibidos em juízo por um dador de serviço, jogando, só por isso, todo o *onus probandi* sobre o trabalhador; seria esse um raciocínio harmônico com os fins que justificam a existência de um direito do trabalho e também de um direito processual do trabalho? É de se ter que não!" (TRT 15ª Região – Processo 0000802-90-2013-5.15.0004, Ac. 3ª Turma, 6ª Câmara, Relator Desembargador Francisco Alberto da Motta Peixoto Giordani, publicado em 14.11.2014.)

Alinhando-se à corrente minoritária, Júlio César Bebber entende que os controles de ponto apócrifos, conquanto existentes e válidos, são "ineficazes em relação ao empregado (inoponibilidade) – uma vez que a força probatória dos documentos escritos particulares somente opera contra o seu autor intelectual" (BEBBER, Júlio César. *Provas no Novo CPC e o Processo do Trabalho*, obra coletiva "Repercussões do Novo CPC – Processo do Trabalho". Editora Podivm, 2015. p. 314/5).

Ainda em relação à prova documental, estabelece o art. 384 do NCPC:

> Art. 384. A existência e o modo de existir de algum fato podem ser atestados ou documentados, a requerimento do interessado, mediante ata lavrada por tabelião.
>
> Parágrafo único. Dados representados por imagem ou som gravados em arquivos eletrônicos poderão constar da ata notarial.

Apenas para relembrar: "A ata notarial consiste, segundo a lição de Demétrius Emiliasi, no 'instrumento pelo qual o notário, com sua fé pública autentica um fato, descrevendo-o em seus livros. Sua função primordial é tornar-se prova em processo judicial. Podem ainda servir como prevenção jurídica" (EMILIASI, Demétrius *apud* RIBEIRO, Darci Guimarães. *Questões Relevantes da Prova no Projeto do Novo Código de Processo Civil*, obra coletiva, "Novo CPC: reflexões e perspectivas". Belo Horizonte: Del Rey Editora, 2014, p. 146.)

Quanto a este dispositivo, vale assinalar que, não é em virtude da apresentação de ata notarial, lavrada por tabelião, que tudo se resolve e determinado fato fica bem ou superiormente provado, o que resta claro com certos feitos de interdito proibitório, em que um banco, pela pena de um tabelião, pretende demonstrar a situação de ameaças e outras coisas do gênero, em alguma de suas agências.

Nesse sentido, o seguinte julgado:

> "As provas consistem em fotos (fls. 32/35) e uma escritura pública de ata notarial (fls. 30/31) na qual a Substituta de Tabelião lavrou as declarações prestadas por bancário de que dois 'funcionários do Sindicato [...] permaneceram posicionados em frente a porta de entrada principal da agência 0028 do BCN Itaú S.A., situada na Rua 13 de Maio [...] exibiam cartazes e faixas [...] e impediam a entrada dos funcionários daquela agência que chegavam para o trabalho', o mesmo ocorrendo com as 'pessoas usuárias do Banco'.
>
> Todavia, diferentemente do processo n. 154400-83.2009, em que o próprio tabelião declarara que em passagem por quatro agências fora impedido de nelas ingressar, da mesma forma como ocorrera com outras pessoas, clientes e empregados do banco, aqui, a ata notarial registra as declarações de um bancário que se limitou a relatar que fora 'impedido' de entrar na agência onde trabalhava, sem narrativa de outros pormenores, tais como a força física, ameaça de dano físico ou moral pela não adesão à greve, por exemplo.
>
> As fotos, neste caso, corroboram a informação de que havia pessoas postadas em frente às entradas dos estabelecimentos, mas somente três, mais ninguém. Em nenhuma delas é possível visualizar alguma postura ameaçadora ou a intenção de obstar a passagem de outras pessoas, mesmo porque, conforme dito, ninguém mais aparece nas imagens além daquelas três." (Processo TRT-15ª Região n. 0000884-09.2010.5.15.0043, Ac. SDC, Relator Desembargador Henrique Damiano, publicado em 20.05.2011.)

Segue outro julgado de caso similar:

> "As provas consistem em fotos e escrituras públicas de ata notarial (fls. 20, 25, 34 e 35). Nessas escrituras o tabelião relata que, da mesma forma como ocorrera com outras pessoas, clientes e empregados do banco, fora impedido de ingressar nas quatro agências às quais se dirigiu entre 10h09 e 12h17 do dia 24.09.2009. As fotos corroboram a informação de que havia pessoas postadas em frente às entradas dos estabelecimentos e confirmam o que observou a MMª Juíza sentenciante, ou seja, que havia faixas afixadas nas portas de acesso, de um lado a outro, o que também demonstrava a intenção de impedir a passagem das pessoas." (Processo TRT-15ª Reg. n. 0154400-83.2009.5.15.0043. Ac. SDC, Relator Desembargador Henrique Damiano, publicado em 12.11.2010.)

Em relação à prova pericial, importante abordar um ponto, partindo da seguinte fundamentação de um voto:

> "Eventual equívoco na confecção do laudo pericial, o que não é o caso dos autos, permitiria ao juiz a

determinação de realização de outra perícia, com base no art. 437 do CPC, mas não fazer às vezes do perito, já que, conforme já dito, não vieram aos autos outros elementos capazes de atrair a aplicação do art. 436 do mesmo diploma legal." (TRT 15ª Reg. RO-0212800-24.20065.15.0099, Ac. 3ª Turma, 6ª Câmara, Relator Juiz Tárcio José Vidotti, publicado em 04.06.2010.)

E, neste aspecto, Margareth Vetis Zaganelli e Maria Francisca dos Santos Lacerda ensinam que "a prova científica, em que pese de grande credibilidade, não pode constituir um retrocesso, qualificando-se como prova tarifada, engessando o livre convencimento motivado, e dando margem à existência do perito-juiz" (ZAGANELLI, Margareth Vetis; SANTOS LACERDA, Maria Francisca dos. *Livre Apreciação da Prova, Ciência e Raciocínio Judicial*: Considerações sobre a 'Cientificização' da Prova no Processo", obra coletiva, "Processo, Verdade, Justiça & Estudos Sobre a Prova Judicial". Rio de Janeiro: Editora Lumen Juris, 2009, p. 170.)

E observa Michele Taruffo que: "La historia y la práctica del uso probatorio de la ciencia en el proceso son ricas en ejemplos en los cuales la información científica no es correcta, está incompleta, no es verificable o ha sido manipulada, referida erróneamente o no es relevante respecto a los hechos específicos en el caso particular." E acrescenta que "los jueces no puden limitarse a recibir pasivamente cualquier cosa que venga presentada en juicio como científica, deben ponerse en el problema de verificar la validez y certeza de la información que pretende tener dignidad científica, y que están destinadas a constituir la base de la decisión de fondo sobre los hechos." (TARUFFO, Michele. *Conocimiento Científico y Criterios de la Prueba Judicial*, obra coletiva, "*Proceso, Prueba y Estándar*". Peru: Ara Editores, 2009. p. 37/38.)

Passemos agora a discorrer um pouco sobre a prova testemunhal, lembrando, desde logo, o que o grande Quintiliano, há muito tempo, já disse: "O lugar, porém, que mais faz suar os advogados são as testemunhas." (QUINTILIANO, M. Fábio. *Instituições Oratórias*. São Paulo: Edições Cultura, 1944. p. 234. v. 1.)

E tanto é assim que, enquanto para alguns, "as testemunhas são os olhos e os ouvidos da justiça" (Bentham), para outros, as testemunhas "são, muitas vezes, olhos que não vêem e ouvidos que não escutam" (Pincherli).

Aliás, há quem diga que, "investigando a história moral e psicológica da humanidade, tem-se a impressão de que o 'cogito ergo sum', o desprestigiado silogismo de Descartes deve ser substituído por este: 'Minto, logo existo." (*A Mentira e o Delinquente*, Sousa Neto, 1947, s/ ed., p. 28).

Uma pequena distinção há de ser feita: mentir é uma coisa, dizer uma mentira é outra.

Distinção muito claramente feita por Léo da Silva Alves, ao estabelecer que há "sutil diferença entre mentir e dizer mentiras. Mente aquele que trai a própria consciência; que sabe que a afirmação que faz não corresponde a verdade. Diz mentira a testemunha que não reproduz um fato verdadeiro, embora, para si, pense ser aquilo a expressão da verdade." (ALVES, Léo da Silva. *Psicologia Aplicada aos Testemunhos*. Revista Consulex, ano VIII, n. 180, p. 38, jul./2004).

E, apesar das críticas que lhe são feitas, a prova testemunhal é insubstituível e de extrema importância, o que não permite ignorar que é perigosa e, por isso, deve ser vista e analisada com muito cuidado e cautela.

Reza o art. 459 do NCPC que:

> Art. 459. As perguntas serão formuladas pelas partes diretamente à testemunha, começando pela que a arrolou, não admitindo o juiz aquelas que puderem induzir a resposta, não tiverem relação com as questões de fato objeto da atividade probatória ou importarem repetição de outra já respondida.
> § 1º O juiz poderá inquirir a testemunha tanto antes quanto depois da inquirição feita pelas partes.

A novidade da norma é que possibilitou às partes formularem as suas perguntas diretamente às testemunhas, e não por intermédio do juiz.

De todo modo, no processo do trabalho há o art. 820 da CLT, que dispõe:

> Art. 820. As partes e as testemunhas serão inquiridas pelo Juiz, podendo ser reinquiridas, por seu intermédio, a requerimento das partes, seus representantes ou advogados.

São estas, portanto, as breves considerações que ficam registradas no presente ensaio, esclarecendo que não se pretendeu esgotar o assunto, mas tão somente tecer alguns comentários sobre a matéria probatória, à luz das novidades advindas do recente Código de Processo Civil de 2015 e seus reflexos na seara trabalhista.

Referências bibliográficas

ALMEIDA, Cleber Lúcio de. *Elementos de Teoria Geral da Prova*. Belo Horizonte: Del Rey, 2013.

ALVES, Léo da Silva. *Psicologia Aplicada aos Testemunhos*. Revista Consulex, ano VIII, n. 180, jul./2004.

BARBOSA MOREIRA, José Carlos. *O Juiz e a Prova*. Repro, ano 9, n. 35, jul.-set./84.

BARROS, Marco Antonio de. *A Busca da Verdade no Processo Penal*. São Paulo: RT, 2002.

BEBBER, Júlio César. *Provas no Novo CPC e o Processo do Trabalho*, obra coletiva *Repercussões do Novo CPC – Processo do Trabalho*. Salvador: Podivm, 2015.

BENTHAM, Jeremy. *Tratado de las Pruebas Judiciales*. México: Editorial Jurídica Universitária, 2002.

CAETANO, Marcelo. *História do Direito Português (1140-1495)*. 2. ed. Lisboa: Editorial Verbo.

CAMBI, Eduardo. *A Prova Civil – Admissibilidade e Relevância*. São Paulo: RT, 2006.

CAMPOS, Amini Haddad. *O Devido Processo Proporcional*. São Paulo: Lejus, 2001.

CANOTILHO, José Joaquim Gomes. *Estudos sobre Direitos Fundamentais*. Coimbra: Coimbra Editora, 2004.

CARNELUTTI, Francesco apud AQUINO, José Carlos G. Xavier de. *A Prova Testemunhal no Processo Penal Brasileiro*. 2. ed. São Paulo: Saraiva, 1994.

CESÁRIO, João Humberto. *Provas no Processo do Trabalho – De acordo com o Novo Código de Processo Civil*. Cuiabá: Instituto JHC, 2015.

CORRÊA, Luiz Fabiano. Prova Testemunhal. *RT*, n. 762, abr./1999.

DINAMARCO, Cândido Rangel. *Instituições de Direito Processual*. São Paulo: Malheiros, 2009. v. III.

ECO, Umberto. *Os Limites da Interpretação*. São Paulo: Perspectiva, 2010.

EMILIASI, Demétrius apud RIBEIRO, Darci Guimarães. *Questões Relevantes da Prova no Projeto do Novo Código de Processo Civil*, obra coletiva, *Novo CPC: reflexões e perspectivas*. Belo Horizonte: Del Rey Editora, 2014.

JAYME, Fernando Gonzaga; FARIA, Juliana Cordeio de Faria; LAUAR, Maira Terra (coords.). *Processo Civil – Novas Tendências – em homenagem ao Ministro Sálvio de Figueiredo Teixeira*. Belo Horizonte: Del Rey Editora, 2011.

MARINONI, Luiz Guilherme. *Técnica Processual e Tutela dos Direitos*. São Paulo: RT, 2004.

MONTEIRO, João. *Programa do Curso de Processo Civil*. São Paulo: Duprat & Comp., 1912. v. 2.

MORAES FILHO, Evaristo de. *A Justa Causa na Rescisão do Contrato de Trabalho*. 3. ed. São Paulo: LTr, 1996.

OLIVEIRA, Francisco Antonio de. *Comentários Pontuais sobre o Novo Código de Processo Civil*. São Paulo: LTr, 2015.

PEREIRA, Tales Ricardo Migliorini Tavares. A Distribuição Dinâmica do ônus da Prova no Processo do Trabalho. In: *Revista Trabalhista Direito e Processo*, ano 14, n. 53.

PEREIRA e SOUZA apud AZEVEDO, Vicente de Paulo Vicente de. *Curso de Direito Judiciário Penal*. São Paulo: Saraiva, 1958. v. 2.

PEYRANO, Jorge W. *Nuevos Lineamientos de las Cargas Probatorias Dinámicas*, obra coletiva, *Cargas Probatorias Dinámicas*. Rubinzal-Culzoni Editores, 2004.

QUINTILIANO, M. Fábio. *Instituições Oratórias*. São Paulo: Edições Cultura, 1944. v. 1.

RIBEIRO, Darci Guimarães. *Questões Relevantes da Prova no Projeto do Novo Código de Processo Civil*, obra coletiva, *Novo CPC: reflexões e perspectivas*. Belo Horizonte: Del Rey Editora, 2014.

SOUTO MAIOR, Jorge Luiz. *O Conflito entre o Processo do Trabalho e o Novo CPC*, publicação da Escola Judicial do TRT-15ª Região, Estudos Jurídicos 2015, "Os Impactos do Novo CPC no Processo do Trabalho".

TARUFFO, Michele. *Conocimiento Científico y Criterios de la Prueba Judicial*, obra coletiva, *Proceso, Prueba y Estándar*. Peru: Ara Editores, 2009.

THEODORO JÚNIOR, Humberto. *A Constitucionalização do Processo no Estado Democrático de Direito*, obra coletiva, *Novo CPC: reflexões e perspectivas*. Belo Horizonte: Del Rey Editora, 2014.

TSCHADEK, Otto. *La Prueba: estudios sobre los medios de prueba y la apreciación de la prueba*. Editorial Temis S.A., 2010, Bogotá-Colombia.

VALIENTE, Francisco Tomás Y. *El Derecho penal de la monarquia absoluta – siglos XVI, XVII y XVIII*. 2. ed. Madrid: Ed. Tecnos, 1992.

WHITE, Inés Lépori. *Cargas Probatorias Dinámicas*, obra coletiva *Cargas Probatorias Dinámicas*. Rubinzal-Culzoni Editores, 2004.

ZAGANELI, Margareth Vetis; SANTOS LACERDA, Maria Francisca dos. *Livre Apreciação da Prova, Ciência e Raciocínio Judicial: Considerações sobre a 'Cientificização' da Prova no Processo*, obra coletiva, "*Processo, Verdade, Justiça & Estudos sobre a Prova Judicial*. Rio de Janeiro: Editora Lumen Juris, 2009.

Novo CPC e Princípio do Contraditório: Aplicações ao Processo do Trabalho. Aproximações críticas (Inclusive à luz da IN TST n. 39/2016)

GUILHERME GUIMARÃES FELICIANO

Professor Associado II do Departamento de Direito do Trabalho e da Seguridade Social da Faculdade de Direito da Universidade de São Paulo. Livre-Docente em Direito do Trabalho e Doutor em Direito Penal pela Universidade de São Paulo. Doutor em Ciências Jurídicas (Direito Processual Civil) pela Faculdade de Direito da Universidade de Lisboa. Vice-Presidente da Associação Nacional dos Magistrados da Justiça do Trabalho (2015-2017). Juiz Titular da 1ª Vara do Trabalho de Taubaté/SP.

1. Introdução. O contraditório e suas nuanças

A *garantia do contraditório* – ou, como se queira, o *princípio do contraditório* – tem, como se sabe, índole constitucional, ubicando no art. 5º, inciso LV, da Constituição Federal. E é assim, ademais, nos mais significativos sistemas jurídicos ocidentais. Mas qual a real extensão desta garantia no plano ideal? E qual a sua possibilidade de inflexão diante de outros valores?

Em particular, impressiona-nos o fato de que, no caso dos *títulos executivos* (notadamente os judiciais), o contraditório seja historicamente diferido para o momento dos embargos do devedor (v. arts. 736 a 739-A do Código Buzaid), enquanto em outros contextos se identifique, nos mais variegados nichos de doutrina, uma defesa quase fetichista de um contraditório prévio, pleno e intocável. Ovídio Baptista identifica essa distorção com a própria origem burguesa dos códigos liberais[1], privilegiando a propriedade e os negócios. Tornadas excepcionais as medidas liminares de mérito sem prévio contraditório (tendência que se observou acerca do próprio art. 273 do CPC), todos os procedimentos tornam-se "ordinários" (= "ordinarização" do sistema processual) – cognição exauriente e plenitude de defesa passam a se corresponder[2] – e todo instrumento que fuja a esse padrão passa a ser visto como autoritário.

A própria urgência nas tutelas preventivas justifica e autoriza, do ponto de vista constitucional, hipóteses de *contraditório eventual* e *diferido*[3]. No contraditório diferido, conquanto as posições das partes não se alterem, o juiz está autorizado a desde logo julgar o mérito

---

(1) *Processo e Ideologia*, p. 112.

(2) *Idem*, p. 114. A ideia é retomada com grande ênfase adiante, à p. 128: "A imprudência cometida pelo legislador brasileiro ao inscrever em texto constitucional o pressuposto da 'plenitude da defesa' – exclusivo do processo criminal, na tradição do direito brasileiro –, eliminou as formas mais significativas do 'princípio do contraditório' reduzindo-o ao 'contraditório prévio', próprio da ordinariedade, ou seja, limitou o campo de nosso direito processual apenas ao procedimento da actio romana. [...] Aos menos atentos, porém, é bom recordar que essa redução não alcança os privilégios de que é fértil o sistema brasileiro, limitando-se a 'ordinarizar' exclusivamente o procedimento plebeu, regulado pelo Código, sem interferir na legião incontável de ações e procedimentos privilegiados que gravitam ao redor do sistema, através de leis extravagantes. Essa é uma marca ideológica impagável." Veja-se p. ex., no Brasil, o DL n. 911/1969, que permitiu aos proprietários fiduciários – em geral bancos e financeiras – a busca e apreensão do bem alienado fiduciariamente, que é "*processo autônomo e independente de qualquer procedimento posterior*" (art. 3º, § 8º, na numeração da Lei n. 10.931/2004), com possibilidade de medida liminar e um espectro contraditório que originalmente se restringia ao direito de alegar o "*pagamento do débito vencido ou o cumprimento das obrigações contratuais*" (art. 3º, § 2º, na redação original), o que reputávamos inconstitucional (G. G. Feliciano, *Tratado...*, *passim*). No entanto, os peremptórios termos do antigo § 2º do art. 3º foram eliminados pela Lei n. 10.931/2004 (já a destempo, diga-se: mais de quinze anos depois da promulgação da CRFB/1988).

(3) Cf. Ovídio Baptista, *Processo e Ideologia*, p. 151-164. E o novo CPC o reconhece, excepcionalmente.

da causa ou da questão, sob a forma de uma decisão provisória, com inversão de fases: a parte afetada poderá exercer o contraditório, mas *depois* da decisão tomada, podendo o juiz revê-la adiante (assim, *e. g.*, ao tempo da sentença final de mérito, tanto nas liminares cautelares como nas liminares antecipatórias dos efeitos da tutela de mérito). É o que se passa com as antecipações dos efeitos da tutela de mérito (art. 273 do CPC/1973; art. 9º, parágrafo único, I e II, do CPC/2015), conquanto alguns entendam que o seu deferimento *in limine litis* (*i. e.*, antes do contraditório) deveria ser excepcional. Engano: a rigor, **as antecipações de tutela são de cognição *prima facie* e têm natureza executiva, trasladando para o direito brasileiro a *tutela interdital* desenvolvida pelos romanos a partir do período formulário.** Mas, a fim de manter a coerência retórica do sistema (não a lógica, diz BAPTISTA[(4)]), tais decisões são formalmente vazadas em decisões interlocutórias, internalizadas em um processo maior que caminha para uma sentença final, mais ampla e definitiva ("ordinária").

No contraditório eventual, ao revés, não se invertem fases processuais, mas as posições das partes no processo: elimina-se o contraditório do interior de um certo procedimento, transferindo-o ora para uma ação incidental (vejam-se, *e. g.*, os embargos do devedor nas execuções de títulos extrajudiciais), ora para uma ação independente, de caráter geral ou especial (o que se dá, *e. g.*, nas ações possessórias, nas ações de desapropriação e outrora na busca e apreensão do DL n. 911/1969).

O próprio legislador federal ordinário poderia regular tais hipóteses com maior regularidade e generosidade, visando um sistema processual infraconstitucional mais compromissado com a celeridade e a efetividade. É, aliás, precisamente essa a sede onde os princípios constitucionais – na espécie o devido processo legal, na sua dimensão substantiva (modulando a dimensão adjetiva) – cumprem melhor o seu papel *normogenético*. O mesmo se esperaria, outrossim, nas chamadas "tutelas de evidência": fere a razoabilidade e o próprio princípio da cooperação processual que, sendo evidente o direito e a sua violação, goze ainda o devedor do direito de somente ser instado a honrá-lo depois de deduzir toda a sua defesa, com todos os *"recursos a ela inerentes"* (art. 5º, LV, da CRFB), a despeito do tempo que assim se consumirá. No processo laboral brasileiro, é o que hoje se vê em relação a empresas tomadoras de serviço que se recusam a quitar o débito rescisório líquido, por um suposto benefício de ordem (v. Súmula n. 331, IV, do TST), embora em audiência já admitam a demissão do empregado, a inadimplência rescisória e o estado pré-falimentar da empresa prestadora[(5)].

Não parece ser esse, entretanto, um caminho de que esteja convicto o legislador brasileiro. Vejamos.

2. O contraditório no Novo Código de Processo Civil (I): Avanço ou retrocesso?

Em 17 de dezembro de 2014, aprovou-se em definitivo, no Senado Federal, o **Novo Código de Processo Civil** – Lei n. 13.105/2015 –, a partir do PLS n. 166/2010 (que, na Câmara dos Deputados, tramitara como PL n. 6.025/2010).

Entre alguns ganhos "ideológicos" do Novo CPC, realce-se a assimilação da simplicidade e da informalidade processual, na linha do que sempre vigorara no âmbito do processo laboral, desde a década de quarenta do século passado (veja-se, por todos, a expressa redação do art. 840, § 1º, da CLT, e compare-se, p. ex., com a redação do art. 282 do Código Buzaid). Nessa linha, elimina-se grande número de incidentes processuais previstos no Código de 1973. De outra parte, sedimentam-se claras regras de valorização do resultado do processo, conferindo concreção aos princípios constitucionais da efetividade e da celeridade processual.

De outro turno, no que respeita às tutelas provisórias, o Novo Código sistematiza-as como tutelas de urgência e de evidência, prevendo mecanismos de estabilização das medidas de antecipação liminar satisfativas, por um lado, e retirando-se a autonomia do processo cautelar, por outro. As medidas cautelares passam a ser concedidas, de modo antecedente ou incidental, no bojo do processo principal, *i. e.*, daquele em que se discutem as pretensões ao bem da vida.

---

(4) Idem, p. 153.

(5) Em casos como esse, no exercício da jurisdição, vínhamos invocando a norma do art. 273, I, do CPC/1973 para determinar à empresa tomadora, em prazo curto e razoável, o depósito judicial do valor da rescisão, para imediata liberação ao trabalhador, sob pena de constrição patrimonial antecipada para esse fim (inclusive com bloqueio eletrônico de contas correntes bancárias). Cf., *e. g.*, o Processo n. 00561-2008-009-15-00-0, da 1ª Vara do Trabalho de Taubaté/SP, e tantos outros semelhantes, em que figurava como empregadora a empresa Estrela Azul Serviços de Vigilância, Segurança e Transporte de Valores Ltda. – então em fase de recuperação judicial (*i. e.*, estado pré-falimentar) – e como tomadores de serviços diversas instituições bancárias estabelecidas na jurisdição. Em grau de recurso ou *mandamus*, o tribunal regional ora manteve tais decisões, ora as reformou, total ou parcialmente; e, quando as reformou, não raro o fez ao argumento singelo de que a execução provisória, no processo do trabalho, vai apenas até a penhora (art. 899 da CLT e Súmula n. 417, III, do TST).

E, conquanto exatamente neste ponto – tutelas provisórias – veja-se, no novo texto legislativo, autorização para diferimento do contraditório, chama a atenção o fato de que, em vários outros contextos (que podem envolver similar grau de urgência ou evidência, ainda que não deduzidas nesses termos), a opção legal tenha sido pelo *resguardo dogmático e inflexível do contraditório*, para além do razoável, retrocedendo em relação ao padrão de instrumentalidade do próprio Código Buzaid (com o risco de transtornar ambientes processuais particularmente dinâmicos, como é o processo do trabalho, jungido à subsidiariedade do Código de Processo Civil, seja pelos termos do art. 769 da CLT, seja pelos termos do art. 15 do Novel CPC).

Já era assim, ademais, no texto aprovado pela Câmara dos Deputados. O PL n. 6.025/2010 introduzia no sistema processual civil brasileiro a obrigatoriedade de se oportunizar a manifestação prévia da parte interessada *antes de qualquer decisão judicial que possa afetar o seu interesse* (vide os respectivos arts. 9º, 10, 301, 469, parágrafo único etc.[6]), *inclusive* em casos de matéria de cognição incondicionada (= conhecimento *ex officio*). Onde o contraditório fora até então *diferido* (à luz do CPC de Buzaid), sem quaisquer transtornos (mesmo porque, em residuais hipóteses de nulidade, sempre houve a possibilidade de recurso à instância seguinte), passa a ser, agora, um contraditório *obrigatório, prévio* e *pleno*. Outra vez o fenômeno da "ordinarização" procedimental (*i. e.*, da "normalização" dos diversos ritos procedimentais pela régua do procedimento ordinário), agora no regime jurídico da solução das objeções processuais, tornando o processo civil *mais burocrático* e *menos efetivo*, ao menos nesta parte.

Faz todo sentido pensar em contraditório obrigatório, prévio e pleno antes da aniquilação objetiva de direitos materiais, mormente em sede de tutela de direitos humanos fundamentais. Mas torná-lo regra quase absoluta, ao ensejo de qualquer ato judicial decisório – ainda que sobre matéria processual –, parece conter desproporcionalidades. A simples positivação do princípio da cooperação (art. 5º do projeto) comandaria melhor a questão, sem necessidade de quaisquer outros preceitos, apreciando-se caso a caso a necessidade de um contraditório prévio eventual.

3. O contraditório no Novo Código de Processo Civil (II): Apegos liberais

Em verdade, todas essas dificuldades de concepção residem na cultura judiciária dominante, que apenas se reflete na resistência do legislador ordinário. Isso porque haveria muitos caminhos hermenêuticos para "redescobrir" um processo civil liberto das amarras liberais; a questão maior será saber como – e se – ganharão força e ensejo.

Com efeito, a concepção do direito liberal-formal coloniza o pensamento jurídico a partir das universidades e das próprias escolas de magistratura. Forma-se o *juiz enunciador da lei*, que não precisa e nem quer buscar alternativas para o modelo tradicionalmente dado, e que não tem maiores compromissos com a renovação da ordem jurídica processual para a efetiva garantia da ordem jurídica material. *Apesar* da tutela processual interdital introduzida pela Lei n. 8.952/1994 no CPC, na nova redação do art. 273 do Código Buzaid, apta à concessão *in limine litis,* não eram poucos os juízes convictos em *jamais* a deferir antes de aparelhar o contraditório (o que significava, também ali, "ordinarizar" a tutela preventiva ou de evidência)[7], perfilhando pontos de vista restritivos que ecoaram até mesmo no STF[8]. Da mesma forma, *apesar* do poder geral de cautela conferido pelos arts. 798 e 799 do CPC de 1973, juízes tinham inapelável preferência pelas *ações cautelares nominadas* – porque a descrição legal dos pressupostos facilita o trabalho intelectivo, reduzindo-o à mera subsunção formal –, ao

---

(6) Os preceitos citados reproduziam, por sua vez, a redação aprovada primeiramente no Senado Federal (PLS n. 166/2010, na primeira votação perante o Senado). No art. 10, e. g., lê-se que "[o] *juiz não pode decidir, em grau algum de jurisdição, com base em fundamento a respeito do qual não se tenha dado às partes oportunidade de se manifestar, ainda que se trate de matéria sobre a qual tenha que decidir de ofício*". Essa redação foi parcialmente atenuada no relatório geral do Senador Valter Pereira (PMDB), que propôs acrescentar, em parágrafo único, os seguintes dizeres: *"O disposto no caput não se aplica aos casos de tutela de urgência e nas hipóteses do art. 307."* Não se resolve, porém, a questão das objeções processuais.

(7) Para Bermudes, "[o] *juiz, todavia, em nenhuma hipótese a concederá liminarmente, ou sem audiência do réu, que terá oportunidade de se manifestar sobre o pedido, na contestação, caso ele tenha sido formulado na inicial, ou no prazo de cinco dias (art. 185), se feito em petição avulsa*" (BERMUDES, Sergio. *Inovações do CPC*. 2. ed. Rio de Janeiro: Forense, 1995. p. 13).

(8) O finado Min. Menezes Direito, antes de ser nomeado para o STF, assim decidira no STJ: *"Ainda que possível, em casos excepcionais, o deferimento liminar da tutela antecipada, não se dispensa o preenchimento dos requisitos legais, assim a "prova inequívoca", a "verossimilhança da alegação", o "fundado receio de dano irreparável", o "abuso de direito de defesa ou o manifesto propósito protelatório do réu", ademais da verificação da existência de "perigo de irreversibilidade do provimento antecipado", tudo em despacho fundamentado de modo claro e preciso. O despacho que defere liminarmente a antecipação de tutela com apoio, apenas, na demonstração do 'fumus boni iuris' e do 'periculum in mora' malfere a disciplina do artigo 273 do CPC, à medida que deixa de lado os rigorosos requisitos impostos pelo legislador para a salutar inovação trazida pela Lei 8.952/94. Recurso especial não conhecido."* (STJ, REsp n. 131.853, 3ª T., Rel. Min. Carlos Alberto Menezes Direito.)

passo que diversos juristas sequer concebiam a possibilidade de o poder geral de cautela ser exercido *ex officio* (o mesmo se dando com a tutela antecipada, mesmo em casos de incontrovérsia real ou ficta do pedido, e apesar do que dispôs o § 6º do art. 273 do CPC de 1973, sob a redação da Lei n. 10.444/2002).

O perfil do juiz enunciador da lei corresponde, afinal, àquele perfil que Romani identificou como o do "juiz dogmático": o seguidor do método do culto ortodoxo da lógica formal-abstrata ditada pelo legislador, que – na dicção do autor – *"em nada contribui para o Direito novo, próprio do pretor urbano da antiga Roma, mais próximo a cada tempo da verdadeira justiça, aquela coerente com os direitos naturais do povo, que é o mais legítimo credor da prestação jurisdicional"*[9]. Mesmo na análise constitucional, guia-se amiúde – disso consciente ou não – pela *hermenêutica originalista* da tradição norte-americana (a que metodologicamente corresponde, *grosso modo*, a "teoria da interpretação lógica ou mecanicista do direito" de BOBBIO[10]), que pressupõe (i) o absoluto respeito à letra do texto constitucional e à vontade histórica do constituinte; (ii) o exclusivo manejo, pelo intérprete/aplicador, de "princípios neutros" – dir-se-ia quase formais –, como o princípio da legalidade estrita e o princípio da isonomia formal, que não lhe impõem acessar elementos extrassistemáticos (como imporiam, *e. g.*, princípios ou fundamentos como "valor social do trabalho", "dignidade da pessoa humana" ou "democracia econômica e social"); (iii) a circunscrição tópica da atividade hermenêutica ao previsto como possível pelo constituinte histórico, sob pena de malferimento à soberania popular (que acometeu às assembleias constituintes – e não aos tribunais – a elaboração da Constituição); e (iv) a renúncia à ideia de discricionariedade hermenêutica (*i. e.*, o juiz não tem "vontade" no ato de julgar, nem lhe é dado modificar ou "atualizar" os textos constitucionais)[11].

Tal perspectiva reverencia um mundo estereotipado que arrebatou o pensamento político até os oitocentos, mas depois foi superado. Deste ponto, convém sacar a crítica específica.

4. A *due process clause* entre a justiça e a democracia

Antes de seguir com a análise do princípio do contraditório – e de acenar com as soluções para o modelo de clausura que o Novo CPC anuncia –, convirá uma reflexão de ordem jurídico-filosófica.

Como disséramos alhures, noutros escritos, todo ato de julgar consubstancia um *ato de vontade comunicativa* (e, mais, um *ato de criação*), em que o juiz externaliza inclusive as suas convicções e ideologias (ainda que essa ideologia seja o entendimento de que deve apenas "reproduzir" a vontade histórica do legislador). A dicção da chiovendiana "vontade concreta da lei" depende da *vontade subjetiva* do magistrado, o que explica e justifica as inflexões do *procedural due process*, muitas das quais já assimiladas ou em vias de assimilação pela jurisprudência dos tribunais superiores, em moldes que jamais se veriam há trinta ou cinquenta anos. E, diga-se, inflexões hermeneuticamente plasmadas sob as mesmas leis que regiam o processo àquela altura.

Daí por que aderíamos a Arthur Kaufmann e recusávamos a hipótese do "juiz autômato da lei", destituído de vontade juridicamente relevante. Isso porque a hipótese é fenomenicamente *impossível*: há que reconhecer, com Bobbio, que:

> "a interpretação do direito feita pelo juiz não consiste jamais na simples aplicação da lei com base num procedimento puramente lógico. Mesmo que disto não se dê conta, para chegar à decisão ele deve sempre introduzir avaliações pessoais, fazer escolhas que estão vinculadas ao esquema legislativo que ele deve aplicar."[12]

E destacávamos, no mesmo encalço, que a *segurança jurídica* não se obtém com a automatização dos juízos, mas com o reconhecimento dogmático dos *limites* do sistema, a serem esclarecidos e estabilizados de modo racional e discursivo, sem prejuízo da mobilidade e da abertura sistêmicas. Daí ser dado ao magistrado expressar-se como ser sociopolítico, sem renunciar às

---

(9) ROMANI, Dagoberto. O juiz, entre a lei e o direito. In: *Revista dos Tribunais*. São Paulo: Revista dos Tribunais, n. 633, p. 236, jul. 1998.

(10) BOBBIO, Norberto. *O positivismo jurídico*: lições de Filosofia do Direito. Tradução de Márcio Pugliesi, Edson Bini, Carlos E. Rodrigues. São Paulo: Ícone, 1995. p. 211-222 e 237. Com Bobbio, bem se entende que essa perspectiva – comum ao conceitualismo e aos vários positivismos – reconhece na jurisprudência *"atividade puramente* declarativa *ou* reprodutiva *de um direito preexistente, isto é, no conhecimento puramente* passivo *e contemplativo de um objeto já dado"* (p. 211). De nossa parte, ajustar-nos-íamos ao que Bobbio designa como "gnoselogia de tipo *realista*" (porque tributária do "realismo jurídico"): o ato de julgar *"consiste numa atividade que é também* criativa *ou* produtiva *de um novo direito, ou seja, no conhecimento* ativo *de um objeto que o próprio sujeito cognoscente contribui para produzir"* (p. 211-212).

(11) Cf. Néstor Pedro Sagüés. *La interpretación judicial de la Constitución*. Buenos Aires: Depalma, 1998. p. 101.

(12) BOBBIO, Noberto. *O positivismo...*, p. 237.

suas convicções pessoais e aos elementos de cultura que configuraram sua visão de mundo. É um seu *direito*:

> "los miembros de la judicatura gozarán de las **libertades de expresión, creencias**, asociación y reunión, con la salvedad de que, en el ejercicio de esos derechos, los jueces se conducirán en todo momento de manera que preserve la dignidad de sus funciones y la imparcialidad e independencia de la judicatura." (princípio n. 8 dos *Princípios Básicos relativos à Independência da Judicatura* – ONU, 1985 [g. n.].)

E, em certo sentido, é também um seu *dever*. Isto porque **o seu "sentimento de direito" (*Rechtsgefühl*) deve provir de sua visão de mundo, para transparecer como tal, no plano discursivo, ao tempo e modo da decisão que prolata** (art. 93, IX, da CRFB). Eis, afinal, o que assegura ao Poder Judiciário o seu gradiente de *democracia*, notadamente nos países em que o ingresso na Magistratura não se dá por eleições gerais (como em geral nos países de *common law*, sob mandatos vitalícios ou temporários), mas por concursos públicos ou outros modos seletivo-meritórios de acesso (como em geral nos países de *civil law*, em que de regra se seguem carreiras profissionais).

A concepção do *judicial law-making* não é, de resto, antimajoritária ou antidemocrática, como geralmente se supõe e inclusive se sustenta em espaços acadêmicos[13]. As orações acima negritadas já revelam os elementos pelos quais a atividade jurisdicional logra democratizar-se e reinventar-se a todo tempo:

a) a **liberdade de convicção técnico-jurídica** (a Democracia pressupõe a pluralidade, e o que garante ao cidadão que o mais humilde juiz do mais distante rincão não estará tecnicamente vinculado à visão de mundo e direito que domina na mais alta corte judiciária do país é a sua liberdade de convicção técnico-jurídica: suas decisões não se sujeitam a um modelo autocrático e antidemocrático de reprodução mecânica de súmulas de jurisprudência, a não ser por expressa ressalva constitucional[14]);

b) a **publicidade das decisões** (a Democracia pressupõe a possibilidade de controle público da autoridade constituída, para cujo fim não há melhor instrumento que a irrestrita publicidade dos atos de império, vicejante em praticamente todos os sistemas judiciários, a não ser por expressa ressalva constitucional[15]);

c) a **fundamentação das decisões** (a Democracia pressupõe informação e contraditório, para o que é indispensável, nos sistemas judiciários em geral, que os interessados conheçam e compreendam as razões pelas quais a pretensão deduzida foi ou não acolhida).

Observe-se que todos os atributos acima reportados – liberdade de convicção técnico-jurídica (vinculada à própria ideia de independência judicial), publicidade processual e fundamentação judicial – são corolários do *procedural due process*. Não é demais afirmar, portanto, que a *due process clause* é, por assim dizer, uma das vigas-mestras de sustentação dos regimes democráticos contemporâneos.

Contudo, não é só. Contrapondo essa mesma objeção acerca do caráter antidemocrático e antimajoritário de um sistema judiciário com aptidões criativas (aliás, "*a mais grave de todas*"), Cappelletti vai além e esclarece, a propósito, o seguinte:

d) a rigor, mesmo os poderes normativos exercidos pela Administração Pública e pelos parlamentos não gozam, em termos realmente autorais, de plena legitimidade democrática, já que geralmente a atividade normativa é capitaneada por "colégios de burocratas" e condicionada por uma série de alianças e subserviências políticas que não têm qualquer respaldo no voto popular (sequer indiretamente, já que são funções constitucionais indelegáveis). São os juízes, ao revés, os que em tese logram guardar dessas ingerências políticas e burocráticas a distância mais segura, já que pouco dependem de conjunturas políticas e arranjos administrativos (ao menos nos países com carreiras de magistratura) e podem se manter à margem de tais influências sem quaisquer prejuízos;

e) a absoluta hegemonia da vontade das maiorias será, as mais das vezes, um grave sintoma *antidemocrático* (vejam-se, p. ex., os episódios de totalitarismo[16] e de populismo caudilho do século XX). São os juízes, ao revés, os que têm

---

(13) Cf., *e. g.*, John Hart Ely, *Democracry*..., 1980, *passim*; ou ainda, Ran Hirschl, *Towards Juristocracy*, *passim*.

(14) Como se deu, no Brasil, com o advento da EC n. 45/2004 e a instituição das súmulas vinculantes no âmbito do STF (art. 103-A da CRFB).

(15) No Brasil, art. 5º, LX, da CRFB, conferindo legitimidade ao art. 155 do CPC.

(16) A respeito, veja-se, por todos, Hanna Arendt, *As Origens*..., *passim*.

a missão constitucional de resguardar os direitos e interesses das *minorias* – particularmente no que diga respeito às dimensões da jusfundamentalidade –, de modo a poder *"frustrar o ramo político quando este, por estar muito ligado ao sentimento majoritário, atropela certos direitos fundamentais dos indivíduos ou das minorias"*[17];

f) a própria *acessibilidade* dos juízes à população, institucional e sociologicamente, seja por imperativo constitucional (art. 5º, XXXV, da CRFB) ou pela maior capilaridade orgânica dos corpos judiciários, tende a tornar o Judiciário um poder mais democrático e dialógico, desde que obviamente haja permeabilidade pessoal e cultural a essas experiências[18].

Em realidade, o que distingue a atividade legislativa da atividade judicante não é a sua criatividade substancial, mas o *modo* como ela é engendrada[19]. Os parlamentos legislam a partir de *inputs* de diversas naturezas (políticos, sociais, econômicos), mas tendencialmente *difusos* e *abstratos* (na medida da sanidade do próprio sistema legislativo, i. e., da sua maior ou menor suscetibilidade à ação de corruptores, *lobbys* e grupos de interesses não classistas). Os juízes, ao contrário, desenvolvem o *judicial law-making* a partir de *focos concretos* (modelo de *cases and controversies*) e em *"regime de soberania vinculada"* (CARNELUTTI), o que implica, segundo Cappelletti, **(i)** uma perspectiva inercial (*nemo iudex sine actore*); **(ii)** uma perspectiva de limitação objetivo-subjetiva ao âmbito de controvérsia definido pelas próprias partes (*ne eat iudex ultra petita a partibus*); e **(iii)** uma perspectiva necessariamente dialética (*audiatur et altera pars*)[20].

Mais uma vez, aparecem os atributos clássicos do *procedural due process*, desdobrando uma importante constatação: **os conteúdos formais da *due process clause* constituem, a um tempo, a substância que dá *identidade* à atividade judicial "criativa"** (em relação p. ex. à legislação) **e também aquela que, dimensão política, *justifica-a* democraticamente.**

Para a Democracia, portanto, o devido processo legal cumpre concomitantemente – mas não exclusivamente, por óbvio – os papéis de *causa eficiente* (porque a sustenta endógena e exogenamente), de *causa formal* (porque justifica-a e nela se justifica) e de *causa final* (porque deve ser dela um objetivo).

A hipótese de um Poder Judiciário não criativo, com um corpo de magistrados que apenas repita os textos de lei e adapte a vontade histórica do legislador aos casos concretos, em modo de pura subsunção formal, não atende aos pressupostos políticos do Estado Democrático de Direito. Sob tais circunstâncias, torna-se irrelevante a maior ou menor acessibilidade à população (instrumental ou sociologicamente). A Magistratura torna-se incapaz de refletir a diversidade e a pluralidade do pensamento jurídico. E é menos apta a preservar as minorias contra os ímpetos das maiorias políticas, que ditam os textos de lei. É que tampouco a "lei" é um fenômeno empiricamente abstrato ou neutro, na exata medida em que "[o] *Estado, nos seus vários níveis, não é neutro. Ele sofre pressão de grupos extremamente fortes que atuam dentro das burocracias estatais, nas secretarias, nas assembleias* […]"[21]. Daí por que, reproduzindo Schwartsman, "[u]*ma boa receita para produzir o pior dos mundos é aplicar com máximo zelo todas as leis vigentes"*[22].

---

(17) CAPPELLETTI, Mauro. *Processo…*, p. 22.

(18) Cappelletti reproduz dizeres de S. M. Hufstedler, no sentido de que, *"enquanto resulta quase impossível a muitos não potentados o acesso aos gabinetes dos parlamentares ou às salas deliberativas de muitos órgãos administrativos, 'a chave para abrir a porta de um Tribunal' consiste num simples ato de citação"* (*Processo…*, p. 22). Não se trata aqui, obviamente, do paradigma do "juiz que vai às ruas" (ultimamente muito festejado, mas ainda incongruente com realidades sociológicas de juízes encastelados nos fóruns ou entrincheirados em corporações). Trata-se, sim, de uma estrutura pensada para fazer vir o grito das ruas aos recintos dos tribunais, sobretudo mais recentemente, como resultado do movimento pelo acesso à Justiça (cf., por todos, Cappelletti, Garth. *Acesso à Justiça*. p. 31 e ss., com as três "ondas" do enfoque do acesso à justiça).

(19) Cf. Otto Bachof, *"Der Richter als Gesetzgeber?"*, in *Tradition und Fortschritt im Recht: Festschrift zum 500jährigen Bestehen der Tübinger Juristenfakultät*, Tübingen, J.C.B. Mohr, 1977, p. 177-192. Problema que, a propósito, o autor reconhece como *universal* (p. 178), paralelo àquele mesmo da eficácia declaratória ou constitutiva (*deklaratorische oder konstitutive Wirkung*) das decisões que reconhecem, em caráter *principaliter*, a inconstitucionalidade de normas infraconstitucionais (p. 187).

(20) CAPPELLETTI, Mauro. *Processo…*, p. 17.

(21) KOWARICK, Lúcio. Centro de cobiça. In: *O Estado de S. Paulo*, p. J-3, 29.01.2012.

(22) SCHWARTSMAN, Hélio. Tão perto, tão longe. In: *Folha de S. Paulo*, p. A-2, 27.01.2012. Adiante, por constatar que *"a aplicação mecânica de regras (ainda que razoáveis) pode engendrar verdadeiros absurdos"*, o articulista pontua, sobre os paradoxos entre a lei formal e a realidade em seu entorno, que *"*[a] *solução* […], *além de rever e aprimorar continuadamente os protocolos, é deixar que as pessoas usem o seu bom-senso. Na média, ele mais acerta do que erra.* […] *Essa ao menos foi a aposta da natureza, ao dotar os humanos de cérebros capazes de comportamento flexível, isto é, de responder de forma diferente a diferentes situações"*.

Assim, reservar ao juiz o papel de mero enunciador da lei é, em verdade, retirá-lo do jogo de *checks and balances*, vergastando um dos mais importantes mecanismos da forma republicana de governo. E, mais que isso, é manietar o próprio *procedural due process*, por combalir a independência judicial. Afinal:

> "a independência do juiz há de ser compatível com sua configuração humana como sujeito de capacidade plena, de preocupações pela justiça que vão além de seu exercício profissional, e como titular de todos os direitos que a lei não lhe restrinja ou suprima em atenção a razoáveis medidas de incompatibilidade. Falamos, pois, de **um juiz não facilmente domesticável, não mudo, nem mais diminuído em seus direitos do que o indispensável.**"[23]

Ademais, é seguro que o postulado *in claris cessat interpretatio* já não se põe, em absoluto, no direito contemporâneo. Não há lei, por mais clara ou detalhada que seja, capaz de recusar ao intérprete/aplicador um mínimo exercício de criatividade e construção semântica. O que se deve discutir hoje, afinal, já não é a *legitimidade* da criação judiciária, mas – seguindo ainda Cappelletti – o *grau*, o *modo*, os *limites* e a própria *aceitabilidade social* da criação do Direito pelas cortes judiciais[24]. O que significa discutir, no marco deste estudo, *como* e *quanto* o *substantive due process* pode, em "criando", *infletir* o *procedural due process*.

5. Repensando o "contraditório substancial" em perspectiva jusfundamental

Nessa ordem de ideias, e especialmente no âmbito do processo do trabalho, parece claro que, sobre se aplicar a concepção hodierna de contraditório – pela qual *"cada parte processual é chamada a apresentar as respectivas razões de facto e de direito, a oferecer as suas provas ou a pronunciar-se sobre o valor e resultado de umas e outras"*, em todas as fases do processo, sob estruturação dialética, pela qual todo movimento realizado por uma parte abre ao *ex adverso* a possibilidade de realizar um outro, de igual relevância, tendente a contrariar os efeitos do precedente[25] –, é preciso também pensar seus contextos de exceção.

O contraditório assegura, inequivocamente, o *direito de influenciar* e o *ônus de debater*; e, para mais, pressupõe o acesso à mais ampla *informação processual*[26]. O Novo CPC claramente incorpora essas dimensões, por exemplo, nos seus arts. 9º e 10. Em razão desses preceitos – e de outros tantos –, a doutrina tem reconhecido, imanente à Lei n. 13.105/2015, a consagração cabal da dimensão "*substancial*" do contraditório, que não se limita à audiência recíproca das partes (= dimensão formal), mas alcança a própria *possibilidade de a parte efetivamente influenciar a atividade decisória do juiz*, em todos os momentos do processo (e mesmo nas decisões relativas a objeções processuais, p. ex., v. art. 9º/NCPC). Nesse sentido, a observação de Bedaque, quanto ao fato de que "[a] *liberdade conferida ao julgador, quanto à identificação da norma jurídica aplicável, também deve compatibilizar-se* [...] *com o princípio do contraditório. Não podem as partes ser surpreendidas com a incidência de regra não cogitada, especialmente se as consequências forem diversas daquelas submetidas à discussão*"[27].

A ênfase ao contraditório revela-se, ademais, noutras passagens do NCPC. Veja-se, p. ex., o novo *incidente de desconsideração da personalidade jurídica* do art. 77 e ss. (que passam a constituir um *procedimento cível especial*, incidental aos ritos de cumprimento da sentença, já não bastando a "mera" decisão judicial fundamentada). Veja-se, p. ex., a previsão pela qual, "[r]*equerida a desconsideração da personalidade jurídica, o sócio ou o terceiro e a pessoa jurídica serão citados para, no prazo comum de quinze dias, se manifestar e requerer as provas cabíveis*"; oportunizam-se, é claro, outras "providências" de caráter defensivo, como, *v. g.*, o esvaziamento das contas bancárias pessoais e familiares, antecipando penhoras eletrônicas.

Ora, em especial no processo do trabalho, "avisar" previamente os sócios da provável desconsideração da

---

(23) VALIENTE, Francisco Tomás y. Independencia judicial y garantía de los derechos fundamentales. In: *Constitución*: Escritos de introducción histórica. Madrid, Marcial Pons, 1996. p. 163 (g. n.).

(24) CAPPELLETTI, Mauro. *Processo...*, p. 16. Pouco antes dizia que "[e]*ssas reflexões, que poderiam, talvez, parecer revolucionárias há mais de um século, hoje não apresentam nada de novo*".

(25) GERALDES, Abrantes, *Temas...*, p. 75 (citando BALTAZAR COELHO). O Novo CPC rende homenagem a esse conceito pleno.

(26) Ou, com GALANTINI: "*partecipazione*", "*contrapposizione*" e "*comunicazione*". Cf. Novella Galantini, Limiti e deroghe al contraddittorio nella formazione della prova. In: *Il contraddittorio tra Costituzione e legge ordinaria*: Atti del convegno (Ferrara, 13-15 ottobre 2000). Associazione tra gli studiosi del processo penale, Milano, Giuffrè, 2002. p. 81).

(27) BEDAQUE, José Roberto dos Santos. Os elementos objetivos da demanda examinados à luz do contraditório. In: *Causa de pedir e pedido no processo civil (questões polêmicas)*. José Roberto dos Santos Bedaque, José Rogério Cruz e Tucci (coords.). São Paulo: Revista dos Tribunais, 2002. p. 38.

personalidade jurídica da respectiva sociedade empresarial corresponderá, amiúde, ao comprometimento de todos os esforços executivos da parte ou do juiz. Então, cabe perguntar: a despeito da letra fria da lei, e tendo em conta as necessidades concretas do caso, *o que substancialmente não pode ser infletido, sob pena de agressão à garantia constitucional do contraditório?* Ou, noutras palavras, o que compõe o *núcleo essencial irredutível* (= *Wesenskern*) da garantia constitucional do contraditório?

Pois bem. À luz das convenções internacionais e do marco civilizatório ditado pelas constituições contemporâneas mais influentes, pode-se aprioristicamente indicar quatro elementos mais íntimos, componentes do *Wesenskern* da garantia do contraditório:

a) a oportunidade formal de contraditório mínimo (independentemente do seu momento, desde que possa ser útil);

b) a possibilidade formal de informação mínima (o que abrange, portanto, o dever de motivação dos principais atos decisórios judiciais);

c) o caráter acusatório do devido processo penal;

d) o direito à defesa técnico-jurídica (exclusivamente no processo penal).

Respeitados, então, esses limites, e tendo em mira sobretudo o processo não penal (e particularmente o processo do trabalho), *quando e o que se pode infletir?*

De regra, admite-se que *a lei* possa infletir a garantia do contraditório. Trata-se, pois, de aspecto obviamente sujeito ao poder de conformação do legislador ordinário, observados os metalimites imanentes já apontados. Assim, e. g., o art. 3º, 2, do CPC de Portugal (anteriormente à reforma de 2013), depois de dispor que "[o] *tribunal não pode resolver o conflito de interesses que a acção pressupõe sem que* [...] *a outra* [parte] *seja devidamente chamada para deduzir oposição*", registrava de plano a possibilidade de inflexão legal, segundo as ponderações materiais que o legislador oportunamente fizer, desde que em caráter excepcional:

"Só nos **casos excepcionais previstos na lei** se podem tomar providências contra determinada pessoa sem que esta seja previamente ouvida" (g. n.).

Na sequência (n. 3), concretizava uma das dimensões do princípio do contraditório, não sem novamente excepcioná-lo:

"O juiz deve observar e fazer cumprir, ao longo de todo o processo, o princípio do contraditório, não lhe sendo lícito, **salvo caso de manifesta desnecessidade**, decidir questões de direito ou de facto, mesmo que de conhecimento oficioso, sem que as partes tenham tido a possibilidade de sobre elas se pronunciarem." (g. n.)

Está claro, portanto, que a ordem jurídico-processual portuguesa admitia, como ainda admite, as figuras do *contraditório mitigado*, do *contraditório eventual* e do *contraditório diferido*, que são todas inflexões formais da garantia do contraditório. É também o que sempre se passou no Brasil (conquanto sem tanta clareza legislativa[28]) e, de regra, em todos os países cujos sistemas processuais admitem, em alguma hipótese, provimentos judiciais de urgência. *De lege ferenda*, aliás, o que recentemente se debateu no parlamento brasileiro foi precisamente a *justa medida* da intervenção do juiz para garantir o contraditório nos processos judiciais: se haverá de fazê-lo indiscriminadamente, como regra, ou se o interesse do Estado-juiz em promover o contraditório limitar-se-ia às situações de "hipossuficiência técnica"[29].

Todavia, descrevamos, ainda que brevemente, as três hipóteses-paradigmas de inflexão do contraditório. Como explicado alhures, o juiz está autorizado, no *contraditório diferido*, a julgar de plano o mérito da causa ou da questão, por meio de decisão provisória, com uma adequada inversão de fases: a parte afetada poderá exercer o contraditório, mas somente depois da decisão tomada, podendo o juiz revê-la adiante. É o regime de contraditório reservado para as técnicas de *antecipação de tutela* (v. g., art. 273 do CPC). No *contraditório*

---

(28) Em verdade, o atual Código de Processo Civil brasileiro *desconhece* o vocábulo "contraditório", que não tem lugar ao longo de seus 1.220 artigos. Promulgado no início da década de setenta (1973), o Código Buzaid foi sobretudo pensado na perspectiva da segurança jurídica e do procedimento, sem maior pendor para enfatizar a perspectiva das garantias processuais fundamentais. Vale lembrar que, em 1973, o Brasil vivia o auge de sua ditadura militar, sob a presidência do General-de-Exército Emílio Garrastazu Médici.

(29) O art. 7º do projeto estatuía, na redação original (anteprojeto), que "[é] *assegurada às partes paridade de tratamento em relação ao exercício de direitos e faculdades processuais, aos meios de defesa, aos ônus, aos deveres e à aplicação de sanções processuais, competindo ao juiz velar pelo efetivo contraditório em casos de hipossuficiência técnica*" (g. n.). Já no relatório geral do Senador Valter Pereira para o PLS n. 166/2010, a expressão "*em casos de hipossuficiência técnica*" desapareceu, disso resultando que, ao menos literalmente, ao juiz competiria velar pela efetividade do contraditório *em qualquer circunstância*. Até meados de 2012, o projeto ainda tramitava na Câmara dos Deputados. Aprove-se, porém, com ou sem a expressão, é provável que esses movimentos suscitem ulteriores debates doutrinários acerca dos *limites da disponibilidade do contraditório* no âmbito do processo civil. Ganhar-se-á, de resto, em um ponto: o princípio do contraditório passará a ter positividade no Código de Processo Civil brasileiro.

eventual, de outra parte, não se invertem as fases processuais, mas as próprias posições das partes no processo: elimina-se o contraditório do interior de um certo procedimento, transferindo-o para uma ação incidental (como se dá com os embargos do devedor nas execuções de títulos extrajudiciais) ou para uma ação independente, de caráter geral ou especial (como se dá, p. ex., nas ações de desapropriação[30]).

Convém ainda reconhecer, ademais, a figura do *contraditório mitigado*. Em algumas hipóteses, tendo em conta a natureza dos interesses materiais envolvidos no litígio e/ou a urgência da decisão final, o legislador *limita* as matérias fáticas ou jurídicas passíveis de controvérsia processual. Engendram-se normalmente situações jurídicas muito delicadas, não raro suscitando dúvidas de constitucionalidade; mas, ainda assim, são em tese possíveis. No Brasil, p. ex., o DL n. 911/1969, ao regular aspectos materiais e processuais do contrato de alienação fiduciária em garantia no mercado financeiro e de capitais[31] (art. 66-B da Lei n. 4.728/1965) e da respectiva propriedade resolúvel (arts. 1.361 a 1.368-A do NCC), dispôs originalmente que *"na contestação* [da ação de busca e apreensão do bem alienado fiduciariamente] *só se poderá alegar o pagamento do débito vencido ou o cumprimento das obrigações contratuais"* (art. 3º, § 2º), e nada mais; não se poderia opor à pretensão de busca e apreensão, p. ex., a nulidade do contrato de alienação fiduciária. Mitigava-se, por força de lei, o contraditório possível[32]; e mitigava-se mal. Daí que, por razões várias (envolvendo inclusive o critério da devida proporcionalidade, mal resolvido pelo legislador de antanho), sustentamos a inconstitucionalidade dessa mitigação[33]. Hoje, melhor diríamos: havia inconstitucionalidade por malferimento dos *metalimites dialógicos* das inflexões formais do processo. Com efeito, o Decreto-lei de 1969 restringiu o direito de defesa para privilegiar o crédito das instituições bancárias e financeiras, então os credores fiduciários por excelência. Logo, na contraposição concreta dos interesses materiais subjacentes (*i. e.*, no juízo concreto de proporcionalidade), a solução legislativa carecia do elemento da *proporcionalidade em sentido estrito*: no fim das contas, sacrificava-se uma garantia individual do consumidor – geralmente hipossuficiente econômico em face do banco fiduciário – em prol do direito creditício-patrimonial de uma pessoa jurídica. E de fato, trinta e cinco anos depois, tais limitações ao contraditório foram finalmente *revogadas*, por força da Lei n. 10.931/2004.

Haverá ensejos, ademais, em que duas ou mais técnicas de inflexão do contraditório serão combinadas. No processo laboral brasileiro, p. ex., reza a CLT que, uma vez garantida a execução trabalhista ou penhorados bens a tanto bastantes, o executado terá cinco dias para apresentar os seus embargos à execução, sendo certo que "[a] *matéria de defesa será restrita às alegações de cumprimento da decisão ou do acordo, quitação ou prescrição da dívida"* (art. 884, § 1º). Admitindo-se, na esteira do que se passa no processo civil, que esses embargos à execução têm natureza de *ação autônoma de impugnação*, exsurge que o contraditório em sede de execução trabalhista exerce-se, nessa condição, de modo *eventual* (*i. e.*, por meio de uma ação incidental) e *mitigado* (*i. e.*, atendo-se a certas matérias). Outra vez, porém, objeções de constitucionalidade têm sido esgrimidas; e, por conta delas, são feitos naturais esforços de interpretação conforme. Teixeira Filho[34] a propósito obtemperou – e com ele concordamos – que:

> "[p]revalecesse o senso exclusivamente literal do preceito normativo trabalhista, *sub examen*, haveríamos de concluir que ao embargante seria lícito, apenas, alegar cumprimento do acordo ou da decisão, quitação ou prescrição da dívida, porquanto *restringir* significa limitar, circunscrever. A interpretação literal é, no entanto, a mais pobre das técnicas hermenêuticas, seja no

---

(30) Veja-se o art. 20 do DL n. 3.365/1941: *"A contestação só poderá versar sobre vício do processo judicial ou impugnação do preço; qualquer outra questão deverá ser decidida por ação direta."* (g. n.).

(31) E, no que diz com o procedimento especial de busca e apreensão, também para a propriedade fiduciária constituída para garantir débitos fiscais ou previdenciários, nos termos do art. 8º-A, *in fine*, do DL n. 911/1969 (com a redação da Lei n. 10.931/2003).

(32) Ovídio Baptista (*Processo e Ideologia*, p. 153 e ss.) compreendia ser esse um dos casos de *contraditório eventual* (e não meramente mitigado), de modo que os vícios do contrato de alienação fiduciária em garantia poderiam ser discutidos em ação autônoma (como se dá, p. ex., com as ações de desapropriação do DL n. 3.365/1941). De se ver, porém, que (a) o § 2º do art. 3º do DL n. 911/1969, na redação original, *não previa "in expressis verbis"* a possibilidade de se discutirem outras questões contratuais *"por ação direta"* (*i. e.*, autônoma); e (b) ainda que se admitisse essa possibilidade, como um consectário inapelável do próprio sistema processual (*ut* art. 5º, XXXV, da CRFB), haveria sério risco de que, ao tempo do contraditório ampliado (em "ação direta"), o bem dado em garantia fiduciária já houvesse sido apreendido e vendido. Logo, ante os efeitos muitas vezes irreversíveis da sentença no procedimento especial (à vista, p. ex., da alienação do bem para terceiros de boa-fé), melhor era mesmo reconhecer, na hipótese, a figura do contraditório *mitigado*, aquém do contraditório eventual.

(33) Cf. G. G. Feliciano, *Tratado...*, *passim*.

(34) TEIXEIRA FILHO, Manoel Antonio, *Curso...*, v. III, p. 2255-2256.

particular ou no geral. Seria insensato supor, p. ex., que ao embargante fosse defeso alegar a inexigibilidade do título, a ilegitimidade de parte, a incompetência do juízo, o impedimento ou a suspeição do juiz, o excesso de execução e o mais, como se esses fatos não existissem no mundo jurídico. A riqueza e a amplitude da realidade prática não podem ser confinadas nos estreitos limites do art. 884, § 1º, da CLT, sob pena de perpetrar-se, com isso, odiosa ofensa a direitos [fundamentais] legítimos do devedor. Se, para alguns, a particularidade de o legislador trabalhista haver pretendido limitar as matérias a serem suscitadas pelo embargante àquelas mencionadas no texto deveu-se à sua preocupação de permitir que a execução tivesse curso célere, para nós o fato deve ser atribuído a uma visão simplista (ou estrábica) da realidade em que o processo se desenvolve. O **processo do trabalho pode ser simples sem ser simplório, assim como pode perseguir o ideal de celeridade sem sacrifício de certos direitos constitucionais essenciais à defesa dos interesses das partes.** [...] A praxe, mais sábia que o legislador, vem permitindo que o embargante alegue matéria não relacionada no art. 884, § 1º, da CLT, mas de alta relevância para o processo e para o próprio Judiciário." (g. n).

Revelam-se, outra vez, os metalimites dialógicos, desta feita pelo desatendimento do elemento da *necessidade*: para concordar praticamente a garantia do contraditório do réu e o direito do autor à efetividade executiva, com a fruição mais pronta possível de seus créditos alimentares (o que TEIXEIRA FILHO traduziu, no excerto, como "ideal de celeridade" do processo do trabalho), não é realmente *necessário* que as matérias de defesa se resumam àquelas do art. 884, § 1º, da CLT, já que até mesmo as defesas mais fadigosas na prática – aquelas que exigem prova de fatos (com a oitiva de testemunhas) – estão tacitamente admitidas pela lei (§ 2º[35]). Se até essas são cabíveis, fere a lógica do razoável que se suprimam do conteúdo dos embargos matérias eminentemente jurídicas ou aritméticas – ilegitimidade de parte, incompetência do juízo, excesso de execução, decadência, compensação tardia, inexigibilidade do título (matéria hoje obliquamente admitida no § 5º, por força da MP n. 2.180-35/2001[36]) etc. – que, a rigor, não exigem mais do que alguns parágrafos a mais de reflexão ao tempo da decisão judicial. Noutros termos, se é do devido processo substantivo que ninguém será privado de seu direito à vida, à liberdade ou à propriedade, ou dos demais direitos fundamentais que dimanam destes (como é o *contraditório*, sem o qual não é dado privar pessoa alguma de seus bens ou liberdade[37]), *sem a devida proporcionalidade*, então a restrição do art. 889, § 1º, da CLT, restringe o *procedural due process* desproporcionalmente e, por consequência, não é possível interpretá-lo na sua estrita literalidade.

6. A Instrução Normativa n. 39/2016, do Tribunal Superior do Trabalho: (des)acertos

A despeito dos argumentos até aqui alinhavados, o Tribunal Superior do Trabalho, em deliberação plenária, terminou por advogar a *assimilação quase plena* das regras dos arts. 9º e 10 do NCPC (Lei n. 13.105/2015). Poderia ser diferente. Com efeito, nos termos de suas "*consideranda*", a resolução toma em conta – e bem identifica – que:

> [...] o Código de Processo Civil de 2015 não adota de forma absoluta a observância do princípio do contraditório prévio como vedação à decisão surpresa, como transparece, entre outras, das hipóteses de julgamento liminar de improcedência do pedido (art. 332, *caput* e § 1º, conjugado com a norma explícita do parágrafo único do art. 487), de tutela provisória liminar de urgência ou da evidência (parágrafo único do art. 9º) e de indeferimento liminar da petição inicial (CPC, art. 330) [...];

e que:

> [...] o conteúdo da aludida garantia do contraditório há que se compatibilizar com os princípios da celeridade, da oralidade e da concentração de atos processuais no Processo do Trabalho, visto que este, por suas especificidades e pela natureza alimentar das pretensões nele deduzidas, foi concebido e estruturado para a outorga rápida e impostergável da tutela jurisdicional (CLT, art. 769) [...].

---

(35) *"Se na defesa [i. e., nos embargos ou na sua contestação] tiverem sido arroladas testemunhas, poderá o Juiz ou o Presidente do Tribunal, caso julgue necessários seus depoimentos, **marcar audiência para a produção das provas**, a qual deverá realizar-se dentro de 5 (cinco) dias"* (g. n.).

(36) *"Considera-se inexigível o título judicial fundado em lei ou ato normativo declarados inconstitucionais pelo Supremo Tribunal Federal ou em aplicação ou interpretação tidas por incompatíveis com a Constituição Federal."*

(37) Art. 5º, LIV e LV, da CRFB.

No entanto, apesar disto, termina por conceber um modelo de aplicação "parcial" do art. 10/NCPC que, na prática, se admitido em sua literalidade, significará legar, para o processo do trabalho, um inescusável *prejuízo* em termos de concentração, de celeridade e de duração razoável.

É que, nos termos do art. 4º da IN n. 39/2016, o E. Pleno do Tribunal Superior do Trabalho "antecipou" o seu convencimento técnico-jurídico de que os arts. 9º e 10 do NCPC – e, por lógica, todos os seus congêneres – têm aplicação *quase integral* ao processo do trabalho, *exceto quanto às questões de estrito processo-procedimento*. Vejamos:

> Art. 4º Aplicam-se ao Processo do Trabalho as normas do CPC que regulam o princípio do contraditório, em especial os arts. 9º e 10, no que vedam a decisão surpresa.
>
> § 1º Entende-se por "decisão surpresa" a que, no julgamento final do mérito da causa, em qualquer grau de jurisdição, aplicar fundamento jurídico ou embasar-se em fato não submetido à audiência prévia de uma ou de ambas as partes.
>
> § 2º Não se considera "decisão surpresa" a que, à luz do ordenamento jurídico nacional e dos princípios que informam o Direito Processual do Trabalho, as partes tinham obrigação de prever, <u>concernente às condições da ação, aos pressupostos de admissibilidade de recurso e aos pressupostos processuais</u>, salvo disposição legal expressa em contrário. (g. n.)

Logo, *todas as questões de mérito* ("de fundo") – sejam elas *questões de fato* ou *questões de direito* – passam a exigir prévio debate entre as partes, sem que o juiz do Trabalho possa decidir sobre elas, num sentido ou noutro, se não ouvir antecipadamente as partes. Do contrário, haveria "decisão-surpresa" e, portanto, nulidade do julgado. A se consolidar este entendimento, serão incontáveis as conversões em diligência, a partir do dia 18.03.2016, para oitiva "técnica" de reclamante e/ou reclamado, bastando, para tanto, que os juízes percebam não ter sido objeto de debate, pelas partes processuais, um qualquer elemento de sua *ratio decidendi* global.

É curioso observar, no particular, que o Tribunal Superior do Trabalho terminou sendo mais *rigoroso* no quesito do contraditório, ante os ditames da novel Lei n. 13.105/2015, do que sinalizou ser *o próprio Superior Tribunal de Justiça*, por seu órgão oficial de formação de magistrados (notadamente no plano federal). Com efeito, por ocasião do Seminário *"O Poder Judiciário e o Novo Código de Processo Civil"* (entre 26 e 28.08.2015), a *Escola Nacional de Formação e Aperfeiçoamento de Magistrados (ENFAM)*, órgão criado pela EC n. 45/2004 e instituído pela Resolução STJ n. 3/2006, aprovou e publicou vários *enunciados* – votados, diga-se, por cerca de *quinhentos* magistrados presentes[38] (o que potencializa a sua legitimidade sociológica) –, muitos relativos à questão do contraditório e da interpretação/aplicação do art. 10 do NCPC (no processo comum!). Vejamos os principais, no que interessa a este estudo:

> **1.** Entende-se por "fundamento" referido no art. 10 do CPC/2015 o substrato fático que orienta o pedido, e não o enquadramento jurídico atribuído pelas partes.
>
> **2.** Não ofende a regra do contraditório do art. 10 do CPC/2015, o pronunciamento jurisdicional que invoca princípio, quando a regra jurídica aplicada já debatida no curso do processo é emanação daquele princípio.
>
> **3.** É desnecessário ouvir as partes quando a manifestação não puder influenciar na solução da causa.
>
> **4.** Na declaração de incompetência absoluta não se aplica o disposto no art. 10, parte final, do CPC/2015.
>
> **5.** Não viola o art. 10 do CPC/2015 a decisão com base em elementos de fato documentados nos autos sob o contraditório.
>
> **6.** Não constitui julgamento surpresa o lastreado em fundamentos jurídicos, ainda que diversos dos apresentados pelas partes, desde que embasados em provas submetidas ao contraditório.

Pois bem. Resulta claro, por diversos desses enunciados (como, p. ex., os de ns. 1, 2, 3 e 6), que não se exigirá inflexivelmente o exercício *prévio* do contraditório, *mesmo quanto às questões de mérito* (i. e., "de fundo"), desde que: (a) a decisão judicial reporte-se a normas-princípios de que derivam as normas-regras debatidas nos autos (e, supomos nós, também no caso oposto: decisão que se reporte à norma-regra que derive de norma-princípio debatida nos autos); ou desde que (b) trate-se de mera reconfiguração jurídica do que foi debatido no plano fático; ou, ainda, *si et quando* (c) a manifestação sobre a questão de fato ou de direito – ainda que "de fundo" – não possa razoavelmente influir na causa. Oxalá, a jurisprudência dos tribunais regionais do trabalho e, adiante, a do próprio Tribunal Superior do Trabalho

---

(38) Disponível em: <http://www.enfam.jus.br/o-novo-cpc/>. Acesso em: 10 abr. 2016.

articule-se nesse sentido, muito mais adequado que o perfilhado na IN n. 39/2016, tanto do ponto de vista constitucional – inclusive por tudo o que se alinhavou acima –, como também do ponto de vista estritamente pragmático.

E nada obstará a que seja assim, inclusive porque, a rigor, uma "instrução normativa" não poderá vincular o convencimento técnico-jurídico dos magistrados trabalhistas, nem no primeiro grau, nem no segundo grau (TRTs) e tampouco no Tribunal Superior do Trabalho, sob pena de violação à garantia constitucional da independência judicial. Assim é que nem mesmo os ministros do TST, tendo – ou não – votado a favor do texto da IN n. 39/2016, estão a ele adstritos[39].

Diga-se mais. Para efeito de prévio balizamento teórico da Magistratura do Trabalho no que atine à aplicação do NCPC (objetivo que, afinal, inspirou a edição da IN n. 39/2016), o que o Tribunal Superior do Trabalho poderia/deveria ter providenciado, à maneira do Superior Tribunal de Justiça, seria um ciclo de debates institucionais, com amplitude, criticidade e dialeticidade, capitaneado pela Escola Nacional de Formação e Aperfeiçoamento de Magistrados do Trabalho (ENAMAT); e, a partir disso, divulgado enunciados de fundo doutrinário. Teria sido mais adequado, a nosso ver, do que a edição de uma instrução normativa, que obviamente nada poderá "normatizar", de modo válido, quanto a futuros entendimentos de juízes de 1º e 2º graus.

Agora, temos a instrução normativa. Mas, a propósito, *nec habemus legem*.

À guisa de conclusão

Em um correto olhar constitucional, é certo que *o legislador* pode em tese *dimensionar o contraditório*, com maior ou menor liberdade. Pode diferi-lo, mitigá-lo e/ou condicioná-lo, conforme as características das pretensões materiais hipoteticamente tensionadas. Os *tribunais*, em sede administrativa (como indiretamente se ensaiou, p. ex., na recente IN TST n. 39/2016), jamais.

É de rigor concluir, ademais, que, não o fazendo adequadamente o legislador (como parece ter sido o caso, no NCPC), e disso derivando *prejuízo concreto* a outros direitos e interesses jusfundamentais envolvidos (o que somente se aferirá *in casu*), o *juiz* poderá fazê--lo (*i. e.*, infleti-lo: mitigá-lo, diferi-lo, condicioná-lo), *secundum legem*, *praeter legem* ou mesmo *contra legem*, no exercício da jurisdição – e não em prelibações administrativas –; mas, para fazê-lo, deverá sempre *ter à vista os interesses materiais em jogo, em juízos concretos de ponderação constitucional* (inclusive à maneira de controle difuso de constitucionalidade, quando o caso). Isto, aliás, *decorre textualmente da norma do art. 489, § 2º, do NCPC*. Fora dessa hipótese, porém, o juiz não poderá adaptar o modelo legal-formal ditado pelo Parlamento; não, ao menos, nos sistemas de *civil law* (como o nosso).

Falamos aqui, atente o leitor, de *adequação constitucional* da lei processual civil (ou, se preferir o leitor, de *interpretação conforme a Constituição* em sede de controle difuso), o que serve para o processo do trabalho, mas também para o próprio processo civil. Não estamos tratando, ao menos por ora, da *subsidiariedade/complementaridade* do processo comum em relação ao processo do trabalho (arts. 769/CLT e 15/NCPC). Esta é uma outra discussão, a que não se propõe o presente estudo.

No campo da adequação constitucional, entretanto, é como pensamos. É como divisamos o chamado *poder-dever de adequação formal* do juiz constitucional. E é como haverá de ser, tanto mais quando se lida, na Justiça do Trabalho, com um processo que, para se servir subsidiariamente dos ditames do Novo Código, terá de supor *compatíveis* as normas episodicamente incorporadas. E, no campo laboral, a compatibilidade associa-se, inexoravelmente, à dignidade própria das pretensões materiais vazadas em juízo, geralmente alimentares.

Referências bibliográficas

ARENDT, Hanna. *As Origens do Totalitarismo*. Tradução de Roberto Raposo. 6. ed. São Paulo: Companhia das Letras, 2006.

BACHOF, Otto. Der Richter als Gesetzgeber? In: *Tradition und Fortschritt im Recht*: Festschrift zum 500jährigen Bestehen der Tübinger Juristenfakultät. Tübingen: J. C. B. Mohr, 1977.

BATISTA, Ovídio. *Processo e Ideologia*: o paradigma racionalista. 2. ed. Rio de Janeiro: Forense, 2006.

BEDAQUE, José Roberto dos Santos. Os elementos objetivos da demanda examinados à luz do contraditório. In: *Causa de pedir e pedido no processo civil (questões polêmicas)*. José Roberto dos Santos Bedaque, José Rogério Cruz e Tucci (coords.). São Paulo: Revista dos Tribunais, 2002. p. 38.

BERMUDES, Sergio. *Inovações do CPC*. 2. ed. Rio de Janeiro: Forense, 1995.

---

(39) É o que reconheceu, a propósito, o Exmo. Corregedor-Geral da Justiça do Trabalho, Min. Renato de Lacerda Paiva, respondendo à Consulta n. 176524920165000000, formulada pela Associação Nacional dos Magistrados da Justiça do Trabalho (ANAMATRA). Pode-se compulsar a íntegra da decisão em: <http://tst.jusbrasil.com.br/jurisprudencia/380320577/cons-176524920165000000/inteiro-teor-380320590?ref=topic_feed>. Acesso em: 09 out. 2016.

BOBBIO, Norberto. *O positivismo jurídico*: lições de Filosofia do Direito. Tradução de Márcio Pugliesi, Edson Bini, Carlos E. Rodrigues. São Paulo: Ícone, 1995.

CAPPELLETTI, Mauro. *Processo, Ideologias e Sociedade*. Tradução de Elício de Cresci Sobrinho. Porto Alegre: Sérgio Antonio Fabris Editor, 2008. v. I.

ELY, John Hart. *Democracy and Distrust*: A Theory of Judicial Review. Cambridge: Harvard University Press, 1980.

FELICIANO, Guilherme Guimarães. *Tratado de Alienação Fiduciária em Garantia*: Das bases romanas à Lei n. 9.514/1997. São Paulo: LTr, 1999.

FILHO, Manoel Antonio Teixeira. *Curso de Direito Processual do Trabalho*. São Paulo: LTr, 2009. v. III.

GALANTINI, Novella. Limiti e deroghe al contraddittorio nella formazione della prova. In: *Il contraddittorio tra Costituzione e legge ordinaria*: Atti del convegno (Ferrara, 13-15 ottobre 2000). Associazione tra gli studiosi del processo penale. Milano: Giuffrè, 2002.

GERALDES, António Santos Abrantes. *Temas da Reforma do Processo Civil*. 2. ed. Coimbra: Almedina, 1998. v. I.

HIRSCHL, Ran. *Towards Juristocracy*: the origins and consequences of the new constitucionalism. Cambridge: Harvard University Press, 2004.

KOWARICK, Lúcio. Centro de cobiça. In: *O Estado de S. Paulo*, 29.01.2012, p. J-3.

PEDRO SAGÜÉS, Néstor. *La interpretación judicial de la Constitución*. Buenos Aires: Depalma, 1998.

ROMANI, Dagoberto. O juiz, entre a lei e o direito. In: *Revista dos Tribunais*. São Paulo, jul. 1998. n. 633.

SCHWARTSMAN, Hélio. Tão perto, tão longe. In: *Folha de S. Paulo*, 27.01.2012, p. A-2.

TOMÁS Y VALIENTE, Francisco. Independencia judicial y garantía de los derechos fundamentales. In: *Constitución*: Escritos de introducción histórica. Madrid: Marcial Pons, 1996.

Jurisdição, Mediação e Justiça do Trabalho

JAMES MAGNO ARAÚJO FARIAS
Desembargador do Tribunal Regional do Trabalho da 16ª Região/MA (Presidente 2015/2017); Professor Adjunto do Departamento de Direito da Universidade Federal do Maranhão (desde 1992); ex-Diretor da Escola Judicial do TRT da 16ª Região (2009/2013); ex-Promotor de Justiça (1992/1994); Especialista em Economia do Trabalho pelo Departamento de Economia da UFMA (1997). Mestre em Direito pela Universidade Federal de Pernambuco (2002). Doutoramento em Ciências Jurídicas pela Universidade Autonoma de Lisboa (2014/2015). Presidente do Coleprecor – Colégio de Presidentes e Corregedores de TRTs (2016/2017). Ex-Presidente do Conematra – Conselho Nacional das Escolas de Magistratura do Trabalho (2013/2014). Autor dos livros "Direitos Sociais no Brasil", "A toda velocidade possível: ensaios sobre um mundo em movimento" e "O labirinto silencioso" e Direito Constitucional do Trabalho (LTr, 2016).

Introdução

No Brasil há muitos debates acerca do suposto 'controle excessivo' exercido pela Justiça do Trabalho sobre as relações de trabalho, impedindo uma maior flexibilização da CLT o que levaria à redução dos direitos sociais.

Quais seriam os mecanismos de controle legal para garantia de Direitos Sociais além da jurisdição e da conciliação judicial? Seria cabível a mediação nos conflitos trabalhistas? É sabido que o controle estatal das relações de trabalho no Brasil é feito principalmente pela União Federal. Para tanto, em cada uma de suas esferas e atribuições legais, existe a Justiça do Trabalho, o Ministério Público do Trabalho, o Ministério do Trabalho e mesmo a cooperação eventual da Polícia Federal.

Inobstante, há uma certa rejeição à ideia de utilizar a mediação como solução de conflitos trabalhistas no Brasil. Isso se deve à recusa à formação das comissões de conciliação prévia criada pela Lei n. 9.958/2000 e à desconfiança de soluções não estatais, que no imaginário popular pudessem prejudicar os trabalhadores.

Precisamente em relação ao Judiciário, indaga-se qual é o perfil da Justiça do Trabalho nesta realidade atual. Estaria preparada para assumir um papel menos regulador diante da supressão cada vez maior de direitos sociais? Veremos um pouco da história da Justiça do Trabalho no Brasil e como se deu a formação de sua tutela de direitos.

I – No passado

No Brasil, os primeiros órgãos de natureza trabalhista foram as Comissões Permanentes de Conciliação e Arbitragem, de 1907, mas que não chegaram a ser instaladas, por puro desinteresse governamental, embora previstos pela Lei n. 1.637, de 5 de novembro de 1907. Por sua vez, no Estado de São Paulo, em 1922, foram criados os Tribunais Rurais, pela Lei n. 1.869, de 10 de outubro de 1922, com a função de decidir questões entre trabalhadores rurais e seus patrões, com valor até quinhentos mil réis. O Tribunal Rural era composto por um Juiz de Direito da comarca e por outros dois membros, um designado pelo fazendeiro e outro pelo colono, o que caracteriza como o primeiro tribunal brasileiro composto pelo sistema de representação paritária de classes.

A maior influência, porém, para o sistema jurídico brasileiro veio mesmo da Magistratura *del Lavoro*, modelo italiano de 1927 ditado pela *Carta del lavoro*, de contorno corporativista, com a forte e obrigatória presença do Estado na solução de controvérsias entre patrões e empregados. Entretanto, apesar de inspirar o sistema jurídico brasileiro, em 1928 a magistratura trabalhista italiana foi abolida, passando suas funções para a própria Justiça Comum.

Em 25 de novembro de 1932, através do Decreto n. 22.132, foram criadas as Juntas de Conciliação e Julgamento, no âmbito do Ministério do Trabalho, Indústria e

Comércio, para resolver os conflitos individuais. Inicialmente, somente os empregados sindicalizados tinham direito de ação. As JCJ's eram compostas por um Juiz do Trabalho Presidente e dois Vogais, um representante de empregados e outro de empregadores, no mesmo molde paritário dos Tribunais Rurais.

Para solucionar os conflitos coletivos foram criadas as Comissões Mistas de Conciliação, que pouco chegaram a apreciar, pois na época havia poucos conflitos coletivos. Essas Comissões caracterizavam-se basicamente como órgão arbitral não estatal e permanente, na dependência direta da estrutura sindical.[1]

As Constituições de 1934 e 1937 já reconheciam a existência da Justiça do Trabalho. A Lei n. 1.237, de 1º de maio de 1941 organizou a Justiça do Trabalho, que ganhou relativa autonomia, apesar de somente ter sido incluída entre os órgãos do Poder Judiciário pelo Decreto-Lei n. 9.777, de 09.09.1946, sendo elevada a categoria constitucional pela Carta Democrática de 1946.

A Lei n. 1.237, de 1º de maio de 1941 organizou a Justiça do Trabalho da seguinte forma: as Juntas de Conciliação e Julgamento – JCJ's – ou Juízes de Direito, onde não existissem Juntas; os Conselhos Regionais do Trabalho; e o Conselho Nacional do Trabalho, dividido em duas Câmaras, uma da Justiça do Trabalho e outra de Previdência Social. A partir da Constituição Federal de 1946, a estrutura da Justiça do Trabalho, que já havia sido alterada pelo Decreto-Lei n. 9.777/1946, foi mantida entre os Órgãos do Judiciário por todas as Constituições brasileiras posteriores. Conservou-se a estrutura das JCJ's; os Conselhos Regionais do Trabalho viraram Tribunais Regionais do Trabalho; e o Conselho Nacional do Trabalho foi transformado no Tribunal Superior do Trabalho.

Entretanto, alguns juristas não concordaram com tais transformações. Historicamente, segundo Oliveira Viana "sua inclusão no Poder Judiciário foi um erro, porque sendo uma Justiça Especial exigia uma mentalidade nova dos Juízes de Direito Comum", enquanto Waldemar Ferreira dizia "reclamava-se mentalidade nova, para entendimento e aplicação de direito novo. Nada de judiciarismos! Nada de exagero da solenidade e à complexidade de estilo forense! Nada disso!"[2]. Evidentemente discordo dessa posição: a inclusão como órgão do Judiciário deu muita força à Justiça do Trabalho, principalmente na execução de seus julgados.

O modelo do Judiciário Trabalhista não sofreu nenhuma alteração substancial com a Constituição de 1967 e a Emenda Constitucional n. 1, de outubro de 1969, nem pelos Atos Institucionais do período militar, que chegaram a atingir pessoalmente alguns magistrados, na limitação de seu mister. A Justiça do Trabalho brasileira tem hoje um modelo bem próprio, definido tanto na CLT, como na atual Constituição Federal.[3]

Por outro lado, a Consolidação das Leis do Trabalho foi aprovada através do Decreto-Lei n. 5.452, de 1º de maio de 1943, passando a regular o relacionamento jurídico entre empregados e empregadores a partir de 10 de novembro de 1943. Decorrido o prazo da *vacatio legis* para entrada em vigência da CLT. Note-se que a CLT foi editada durante a ditadura de Getúlio Vargas, não como uma concessão aos anseios dos trabalhadores, mas sim como um instrumento de prevenção do Estado Novo a inevitáveis ondas de insatisfação popular, trabalhista ou sindical.

Por outro aspecto, no art. 668 da CLT e no art. 112 da Carta Política atual, há a determinação (hoje rara e escassa) de que nos Municípios não jurisdicionados a nenhuma Vara do Trabalho, o órgão local para dirimir os conflitos trabalhistas será o Juiz de Direito da Comarca.

Embora a Justiça do Trabalho seja parte do Poder Judiciário da União, nos Municípios não abrangidos por nenhuma Vara do Trabalho, quem julga os conflitos trabalhistas é o Juiz Comum, que representa o primeiro grau da Justiça Estadual. Isso de certa forma não é eficiente, face às outras atribuições que já tem o juiz estadual, em matéria de natureza eleitoral, penal e cível, deixando, infelizmente, muitas vezes, os processos trabalhistas em segundo plano, sem atentar para um aspecto fundamental: o caráter alimentar e de subsistência da família por conta das verbas salariais.

---

(1) FARIAS, James Magno Araújo. *Direitos Sociais no Brasil: o trabalho como valor constitucional*. São Luís: Azulejo, 2010. p. 216.

(2) NASCIMENTO, Amauri Mascaro. *Curso de Direito Processual do Trabalho*. 11. ed. São Paulo: Saraiva, 1990. p. 31.

(3) Constituição Federal. Art. 114: "Compete à Justiça do Trabalho conciliar e julgar os dissídios individuais e coletivos entre trabalhadores e empregadores, abrangidos os entes de direito público externo e da administração direta e indireta dos Municípios, do Distrito Federal dos Estados e da União e, na forma da lei outras controvérsias decorrentes da relação de trabalho, bem como os litígios que tenham origem no cumprimento de suas próprias sentenças, inclusive coletivas".

Art. 111: "São órgãos da Justiça do Trabalho:

I – o Tribunal Superior do Trabalho;

II – os Tribunais Regionais do Trabalho;

III – os Juízes do Trabalho (*anteriormente, os órgãos de primeiro grau eram as chamadas Juntas de Conciliação e Julgamento, até a extinção dos classistas pela EC n. 24/1998, quando passaram a ser presididas apenas pelo Juiz Togado de carreira*).

II – Após a Constituição de 1988

Após a promulgação da Carta de 1988, o Judiciário foi lançado no epicentro dos conflitos sociais reprimidos, consagrado como o controlador e zelador dos Direitos e Garantias fundamentais, passando ainda a decidir questões inovadoras como Direito do consumidor, privatizações de estatais e de movimentação de capitais internacionais, além de decidir acerca da legalidade dos Planos econômicos de estabilização da economia e reajustes salariais para inúmeras categorias de trabalhadores.

Ademais, o Judiciário passou a apreciar número cada vez maior de ações, discutindo a constitucionalidade de leis federais, estaduais e municipais, o que não gerou muita simpatia por parte da Administração Pública, que passou a considerar isso uma interferência à liberdade de poderes.

O controle difuso de constitucionalidade de lei por parte de qualquer juiz (e não apenas do Supremo Tribunal Federal) e a crescente criação de enunciados de súmulas aproxima nosso modelo do norte-americano dos *checks and balances* na chamada "judicialização da política", mediante o controle judiciário dos atos legislativos e executivos.

Segundo dados do Ministério do Trabalho, havia no Brasil, em 2000, 6 milhões de trabalhadores em atividades rurais (que não devem ser confundidos com simples lavradores, meeiros e todos aqueles que trabalham por conta própria ou na agricultura de subsistência), dos quais 4 milhões não tinham registro na Carteira de Trabalho. A consequência direta desse fato é que sem ter a CTPS anotada, os trabalhadores rurais não podem receber FGTS e nem seguro desemprego, além de encontrarem-se afastados da Previdência Social, sem gozo de férias e provavelmente 13º Salário. Outro fato lamentável é que um terço dos obreiros rurais recebia 50% ou menos de um salário mínimo mensal.

Como a DRT tem um quadro muito reduzido de fiscais do Trabalho é impossível aplicar multas às empresas infratoras ou, pior, extirpar o trabalho em condições análogas à de escravidão, crime tipificado no Código Penal, mas infeliz prática ainda encontrada em algumas regiões do país.

O Ministério Público do Trabalho também tem atuado bastante na prevenção e fiscalização dessas condições trabalhistas indignas e subumanas e muito tem feito para eliminar as práticas ilícitas existentes, ajuizando ações civis públicas, ações trabalhistas e abrindo inquéritos civis para apuração de responsabilidades em razão dessas violações aos direitos dos trabalhadores, muitas vezes resultado em Termos de ajustamento de conduta que possuem grande efeito na solução de variados problemas. Desejável que haja uma relação mais intensa entre o Ministério Público do Trabalho e a Justiça do Trabalho na tentativa de solucionar tais problemas.

Uma outra sugestão seria dar um tratamento diferenciado e preferencial às ações civis públicas, anulatórias, rescisórias e outras propostas pelo MPT, que assim ganhariam maior agilidade, pois na atualidade, qualquer ação intentada pelo MPT recebe andamento processual igual às ações privadas, o que é injustificável.

Márcio Túlio Viana manifesta sua preocupação com a Justiça do Trabalho, quando diz:

> *"A Justiça do Trabalho serve apenas aos que já não têm o que perder. Se não pode procurar a Justiça do Trabalho enquanto empregado, o trabalhador tem de procurá-la quando já perdeu o emprego – pois de outro modo não poderá reparar seu prejuízo. Assim a Justiça do Trabalho não é apenas seu último – mas o seu único – recurso".*[4]

Mudar esse quadro hostil é a missão atual. Tornar a Justiça do Trabalho um espaço não do desemprego, mas sim de diálogo e prevenção é um caminho a seguir. Campanhas como o "Trabalho Seguro" e o "Comitê nacional de combate ao trabalho infantil", ambos do TST representam um bom indicativo nesse sentido. Conscientizar do risco é melhor do que julgar o prejuízo. Ou isso não seria ativismo judicial na melhor acepção do termo?

Apesar de a Justiça do Trabalho ser considerada a mais rápida na tutela jurisdicional a lentidão judiciária brasileira ainda é uma realidade que deve ser remediada para que a ela ganhe maior credibilidade perante a população. Mas essa lentidão não será resolvida facilmente porque, dentre outro fatores, o Conselho Nacional de Justiça e o Congresso Nacional não vêm atendendo muitas propostas de aumento do número de cargos de magistrados e servidores. As alegações passam pelas cíclicas crises financeiras e a necessidade de contenção de gastos do Tesouro Nacional são recorrentes. Nunca se sabe quando é o momento apropriado para criar uma vara ou um cargo novo. Não havendo a criação de novos cargos há, pois, necessidade de criar alternativas para melhorar a prestação jurisdicional no país.

---

(4) VIANA, Márcio Túlio. *Proteção ao emprego e estabilidade sindical: onde termina o discurso e termina a realidade*. São Paulo: LTr, 2001. p. 1044. v. 65-09.

Os dados do CNJ são muito reveladores sobre os processos trabalhistas no Brasil. 55% deles tratam de pedidos das verbas devidas pela rescisão do contrato de trabalho, ou sejam, mais de dois milhões de processos sequer deveriam existir, caso não houvesse tanto descumprimento da lei. E apenas 7% do total dos processos tratam de pedidos de dano moral e 1,47% de danos materiais, ao contrário dos que pensam haver uma prática litigiosa nesse sentido. Tomando por base os números, por exemplo, do TRT da 4ª Região, que revela a media brasileira sobre os resultados das ações trabalhistas: procedentes em parte (31%), improcedentes (25%), totalmente improcedentes (2%) e conciliados judicialmente (42%). A média nacional de conciliação, segundo o anuário do CNJ 2016 foi de 31%. A variação regional dos índices de conciliação decorre dos fatores econômicos que marcam cada região.

III – Jurisdição e Mediação no Direito Comparado

A lentidão judiciária brasileira é também um dos fatores que devem ser remediados para que a Justiça do Trabalho ganhe maior credibilidade perante a população; mas essa lentidão não será resolvida facilmente porque, dentre outro fatores, o Congresso Nacional não vem atendendo as propostas de aumento do número de magistrados e servidores. Não havendo a criação de novos cargos há necessidade de criar alternativas para melhorar a prestação jurisdicional no país.

As comissões de conciliação prévia instituídas pela Lei n. 9.958/2000 não serviram para cativar a confiança dos trabalhadores e empresas como meio eficiente, seguro e confiável para solucionar os conflitos trabalhistas e estão virando letra morta pelo desuso. A atribuição das Comissões de Conciliação Prévia segundo o art. 625-A e seguintes da CLT é tentar conciliar os conflitos individuais de trabalho, evitando que algumas causas cheguem ao Judiciário, pois permite sua solução mediante discussão na própria comissão de empresa ou sindical. As Comissões de Conciliação Prévia podem ser constituídas por iniciativa intersindical ou de grupos de empresas, segundo a norma legal trabalhista.

O Conselho Superior da Justiça do Trabalho editou a Resolução n. 174/2016 na intenção de aperfeiçoar os mecanismos internos de conciliação. A instalação dos CEJUSCs, centros judiciários para solução consensual de disputas, tem sido um sucesso nos regionais.[5]

Comparativamente segue um breve resumo sobre os modelos adotados em alguns países para solucionar os conflitos trabalhistas.[6]

1. França

Em 1426, em Paris, foram designados vinte e quatro cidadãos chamados *Prud'hommes* para auxiliar o Magistrado municipal a resolver questões entre comerciantes e fabricantes, regra que perdurou até 1776, quando foram extintos os órgãos compostos pelos *Prud'hommes*, passando a ser os conflitos entre industriais e operários solucionados pelos Tribunais comuns, pelo Prefeito de Polícia e pelos comissários.[7]

Inobstante, foram organizados também na França, em 1806, os *Conseils des Prud'hommes*, responsáveis pela composição de dissídios individuais entre patrões e empregados, segundo determinava a Lei de Napoleão I, fornecendo as bases do atual sistema francês de composição trabalhista.

Os *Conseils des Prud'hommes*, integrados por juízes leigos, compostos paritariamente entre patrões e empregados, possuem atuação permanente na solução dos conflitos individuais de trabalho, sendo que de suas decisões cabe recurso para o órgão superior de revisão, que é a *Cour de Cassation*.[8]

Esses Conselhos são compostos paritariamente, tendo natureza jurisdicional plena, solucionando questões de indústria, comércio e agricultura.

2. Alemanha

O modelo alemão é bastante parecido com o brasileiro, sendo os conflitos trabalhistas resolvidos por meio dos Tribunais do Trabalho. Esses Órgãos tiveram sua origem no vale do Rühr, em 1890 e hoje são divididos em Tribunais do Trabalho (ArbG – distritais), Tribunais Regionais do Trabalho (LAG) e Tribunal Federal do Trabalho (BAG). Os órgãos judicantes são integrados por juízes de carreira, auxiliados por juízes temporários indicados por empregados e empregadores, no molde classista de representação. O Superior Tribunal Constitucional representa a última instância para se recorrer na Alemanha.

---

(5) O CEJUSC TRT 16 foi instalado em 3 de março de 2017. Até então, o prazo para realização da primeira audiência nas varas do Tribunal Regional do Trabalho da 16ª Região era de 209 dias. Com o novo modelo de audiência no CEJUSC, o prazo caiu imediatamente para 54 dias.

(6) FARIAS, James Magno A. *O futuro da Justiça do Trabalho diante das perspectivas do Brasil contemporâneo. Apud* Justiça do Trabalho: evolução histórica e perspectivas. Kátia Magalhães Arruda (coord.). Livro comemorativo dos 10 anos do Tribunal Regional do Trabalho da 16ª Região. São Luís, 1999. p. 75.

(7) NASCIMENTO, Amauri Mascaro. *Curso de Direito Processual do Trabalho*. 11. ed. São Paulo: Saraiva, 1990. p. 13.

(8) TUPINAMBÁ NETO, Hermes Afonso. *A solução jurisdicional dos conflitos coletivos no direito comparado*. São Paulo: LTr, 1993. p. 58.

Wolfgang Däubler, titular da cadeira de Direito do Trabalho da Universidade de Bremen, diz que um processo trabalhista na Alemanha, após percorrer as três instâncias judiciais, gasta cerca de três anos, o que ainda o torna mais célere do que os das demais jurisdições.[9]

O grande mérito do modelo alemão, entretanto, é a existência dos eficientes Conselhos de Empresa ou Comissões de Fábrica, compostas apenas por representantes escolhidos no âmbito da própria empresa, para solucionar internamente os conflitos classistas existentes, levando para a Justiça apenas as pendências não resolvidas a contento pelo "acordo de empresa" (*Betriebsvereinbarung*).

Antônio Álvares da Silva lembra que no direito alemão o implemento da Gesetz über die Errichtung und das Verfahren der Schiedstellen für Arbeitsrecht (*Lei de criação dos Órgãos de Arbitragem e seu respectivo processo*), em 29 de novembro de 1990, instituiu os Tribunais de Arbitragem, compostos por um representante dos empregados e outro da empresa, além de eleger um presidente, que pode até ser alheio à empresa, sempre com o objetivo de descongestionar ainda mais os órgãos judiciários trabalhistas[10].

3. Espanha

Em 1912 foi criada a Justiça do Trabalho espanhola. O Código do Trabalho, regulamentador dos direitos materiais, data de 1926.

Na época de sua criação, a composição do Órgão era de um juiz de carreira e seis jurados, sendo três representantes de empregados e três de empregadores.

Atualmente, há Juntas de Conciliação Sindical, de natureza administrativa, por onde passam as disputas, antes de chegar à magistratura de primeira instância.[11]

O Tribunal Central do Trabalho é o órgão judicial de segunda instância. Ao contrário do modelo brasileiro, na Espanha, a Justiça do Trabalho também aprecia questões de previdência social e todas as espécies de acidentes do trabalho.

O ponto forte do modelo espanhol, sem dúvida, é a atuação de seus sindicatos, o que torna muito usual a forma de composição dos conflitos via arbitragem ou mediação, fazendo com que a discussão seja levada à Justiça somente após o esgotamento das tentativas de conciliação.

4. EUA

Não há uma Justiça Trabalhista especializada nos Estados Unidos. Deste modo, os litígios de natureza laboral são normalmente resolvidos por meio da Arbitragem ou pela Justiça Comum, que aprecia as causas não solucionadas por acordo entre as partes envolvidas e, freqüentemente, também os processos de natureza indenizatória.

O modelo norte-americano de composição de conflitos trabalhistas tem uma facilidade extra: segundo Antonio Álvares, dos 115 milhões de trabalhadores, 30 milhões têm seus contratos regidos por 150 mil convenções coletivas, das quais 95% contêm cláusulas regulando o processo de solução dos dissídios individuais, em caso de controvérsias sobre seu conteúdo. Isto acaba por reduzir os custos do Estado, que elimina os gastos com a manutenção de um órgão judicial.[12]

Por sinal, quem defende a extinção da Justiça do Trabalho no Brasil, geralmente cita o êxito do modelo americano, esquecendo-se porém de um detalhe: ao mesmo tempo em que a Justiça Comum é modelo de eficiência (ao contrário da nossa, infelizmente), é notória a fraqueza de seus sindicatos, se comparados aos europeus ou latino-americanos, o que impede as causas pequenas ou de pouca expressão econômica de serem levadas à Justiça, pois normalmente são solucionadas no âmbito das próprias empresas, que, é certo, exercem bastante influência sobre a pessoa do empregado.

5. Itália

A Itália, inspiradora da criação da Justiça do Trabalho brasileira, hoje, ironicamente, já não tem mais uma justiça trabalhista especializada. Desde 1928 as causas laborais são apreciadas e julgadas pela Justiça Comum.

Até então, segundo preceituava a célebre Carta del Lavoro, a Justiça do Trabalho italiana estava dividida em Comissões de Conciliação e Tribunal do Trabalho. As Comissões que eram compostas por um presidente e dois classistas, exerciam o primeiro grau. Já o Tribunal do Trabalho atuava como Corte de Apelação.

---

(9) DÄUBLER, Wolfgang. *Direito do Trabalho e Sociedade na Alemanha*. São Paulo: Fundação Friedrich Ebert. LTr, 1997.

(10) SILVA, Antônio Álvares da. A Justiça do Trabalho e a solução do conflito trabalhista no século XXI – *Perspectivas de Direito Público*. Belo Horizonte: Del Rey, 1995. p. 431.

(11) MARTINS, Sérgio Pinto. *Direito Processual do Trabalho*. São Paulo: Atlas, 1993. p. 33.

(12) *Op. cit.*, p. 432, nota 7.

Com a revogação da Carta del Lavoro, atualmente os conflitos individuais trabalhistas são regidos por um capítulo especial do Código de Processo Civil e julgados por Juízes Togados[13].

6. Argentina

O jurista argentino Mario E. Ackerman lembra, em seu artigo intitulado Organización y procedimiento de la Justicia del Trabajo en la Republica Argentina[14], que até 1988, a Justiça Trabalhista argentina esteve organizada em nível das Províncias, mas esta experiência fracassou, pois cada província adotou modelos próprios e diversos dos demais. As exceções que obtiveram êxito foram os modelos formais da Capital Federal e das Províncias de Neuquén, Catamarca, Corrientes, Chaco, Entre Ríos, La Pampa, Santa Fé y Santa Cruz.

A Lei n. 23.640, em 1988, criou quarenta e cinco novos *juzgados de primera instancia*, compostos por três juízes, junto aos quais funcionam membros do Ministério Público e secretários com formação de advogados. Em caso de insatisfação com o julgamento, as partes podem recorrer diretamente para o próprio Juizado de primeiro grau. Além disso, há ainda a possibilidade de ser interposto recurso extraordinário para a Corte Suprema de Justiça da Argentina, em razão de inconstitucionalidade de lei, decreto e regulamento ou nulidade formal do processo.

7. Grã-Bretanha

A Justiça do Trabalho britânica tem sua origem remota nas chamadas *trade unions* mediante o *Conciliation Act*, que atribuiu poderes ao Ministro do Trabalho para resolver os conflitos de interesses entre patrões e empregados ou, se fosse o caso, determinar a indicação de um mediador individual ou comitê de conciliação, após o que era redigido um memorando, de força executiva.[15]

Em 1951, foi instituído um sistema de arbitragem nacional, além de um Tribunal de Conflitos Industriais, mediante o *Industrial Disputes Order*. Em 1964 foram criados os *Industrial Tribunals*, em nível de 1º grau, com a finalidade de decidir questões relativas aos impostos sobre aprendizagem industrial, até passar a abranger em 1968 os dissídios resultantes da relação de emprego. A segunda instância britânica, com a função de apreciar e julgar os recursos, é representada pelos *Employment Appeal Tribunals* (EAT).[16]

Os Órgãos Trabalhistas britânicos ainda mantêm representantes classistas. Sua composição é de três membros, sendo que seu presidente é escolhido dentre advogados ou procuradores. Os tribunais não possuem membros permanentes, pois são convocados apenas para apreciar os casos existentes, em sistema de rodízio.

A competência é para decidir apenas dissídios individuais e não coletivos. Os dissídios coletivos são compostos de modo direto entre as partes ou por mediação.[17]

8. Portugal

Em Portugal o modelo unitário de jurisdição prevê a existência do Tribunal do Trabalho, como órgão judicante de primeiro grau com competência especializada na área de Direito do Trabalho.[18]

Os recursos em matéria trabalhista são apreciados pelos Tribunal de Relação e, em última instância pela 4ª Secção Social do Supremo Tribunal de Justiça de Portugal é especializada em Direito Laboral.

IV – Quadro de modelos judiciários

A seguir, vê-se um breve quadro resumido dos modelos de solução de conflitos jurídicos trabalhistas adotados em vários países, sendo que alguns deles adotam mais de uma forma.[19]

Sistema adotado	Países
Justiça do Trabalho ou Órgãos Especializados em Direito do Trabalho	Brasil, Alemanha, Espanha, México, Portugal, Chile, Argentina, Grã-Bretanha, França e Israel
Justiça Comum[1]	Itália, EUA, Holanda, Japão, Grécia e Nova Zelândia

---

(13) *Op. cit.*, p. 14.
(14) ACKERMAN, Mario E. *Organización y procedimiento de la Justicia del Trabajo en la Republica Argentina*. Processo do Trabalho na América Latina. São Paulo: LTr, 1992.
(15) Uniões de trabalhadores, fruto da concentração de massas operárias. O chamado *trade unionism* é o mais antigo sindicalismo do mundo, sendo que até Robert Owen teve participação em sua expansão.
(16) SILVA, José Ajuricaba da Costa e. *A Justiça do Trabalho na Grã-Bretanha*. Revista do TRT da 8ª Região. v. 49. Belém, 1992. p. 21.
(17) *Op. cit.*, p. 15.
(18) Em Portugal o ingresso na magistratura ocorre por concurso público, iniciando o magistrado na carreira como Auditor de Justiça no Centro de Estudos Judiciários.
(19) Fonte: José Pastore, *op. cit.*

Sistema adotado	Países
Justiça do Trabalho ou Órgãos Especializados em Direito do Trabalho	Brasil, Alemanha, Espanha, México, Portugal, Chile, Argentina, Grã-Bretanha, França e Israel
Arbitragem voluntária	Austrália, EUA, França, Grécia, Polônia, Portugal, Brasil e México
Mediação	Alemanha, Argentina, EUA, Chile, Uruguai, Portugal e Itália
Arbitragem obrigatória	Austrália, Filipinas e Sri Lanka (antigo Ceilão)

[1] No Brasil, a Justiça comum estadual apenas residual e eventualmente é acionada para dirimir conflitos trabalhistas, nos casos em que a cidade não está jurisdicionada a nenhuma Vara Trabalhista, mas isso é algo raro na atualidade.

Conclusão

Eu já escrevi antes que as imperfeições judiciárias brasileiras têm nome: lentidão, acúmulo processual e ineficiência. Mas para elas existem respostas: desenvolvimento tecnológico, dedicação e investimento. Qual o Judiciário que se quer? E a qual custo? Com orçamento reduzido é impossível qualificar pessoal, melhorar a estrutura física dos fóruns e acelerar o julgamento de milhões de processos em andamento, afora as duas dezenas de milhões de novas ações anuais. Isso faz com que alguns só enxerguem males na justiça brasileira. Isso é um equívoco perigoso.[20]

Vimos que alguns países não se apegam somente a um meio de solução dos conflitos trabalhistas, mas adotam também outras formas, como é o caso da Argentina, México e Alemanha, que possuem Justiça do Trabalho, mas também utilizam a Mediação e Arbitragem. Por outro lado, os Estados Unidos, apesar de não terem uma justiça exclusivamente trabalhista, concedem ampla liberdade às partes para negociar os dissídios individuais e coletivos, o que pode ser feito diretamente, por meio de acordos ou convenções coletivas, arbitragem voluntária, mediação ou, em último caso, levando a questão para a Justiça Comum decidir.

Alguns dos países que não adotam a Justiça do Trabalho, como Itália, EUA, Holanda, Japão, Grécia e Nova Zelândia, preferem submeter essas questões à Justiça Comum, reduzindo os custos estatais exigidos para a manutenção de um órgão judicial especializado. Observe-se, no entanto, que a tradição democrática ou histórica de instituições desses países revela também a eficiência de seu Judiciário, o que possibilita a solução dos conflitos em pouco tempo.

Qual seria então o perfil desejado para a atuação da Justiça do Trabalho diante da realidade brasileira?

A realidade forense prova que muitas empresas preferem arriscar-se a condenações na Justiça do Trabalho a pagar seus débitos trabalhistas na vigência do contrato de trabalho, pois sabem que na Justiça poderão até mesmo obter um vantajoso acordo com parcelamento e redução de encargos, o que é prejudicial aos empregados.

O Judiciário brasileiro vive atualmente uma de suas maiores provações históricas, em busca de sua afirmação como Poder ou de ser, definitivamente, relegado ao papel de coadjuvante dos outros dois poderes republicanos constituídos. Com uma participação maior do Judiciário na vida social quotidiana, houve uma natural superexposição à crítica da sociedade e da mídia nacional, que com as liberdades civis após o fim da ditadura militar puderam atuar com desenvoltura e investigar assuntos que antes pareciam de interesse apenas *interna corporis*, como morosidade processual, moralidade administrativa e até mesmo a própria "Justiça" das decisões tomadas.

Conclui-se, entretanto, que a Justiça do Trabalho ainda não conseguiu atingir um papel suficientemente garantidor das necessidades sociais, pois há carências que devem ser supridas com brevidade. Sugere-se, de *lege ferenda*: a necessidade não apenas do aumento do número de juízes que geraria uma redução de prazos processuais; criação de cargos de servidores; maior interiorização das varas trabalhistas; limitação do número de recursos; simplificação do processo de execução; criação de Câmaras Recursais no primeiro grau para julgamento de recursos de causas do rito sumaríssimo, para desafogar os Tribunais, tudo no sentido de diminuir o déficit judiciário. Segundo o CNJ com os três mil e trezentos juízes trabalhistas em todo o Brasil chega-se ao absurdo número de 1 juiz para cada 85.000 habitantes.

A tentativa de extinção da Justiça do Trabalho no final de década de 90, na PEC do senador paulista Aluisio Nunes Ferreira, tema novamente rediscutido em 2017 na fala dos deputados Rodrigo Maia e José Carlos Aleluia, faz parte do ideário neoliberal e do discurso de desregulamentar para estimular a chegada de investimentos externos no país; sendo extinta a Justiça do

---

(20) FARIAS, James Magno A. *A Justiça do Trabalho na pós-modernidade. Apud in* Estudos avançados de Direito do Trabalho: homenagem à desembargadora Francisca Rita de Albuquerque. Edições do CONAMATRA. Manaus, 2014.

Trabalho, em tese estaria o país afastando a imagem de "atraso jurídico" e "dificuldades históricas" para circulação de capitais internacionais. Ora, retrocesso, sim, seria a extinção do ramo do Judiciário mais próximo das carências sócio-econômicas da população; retrocesso seria reduzir o acesso da população ao Judiciário sem nenhuma garantia de que esses alardeados investimentos externos chegassem para melhorar as condições de vida dos trabalhadores.

O que se desejava era que não houvesse Justiça do Trabalho ou que não existisse o próprio Direito do Trabalho?

Superada essa página, agora é hora de buscar alternativas que ajudem o Direito do Trabalho a ser cada vez mais eficiente em sua função protetiva.

Se nosso Judiciário ainda não tem o primor do secular modelo europeu, talvez ele não seja tão ruim quanto se propaga. Nem tão descartável quanto a melancólica Geni, a famosa personagem da prosa buarquiana, que só teve apoio popular quando agiu para evitar a destruição da cidadela pelo Zeppelin.[21]

Ser essencial à democracia brasileira, devendo assim ser reconhecida pela sociedade, é a missão da Justiça do Trabalho.

---

(21) FARIAS. James. *Direito Constitucional do Trabalho*: sociedade e pós modernidade. São Paulo: LTr. p cit. p. 154.

Ônus da Prova à Luz do Novo CPC

José Affonso Dallegrave Neto
Advogado, Mestre e Doutor pela UFPR; Pós-doutorando pela Universidade de Lisboa (UNL).
Professor da Escola Judicial da Magistratura Trabalhista do Paraná e PUC/PR.

1. Direito fundamental de prova

Quando se fala em produção de prova em juízo, está-se referindo à formação do convencimento por parte do juiz acerca da existência de fatos relevantes do processo[1]. Não por acaso que o art. 369 do Novo CPC[2] assegura às partes o direito de provar "a verdade dos fatos" em que se funda a pretensão (pedido ou defesa), objetivando "influir eficazmente na convicção do juiz".

Com efeito, o destinatário direto e principal da prova é sempre o julgador. Todavia, as partes também são destinatárias da prova, e assim não apenas quando visam resultados futuros (v. g. procedimento judicial prévio ou cautelar), mas como interessadas no reconhecimento jurisprudencial de seus direitos. Pode-se dizer que até mesmo a sociedade é destinatária indireta da prova que levará o (in)deferimento da sua pretensão material. Não por acaso que o Fórum Permanente de Processo Civil, FPPC de Salvador, editou o Enunciado n. 50, assim:

> Os destinatários da prova são aqueles que poderão fazer uso, sejam juízes, partes ou demais interessados, não sendo a única função influir eficazmente na convicção do juiz.

O tema ganha relevo em tempos de aplicação da nova teoria dos precedentes, introduzida pelo CPC/2015, onde a *ratio decidendi* integrará um catálogo disponível para ser utilizado em casos futuros análogos.

A propósito do novo paradigma que busca a *unidade do direto* por intermédio da atribuição de força à jurisprudência uniforme das Cortes de Justiça (TRF, TJ e TRT) e dos precedentes das Cortes Supremas (STF, STJ e TST), cabe observar que Novo CPC continua a adotar *técnicas repressivas* para atingir a unidade do direito (a exemplo do recurso extraordinário, recurso de revista, embargos de divergência para SDI) e uniformizar a sua aplicação (a exemplo do recurso ordinário, agravo de instrumento e agravo interno).

A novidade introduzida pelo CPC/2015 reside justamente em aliar a tradicional técnica repressiva com o alargamento da função das Cortes Supremas e das Cortes de Justiça. Daniel Mitidiero observa o novo viés adotado pelo CPC/2015:

> Nada obstante, o que sobressai da sua leitura é o dever de as Cortes Supremas outorgarem unidade ao direito a fim de que a ordem jurídica passe a ser segura e capaz de prover liberdade e

---

(1) CHIOVENDA, Giuseppe. *Instituições de direito processual civil*. 3. ed. Campinas: Bookseller, 2002. p. 109. v. 3.
(2) Art. 369 do CPC/2015: *As partes têm o direito de empregar todos os meios legais*, bem como os moralmente legítimos, ainda que não especificados neste Código, para provar a verdade dos fatos em que se funda o pedido ou a defesa *e influir eficazmente na convicção do juiz*.

igualdade de todos perante o direito (art. 926), sendo instrumento para tanto o precedente (art. 927). Avulta da sua leitura ainda o dever de as Cortes de Justiça uniformizarem a interpretação de questões relevantes (art. 947) e repetidas (arts. 976 a 987), sendo instrumento para tanto a jurisprudência. Em ambos os casos, precedente e jurisprudência poderão ser objeto de súmulas (art. 926, §§ 1º e 2º). Além disso, manteve e ampliou os poderes do relator para estimular a adesão aos precedentes e à jurisprudência (art. 932).[3]

Considerando ser o êxito da produção da prova que levará o reconhecimento da pretensão, a sua importância salta aos olhos. Por tais razões, a prova constitui ao mesmo tempo um direito e uma garantia fundamental decorrente do devido processo legal (*due process of law*), o qual assegura o contraditório e a ampla defesa (art. 5º, LIV e LV, CF[4]). Com efeito, a produção da prova independe de requerimento das partes na petição inicial ou contestação[5]. Ao juiz caberá propiciar não só a ciência da prova, mas a manifestação efetiva do *ex adverso*, sob pena de nulidade processual.

A prova é sempre das alegações dos fatos e não da norma legal, até porque o direito cabe ao juiz conhecer (*iura novit curia*)[6]. Com base no regramento processual e na melhor doutrina sobre o tema, é possível apontar três classes (cumulativas) de fatos sujeitos à prova judicial:

– fatos *controvertidos*, aqueles afirmados por uma parte e contestados especificamente pela outra, dentro da chamada *listiscontestio*[7] (arts. 341 e 374 do CPC/2015);

– fatos *relevantes* ao deslinde dos pedidos, prescindindo de prova os fatos notórios (art. 374 do CPC/2015);

– fatos *determinados*, aqueles identificados no tempo e no espaço, não se concebendo prova sobre fatos genéricos, vez que nem mesmo o pedido poderá ser indeterminado (art. 324 do CPC/2015[8]).

O sistema processual pátrio, em matéria de prova, adota o Princípio do Convencimento Motivado nos Autos, também chamado de Princípio da Persuasão Racional. Assim, ao magistrado cabe formar o seu convencimento com esteio nos elementos que constam dos autos, cabendo invocar aqui a parêmia *quod non est in actis nos est in mundo* (o que não consta nos autos não consta no mundo). Aludida premissa restou acolhida pelo Código de Processo Civil anterior (art. 131 do CPC/1973) e também no atual:

> Art. 371, CPC/2015. O juiz apreciará a prova constante dos autos, independentemente do sujeito que a tiver promovido, e indicará na decisão as razões da formação de seu convencimento.

Conforme se demonstrará a seguir, houve sutil alteração acerca da redução da amplitude do convencimento do julgador na apreciação da prova, a partir do Novo Código de Processo Civil (Lei n. 13.105/2015).

2. Redução do poder de convencimento do julgador no CPC/2015

O sistema processual pátrio, em matéria de prova, adotava o Princípio do Livre Convencimento Motivado nos Autos. Assim, com espeque no art. 131 do CPC/1973, ao magistrado caberia formar o seu convencimento, de

---

(3) MITIDIERO, Daniel. *Precedentes:* Da persuasão à vinculação. São Paulo: Revista dos Tribunais, 2016. p. 85.

(4) Art. 5º, LIV: ninguém será privado da liberdade ou de seus bens sem o devido processo legal; (...)
Art. 5º, LV: aos litigantes, em processo judicial ou administrativo, e aos acusados em geral são assegurados o contraditório e ampla defesa, com os meios e recursos a ela inerentes; (...)

(5) Nesse sentido, é a dicção do art. 852-H, CLT: "Todas as provas serão produzidas na audiência de instrução e julgamento, *ainda que não requeridas previamente.*"

(6) Ao julgador cabe conhecer o direito federal, devendo o direito estadual, municipal ou estrangeiro ser provado pela parte interessada nos termos do art. 376 do CPC/2015. É verdade que são raros os direitos trabalhistas oriundos de normas que não sejam da União Federal, uma vez que é ela que detém a competência privativa para legislar sobre direito do trabalho, nos termos do art. 22 da CF. Contudo, é possível em alguns casos especiais que uma norma municipal irradie efeitos sobre o contrato de trabalho. Um exemplo disso é a previsão de feriado previsto em lei municipal para efeitos de RSR ou mesmo, na órbita processual, para efeitos de comprovação de prorrogação de prazo recursal por parte do recorrente interessado. A propósito deste casuísmo, invoque-se a Súmula n. 385 do TST: "Cabe à parte comprovar, quando da interposição do recurso, a existência de feriado local ou de dia útil em que não haja expediente forense, que justifique a prorrogação do prazo recursal."

(7) *LITISCONTESTATIO*. LIMITES DE SENTENÇA. A *litiscontestatio* é formada pela postulação contida na petição inicial e na defesa, não podendo o Juiz apreciar questão nela não suscitada, ao menos sem violar os arts. 128 e 460, do CPC/73, e, em última medida, o contraditório e a ampla defesa (art. 5º, LIV e LV, da CF/88). (TRT 5ª R., RO 84400-21.2009.5.05.0016, Primeira Turma, Relª Desª Marama dos Santos Carneiro, DEJTBA 25.01.2011).

(8) Art. 324, CPC/2015: O pedido deve ser determinado. § 1º É lícito, porém, formular pedido genérico: I – nas ações universais, se o autor não puder individuar os bens demandados; II – quando não for possível determinar, desde logo, as consequências do ato ou do fato; III – quando a determinação do objeto ou do valor da condenação depender de ato que deva ser praticado pelo réu. § 2º O disposto neste artigo aplica-se à reconvenção.

forma livre e pessoal, mas desde que com fundamento nos elementos dos autos.

Com o advento do Novo CPC, a redação sofreu alteração, eliminando-se a expressão "livremente" (*apreciará livremente a prova*[9]). Para boa parte dos juízes e da doutrina, nada restou alterado, vez que o livre convencimento motivado remanesce, conforme atestam as regras dos arts. 371 e 372 do CPC/2015, no sentido de que "o juiz apreciará a prova atribuindo-lhe o valor que entender adequado (ora, isso não é livremente?)", questiona Fernando Gajardoni[10].

Em sentido oposto, outro segmento doutrinário no qual filiamos, sustenta que, ao se retirar do ordenamento processual a expressão "o juiz apreciará *livremente* a prova", reduziu-se a amplitude do poder de convencimento do julgador. A propósito, Delfino e Lopes, apoiados na doutrina de Lenio Streck, observam com acerto:

> A verdade é que o princípio do livre convencimento motivado não se sustenta em um sistema normativo como o novo CPC, que aposta suas fichas no contraditório como garantia de influência e não surpresa e, por isso, alimenta esforços para se ajustar ao paradigma da intersubjetividade, em que o processo é encarado como um *locus* normativamente condutor de uma comunidade de trabalho na qual todos os sujeitos processuais atuam em viés interdependente e auxiliar, com responsabilidade na construção e efetivação dos provimentos judiciais. O que se quer do juiz não é que se torne *simples estátua na proa do navio* (ou um *robô*), em recuo ao liberalismo processual, mas sim que assuma definitivamente sua *responsabilidade política*. Suas pré-compreensões, seu pensar individual ou sua consciência não interessam aos jurisdicionados. Pertencem a ele e interessam a si próprio e àqueles com quem convive ou que com ele pretendam coexistir. A jurisdição tem por escopo resolver conflitos conforme o direito, a surgir da interpretação das leis, dos princípios constitucionais, dos regulamentos e dos precedentes com DNA constitucional.[11]

De nossa parte, cabe registrar que o problema está em distinguir duas expressões sutis, porém, diversas. Uma coisa era a previsão legal para o juiz apreciar *livremente* a prova (art. 131 do CPC/1973). Até aqui havia liberdade para decisões exageradamente subjetivas como esta prolatada pelo STJ:

> Não me importa o que pensam os doutrinadores. Enquanto for ministro do Superior Tribunal de Justiça, assumo a autoridade da minha jurisdição. O pensamento daqueles que não são ministros deste Tribunal importa como orientação. A eles, porém, não me submeto. Interessa conhecer a doutrina de Barbosa Moreira ou Athos Carneiro. Decido, porém, conforme minha consciência. Precisamos estabelecer nossa autonomia intelectual, para que este Tribunal seja respeitado. É preciso consolidar o entendimento de que os Srs. ministros Francisco Peçanha Martins e Humberto Gomes de Barros decidem assim, porque pensam assim. (Min. Humberto Barros do STJ)[12]

Situação diversa decorre da nova previsão que retirou a expressão "livremente", reduzindo-se assim o amplo poder discricionário do julgador na valoração da prova. Doravante, o juiz deverá apreciar as provas constantes dos autos e, ao atribuir maior valor a uma em detrimento de outra, fundamentar sua posição com a conjugação de todos os elementos dos autos (§ 3º do art. 489 do CPC[13]).

Mencione-se exemplo recorrente do juiz que considera a prova testemunhal do reclamante em detrimento daquela produzida pelo reclamado (ou vice-versa). Neste caso, o julgador deverá fundamentar seu convencimento, mas não de forma livre ou por exclusiva convicção pessoal. Caberá, pois, apontar as eventuais fragilidades e contradições da prova que rejeitou em confronto com os demais elementos que prevaleceram em sua convicção pessoal. Vale dizer, não se admite mais a valoração feita

---

(9) Art. 131, CPC/1973: O juiz apreciará *livremente a prova*, atendendo aos fatos e circunstâncias constantes dos autos, ainda que não alegados pelas partes; mas deverá indicar, na sentença, os motivos que lhe formaram o convencimento.

(10) Nesse sentido, escreveu Fernando da Fonseca Gajardoni, professor de Direito Processual Civil e Arbitragem da FDRP-USP. O autor acrescenta: "Diversamente do almejado por alguns "hermeneutas" do Novo Código, o CPC/2015 não "coisificou" ou "robotizou" o julgador, tolhendo qualquer espaço de liberdade decisória. Além da autonomia na valoração motivada da prova, mesmo em matéria de interpretação do Direito há espaço para a liberdade de convicção". Fonte: <http://jota.info/o-livre-convencimento-motivado-nao-acabou-no-novo-cpc>.

(11) In: *A expulsão do livre convencimento motivado do Novo CPC e os motivos pelos quais a razão está com os hermeneutas*. Fonte: <http://justificando.com/2015/04/13/a-expulsao-do-livre-convencimento-motivado-do-novo-cpc-e-os-motivos-pelos-quais-a-razao-esta-com-os-hermeneutas/>.

(12) Retirado do artigo, cuja fonte está em <http://justificando.com/2015/04/13/a-expulsao-do-livre-convencimento-motivado-do-novo-cpc-e-os-motivos-pelos-quais-a-razao-esta-com-os-hermeneutas/>.

(13) Art. 489, CPC/2015: São elementos essenciais da sentença: (...) § 3º A decisão judicial deve ser interpretada a partir da conjugação de todos os seus elementos e em conformidade com o princípio da boa-fé.

por simples subjetivismo do juiz (solipsimo)[14], cabendo aqui a lembrança da célebre expressão de Benthan: "a arte do processo não é essencialmente outra coisa senão a arte de administrar as provas."[15]

Além da já mencionada máxima *quod non est in actis non est in mundo*, é preciso invocar o princípio do dispositivo, o qual impõe à parte interessada o ônus de provar os fatos alegados. Com efeito, ao autor caberá demonstrar os fatos constitutivos e, ao réu, os impeditivos, modificativos e extintivos do direito em disputa (art. 818 da CLT combinado com o art. 373 do CPC)[16].

3. Distribuição estática e dinâmica do ônus da prova

No terreno das provas produzidas em juízo há uma aparente contradição (antinomia) entre a garantia de imparcialidade do julgador e o princípio de proteção ao empregado. Não se negue que o processo é um instrumento de atuação do direito material. Logo, sendo a pretensão de natureza trabalhista, não há como negar que nela se encontra arraigada a tutela do trabalhador demandante. Por outro lado, ambas as partes têm direito ao chamado juiz natural (art. 5º, XXXVII), o qual pressupõe a imparcialidade do julgador.

Com efeito, pode-se concluir que a proteção ao empregado se espraia no campo processual, tendo como limite a imparcialidade do magistrado. Vale dizer: o juiz não poderá ser tendencioso, mas apenas tuitivo no limite da estrita aplicação da lei material e seus princípios. O tratamento formal dispensado pelo magistrado às partes deve ser igualitário (art. 139, I, do CPC[17]), exceto nas situações em que o próprio legislador conferiu tutela ao demandante hipossuficiente como nas presunções (Súmula n. 212 do TST[18]) ou na inversão do ônus da prova (art. 373, § 1º, do CPC[19] e Súmula n. 338 do TST[20]).

Sobre este tema, impende transcrever a atenta advertência de Estêvão Mallet que denuncia o anacronismo da concepção de neutralidade do julgador e da noção de igualdade meramente formal que vulnera o pronunciamento jurisdicional efetivo:

> A idéia de dever o processo permanecer neutro (indiferente à condição peculiar dos litigantes) não se sustenta e contrasta com o reconhecimento, hoje pacífico, da insuficiência da igualdade meramente formal para um pronunciamento jurisdicional efetivo e pacificador com justiça. Todavia, ao revés, a legislação processual do trabalho brasileira acha-se ainda presa a tal concepção. Disso resulta o agravamento, no plano processual, das desigualdades já existentes no plano material, com sensível discriminação do litigante dotado de menor capacidade econômica. Há que se reformular tanto o pensamento quanto a estrutura do processo do trabalho, de modo a combater essa discriminação, indesejável sob qualquer prisma que se queira adotar. Trata-se, no fundo, não de mera faculdade, mas de autêntico dever imposto ao legislador, como resulta do já citado art. 3º, III, da Constituição Federal.[21]

---

(14) Decisões solipsistas, como esta, ofendem a nova ordem processual: "*Inadmissível em nosso sistema jurídico se apresenta a determinação ao julgador para que dê realce a esta ou aquela prova em detrimento de outra. O princípio do livre convencimento motivado apenas reclama do juiz que fundamente sua decisão, em face dos elementos dos autos e do ordenamento jurídico.*" (STJ – Resp n. 400977/PE, 4ª T, Rel. Min. Sálvio de Figueiredo Teixeira, DJ 03.06.2002.)

(15) BENTHAN, Jeremías. *Tratado de las pruebas judiciales*. E. Dumont (org.). Tradução de Manuel Ossorio Florit. Buenos Aires: Valletta, 1971. v. 01.

(16) Registre-se que, pelo Novo CPC, esta distribuição estática da lei acerca do ônus da prova pode ser modificada diante de peculiaridades da causa relacionadas à chamada prova diabólica ou impossível, conforme regula os § 1º e 2º do art. 373.

(17) Art. 139, CPC/2015: O juiz dirigirá o processo conforme as disposições deste Código, incumbindo-lhe: I – assegurar às partes igualdade de tratamento; (...)

(18) Súmula n. 212: "O ônus de provar o término do contrato de trabalho, quando negados a prestação de serviço e o despedimento, é do empregador, pois o princípio da continuidade da relação de emprego constitui presunção favorável ao empregado."

(19) Art. 373 do CPC/2015: O ônus da prova incumbe: I – ao autor, quanto ao fato constitutivo de seu direito; II – ao réu, quanto à existência de fato impeditivo, modificativo ou extintivo do direito do autor. § 1º Nos casos previstos em lei ou diante de peculiaridades da causa relacionadas à impossibilidade ou à excessiva dificuldade de cumprir o encargo nos termos do *caput* ou à maior facilidade de obtenção da prova do fato contrário, poderá o juiz atribuir o ônus da prova de modo diverso, desde que o faça por decisão fundamentada, caso em que deverá dar à parte a oportunidade de se desincumbir do ônus que lhe foi atribuído.

(20) Súmula n. 338: I – É ônus do empregador que conta com mais de 10 (dez) empregados o registro da jornada de trabalho na forma do art. 74, § 2º, da CLT. A não apresentação injustificada dos controles de frequência gera presunção relativa de veracidade da jornada de trabalho, a qual pode ser elidida por prova em contrário. II – A presunção de veracidade da jornada de trabalho, ainda que prevista em instrumento normativo, pode ser elidida por prova em contrário. III – Os cartões de ponto que demonstram horários de entrada e saída uniformes são inválidos como meio de prova, invertendo-se o ônus da prova, relativo às horas extras, que passa a ser do empregador, prevalecendo a jornada da inicial se dele não se desincumbir.

(21) MALLET, Estêvão. Discriminação e processo do trabalho. In: VIANA, Márcio Túlio; RENAULT, Luiz Otávio Linhares (coords.). *Discriminação e processo do trabalho*. São Paulo: LTr, 2000. p. 159.

Na mesma toada crítica, no sentido de conciliar os princípios da imparcialidade do juiz e da proteção axiológica do demandante, Júlio César Bebber assevera com precisão:

> A imparcialidade que se exige do juiz é objetiva (CPC/73, arts. 134 e 135; CLT, art. 801), e não subjetiva, podendo ser resumida na ausência de interesse particular na causa. Imparcialidade não significa indiferença axiológica, e juiz imparcial não é sinônimo de juiz insensível ou inerte, mas sim, de juiz que dirige o processo sem interesse pessoal. É juiz comprometido com os ideais de justiça; juiz que não se deixa influenciar por fatores estranhos aos seus conhecimentos jurídicos, e dá ao caso o desfecho que corresponde ao que é justo.[22]

Com efeito, ao fixar o *onus probandi,* o magistrado deve se ater à regra de distribuição prevista no art. 818 da CLT e art. 373 do CPC, sendo do autor o encargo dos fatos constitutivos, e do réu os fatos impeditivos, modificativos e extintivos. Ao perpassar essa regra distributiva, caberá delimitar os já mencionados fatos que não dependem de prova (arts. 341 e 374 do CPC) e o cabimento do princípio da aptidão da prova.

Segundo Manoel Antonio Teixeira Filho, pelo princípio da aptidão para a prova, competirá ao julgador verificar, em concreto, "quem estava *apto a produzir a prova,* segundo os meios e condições de que realmente dispunha, pouco importando que se trate de prova positiva ou negativa ou de que o interesse fosse desta ou daquela parte"[23].

No processo trabalhista, em se tratando de produção de prova documental, como a de comprovar o fornecimento de EPI (Equipamento de Proteção Individual), geralmente a aptidão é do empregador que tem o dever de guardar a documentação da empresa, nos termos da legislação vigente, em especial as NRs do MTE (Normas Regulamentadoras do Ministério do Trabalho e Emprego).

> EPI. ÔNUS DA PROVA. Cabe à empresa demonstrar, não só o fornecimento do equipamento de proteção individual, mas também que sua efetiva utilização ocorreu com a eficiência desejada, ou seja, eliminou o agente de risco ou reduziu seus efeitos a patamares inofensivos. Nesse sentido a Súmula n. 289 do TST. (TRT 5ª R.; RecOrd 0000251-60.2013.5.05.0531; 1ª Turma; Rel. Des. Edilton Meireles de Oliveira Santos, DEJTBA 27.01.2016.)

Diante desses referidos princípios (aptidão da prova e tutela ao demandante hipossuficiente), exsurge importante segmento da jurisprudência que pugna, com acerto, pela *inversão do ônus da prova* no campo das ações de indenização por acidente do trabalho:

> DOENÇA OCUPACIONAL. ÔNUS DA PROVA DA CULPA. ATRIBUIÇÃO AO EMPREGADOR. Impossível atribuir-se ao reclamante o ônus da prova referente à culpabilidade do empregador. Não dispõe o trabalhador da *aptidão necessária* para produzir a prova nesse sentido, pois é o empregador que dispõe dos meios necessários para demonstrar que não contribuiu para a nocividade do ambiente laboral. Tratando-se de doença profissional é o empregador o único habilitado para demonstrar que todas as medidas de segurança implementadas foram suficientes e adequadas para neutralizar os riscos ambientais respectivos. (TRT 13ª R., RO 0130613-20.2015.5.13.0027, Segunda Turma, Rel. Des. Wolney de Macedo Cordeiro, DEJTPB 04.11.2016, p. 12.)

Em igual sentido, vem se posicionando o Colendo Tribunal Superior do Trabalho:

> INDENIZAÇÃO POR DANOS MORAIS. INVERSÃO DO ÔNUS DA PROVA. É da reclamada o ônus de provar que adotou as medidas de segurança necessárias à saúde do trabalhador. Trata-se de hipótese em que a regra geral de distribuição do ônus da prova deve ser revista, tendo em vista que uma das partes tem melhores condições de provar em juízo a existência ou inexistência dos fatos controvertidos. Considerando a impossibilidade de o empregado produzir a prova e, em contrapartida, a maior aptidão do empregador em produzi-la em razão do poder de direção e de fiscalização da relação de emprego, conclui-se ser deste último o ônus de provar que cumpriu rigorosamente as normas de segurança e medicina do trabalho." (TST, RR 270376-18.2010.5.05.0000, 3ª Turma, Rel. Min. Horácio Raymundo de Senna Pires, DEJT 02.09.2011, p. 1129.)[24]

---

(22) BEBBER, Júlio César. *Princípios do processo do trabalho.* São Paulo: LTr, 1997. p. 445. Registre-se que os mencionados arts. 134 e 135 do CPC/1973 hoje equivalem aos arts. 144 e 145 do CPC/15, respectivamente.
(23) TEIXEIRA FILHO, Manoel Antonio. *A prova no processo do trabalho.* 7. ed. São Paulo: LTr, 1997. p. 118.
(24) Em igual sentido, assinala a ementa do TRT da 3ª Região: ACIDENTE DE TRABALHO TÍPICO. CUMPRIMENTO DAS NORMAS DE SEGURANÇA DO TRABALHO. APTIDÃO PARA A PROVA. Havendo indícios de que os procedimentos adotados na empresa não foram suficientes para resguardar a integridade física do reclamante, compete ao reclamado, que detém maior aptidão para tanto, comprovar a efetiva adoção das medidas de segurança

Não se ignore, pois, o já mencionado princípio do dispositivo que atribui à parte interessada o ônus de provar os fatos alegados (art. 818 da CLT combinado com o art. 373 do CPC/2015). Em que pese a força desses argumentos, que consagraram a teoria da distribuição estática do ônus da prova, a moderna concepção de processo atribui poderes mais amplos para o julgador (art. 139, IV e VI, do CPC[25]), mormente para prestigiar a efetividade dos direitos em disputa.

Com efeito, a distribuição do *onus probandi* deixa de ser rígida e generalizada para se tornar dinâmica, com a possibilidade de inversão do critério legal diante de causas peculiares ou presunções legais, consoante dispõe expressamente o Novo Código de Processo Civil:

> Art. 373 do CPC/2015. O ônus da prova incumbe: I – ao autor, quanto ao fato constitutivo de seu direito; II – ao réu, quanto à existência de fato impeditivo, modificativo ou extintivo do direito do autor.
>
> § 1º Nos casos previstos em lei ou diante de peculiaridades da causa relacionadas à impossibilidade ou à excessiva dificuldade de cumprir o encargo nos termos do *caput* ou à maior facilidade de obtenção da prova do fato contrário, poderá o juiz atribuir o ônus da prova de modo diverso, desde que o faça por decisão fundamentada, caso em que deverá dar à parte a oportunidade de se desincumbir do ônus que lhe foi atribuído.
>
> § 2º A decisão prevista no § 1º deste artigo não pode gerar situação em que a desincumbência do encargo pela parte seja impossível ou excessivamente difícil.
>
> § 3º A distribuição diversa do ônus da prova também pode ocorrer por convenção das partes, salvo quando: I – recair sobre direito indisponível da parte; II – tornar excessivamente difícil a uma parte o exercício do direito.

Assim, pode-se dizer que há três critérios para a distribuição dinâmica do ônus da prova: a) o casuístico: de acordo com a maior facilidade ou dificuldade da prova (§ 1º); b) o da paridade de armas das partes, desde que não caracterize imposição de *prova diabólica* (§ 2º); e c) o da convenção das partes (§ 3º).

Não há dúvida de que as novas regras, previstas nos aludidos §§ 1º e 2º, aplicam-se em cheio ao processo do trabalho, não se podendo dizer o mesmo da regra do § 3º. O próprio TST, ao publicar a Instrução Normativa n. 39 (de 15.03.2016), deixou isso claro em seu art. 3º, VII e art. 2º, VII, respectivamente.

4. Critérios para inversão do *onus probandi*

A inversão do ônus da prova no processo do trabalho pode ser sistematizada a partir de dois critérios profícuos:

– por presunção[26], a exemplo da Súmula n. 338 do TST[27] (que atribui o ônus ao empregador com mais de dez empregados a prova da jornada, implicando presunção *juris tantum* de veracidade do horário de trabalho da inicial, no caso de injustificada inércia ou de demonstração por horários uniformes)[28];

– por atribuição do juiz: nos casos previstos em lei (*v. g.* a juntada dos recibos pelo empregador, conforme art. 464 da CLT[29]) ou em causas

---

previstas na legislação para elidir a culpa pelo acidente de trabalho típico constatado nos autos. (TRT 3ª R., RO 859/2008-145-03-00.7, Relª Juíza Conv. Gisele de Cassia V. Dias Macedo, DJEMG 30.03.2009.)

(25) Art. 139, CPC/2015: O juiz dirigirá o processo conforme as disposições deste Código, incumbindo-lhe: (...) IV – determinar todas as medidas indutivas, coercitivas, mandamentais ou sub-rogatórias necessárias para assegurar o cumprimento de ordem judicial, inclusive nas ações que tenham por objeto prestação pecuniária; (...) VI – dilatar os prazos processuais e alterar a ordem de produção dos meios de prova, adequando-os às necessidades do conflito de modo a conferir maior efetividade à tutela do direito; (...)

(26) "Presunção *é um processo racional do intelecto, pelo qual* **do conhecimento de um fato infere-se com razoável probabilidade a existência de outro ou o estado de uma pessoa ou coisa.**" (DINAMARCO, Cândido Rangel. *Instituições de Direito Processual Civil*. 2. ed. p. 113. v. III.)

(27) *Súmula n. 338 do TST:* I – É ônus do empregador que conta com mais de 10 empregados o registro da jornada de trabalho na forma do art. 74, § 2º, da CLT. A não-apresentação injustificada dos controles de freqüência *gera presunção relativa* de veracidade da jornada de trabalho, a qual pode ser elidida por prova em contrário. (...) III – Os cartões de ponto que demonstram horários de entrada e saída uniformes são inválidos como meio de prova, *invertendo-se o ônus da prova*, relativo às horas extras, que passa a ser do empregador, prevalecendo a jornada da inicial se dele não se desincumbir.

(28) Registre-se outro exemplo nessa mesma esteira: RUPTURA CONTRATUAL. ÔNUS DA PROVA. PRINCÍPIO DA CONTINUIDADE DA RELAÇÃO DE EMPREGO. Ocorre que, diante do princípio da continuidade da relação de emprego, incumbe à empresa o ônus de demonstrar que o término do contrato de trabalho se deu por vontade do trabalhador. Isso porque existe presunção relativa de que o empregado deseja continuar trabalhando, posto que esse é o meio de prover o seu próprio sustento e o da família. Como bem pontuou a sentença, no entanto, não há nos autos nenhuma prova nesse sentido. (TRT 7ª R., RO 0000740-66.2014.5.07.0027, Terceira Turma, Rel. Des. Plauto Carneiro Porto, DEJTCE 03.10.2016, p. 235.)

(29) Art. 464. O pagamento do salário deverá ser efetuado contra recibo, assinado pelo empregado; em se tratando de analfabeto, mediante sua impressão digital, ou, não sendo esta possível, a seu rogo.

peculiares em que o encargo se torna impossível ou excessivamente difícil à parte (a exemplo do demandante hipossuficiente em alegações verossímeis).

O juiz do trabalho deve ter prontidão para inverter o ônus da prova no caso de verossimilhança da alegação do trabalhador, vez que este demandante é, ao mesmo tempo, hipossuficiente, do ponto de vista econômico, e vulnerável do ponto de vista contratual. Observe-se que se trata do mesmo silogismo aplicado aos demandantes consumidores, *ex vi* do art. 6º, VIII, do CDC (Lei n. 8.078/1990). Nessa mesma linha dialética, assevera Júlio Bebber: "não é lícito ao juiz dizer que há verossimilhança ou que reconhece a hipossuficiência, mas que, mesmo assim, não irá inverter o ônus da prova."[30]

Já vimos pela redação do art. 373, § 1º, do CPC, que a decisão de inversão do *onus probandi* há que ser fundamentada. Resta saber em que momento isso deverá ocorrer no processo do trabalho. Para tanto importa distinguir o *direito de produzir a prova* com o chamado ônus da prova. O primeiro, como visto, constitui direito fundamental das partes, enquanto que o *onus probandi* é o "encargo, *atribuído pela lei a cada uma das partes, de demonstrar a ocorrência dos fatos de seu próprio interesse para as decisões a serem proferidas no processo*"[31].

Observa-se que ônus é diferente de dever, pois o dever (ao contrário do ônus) há de ser cumprido, sob pena de sanção jurídica. O ônus é mera condição para obter certa vantagem. O dever vincula e obriga, ao passo que a tentativa de desincumbência do ônus é mera faculdade da parte na busca da satisfação de um interesse.

O ônus da prova é do tipo *imperfeito* (ao contrário do ônus de recorrer de uma sentença[32]), vez que o encargo que lhe é inerente pode ser desincumbido por atos praticados pelo *ex adverso*. Sendo mais preciso: o autor pode se desincumbir do ônus de provar o fato constitutivo que lhe incumbia por meio da prova produzida pelo próprio réu. Da mesma forma o réu, em relação a um fato extintivo, pode se beneficiar da prova produzida pelo autor. A isso se denomina ônus do tipo imperfeito.

Ao juiz caberá apreciar "a prova constante dos autos, *independentemente do sujeito que a tiver promovido*", consoante redação expressa do art. 371 do CPC.

Feitas essas distinções, cabe identificar qual o momento em que o juiz deverá fixar o encargo probatório de cada parte. Não se negue que a teoria do ônus da prova consiste, a rigor, em normas de julgamento, as quais serão aplicadas no caso de ausência de produção de provas. Com efeito, o julgador irá formar o seu convencimento de acordo com as provas constantes dos autos (art. 371 do CPC), independente de quem as produziu[33]. Caso ninguém as tenha produzido, o prejuízo recairá à parte que detinha o respectivo ônus. Assim, somente quando restar ausente qualquer prova nos autos, ou quando for ela insuficiente, é que o julgador aplicará as regras de distribuição do ônus, indeferindo ou acolhendo o pedido. Diante disso, é comum dizer que a teoria do ônus da prova é antes a *teoria das consequências da prova frustrada*.

Não obstante, a *fixação* do ônus da prova e a possibilidade de sua inversão (art. 373 do CPC) constitui regra de procedimento do juiz. Conforme dispõe o art. 357 do CPC, o juiz deve, em *decisão de saneamento e de organização do processo*, definir a distribuição do ônus da prova (inciso III) e delimitar as questões de direito relevantes para a decisão do mérito (inciso IV). O § 3º, do mesmo art. 357 do CPC, completa dizendo que "Se a causa apresentar complexidade em matéria de fato ou de direito, deverá o juiz designar audiência para que o saneamento seja feito em cooperação com as partes, oportunidade em que o juiz, se for o caso, convidará as partes a integrar ou esclarecer suas alegações".

Ora, no processo trabalho não existe a figura da *decisão de saneamento* com a mesma formalidade do processo civil. Contudo, aquela conversa entre o juiz e as partes (na verdade com os advogados das partes), antes do início da audiência de instrução, não deixa de ser um ato de saneamento do processo. Com efeito, será neste momento de interlocução que o juiz decidirá, com sucinta fundamentação, acerca da inversão (ou não) do

---

(30) BEBBER, Júlio César. Provas no novo CPC e o Processo do Trabalho. In: *Coleção Repercussões do novo CPC*. 2. ed. rev., ampl. e atual. Autores: Cláudio Brandão e Estêvão Mallet. Salvador: JusPodivm, 2016. p. 310. v. 4: Processo do Trabalho.

(31) DINAMARCO, Cândido Rangel. *Instituições de Direito Processual Civil*. 2. ed. p. 71. v. III.

(32) O ônus de recorrer de uma sentença desfavorável é do tipo *perfeito*, vez que somente o titular pode dele se desincumbir, sendo vedada a *reformatio in pejus*.

(33) O ônus da prova é sempre um "ônus processual imperfeito", tendo em vista a possibilidade de ele se desincumbir com a prova produzida pela parte *ex adversa*. A fim de distinguir o conceito de "ônus imperfeito" do de "ônus perfeito", registre-se que neste (ao contrário daquele) exige-se da própria parte a iniciativa para dele se desincumbir, a exemplo do que acontece com o ônus de recorrer sempre que a parte interessada pretenda a reforma do julgado *a quo*, não podendo, para tanto, beneficiar-se do recurso da parte *ex adversa* para alcançar tal desiderato, uma vez que ao tribunal não cabe a reforma em prejuízo do próprio recorrente (*non reformatio in pejus*).

ônus estático da prova, *ex vi* do art. 373 e art. 357, § 3º, ambos do CPC.

Não se olvide a atual feição da teoria geral do processo, introduzida pelo Novo CPC (Lei n. 13.105/2015), que prestigia o maior debate democrático na arena processual, impondo ao juiz a observância dos valores e das normas fundamentais da Constituição Federal (art. 1º do CPC)[34]; do contraditório amplo (art. 10 do CPC e art. 5º, LV da CF)[35], da colaboração e cooperação dos sujeitos do processo (art. 6º do CPC[36]), incluindo-se os órgãos judicantes nacionais (art. 67 do CPC[37]) e internacionais (art. 26 do CPC[38]); da possibilidade de chamar para o debate outros entes na qualidade de *amicus curie* (art. 138 do CPC[39]), além de proibir qualquer decisão surpresa (art. 9º do CPC[40]).

Com base nesses critérios objetivos e proficientes, o julgador deverá inverter o ônus da prova sempre que tal procedimento for necessário para atender o escopo de efetividade do processo e dos direitos fundamentais do demandante vulnerável. A propósito, Otávio Constantino apresenta escorreita senda a ser trilhada pelo magistrado:

> "Ao nosso ver, a fixação do ônus da prova deve percorrer o seguinte caminho: primeiramente, analisam-se as hipóteses do CPC, que trata dos fatos que não dependem de prova, em especial no que se refere às presunções. Se os fatos não dependem de prova, a questão é encerrada antes mesmo de se cogitar o ônus da prova. Na sequência, verificam-se as questões ligadas ao princípio da aptidão para a prova, o qual estabelece que a prova deverá ser produzida pela parte que se encontra em melhores (ou exclusivas) condições para produzi-la, podendo se manifestar de duas diferentes formas:
>
> a) pela exibição de documentos e coisas, hipótese em que o empregado poderá se desincumbir de seus fatos constitutivos por meio da prova que se encontra em poder do empregador, enquadrando-se neste conceito a pré-constituição da prova;
>
> b) pela inversão do ônus da prova propriamente dito, ocasião na qual o empregador réu será compelido a produzir prova que ainda não exista."[41]

O processo do trabalho é terreno fértil para essa nova tendência de efetividade, seja porque os direitos trabalhistas *sub judice* se enquadram como *direitos sociais* e *fundamentais*, seja pela liberdade que o legislador conferiu ao magistrado ao editar o art. 765 da CLT:

> Art. 765. Os Juízos e Tribunais do Trabalho terão ampla liberdade na direção do processo e velarão pelo andamento rápido das causas, podendo determinar qualquer diligência necessária ao esclarecimento delas.

Sobre o tema, assinale a atenta observação de Mauro Schiavi:

> Com efeito, há muito o juiz deixou de ser um convidado de pedra na relação jurídica processual. Na moderna teoria geral do processo, ao juiz cabe zelar pela dignidade do processo, pela busca da verdade real e por uma ordem jurídica justa.

---

(34) Art. 1º do CPC/2015: O processo civil será *ordenado*, *disciplinado* e *interpretado* conforme os valores e as normas fundamentais estabelecidos na Constituição da República Federativa do Brasil, observando-se as disposições deste Código.

(35) Art. 10 do CPC/2015: O juiz não pode decidir, em grau algum de jurisdição, com base em fundamento a respeito do qual não se tenha dado às partes oportunidade de se manifestar, ainda que se trate de matéria sobre a qual deva decidir de ofício.
Art. 5, LV, da CF: aos litigantes, em processo judicial ou administrativo, e aos acusados em geral são assegurados o contraditório e ampla defesa, com os meios e recursos a ela inerentes;

(36) Art. 6º Todos os sujeitos do processo devem cooperar entre si para que se obtenha, em tempo razoável, decisão de mérito justa e efetiva.

(37) Art. 67. Aos órgãos do Poder Judiciário, estadual ou federal, especializado ou comum, em todas as instâncias e graus de jurisdição, inclusive aos tribunais superiores, incumbe o dever de recíproca cooperação, por meio de seus magistrados e servidores.

(38) Art. 26. A cooperação jurídica internacional será regida por tratado de que o Brasil faz parte e observará: I – o respeito às garantias do devido processo legal no Estado requerente; (…) V – a espontaneidade na transmissão de informações a autoridades estrangeiras.

(39) Art. 138. O juiz ou o relator, considerando a relevância da matéria, a especificidade do tema objeto da demanda ou a repercussão social da controvérsia, poderá, por decisão irrecorrível, de ofício ou a requerimento das partes ou de quem pretenda manifestar-se, solicitar ou admitir a participação de pessoa natural ou jurídica, órgão ou entidade especializada, com representatividade adequada, no prazo de 15 (quinze) dias de sua intimação.

(40) Art. 9º do CPC: Não se proferirá decisão contra uma das partes *sem que ela seja previamente ouvida*. Registre-se que, por força da IN n. 39/TST, o art. 9º, do CPC/2015, aplica-se ao processo do trabalho, esclarecendo que não se considera *decisão surpresa* a que as partes tinham obrigação de prever, a exemplo das condições da ação, pressupostos processuais e do recurso.

(41) CONSTANTINO, Otávio Augusto. O ônus da prova no processo do trabalho. In: DALLEGRAVE NETO, José Affonso; GUNTHER, Luiz Eduardo; POMBO, Sérgio Luiz da Rocha (coords.). *Direito do trabalho*: reflexões atuais. Curitiba: Juruá, 2007. p. 707.

Isso não significa dizer que o juiz está desconsiderando o princípio do dispositivo, ou as regras do ônus da prova previstas nos artigos da CLT e do CPC, ou ao princípio de igualdade de tratamento às partes, (deveras) está apenas garantindo a dignidade da justiça, da aplicação justa e equânime da lei e uma ordem jurídica justa. O entendimento acima ganha corpo no Direito Processual do Trabalho, que tem o princípio do inquisitivo no que tange à iniciativa probatória do juiz (art. 765 da CLT).[42]

Observa-se que o TST está sensível a essa tendência reforçada pelo CPC de 2015:

> INVERSÃO DO ÔNUS DA PROVA. PRESUNÇÃO DE VERACIDADE DA JORNADA DECLINADA NA INICIAL. **SÚMULA** N. 338, TST. (...) IV. De todo modo, constata-se que o TRT de origem não violou o preceito normativo invocado pela agravante (art. 818 da CLT), não apenas porque lhe deu a devida e escorreita aplicação jurídica, sob o prisma do ônus subjetivo da prova, mas, sobretudo, por ter se valido precipuamente do princípio da persuasão racional do juiz, o qual se caracteriza pela liberdade conferida ao magistrado para valorar o conteúdo probatório carreado aos autos, em observância ao art. 371 do CPC/2015 e sempre nos limites das provas produzidas, valendo salientar que a declaração de inidoneidade dos cartões não se deveu exclusivamente ao fato de eles estarem desordenados, mas por muitos serem ilegíveis ou conterem marcação britânica. (TST, AIRR 0000710-67.2015.5.21.0007, 5ª Turma, Rel. Min. Antônio de Barros Levenhagen, DEJT 11.11.2016, p. 1.433.)

A amplitude do poder probatório do magistrado trabalhista ganha relevo quando se está diante de uma ação indenizatória decorrente de acidente, doença, assédio ou qualquer ofensa a um direito de personalidade. É que nessas demandas estão em jogo dois elementos cardeais: um de ordem material, qual seja, a efetividade dos direitos fundamentais (art. 5º, X, da CF); outro de ordem processual, qual seja, a previsão de arbitramento por parte do julgador (art. 509, I, do CPC[43]).

5. Ônus da prova na responsabilidade contratual

Em se tratando de danos oriundos da responsabilidade civil contratual, o *onus probandi* varia conforme o tipo de inexecução. Assim, quando for incidente sobre obrigação de *resultado,* haverá presunção de culpa do agente, dispensando a prova por parte da vítima[44]. Quando o dano decorrer da inexecução de uma obrigação de *meio,* a vítima terá, a rigor, de comprovar o ato culposo do agente.

Ocorre que há certas obrigações patronais de meio que estão catalogadas na lei, a exemplo do art. 157, incisos I a III, da CLT:

> Cabe às empresas:
>
> I – cumprir e fazer cumprir as normas de segurança e medicina do trabalho;
>
> II – instruir os empregados, através de ordens de serviço, quanto às precauções a tomar no sentido de evitar acidentes do trabalho ou doenças ocupacionais;
>
> III – adotar as medidas que se tornem exigíveis, em virtude das disposições deste Capítulo, determinando as obras e reparos que, em qualquer local de trabalho, se façam necessárias.

Com efeito, eventual acidente do trabalho decorrente do não cumprimento de normas de segurança e prevenção caracterizará inexecução de obrigação legal e contratual. O ônus da prova será invertido nessas situações, seja pela aplicação do princípio da aptidão para a prova, seja porque a obrigação estava revestida de força legal, seja porque a inexecução contratual importa presunção de culpa do agente.

> Nos termos do art. 389 do CC/02, na responsabilidade contratual, para obter reparação por perdas e danos, o contratante não precisa demonstrar a culpa do inadimplente, bastando a prova de descumprimento do contrato. Dessa forma, nos acidentes de trabalho, cabe ao empregador provar que cumpriu seu dever contratual de preservação da integridade física do empregado, respeitando às normas de segurança e medicina do trabalho. Em outras palavras, fica estabelecida a presunção relativa de culpa do empregador. (STJ, REsp n. 1.067.738, relatora para o Acórdão: Min. Nancy Andrighi, DJU 25.06.2009.)

---

(42) SCHIAVI, Mauro. *Manual de direito processual do trabalho.* São Paulo: LTr, 2008. p. 473.

(43) Art. 509 do CPC/2015: Quando a sentença condenar ao pagamento de quantia ilíquida, proceder-se-á à sua liquidação, a requerimento do credor ou do devedor: I – por arbitramento, quando determinado pela sentença, convencionado pelas partes ou exigido pela natureza do objeto da liquidação; (equivalente ao art. 475-C, II, do CPC/73).

(44) Nesse sentido, decidiu recentemente o TST: EMBARGOS DE DECLARAÇÃO. CONDUTA CULPOSA. INVERSÃO DO ÔNUS DA PROVA. Incabíveis os embargos de declaração quando a parte não demonstra nenhum dos vícios previstos nos arts. 897-A da CLT e 1022 do CPC/2015. (TST, ED-RR 0001326-36.2012.5.03.0011, Quinta Turma, Rel. Min. Guilherme Augusto Caputo Bastos, DEJT 30.09.2016, p. 1.671.)

Nesse sentido, é a correta ilação de Raimundo Simão de Melo:

> O empregador, no caso de acidente decorrente de condição insegura, deverá, para se isentar da condenação, comprovar que cumpriu as obrigações contratuais no que diz respeito às normas de segurança e medicina do trabalho, pois na *responsabilidade contratual*, que é o caso, a culpa é presumida, porque há um dever positivo de adimplemento do objeto do contrato.[45]

Como se vê, em se tratando de obrigações legais em tema de segurança e medicina do trabalho, ainda que enquadradas como *obrigações de meio*, o ônus da prova será invertido, recaindo-o sobre o empregador. Ao empregado (vítima do sinistro) caberá apontar os descumprimentos legais, além de requerer que o empregador seja intimado a demonstrar em juízo o seu cumprimento. Vale dizer, ao empregado cabe requerer a juntada de documentos relativos a:

– EPIs – Equipamentos de Proteção Individual (previstos na NR-6);

– PPRA – Programa de Prevenção de Riscos Ambientais (previsto na NR-9);

– PCMSO – Programa de Controle Médico de Saúde Ocupacional (NR-7).

Todos os requerimentos deverão ser deferidos sob as cominações do art. 399 do CPC[46]. O empregador, para elidir sua responsabilidade, deverá comprovar que observou o seu dever geral de cautela e que cumpriu integralmente as normas de saúde e segurança.

> DOENÇA OCUPACIONAL. (...) a empresa não trouxe aos autos o PPRA e o PCMSO, tampouco o termo de entrega e fiscalização dos EPIs, o que denota violação ao seu dever geral de cautela, por omissão do dever de vigilância, proteção à saúde e à integridade física dos trabalhadores, imposto pelo art. 7º, XXII, da CF/88 e art. 157 da CLT. Presentes o dano (patologia diagnosticada), o nexo de concausalidade (conclusão da perícia) e a culpa (negligência) do empregador, resta configurada sua responsabilidade pela doença ocupacional. (TRT 11ª R., RO 0001764-65.2015.5.11.0001, 3ª Turma, Rel. Des. José Dantas de Góes, DOJTAM 17.10.2016, p. 513.)

José Cairo Júnior corrobora essa inferência ao asseverar que o empregador, para se eximir da responsabilidade, deverá "provar que adotou todas as medidas preventivas estabelecidas pela norma protetiva laboral ou que o evento danoso foi decorrente de culpa exclusiva da vítima"[47]. Em igual sentido, caminha a atenta jurisprudência do STJ acerca do tema:

> Em princípio, cuidando-se de acidente de trabalho, *basta ao empregado* a prova do nexo causal entre o exercício da atividade laboral e o evento danoso, *cabendo ao empregador*, em contrapartida, demonstrar o fato impeditivo, modificativo ou extintivo do direito do autor, qual seja, a inexistência de culpa integral sua ou a existência de culpa concorrente da vítima, esta também admitida pela Turma como circunstância eventualmente atenuadora da responsabilidade civil. (STJ, 4ª T., REsp n. 621.825/MG, Aldir Passarinho Júnior, DJ 12.12.2005.)

Da mesma forma, a jurisprudência trabalhista vem observando a escorreita distribuição do ônus da prova nas ações indenizatórias:

> ACIDENTE DE TRABALHO. INVERSÃO DO ÔNUS DA PROVA CONTRA A EMPRESA. Nos acidentes de trabalho, cabe ao empregador comprovar o cumprimento do dever contratual de preservação da integridade física do empregado, respeitando as normas de segurança e medicina do trabalho, estabelecendo-se a presunção relativa de culpa da empresa (Precedente STJ, REsp 1.067.378-GO). Tratando-se de acidente ocorrido com o trabalhador em atividade de risco, inverte-se o ônus da prova contra a empregadora, a quem incumbe demonstrar de forma concreta a adoção de todas as medidas preventivas contra a ocorrência do acidente, pois nessa hipótese, e pela própria função do trabalhador (eletricista), a culpa empresarial é presumida. (TRT 24ª R., RO 69700-45.2009.5.24.0005, 2ª Turma, Rel. Des. Francisco das C. Lima Filho, DEJTMS 31.08.2010, p. 11.)

Por fim, registre-se que o chamado solidarismo constitucional, previsto nos arts. 3º, III, e 170, III, ambos da Constituição Federal, reforça o alargamento dos casos de responsabilidade objetiva, da presunção de culpa e da inversão do ônus da prova.

Referências bibliográficas

BENTHAN, Jeremías. *Tratado de las pruebas judiciales*. E. Dumont (org.). Tradução de Manuel Ossorio Florit. Buenos Aires: Valletta, 1971. v. 01.

---

(45) MELO, Raimundo Simão de. Responsabilidade objetiva e inversão da prova nos acidentes de trabalho. *Revista LTr*, n. 70-01, p. 29, jan. 2006.
(46) Antigo art. 359 do CPC/1973.
(47) CAIRO JÚNIOR, José. *O acidente do trabalho e a responsabilidade civil do empregador*. São Paulo: LTr, 2003. p. 88.

BEBBER, Júlio César. *Princípios do processo do trabalho*. São Paulo: LTr, 1997.

BEBBER, Júlio César. Provas no novo CPC e o Processo do Trabalho. In: *Coleção Repercussões do novo CPC*. v. 4 – Processo do Trabalho, 2. ed. revista, ampliada e atualizada. Autores: Cláudio Brandão e Estêvão Mallet. Salvador: JusPodivm, 2016. p. 310.

CAIRO JÚNIOR, José. *O acidente do trabalho e a responsabilidade civil do empregador.* São Paulo: LTr, 2003.

CHIOVENDA, Giuseppe. *Instituições de direito processual civil*. 3. ed. Campinas: Bookseller, 2002. v. 3.

CONSTANTINO, Otávio Augusto. O ônus da prova no processo do trabalho. In: DALLEGRAVE NETO, José Affonso; GUNTHER, Luiz Eduardo; POMBO, Sérgio Luiz da Rocha (coords.). *Direito do trabalho*: reflexões atuais. Curitiba: Juruá, 2007. p. 707.

DELFINO, Lúcio; LOPES, Ziel Ferreira. *A expulsão do livre convencimento motivado do Novo CPC*: por que a razão está com os hermeneutas? Disponível em: <http://www.luciodelfino.com.br/enviados/201641922535.pdf>. Acesso em: 9 dez. 2016.

DINAMARCO, Cândido Rangel. *Instituições de Direito Processual Civil*. 2. ed. SP: Malheiros, 2002. v. III.

GAJARDONI, Fernando da Fonseca. *Livre convencimento motivado não acabou no novo CPC*. Disponível em: <http://jota.info/o-livre-convencimento-motivado-nao-acabou-no-novo-cpc>. Acesso em: 9 dez. 2016.

MALLET, Estêvão. Discriminação e processo do trabalho. In: VIANA, Márcio Túlio; RENAULT, Luiz Otávio Linhares (coords.). *Discriminação e processo do trabalho*. São Paulo: LTr, 2000.

MELO, Raimundo Simão de. Responsabilidade objetiva e inversão da prova nos acidentes de trabalho. *Revista LTr*, n. 70-01, p. 29, jan. 2006.

MITIDIERO, Daniel. *Precedentes*: Da persuasão à vinculação. São Paulo: Editora Revista dos Tribunais, 2016.

SCHIAVI, Mauro. *Manual de direito processual do trabalho*. São Paulo: LTr, 2008.

TEIXEIRA FILHO, Manoel Antonio. *A prova no processo do trabalho*. 7. ed. São Paulo: LTr, 1997. p. 118.

O Novo Código de Processo Civil e as Repercussões no Processo do Trabalho

José Antonio Pancotti
José Antonio Pancotti Junyor

O processo deve dar, quando for possível praticamente, a quem tem direito, tudo aquilo e precisamente aquilo que ele tem o direito de conseguir.
Giuseppe Chiovenda

Não se pode aguardar solução milagrosa para as inúmeras questões processuais que nos preocupam há muito tempo. Milagres são operados por serem humanos, não pela lei.
Tereza Arruda Alvim Wambier

1. Introdução

A promulgação de um Novo Código de Processo Civil (Lei n. 13.105/2015) gerou desconfiança, por suas repercussões sobre o sentimento de insegurança jurídica acerca da prestação jurisdicional, sobretudo porque as sucessivas minirreformas do Código de Processo Civil de 1973 o tornaram um diploma processual eficiente, moderno e atual.

Isto levou a comunidade jurídica a se perguntar: seria realmente necessário um novo Código?

No entanto, é inegável que o Novo Código albergou os avanços do revogado, inserindo inovações outras e revelou-se um instrumento didático, de fácil interpretação e, sobretudo, compactou e simplificou muitos procedimentos. Foi feliz a Comissão de Juristas encarregada da elaboração do anteprojeto, ao priorizar os princípios universalmente preconizados para leis processuais. O intuito foi adotar o Estado Democrático de Direito de um *processo judicial justo,* com destaque para clara garantia do acesso a uma tutela jurisdicional *efetiva,* na busca da composição de conflitos *em um prazo razoável,* sob um método de acordo com as exigências da *economia processual,* enfatizando no plano infraconstitucional os princípios *do contraditório e da ampla defesa.*

O atual Código de Processo Civil se aproxima em muito do Processo do Trabalho, não é exagero dizer que se apropriou da experiência da Justiça do Trabalho.

O Novo Código incorpora valores e princípios inerentes à tutela constitucional do processo no seu art. 1º ao preconizar que: *O processo civil será ordenado, disciplinado e interpretado conforme os valores e princípios fundamentais estabelecidos na Constituição da República Federativa do Brasil.* Além disso, no art. 6º enfatiza que: *Ao aplicar a lei, o juiz atenderá aos princípios aos fins sociais a que se dirige e às exigências do bem comum, observando os princípios da dignidade humana, da razoabilidade, da impessoalidade da decisão, da moralidade, da publicidade e da eficiência.*

Há que destacar, ainda, que no Livro I, Título I, Capítulo I, preocupou-se com o relevante tema: *Dos Princípios e das Garantias Fundamentais do Processo Civil,* em que perfilha a orientação inaugurada pela Constituição Federal de 1988, ou seja, da normatização dos princípios jurídicos. Nessa linha, dispõe o seu art. 8º que o juiz deve aplicar os princípios constitucionais e as normas legais e, *não as havendo,* supletivamente recorrer à analogia, aos costumes e princípios gerais de direito. A ordem enunciada indica a precedência dos princípios constitucionais de que se deve socorrer o magistrado para a condução do processo e na construção do raciocínio jurídico, no ato de decidir.

Lamenta-se, porém, que manteve no parágrafo único do art. 140 a limitação do Código revogado, para julgamento por *equidade.* Neste ponto, o art. 8º da Consolidação das Leis do Trabalho é mais avançado.

É inegável, porém, que o Novo Código é consentâneo com os ideais que norteiam a hermenêutica e a aplicação do direito material e processual, porque não se pode mais considerar a norma sem sua referência aos comportamentos reais da sociedade, quer sob o enfoque dos valores e os ideais de justiça, quer por dever reconhecer o direito processual como busca de ordem jurídica justa. É consequência do movimento pós-positivista que introduz novo olhar e pensar o processo, com a normatização dos princípios, a dimensão axiológica dos direitos fundamentais, as conquistas históricas e intangíveis da sociedade pós-moderna.

Cumpre ressaltar a característica do pós-positivismo fundamentalmente como conjunto de ideias para ultrapassar os limites do legalismo estrito do positivismo-normativista de Hans Kelsen; não desprezar a forte ascensão dos valores; reconhecer a força da normatização dos princípios, a essencialidade dos direitos fundamentais e o retorno do debate ético nas questões jurídicas.

Não se pode olvidar que desde que se optou, no Brasil, por codificar a normatização do processo judicial, o Código de Processo Civil teve a função de ser a fonte subsidiária dos processos administrativo, eleitoral, penal e trabalhista. O Código tem, por isso, o caráter de um instrumento básico e científico que fornece a estrutura, os conceitos básicos e os princípios para a construção consistente e orientadora da Teoria Geral do Processo, no Brasil, conforme a Constituição, de sorte que todas as propostas de inovação do atual Código de Processo Civil despertam interesse geral e, particularmente, por todos quantos atuam ou militam na Justiça do Trabalho. É com esta preocupação que nos propomos modestamente a examinar alguns aspectos das repercussões do Código de Processo Civil no Processo do Trabalho.

2. O Novo Código e Processo do Trabalho – Harmonização ou polêmica

Não há dúvidas em se afirmar que as disposições dos arts. 1º, 6º e 8º do Novo Código se harmonizam com o que dispõe o art. 8º da Consolidação das Leis do Trabalho: *As autoridades administrativas e a Justiça do Trabalho, na falta de disposições legais ou contratuais, decidirão, conforme o caso, pela jurisprudência, por analogia, por eqüidade e outros princípios e normas gerais de direito, principalmente do direito do trabalho, e, ainda, de acordo com os usos e costumes, o direito comparado, mas sempre de maneira que nenhum interesse de classe ou particular prevaleça sobre o interesse público.*

O art. 15 do Novo Código, ao estabelecer que *Na ausência de normas que regulem os processos penais, eleitorais, administrativos ou trabalhistas, as disposições deste Código lhes serão aplicadas supletivamente*, não revoga os arts. 769 e 889 da CLT. Em verdade, este preceito do Novo Código veicula norma muito antiga do nosso ordenamento jurídico processual, quando enuncia que o direito processual civil é fonte subsidiária ou supletiva dos diversos ramos do direito processual especializado.

Assim, o art. 15 do NCPC está em perfeita sintonia com a Consolidação das Leis do Trabalho, no art. 769: *Nos casos omissos, o direito processual comum será fonte subsidiária do direito processual do trabalho, exceto naquilo em que for incompatível com as normas deste Título.* Além do que já preconizava o seu art. 889: *Aos trâmites e incidentes do processo de execução são aplicáveis, naquilo que não contravierem ao presente Título, os preceitos que regem o processo dos executivos fiscais para a cobrança da dívida ativa da Fazenda Pública Federal.*

Aliás, numa perfunctória análise de julgados e manifestações jurisprudenciais dos tribunais regionais e do Tribunal Superior do Trabalho (Súmulas e Orientações Jurisprudenciais) constata-se tanto a aplicação subsidiária, quanto supletiva da legislação processual civil ao processo do trabalho. Só para citar alguns exemplos, ações cíveis adotadas no processo do trabalho, como a ação reconvencional, a ação de consignação em pagamento, as ações possessórias (reintegração e interditos), entre outras. Porém, quando se depara com norma processual genérica e incompleta na Consolidação das Leis do Trabalho, como no art. 836, ao se referir ao cabimento da ação rescisória; no art. 818, ao dispor acerca da distribuição do ônus da prova, não há dúvidas em ser viável a aplicação subsidiária dos arts. 966 e 373 do Novo Código. Nas ações cíveis admitidas na Justiça do Trabalho, a aplicação do CPC é supletiva, ante a omissão ou lacuna da Consolidação das Leis do Trabalho. No mesmo sentido, as Súmulas nºs 405 e 414 do Tribunal Superior do Trabalho que admitiam a aplicação dos institutos da tutela antecipada e das medidas cautelares ao processo do trabalho. Não há dúvidas, portanto, de que na omissão da Consolidação das Leis do Trabalho, havendo compatibilidade, está o juiz do trabalho autorizado a se socorrer do processo civil, de forma auxiliar ou secundária (*subsidiariamente*) ou para complementar (*supletivamente*).

Neste ponto, ouso discordar do ilustre e respeitado professor Manoel Antonio Teixeira Filho, quando sustenta que não há harmonia, mas polêmica, entre o art. 15 do NCPC e os arts. 769 e 889 da Consolidação, afirmando que *"a aplicação é subsidiária por omissão axiológica, ontológica ou normativa"*. Os qualificativos que se queira emprestar à adoção subsidiária *data venia* são meras especulações acadêmicas que não vão embaraçar a aplicação oportuna das normas processuais civis, pela Justiça do Trabalho.

Com efeito. A noção ou significado das expressões supletivo e subsidiário é estranho à doutrina jurídica. Somos levados, então, a nos socorrer dos léxicos. Os dicionários registram que *supletivo* significa o que *completa, o que supre, pressupõe ausência ou lacuna*. *Subsidiário* significa subsidiar, ajudar, auxiliar, é acessório ou secundário (não pressupõe suprir a lacuna).

Assim, é possível sustentar que em matéria da distribuição do ônus da prova, ante a lacônica norma do art. 818 da CLT, é admissível a aplicação **subsidiária** do art. 373 do CPC, porque auxilia ou subsidia as partes e o juiz na interpretação da regra celetista.

Situação diversa ocorre com as ações cíveis admissíveis no processo do trabalho, onde a aplicação será **supletiva**, por absoluta omissão ou lacuna da Consolidação das Leis do Trabalho. Assim, onde há lacuna, que se supra.

Os requisitos exigidos para a aplicação **subsidiária** do Código de Processo Civil ao Processo do Trabalho são simultâneos e concomitantes: omissão (compreendida a não completude) e compatibilidade com a normatização da Consolidação das Leis do Trabalho. Destes parâmetros não se não pode prescindir também para a aplicação **supletiva** do Código.

É inegável, contudo, que as marcas de simplificação (sem ser simplista) e da celeridade do processo do trabalho perderam terreno para o processo civil, em alguns aspectos, desde os avanços de minirreformas do Código de Processo Civil/1973 – mantidas no Código atual – na fase cumprimento da sentença, se se comparar, o que dispunha o art. 475-J com o que estabelece art. 880 da CLT. O Código eliminava a necessidade de citação do devedor, mediante simples intimação, enquanto a Consolidação conserva a determinação de citação, inclusive para a execução de acordos inadimplidos, mesmo celebrados em audiência na presença das partes. Este exemplo é um brutal contrassenso, para iniciar a execução, como se o devedor ignorasse a existência do título e da dívida. Cumpre registrar que a jurisprudência do TST não acolheu esse avanço do art. 475-J do Código revogado.

Sustenta-se, portanto, que a Consolidação das Leis do Trabalho, mesmo nos pontos omissos, não será vedado ao juiz do trabalho lançar mão de preceito do Código de Processo Civil que melhor atenda aos princípios da celeridade e da efetividade do Processo do Trabalho. Isto porque estará cumprindo o preceito de direito fundamental da *razoável duração do processo e os meios que garantam a celeridade de sua tramitação*, consoante o inciso LXXVII da CF/1988, agora reproduzido no art. 4º do Novo Código ao dispor que: *As partes têm direito de obter em prazo razoável a solução integral da lide, incluída a atividade satisfativa.*

Não se pode, porém, criar um ambiente de crise ou de confronto, ao contrário, deve-se priorizar o princípio da segurança jurídica, por meios hermenêuticos conforme a Constituição. Assim, deve ser afastada a aplicação tumultuária dos avanços do Código de Processo Civil em caráter subsidiário ou, como queira, supletivo. O Novo Código de Processo Civil é enfático em estabelecer regras no caminhar do procedimento, a fim de que os litigantes tenham à sua disposição normas claras, precisas, objetivas e concisas. Sugere ao magistrado tomar atitudes antes impensadas. Veja o exemplo do art. 340: "Havendo alegação de incompetência relativa ou absoluta, *a contestação poderá ser protocolada no foro de domicílio do réu*, fato que será imediatamente comunicado ao juiz da causa, preferencialmente por meio eletrônico. § 1º A contestação será submetida a livre distribuição ou, *se o réu houver sido citado por meio de carta precatória, juntada aos autos dessa carta, seguindo-se a sua imediata remessa para o juízo da causa*. § 2º *Reconhecida a competência do foro indicado pelo réu, o juízo para o qual for distribuída a contestação ou a carta precatória será considerado prevento*. § 3º *Alegada a incompetência nos termos do* caput, *será suspensa a realização da audiência de conciliação ou de mediação, se tiver sido designada*. § 4º *Definida a competência, o juízo competente designará nova data para a audiência de conciliação ou de mediação.*" (destaquei)

Trata-se de norma que evita custos e agiliza a definição da competência em razão do lugar, causa de tantos incidentes no processo do trabalho. É o que sucede quando um trabalhador que foi contratado e prestou serviços na jurisdição do TRT/23ª Região (Estado de Mato Grosso). No entanto, promove a ação em Vara da jurisdição da 15ª Região (Estado de São Paulo). Este é um fato comum por causa da migração de mão de obra de São Paulo para aquele Estado. Assim, pelo art. 340 do NCPC, não será necessário o reclamado deslocar-se do Estado de Mato Grosso para o Estado de São Paulo, comparecer à audiência, embora já tenha arguido a incompetência em razão do lugar, em preliminar de contestação. A contestação poderá ser protocolada no domicílio do réu que juntará aos autos da precatória e o remeterá ao juízo deprecante, a fim de apreciar a preliminar. Num país de dimensão continental como o Brasil, esta norma do processo civil deve ser supletivamente aplicada ao processo do trabalho, pelos princípios da celeridade, efetividade e redução de custos do processo. Com a nova regra, o juízo deprecante pode se pronunciar acerca da preliminar da defesa, sem necessidade de o réu comparecer à audiência, caso contrário, acarretar-lhe-á fatalmente elevadíssimos custos.

É visível no Novo Código a prioridade de afastar as surpresas para os litigantes, a flexibilidade formal dos atos e procedimentos e a exigência da mais completa fundamentação dos despachos e das decisões, com absoluta atenção à relevância dos princípios constitucionais que informam o direito processual. Culminando com ênfase ao contraditório, a ampla defesa, do devido processo legal, iniciando expressamente por ressaltar no art. 8º que: *Ao aplicar a lei, o juiz atenderá aos fins sociais a que se dirige e às exigências do bem comum, observando os princípios da dignidade humana, da razoabilidade, da impessoalidade da decisão, da moralidade, da publicidade e da eficiência.*

Destarte, não há dúvidas quanto à legitimidade para aplicar os avanços que o Novo Código de Processo Civil introduziu no ordenamento processual civil, sem desconsiderar, por serem óbvias as peculiaridades e os aspectos absolutamente incompatíveis com o processo trabalhista. O que se constata, porém, é que há progressos que não podem ser desprezados, do que decorre um vasto caminho a percorrer e um fecundo terreno para uma construção jurisprudencial que incorpore estes avanços com segurança jurídica par os litigantes trabalhistas.

3. Do incidente da desconsideração da personalidade jurídica – Efeitos da "teoria maior" e da "teoria menor"

No processo do trabalho é usual o juiz declarar, *ex officio,* a desconsideração da personalidade jurídica da sociedade comercial na fase de execução, por força do que dispõe a Consolidação das Leis do Trabalho, no art. 878 (legitima a iniciativa do juiz para a execução).

É corriqueiro o magistrado trabalhista verificar que foram esgotadas as iniciativas, inclusive pelo exequente, mas nada encontra de patrimônio da sociedade, ou se encontrar, são bens inidôneos a responder pelo crédito trabalhista. O que é pior, não raro, a sociedade aparenta essa precária situação econômica, mas os seus administradores ou sócios ostentam patrimônio pessoal e particular nada compatível com a conjecturada difícil situação econômica da sociedade (empresa). Nas comarcas do interior, em que esses aspectos da vida privada são mais difíceis de disfarçar, este quadro é extremamente desmoralizante para a Justiça. Isto porque, enquanto o processo registra ausência patrimônio da sociedade apto para penhora, a empresa opera a pleno vapor e os seus sócios não têm o menor constrangimento em ostentar padrão de vida que absolutamente nada condiz com nenhuma suposta dificuldade econômica registrada nos autos da execução.

O procedimento trabalhista sempre foi menos formal e célere e não oferece insegurança jurídica para o executado, ao contrário do que se possa supor, porque está sob a salvaguarda do contraditório e da ampla defesa, por todos os meios processuais que o ordenamento jurídico oferece ao devedor, para resistir à execução. Nesta oportunidade, poderá alegar e provar todas as questões de fato e de direito, em defesa dos seus interesses, especialmente o eventual descabimento desta medida.

No entanto, o Código traz inovações profundas, cria um procedimento incidental específico, em que pressupõe exclusiva legitimidade de iniciativa da parte ou do Ministério Público para instaurá-lo; uma vez instaurado impõe a suspensão do processo, caracterizando-o como típica ação declaratória incidental. Ainda que possa ser requerida em qualquer fase do processo de conhecimento ou de cumprimento da sentença, estabeleceu-se um prazo de quinze dias para sócio ou terceiro se manifestar e requerer as provas cabíveis, seguindo-se a possibilidade de instrução probatória específica que culminará com decisão, impugnável por agravo.

Vejamos o texto do Código:

> Art. 133. O incidente de desconsideração da personalidade jurídica será instaurado a pedido da parte ou do Ministério Público, quando lhe couber intervir no processo.
>
> § 1º O pedido de desconsideração da personalidade jurídica observará os pressupostos previstos em lei.
>
> § 2º Aplica-se o disposto neste Capítulo à hipótese de desconsideração inversa da personalidade jurídica.
>
> Art. 134. O incidente de desconsideração é cabível em todas as fases do processo de conhecimento, no cumprimento de sentença e na execução fundada em título executivo extrajudicial.
>
> § 1º A instauração do incidente será imediatamente comunicada ao distribuidor para as anotações devidas.
>
> § 2º Dispensa-se a instauração do incidente se a desconsideração da personalidade jurídica for requerida na petição inicial, hipótese em que será citado o sócio ou a pessoa jurídica.
>
> § 3º A instauração do incidente suspenderá o processo, salvo na hipótese do § 2º.
>
> § 4º O requerimento deve demonstrar o preenchimento dos pressupostos legais específicos para desconsideração da personalidade jurídica.

Para fechar o quadro, o Código preconiza que a decisão, no primeiro grau, pode será atacável por agravo de instrumento (CPC, inciso IV, do art. 1.015) e, no segundo grau, por agravo interno (CPC, art. 136, parágrafo único).

Não obstante a absoluta omissão à Consolidação das Leis do Trabalho, este é um dos pontos que o Novo Código atrita frontalmente com os princípios peculiares do processo do trabalho – informalidade, celeridade e efetividade – tornando, por isso, desaconselhável a sua aplicação. É inviável o cabimento de recurso imediato da decisão, que o próprio Código define como interlocutória (art. 136 *caput*), por contrariar expressamente o que dispõe a CLT (§ 1º do art. 893).

A pergunta que não cala: se adotado este incidente no processo do trabalho, a decisão da primeira instância na fase de conhecimento será atacável por mandado de segurança, aplicado como sucedâneo do agravo de instrumento, por aplicação analógica do entendimento da Súmula n. 414 do TST? A pergunta é pertinente, em face da natureza interlocutória da decisão incidental no processo.

A resposta adequada é negativa, porque não se vislumbra dano irreparável ou de difícil reparação futura a exigir medida extremada, nem irreversibilidade da desconsideração da personalidade jurídica. Assim, só por recurso ordinário ou agravo de petição.

Não obstante, se aplicado o incidente na Justiça do Trabalho, será o caos, especialmente na execução, porque deflagrará um procedimento complexo que posterga e/ou atravanca a prestação jurisdicional, no momento culminante do processo. A dinâmica da atividade econômica da atuação empresarial, seja com a alienação patrimonial ou alteração da personalidade jurídica, retirada e admissão de sócios, ou os escaninhos artificiosos de desvios do patrimônio da sociedade, inviabilizam o uso de tal procedimento complexo e moroso, sem prejuízo à efetividade do processo do trabalho.

Este é um dos pontos que o Novo Código se distancia em muito dos princípios que norteiam o processo do trabalho.

Aliás, fica evidente a opção do Código de Processo Civil pela "Teoria Maior" adotada pelo Código Civil, no art. 50. Enquanto o Código de Defesa do Consumidor, no art. 28, § 5º, optou pela "Teoria Menor", conforme Fábio Ulhoa Coelho. Esta distinção doutrinária foi acolhida pela jurisprudência do STJ.

Assim, no Processo do Trabalho, tornou-se usual a aplicação da "Teoria Menor", porque o juiz do trabalho pode declarar a desconsideração da personalidade jurídica *ex officio* na fase de execução, por ser mais compatível com o processo do trabalho, autorizado pelo art. 878 da CLT.

A iniciativa do juiz do trabalho para promover a execução trabalhista inclui levar a termo a prestação jurisdicional; se necessário, socorrer-se de todos os meios disponíveis, a fim de entregar o bem da vida ao credor. Assim, se pelos elementos dos autos, o juiz do trabalho constatar que os administradores ou os sócios esvaziaram o patrimônio da sociedade, ou não encontra bens idôneos para responder pelo crédito trabalhista, tem legitimidade para declarar de ofício a desconsideração da personalidade jurídica da sociedade (Teoria Menor), para justificar a apreensão judicial de bens particulares do gerente, sócios ou administrador.

Além disso, o incidente tal como desenhado pelo Código de Processo Civil respalda o que muitos advogados de reclamante vêm habitualmente fazendo ao colocarem no polo passivo da petição inicial da reclamação trabalhista, além da sociedade (empresa), também os sócios-quotistas, o administrador ou o gerente geral da empresa.

No entanto, chega a ser surpreendente que a Instrução Normativa n. 39 do TST, art. 6º, sugere com toda clareza a aplicação do novel incidente ao processo do trabalho.

Cumpre ressaltar que a Instrução Normativa n. 39 se refere expressamente aos arts. 133 a 137, isto é, sugerindo a aplicação do instituto por inteiro, fazendo uma adaptação ao processo do trabalho, reservando *a iniciativa também do juiz do trabalho na fase de execução*. Propõe, ainda, os recursos cabíveis da decisão: na fase de conhecimento, só por ocasião do recurso ordinário e na fase de execução o agravo de petição independente da garantia do juízo. Enfim, preconiza a suspensão do processo.

Não se desconhece certos exageros que se cometem, na fase de execução, quando o juiz declara de ofício a desconsideração da personalidade jurídica da sociedade, inclui o administrador, ou gerente ou sócio, no polo passivo da execução e sem intimá-lo desta decisão. Ato contínuo avança sobre o patrimônio pessoal, com bloqueio de saldos bancários, penhora bens móveis ou imóveis. Não há dúvidas de que a falta da intimação do sócio, gerente ou administrador configura cerceamento de defesa, além de negar-lhe a oportunidade de pagar, depositar ou oferecer bens à penhora.

Talvez em razão desses excessos, a Instrução Normativa acolheu o instituto. Porém, deveria avançar mais nas ressalvas e adaptações, especialmente quanto ao recurso.

4. Da dinâmica e da distribuição do ônus da prova – Princípio da melhor aptidão para a prova

O Novo Código de Processo Civil manteve no art. 373 o clássico e tradicional sistema de distribuição do ônus da prova. Entretanto, nos §§ 1º e 2º deste artigo, incorporou o princípio de distribuição dinâmica do encargo probatório, autorizando o juiz, mediante certos critérios, a distribuir de modo diverso, bem como encarregar de fazê-lo a quem tem maior aptidão para a produzi-la.

Senão, vejamos:

> Art. 373. O ônus da prova incumbe:
>
> I – ao autor, quanto ao fato constitutivo de seu direito;
>
> II – ao réu, quanto à existência de fato impeditivo, modificativo ou extintivo do direito do autor.
>
> § 1º Nos casos previstos em lei ou diante de peculiaridades da causa relacionadas à impossibilidade ou à excessiva dificuldade de cumprir o encargo nos termos do *caput* ou à maior facilidade de obtenção da prova do fato contrário, poderá o juiz atribuir o ônus da prova de modo diverso, desde que o faça por decisão fundamentada, caso em que deverá dar à parte a oportunidade de se desincumbir do ônus que lhe foi atribuído.
>
> § 2º A decisão prevista no § 1º deste artigo não pode gerar situação em que a desincumbência do encargo pela parte seja impossível ou excessivamente difícil.
>
> § 3º A distribuição diversa do ônus da prova também pode ocorrer por convenção das partes, salvo quando:
>
> I – recair sobre direito indisponível da parte;
>
> II – tornar excessivamente difícil a uma parte o exercício do direito.
>
> § 4º A convenção de que trata o § 3º pode ser celebrada antes ou durante o processo.

Ada Pellegrini Grinover critica os incisos I e II do art. 373, por manter o princípio clássico, *"Trata-se de um princípio estático e superado pela realidade, em que frequentemente o réu tem mais condições de provar fatos constitutivos do que o autor, sobretudo quando existe desigualdade real na posição das partes"*. Entretanto, ressalta a autora a inovação é bem-vinda e salutar, porque dá nova carga dinâmica à instrução probatória.

No processo do trabalho, a jurisprudência vem admitindo o emprego da distribuição dinâmica do ônus da prova, atribuindo ao empregador, que tem obrigação de documentar fatos e ocorrências do contrato individual de trabalho, o ônus de prova mediante cartão de ponto, por exemplo, a efetiva jornada do empregado, quando a empresa contar com mais de 10 empregados. O Novo Código de Processo Civil vai mais além, quando expressamente consagra § 1º do art. 373 que *...diante de peculiaridades da causa relacionadas à impossibilidade ou à excessiva dificuldade de cumprir o encargo nos termos previstos no 'caput' ou à maior facilidade de obtenção da prova do fato contrário, poderá o juiz atribuir o ônus da prova de modo diverso, desde que o faça por decisão fundamentada*. É a inversão justificada do ônus da prova.

No processo do trabalho, a empresa é a parte que terá conhecimento técnico e detém informações específicas acerca de fatos, sem contar que, em face do natural poder de direção, gestão e controle, além da obrigação de documentar e guardar o registro de atos e fatos do contrato de trabalho. Assim, terá sempre maior facilidade para demonstra-los no processo, em busca da verdade.

Na controvérsia acerca da forma de extinção do contrato, por exemplo, em que o empregador alega pedido de demissão e o empregado sustenta que foi dispensado sem justa causa, quem melhor tem condições de provar que houve pedido de demissão é a empresa, não sendo o caso de se atribuir exclusivamente ao empregado o ônus de provar a dispensa sem justa causa. Assim, não provado o pedido de demissão, deve presumir provado o argumento da dispensa sem justa causa, ante a presunção continuidade do contrato individual de trabalho. Na sistemática vigente, se o empregado não prova a dispensa sem justa causa, invariavelmente acolhe-se que houve pedido de demissão, porque desconsidera a dinâmica da distribuição do ônus da prova e/ou a inversão do ônus da prova, em face da hipossuficiência do empregado.

Com efeito. A *inversão do ônus da prova* é viável e juridicamente sustentável porque militam presunções favoráveis ao empregado, em face do princípio protetor do direito material do trabalho. Respalda a inversão do ônus da prova, ainda, a aplicação supletiva do Código de Proteção e Defesa do Consumidor que no art. 6º, inciso VIII, da Lei n. 8.078/1990, contém norma processual expressa e específica. Nesse dispositivo, se encontra a ideia de que se há um hipossuficiente, que necessita ele de proteção, não se podendo contentar com a igualdade meramente formal.

A Instrução Normativa n. 39 do TST faz a única ressalva quanto à distribuição diversa do ônus da prova por convenção das partes, por contrariar os princípios do direito processual do trabalho.

5. A conciliação – Conciliadores e mediadores não juízes

Na Justiça do Trabalho, a conciliação sempre foi e continua sendo o meio mais eficaz e célere de solução dos litígios, no dissídio individual ou coletivo. No dissídio individual, o Juiz do Trabalho tem por dever, de ofício, propor a conciliação, no mínimo, em duas oportunidades, na mesma audiência, no início e depois de encerrada a instrução. Em nenhum momento, se descarta a busca da conciliação, em qualquer fase do processo, e na prática, mesmo depois de desencadeada a execução forçada.

A opção da Justiça do Trabalho pela conciliação remonta às suas origens, tanto na primeira, como na segunda instância, basta um exame da Consolidação das Leis do Trabalho.

A particularidade é que a conciliação no processo do trabalho tem por costume e tradição a participação efetiva do juiz do trabalho. Sempre houve forte resistência em se delegar as tratativas de conciliação a servidores.

O Novo Código avança, de forma significativa, se comparado com a versão original do Código de 1973 e mesmo depois das suas minirreformas. Assim, o processo civil aos poucos foi se enriquecendo com as contribuições da experiência da Justiça do Trabalho e agora avança, enfatizando esta forma de solução de conflitos.

O Código expressamente preconiza que a conciliação e a mediação devem ser estimuladas por magistrados, advogados, defensores públicos, Ministério Público, inclusive no curso de processo judicial (art. 135). Nunca, a conciliação no processo civil teve tratamento tão enfático. Não se desconhece o preconceito que os civilistas tinham, em relação ao processo do trabalho, exatamente por seu caráter marcante de enfatizar e priorizar a conciliação.

No art. 334, o Novo Código diz expressamente que: *Se a petição inicial preencher os requisitos essenciais e não for o caso de rejeição liminar do pedido, o juiz designará audiência de conciliação com antecedência mínima de 30 (trinta) dias, devendo ser citado o réu com pelo menos 20 (vinte) dias de antecedência.* As únicas ressalvas serão: se as partes se mostrarem, de pronto, contrárias à conciliação, por outros motivos e se, o juiz constatar a inviabilidade de conciliar, como nas ações em que fazenda pública não está autorizada a conciliar.

É uma pena que a Instrução Normativa n. 39 do TST diz expressamente que as disposições deste artigo não se aplicam ao processo do trabalho (*Art. 2º,... não se aplicam ao Processo do Trabalho, em razão de inexistência de omissão ou por incompatibilidade... IV – art. 334 audiência de conciliação ou de mediação*) Penso que esta sistemática seria útil na Justiça do Trabalho. Aliás, algumas varas do trabalho vêm adotando com absoluto sucesso.

No mais, o propósito do Código é que a tentativa de conciliação se mostre obrigatória, com pautas de audiências específicas que precedem as das audiências de instrução e julgamento. Não há cominação de nulidade, mas fica evidente que, se o juiz for omisso, estará contrariando o preceito legal.

Inova, ainda, de maneira antes impensada, quando insere entre os auxiliares do juízo a figura dos conciliadores e mediadores oficiais, facultando a criação, pelos tribunais, de setor específico para tal fim. Resgata-se, com isso, a figura do pretor, do processo civil romano, na medida em que se facultará aos litigantes escolher o conciliador ou mediador e, não havendo escolha, haverá sorteio entre os inscritos no registro do tribunal.

O Novo Código inclui no Livro III, Título IV, Capítulo III, entre os **auxiliares da justiça**, na secção V – *Conciliadores e Mediadores Judiciais*. E acrescenta princípios não incorporados à Consolidação das Leis do Trabalho, embora implícitos.

Eis aí o teor do art. 166, que a conciliação e a mediação são informadas pelos princípios da *independência, da imparcialidade, da autonomia da vontade, da confidencialidade, da oralidade e da informalidade*. O Novo Código introduz, então, os princípios que norteiam a conduta do conciliador e mediador e das partes.

Além de criar um padrão de conduta para quem quiser ser conciliador, institui cadastro de conciliadores e mediadores e cria requisitos e impedimentos para a função: podendo ser servidores nomeados mediante concurso público específico; admitindo-se conciliadores e mediadores privados inscritos em cadastros específicos; o exercício da conciliação e mediação cria impedimento para os advogados para atuarem nos juízos em que desempenharem estas funções; demonstrar prova de capacitação específica que o habilite para função. A satisfação destes requisitos será exigida para a habilitação e cadastramento perante o tribunal. O Tribunal depois de implantar o sistema enviará à comarca os nomes dos conciliadores e mediadores por ele cadastrados.

A lei determina a criação dos centros judiciários de solução consensual de conflitos, mediante audiência de conciliação e mediação, pelo desenvolvimento de programas destinados a auxiliar, orientar e estimular a autocomposição, como definirem os tribunais, delegando para o Conselho Nacional de Justiça a sua normatização.

O Código mantém a figura de mediadores e conciliadores voluntários (art. 169, § 1º).

Depreende-se que o sistema de conciliadores voluntários dos juizados especiais (Lei n. 9.099/1995) não foi uma experiência de sucesso. Credita-se a falta de capacitação e o trabalho voluntário não vincular o conciliador ao juiz encarregado da homologação do acordo. Observe-se que o Código preconiza que o juiz responsável traçará os parâmetros para a atuação do conciliado ou mediador.

A propósito, esteve em curso uma experiência do TRT/23ª Região, de Mato Grosso, um núcleo de conciliação, na sua sede, executadas por servidores que centralizam as tentativas de conciliação de processos em curso na primeira e segunda instâncias, contando com a coordenação de um juiz do trabalho. É o caso de se colher experiência e aprimorar o sistema. Além disso, cogita-se de remunerar o conciliador e o mediador particular.

No Fórum Trabalhista de Paulínia, cidade próxima a Campinas, no TRT/15ª Região, há outra experiência que tem se mostrado eficaz, em que o juiz faz uma triagem dos processos a serem submetidos à conciliação, permitindo a atuação de um conciliador leigo, não servidor. Trata-se de um servidor público aposentado, com larga experiência como conciliador no juizado especial cível da Comarca e que se propôs a desenvolver tais serviços no Fórum Trabalhista, sob a supervisão direta dos juízes do trabalho.

Há, ainda, as experiências relatadas por técnicos do Ministério da Justiça, na oficina da Escola Judicial do TRT-15ª Região-Campinas, em 2011, em juizados especiais federais e estaduais, com a participação de conciliadores e mediadores não juízes, ou seja, por servidores devidamente capacitados.

A resistência na Justiça do Trabalho já foi minimizada, por atos do Conselho Nacional de Justiça, pela Resolução n. 125, de 29.11.2010 (anterior ao NCPC) ao criar os Centros Judiciários de Solução de Conflitos e Cidadania e a Portaria n. 25 do CNJ, de 09.03.2016 instituiu Grupo de Trabalho, por iniciativa Min. o **Ricardo Lewandowski**. O ato do Presidente do Tribunal Superior do Trabalho, **Min. Ives Gandra Martins Filho**, instituiu a *Comissão Nacional de Promoção à Conciliação* e Ato Regulamentar do **Desembargador Lorival Ferreira dos Santos**, do Tribunal Regional do Trabalho da 15ª Região que instituiu o *Procedimento de Mediação Pré-processual de Conflitos Coletivos* no âmbito do Tribunal e a criação dos núcleos de conciliação no seio da jurisdição deste TRT.

Eis aí um avanço que o projeto traz e pode ser utilizado pela Justiça do Trabalho.

Cumpre destacar que a Instrução Normativa n. 39 do TST, apenas rejeita a aplicação do art. 165 do NCPC ao processo do trabalho [*Art. 14. Não se aplica ao Processo do Trabalho o art. 165 do CPC, salvo nos conflitos coletivos de natureza econômica (Constituição Federal, art. 114, §§ 1º e 2º)*].

6. Da aplicação das tutelas provisórias ao processo do trabalho

6.1. Considerações gerais

O Novo Código de Processo Civil reúne, no Livro V, da Tutela Provisória, as tutelas de urgência ou evidência. Nessas duas modalidades englobam medidas cautelares em geral ou inominadas (CPC/1973, art. 798) e a tutela antecipada e tutela específica (CPC/1973, art. 273 e 461).

Assim, no art. 294, diz expressamente que *A tutela provisória pode fundamentar-se em urgência ou evidência.*

A tutela provisória de urgência pode ter natureza cautelar ou de tutela antecipada e concedida em caráter antecedente ou incidental. Terão caráter de medida de urgência à antecedente, portanto, as liminares, concedidas sob o fundamento de que há elementos nos autos que evidenciam a viabilidade do direito – *fumus boni iuris* – e perigo de dano ou o risco ao resultado útil do processo – *periculum in mora* –. A única restrição para se conceder essa medida será o perigo de irreversibilidade dos efeitos da decisão (§ 3º do art. 300). Além disso, a tutela pode ser concedida na sentença.

A tutela de evidência será concedida independentemente de demonstração de perigo de dano ou de risco ao resultado útil do processo, nas hipóteses de: a) abuso de direito de defesa ou de manifesto propósito protelatório da parte; b) os fatos alegados dependerem de prova exclusivamente documental e houver tese firmada em julgamento de casos repetitivos, ou em súmula vinculante; c) petição inicial instruída com a prova documental suficiente dos fatos constitutivos do direito do autor, a que o réu não oponha prova capaz de gerar dúvida razoável. Aliás, é compatível com o processo do trabalho a concessão de medida liminar em tutela de evidência, na hipótese da alínea *c* acima (CPC, art. 311 e parágrafo único).

Já no art. 297 autoriza o juiz *ex officio* determinar as medidas que considerar adequadas para a efetividade da medida provisória (urgência e evidência), inclusive no cumprimento da sentença.

Sabidamente as medidas de urgência antecedente reconhecidas na CLT restringem-se às liminares dos incisos IX e X do art. 659 da CLT.

Assim, encontra-se aqui um amplo campo aberto para a aplicação supletiva do Código de Processo Civil, quer se cuide de tutela de urgência, quer de tutela de evidência.

A concentração das tutelas de urgência e de evidência com idêntica disciplina contribui em muito para a celeridade e efetividade do processo e deve ser adotada, de pronto, pelo processo do trabalho.

Aliás, a jurisprudência trabalhista foi conservadora, ainda, quando o juiz do trabalho deferia a tutela antecipada do art. 273 do Código de Processo Civil, em obrigação de pagar verbas rescisórias, ante a inquestionável dispensa sem justa causa. É certo, porém, que, se o empregado não a solicitou na peça de ingresso, mas durante a audiência surgem indícios e ou a evidência de que o empregador, que se recusa a conciliar, está se mudando do município ou comarca, ou corre o risco de desaparecer, se considerar a natureza alimentar das parcelas, não há razão para subtrair do juiz o poder de determinar de imediato tal pagamento. Não é necessário dizer que o deferimento da tutela de evidência, neste caso, acompanhada de *astreinte* para o caso de descumprimento, é fator que estimula o adimplemento da decisão judicial.

Há ampla possibilidade de aplicação das tutelas provisórias no processo do trabalho. É rotineira a presença das partes em audiência, ante a dispensa sem justa causa, em que é indiscutível a estabilidade provisória (gestante, dirigente sindical, membros da CIPA, véspera de aposentadoria, acidentado etc.). Não obstante a Orientação Jurisprudencial n. 64 da SDI-2, TST, é difícil obter tutela provisória, em primeiro grau. Normalmente, tutela judicial definitiva se limita a aguardar a decisão final do recurso ordinário, para ao final converter a decisão em indenização, por decurso do prazo de estabilidade. Não difere o exemplo já citado da incontroversa dispensa sem justa causa, sem pagamento das verbas rescisórias, quando há prova da entrega do aviso-prévio e às vezes até da emissão das guias de saque do FGTS e de habilitação para requerer seguro-desemprego.

A tutela antecipada, sob a forma de tutela inibitória, tem sido objeto de ações civis públicas, como meio de impor obrigações de fazer ou de não fazer, quando ficar demonstrado a ameaça concreta ou o justo receio de ilícito ou de dano a um bem jurídico patrimonial ou extrapatrimonial.

No caso de obrigação de fazer, veja o seguinte julgado:

> **AÇÃO CIVIL PÚBLICA. TUTELA INIBITÓRIA. EFICÁCIA.** A tutela inibitória encontra respaldo nos arts. 84 da Lei n. 8.078/1990 e 461, § 4º, do CPC, e tem por escopo evitar a prática de atos futuros, reputados ilícitos ou danosos, assegurando assim o efetivo cumprimento da tutela jurisdicional intentada. É, assim, instituto posto à disposição do juiz pelo legislador, justamente para prevenir o descumprimento da lei. Portanto, é permitida a utilização da tutela inibitória para impor uma obrigação de não fazer bem como para prevenir a violação ou a repetição dessa violação a direitos. Nesse diapasão, mesmo quando é constatada no curso do processo a cessação do dano, não se mostra plausível deixar de aplicar o instituto da tutela inibitória para prevenir o descumprimento da determinação judicial e a violação à lei, em face de eventuais consequências da condenação que alcance o período da irregularidade. Recurso de Revista de que se conhece e a que se dá provimento. (**Processo:** RR - 61800-98.2007.5.17.0191. **Data de Julgamento:** 04.09.2013, **Relator Ministro:** João Batista Brito Pereira, 5ª Turma, **Data de Publicação:** DEJT 13.09.2013.)

A tutela de evidência traz norma para respaldar a concessão de tutela de evidência, independentemente da demonstração do perigo de dano ou de risco ao resultado útil do processo.

Senão, vejamos:

> Art. 311. A tutela da evidência será concedida, independentemente da demonstração de perigo de dano ou de risco ao resultado útil do processo, quando:
>
> I – ficar caracterizado o abuso do direito de defesa ou o manifesto propósito protelatório da parte;
>
> II – as alegações de fato puderem ser comprovadas apenas documentalmente e houver tese firmada em julgamento de casos repetitivos ou em súmula vinculante;
>
> III – se tratar de pedido reipersecutório fundado em prova documental adequada do contrato de depósito, caso em que será decretada a ordem de entrega do objeto custodiado, sob cominação de multa;
>
> IV – a petição inicial for instruída com prova documental suficiente dos fatos constitutivos do direito do autor, a que o réu não oponha prova capaz de gerar dúvida razoável.
>
> Parágrafo único. Nas hipóteses dos incisos II e III, o juiz poderá decidir liminarmente.

Instrução Normativa n. 39 do TST, no inciso VI, do art. 3º, admite a aplicação do dispositivo transcrito.

Em face do que dispõe o inciso II do art. 311 do novo Código, vislumbra-se que o juiz terá respaldo para conceder tutela de evidência não só nas hipóteses de súmulas vinculantes ou tese firmada em julgamento de casos repetitivos, mas, no nosso caso, de orientações jurisprudenciais e súmulas do Tribunal Superior do Trabalho.

6.2. Do cabimento da tutela provisória para pedido de efeito suspensivo a recurso

A Consolidação das Leis do Trabalho contém norma genérica, abrangente e sem exceção no art. 899 *caput* que dispõe de forma direta e cristalina:

> Os recursos serão interpostos por simples petição e terão efeito meramente devolutivo, salvo as exceções previstas neste Título, permitida a execução provisória até a penhora. (destaquei)

Dentre as dificuldades que se enfrenta na Justiça do Trabalho é o meio processual adequado para obter efeito suspensivo em recursos trabalhistas, quer seja o recurso ordinário, o recurso de revista e o agravo de petição.

Essas dificuldades decorrem disseminação da ideia equivocada de que as ações cautelares previstas no CPC/1973 foram extintas, porque foram substituídas pelas singelas tutelas provisórias de urgência e de evidência (CPC/2015, art. 294 e seguintes).

No entanto, as tutelas provisórias de urgência podem ter natureza cautelar ou de tutela antecipada. Além disso, podem ser concedidas em caráter antecedente ou incidental. Não há dúvidas de que as tutelas de urgência, se requeridas no curso da ação de conhecimento ou de execução, podem ter o caráter de "tutela cautelar incidental". Nessa modalidade, se encaixa o pedido de efeito suspensivo dos recursos trabalhistas, seja recurso ordinário, de revista ou, agravo de petição.

Por isso, é possível sustentar que o art. 899 da Consolidação das Leis do Trabalho deverá ser interpretado consoante os princípios processuais constitucionais do contraditório e da ampla defesa (CF, art. 5º, LIV e LV), bem como princípios da proporcionalidade e da razoabilidade, da dignidade da pessoa humana (CPC, art. 8º), além dos princípios da liberdade de iniciativa, do direito de propriedade, da proteção ao direito adquirido, o direito de petição e o amplo direito de acesso à justiça (CF/1988, art. 1º, incisos III e IV e art. 5º, incisos XXII, XXIV, XXXV e XXXVI). Enfim, interpretação conforme a Constituição Federal.

Ademais, ante as normas da CLT, arts. 769 e 899, combinadas com o a regra do art. 15 do CPC, a aplicação subsidiária e/ou supletiva do Código de Processo Civil é indiscutível, nas lacunas, havendo compatibilidade com o processo do trabalho.

Cumpre ressaltar, porém, que o pedido de efeito suspensivo de recurso trabalhista só pode ter cabimento em caráter excepcional e em situações mui restritas.

Em nada difere o processo civil e o processo do trabalho no dia a dia da atividade forense, em que a atuação jurisdicional requer medida urgente, pronta e eficaz, quando o recorrente demonstrar a probabilidade de provimento do recurso ou, se, sendo relevante a fundamentação, houver risco de dano grave ou de difícil reparação (§§ 3º e 4º do art. 1.012).

É certo que o Código de Processo Civil no *caput* do art. 1.012 preconiza, como regra geral, que a apelação terá efeito suspensivo. No entanto, no seu § 1º e incisos elenca hipóteses em que a sentença *começa a produzir efeitos imediatamente* depois de sua publicação, equivale dizer, hipóteses que a apelação terá efeito meramente devolutivo. Nisso se aproxima do processo do trabalho.

Todavia, no mesmo art. 1.012, nos §§ 3º e 4º, o Código admite que a parte formule pedido de efeito suspensivo da apelação:

> § 3º O pedido de concessão de efeito suspensivo nas hipóteses do § 1º poderá ser formulada por requerimento dirigido ao:
>
> I – tribunal, no período compreendido entre a interposição da apelação e sua distribuição, ficando o relator designado para seu exame prevento para julgá-la.
>
> II – relator, se já distribuída a apelação.
>
> § 4º Nas hipóteses do § 1º, a eficácia da sentença poderá ser suspensa pelo relator se o apelante demonstrar a possibilidade de provimento do recurso ou, se, sendo relevante a fundamentação, houver risco de dano grave ou de difícil reparação.

No processo do trabalho, o cabimento de pedido de efeito suspensivo tem lugar nos casos de a sentença final cassar tutela provisória antecedente ou concedê-la, se o recorrente demonstrar fundado receio de que o efeito meramente devolutivo acarretará dano irreparável ou de difícil reparação futura, mormente considerando que haja prova inequívoca, verossimilhança da alegação e demonstrar a possibilidade de provimento do recurso ordinário.

Neste sentido, concluiu o "Fórum Nacional de Processo do Trabalho" – Curitiba – Paraná "Homenagem ao Professor Wagner D. Giglio", em 2015 no Enunciado n. 65.

> ENUNCIADO N. 65 – CLT, ARTS. 769 E 899. DIREITO DE PETIÇÃO (Art. 5º, XXXIV, CF). NCPC, ARTS. 15, 1.012, V, ARTS. 294 E SEGUINTES, 1.029, § 5º. TUTELAS PROVISÓRIAS CONCEDIDAS EM SENTENÇA. RECURSO ORDINÁRIO COM EFEITO MERAMENTE DEVOLUTIVO. EXTINÇÃO DA AÇÃO CAUTELAR DISCIPLINADA PELO CPC/1973. O recurso ordinário trabalhista não tem efeito suspensivo, ainda que a sentença tenha concedido tutela provisória. Inaplicável o previsto no

art. 1.012, V, NCPC, ao processo do trabalho. Demonstrando a ausência dos requisitos legais para a concessão da medida ou equívoco em sua concessão, o recorrente deverá solicitar excepcionalmente o efeito suspensivo ao recurso ordinário em razões recursais dirigidas ao Tribunal e requerer em petição, devidamente instruída, o efeito suspensivo ao recurso imediatamente ao Tribunal Regional (incidente de efeito suspensivo) (art. 1.012, § 3º, do NCPC). *Resultado: aprovado por unanimidade.*

Essa conclusão decorre daquela falsa ideia de que o Novo Código não admite medidas cautelares, sugerindo socorrer-se do direito de petição assegurado pela Constituição no art. 5º, XXXIV, para suscitar o incidente de efeito suspensivo ao recurso ordinário ou ao agravo de petição.

Contudo, como acima ressaltado não há dificuldade nem embaraços para a aplicação supletiva do Código de Processo Civil para a parte pedir a concessão de efeito suspensivo aos recursos trabalhistas, a partir da noção de tutela provisória, sob a forma de medida cautelar incidental.

Para o pedido de efeito suspensivo do recurso ordinário e agravo de petição há necessidade, porém, de adaptação do procedimento aos usos e costumes da Justiça do Trabalho.

Deve-se, portanto, formular o pedido na petição de interposição, perante o juízo *a quo*.

Só depois de indeferido o pedido, ou demora não razoável de apreciação, ajuizar a medida cautelar incidental, perante o Tribunal Regional do Trabalho, observando a circunstância de o recurso interposto ter sido ou não distribuído.

7. Outras questões pontuais de procedimentos compatíveis ou de aplicação controvertida ao processo do trabalho

a) Contagem de prazos – cômputo somente dias úteis

O art. 219 do Código estabelece novo critério de contagem de prazos processuais.

> Art. 219. Na contagem de prazo em dias, estabelecido por lei ou pelo juiz, computar-se-ão somente os úteis.

A contrario sensu, não se computam feriados que recaiam em meio ao transcurso do prazo processual.

O art. 775 da Consolidação das Leis do Trabalho tem norma própria acerca do critério de contagem de prazos processuais:

> Art. 775 da CLT. Os prazos estabelecidos neste Título contam-se com exclusão do dia do começo e exclusão do dia do vencimento, e são contínuos e irreleváveis, podendo ser prorrogados...

As expressões – *contínuos e irreleváveis* – sempre foram interpretadas de forma que os feriados forenses que recaiam em meio ao decurso do prazo são computados, como habitualmente sempre se procedeu, nesta Justiça Especializada.

Inaplicável, portanto, a norma do art. 219 do Novo Código ao processo do trabalho. Neste sentido, a Instrução Normativa n. 39 do TST, art. 2º, item III.

b) Inquirição direta das testemunhas pela parte

O art. 459 do Novo Código preconiza que os advogados das partes podem formular diretamente perguntas às testemunhas. Senão, vejamos:

> Art. 459. As perguntas serão formuladas pelas partes diretamente à testemunha, começando pela que a arrolou, não admitindo o juiz aquelas que puderem induzir a resposta, não tiverem relação com as questões de fato objeto da atividade probatória ou importarem repetição de outra já respondida.
>
> § 1º O juiz poderá inquirir a testemunha tanto antes como depois da inquirição feita pelas partes.
>
> § 2º As testemunhas devem ser tratadas com urbanidade, não se lhes fazendo perguntas ou considerações impertinentes, capciosas ou vexatórias.
>
> § 3º As perguntas que o juiz indeferir serão transcritas no termo, se a parte o requerer.

Ao contrário do que se possa parecer, o art. 459 do Novo Código não retira nem reduz do juiz do trabalho o poder de direção e controle da audiência. Tais poderes foram preconizados pelo seu art. 360 ao dispor que o *juiz exerce o poder de polícia da audiência*. Ademais, este mesmo art. 459 investe o magistrado de outros poderes, como de vetar as perguntas que puderem induzir a resposta e não tiverem relação com as questões de fato objeto da atividade probatória ou importarem repetição de outra já respondida. O § 1º do art. 459 reserva-lhe o poder de escolher em inquirir a testemunha antes ou depois da "inquirição" feitas pelas partes. No seu § 2º, estabelece que o juiz não só tratará as testemunhas com urbanidade, mas exigir que as partes também o façam, inclusive impedido perguntas ou considerações impertinentes, capciosas ou vexatórias.

Com igual propósito – assegurar o poder de direção e controle da audiência pelo juiz – dispõe o art. 361, parágrafo único, que *Enquanto depuserem o perito, os assistentes técnicos e as testemunhas, não poderão os advogados e o Ministério Público intervir ou apartear, sem licença do juiz*, de sorte que não há dúvida de que foi preservada a autoridade do juiz como presidente da audiência, inclusive com poderes de intervir para repelir perguntas repetitivas, impertinentes, inconvenientes ou quanto aos fatos que não dependem de prova oral (confessados e/ou incontroversos).

Quanto à maneira ou ao procedimento de inquirição das partes e testemunhas, a Consolidação das Leis do Trabalho tem norma própria, no art. 820, prescindindo da aplicação subsidiária ou supletiva do Código de Processo Civil.

> Art. 820. As partes e testemunhas serão inquiridas pelo juiz ou presidente, podendo ser reinquiridas, por seu intermédio, a requerimento dos juízes classistas, das partes, seus representantes ou advogados.

Assim, é possível sustentar que não se aplica ao processo do trabalho a regra que autoriza as partes formularem perguntas diretas às testemunhas. Isto porque, tendo a Consolidação das Leis do Trabalho norma própria (art. 769), fica afastada a aplicação subsidiária do art. 459 do Código.

Penso que preservados os poderes do juiz na audiência, como o próprio Código preconiza, não se deve transformar essa questão numa batalha entre juízes e advogados.

Antes da vigência do Código, alguns juízes do trabalho já adotavam tal prática.

Para finalizar este tema: o § 3º do art. 459 reza que: *As perguntas que o juiz indeferir serão transcritas no termo, se a parte o requerer.* É mais uma inequívoca indicação de que o juiz tem poderes de indeferir perguntas, ainda que se admita que as partes possam formulá-las diretamente à testemunha.

Acredita-se que haverá tentativa de se abstrair a aplicação do art. 820 da CLT, em prol da total adoção da norma do art. 459 do Novo Código. Os advogados vão investir nisso, porém, não se vislumbra vantagem.

Se se optar, por sua aplicação, vale transcrever a advertência do professor Jorge Pinheiro Castelo: *No entanto, trata-se de inovação cujas consequências podem ser nefastas caso não se observem a lealdade e o respeito processual, para tanto a gravação de imagens e som será essencial.* Aliás, § 5º, do art. 367 do CPC, autoriza a gravação integral da audiência em imagem e em áudio, em meio digital ou analógico, desde que assegurado o acesso rápido das partes e dos órgãos julgadores, observada a legislação específica.

Percebe-se, porém, que alguns juízes têm receio de gravação de imagem e som da audiência. No entanto, parece acertado que funcionará como freio, para eventuais excessos dos partícipes da audiência – juiz, advogados, partes e testemunhas.

A Instrução Normativa do TST no seu art. 11, no entanto, refuta a aplicação deste preceito do NCPC ao processo do trabalho (*Art. 11. Não se aplica ao Processo do Trabalho a norma do art. 459 do CPC no que permite a inquirição direta das testemunhas pela parte (CLT, art. 820)*).

c) Parâmetros para definir o que considera preço vil em hasta pública

O Novo Código estabelece no art. 880 que, não efetivada a adjudicação, o exequente poderá requerer a alienação do bem penhorado. Esta se fará em leilão judicial. Os arts. 881 e 882 autorizam a alienação por leilão público (eletrônico ou presencial), salvo os casos de alienação a cargo da bolsa de valores. Para ser remetido o bem a leilão, o art. 885 dispõe que o juiz estabelecerá o preço mínimo, as condições de pagamento e as garantias que poderão ser prestadas pelo arrematante.

O leilão será precedido de edital que conterá todos os elementos discriminativos e suficientes para a identificação do bem, o estado em que se encontra, o valor da avaliação, o preço mínimo, as condições de pagamento e, se for o caso, a comissão do leiloeiro, enfim, todos os detalhes dos incisos do art. 886 do CPC.

Pois bem. Não obstante a exigência de que o juiz fixe preço mínimo, não raro, só ocorrerá lance inferior àquele valor. Pode ocorrer, ainda, de o juiz não ter fixado preço mínimo para a alienação, por meio de leilão.

Surge a questão de estabelecer critérios para se recusar o lance, por considerar vil o preço ofertado.

Assim, parece razoável a inovação do Código ao estabelecer parâmetros que antes inexistiam, para recusar o lance que ofereça preço vil.

> Art. 891. Não será aceito lance que ofereça preço vil.
>
> Parágrafo único. Considera-se vil o preço inferior ao mínimo estipulado pelo juiz e constante do edital. Não tendo sido fixado preço mínimo, considera-se vil o preço inferior a cinquenta por cento do valor da avaliação.

Os parâmetros para a definição do que se pode considerar "preço vil" será bem-vindo. Evita debates infindáveis, como expediente de que se vale o devedor para protelar a execução.

d) Meios para impugnar homologação de alienação, arrematação e adjudicação e a ação de invalidação

A Consolidação das Leis do Trabalho é absolutamente omissa quanto aos meios processuais para impugnar ocorrência de nulidades nos procedimentos de alienação particular, adjudicação ou arrematação. O art. 884 ao dispor acerca dos embargos do devedor condiciona: *garantida a execução ou penhorados os bens*, isto é, enquanto não alienados esses bens. A Lei n. 6.830/1980 é igualmente omissa.

O Novo Código diz expressamente que a adjudicação considera-se perfeita, acabada e irretratável com a lavratura e assinatura pelo juiz, pelo escrivão ou chefe de secretaria e do adjudicatário, presente o executado (§ 1º do art. 877); ou em qualquer modalidade de leilão, com a assinatura do respectivo auto pelo juiz, pelo arrematante, pelo leiloeiro (art. 903).

Por outro lado, foi revogado pelo NCPC de 2015 o art. 746 do Código de 1973 que previa os embargos de adjudicação, alienação e arrematação.

Humberto Theodoro Jr. sustenta que: *O NCPC extinguiu os embargos de alienação, arrematação e adjudicação, previstos no CPC de 1973, e, em seu lugar, previu a possibilidade: (i) impugnação em dez dias nos próprios autos (art. 903, § 2º); e (ii) ação autônoma de invalidação, após a expedição da carta de arrematação (art. 903, § 4º). Estes expedientes não estão, outrossim, restritos à arrematação, mas podem dizer respeito também à alienação por iniciativa particular e à adjudicação.* (sic)

No entanto, subsistem dúvidas no processo do trabalho. Se a parte impugna a homologação nestes autos, a decisão que a aprecia é recorrível por agravo de petição? Em qualquer situação (haver ou não recurso), depois da decisão da impugnação transitar tornar-se irrecorrível, poderá a parte ainda se utilizar da ação autônoma de invalidação ou só cabe a ação rescisória?

A homologação da alienação, adjudicação ou arrematação e a determinação da expedição da respectiva carta são atos que não se caracterizam como sentença, mas decisões interlocutórias. O que tem caráter de sentença é a decisão do juiz que declarar extinta a execução, conforme art. 925 do NCPC (*A extinção só produz efeito quando declarada por sentença*). Assim, enquanto não declarada por sentença a execução não se extingue e os atos precedentes a esta sentença têm caráter de decisão interlocutória. Daí, inviável a ação rescisória, mas ação de invalidação ou anulatória.

A matéria não é estranha ao processo do trabalho e o entendimento predominante do Colendo Tribunal Superior do Trabalho está expresso na Súmula n. 399:

> SÚM-399 do TST:
> AÇÃO RESCISÓRIA. CABIMENTO DA SENTENÇA DE MÉRITO. DECISÃO HOMOLOGATÓRIA DE ADJUDICAÇÃO, DE ARREMATAÇÃO E DE CÁLCULOS.
> I – É incabível ação rescisória para impugnar decisão homologatória de adjudicação ou arrematação.
> II – A decisão homologatória de cálculos apenas comporta rescisão quando enfrentar questões envolvidas na elaboração da conta de liquidação, quer solvendo a controvérsia das partes quer explicitando, de ofício, os motivos pelos quais acolheu os cálculos oferecidos por uma das partes ou pelo setor de cálculos, não contestados pela outra.

Elisson Miessa e Henrique Correia nos comentários a esta Súmula na vigência do Código revogado destacaram que:

> O art. 485 do CPC estabelece que a ação rescisória será cabível para desconstituir sentença de mérito. [...] Por outro lado, os atos judiciais que independem de sentença ficam submetidos à *ação anulatória*, como vaticina o art. 486 do CPC, *in verbis* [...]
> É o que acontece com as decisões homologatórias de adjudicação ou arrematação que são decisões que independem de sentença. [...]

Com efeito, tais decisões são sujeitas à ação anulatória e não à ação rescisória. Neste sentido, leciona Fredie Didier Jr.:

> Quanto aos atos que independem de sentença, tem-se como exemplo, a arrematação e adjudicação. Sua invalidade deve ser postulada por ação anulatória, e não por ação rescisórias, eis que tanto a arrematação como adjudicação não dependem de sentença; o que se invalida, portanto, é negócio jurídico, por meio do qual houver a transferência do domínio do bem que fora penhorado.

Os autores acima arrematam: Assim, cabível à hipótese a ação anulatória de competência do juízo que proferiu a decisão impugnada (OJ n. 129, SDI-II do TST) e não ação rescisória.

Neste ponto, a jurisprudência do Tribunal Superior do Trabalho harmoniza-se com as opções processuais que o Novo Código oferece.

Na vigência do Código revogado, a impugnação da alienação, adjudicação ou arrematação por não serem atos que dependiam de sentença, sem sombra de dúvida poderia ser objeto da ação no seu art. 486.

Em julgados do STJ, é possível extrair o posicionamento predominante naquela C. Corte mais restritivo do que Súmula n. 399 do TST:

> STJ – Min. Pádua Ribeiro – *A ARREMATAÇÃO* é anulável por ação ordinária, como os atos jurídicos em geral; se, porém, forem apresentados *embargos à arrematação*, será necessário *ação rescisória* para anular a decisão neles proferidas. – penso que deva prevalecer este entendimento.

Ressalte-se que já foi visto acima que os embargos a alienação, adjudicação e arrematação foram extintos, por revogação do art. 746 do CPC de 1973. A decisão que aprecia a impugnação a que se refere § 2º do art. 903 não tem caráter de sentença, como tinha nos embargos do art. 746 do CPC revogado.

Assim, em qualquer circunstância, cabível a ação anulatória.

O § 4º do art. 903 é norma expressa e específica, para o caso de ataque à arrematação que, conforme Humberto Theodoro Jr., por analogia, se aplica à alienação e à adjudicação em caso de nulidade, ainda que haja decisão definitiva à impugnação (CPC, art. 903, § 2º).

> Art. 903. Qualquer que seja a modalidade de leilão, assinado o auto pelo juiz, pelo arrematante e pelo leiloeiro, a arrematação será considerada perfeita, acabada e irretratável, ainda que venham a ser julgados procedentes os embargos do executado ou *a ação autônoma de que trata o § 4º deste artigo*, assegurada a possibilidade de reparação pelos prejuízos sofridos.
>
> § 1º [...]
>
> § 2º [...]
>
> § 3º [...]
>
> § 4º Após a *expedição da carta de arrematação ou da ordem de entrega, a invalidação da arrematação poderá ser pleiteada por ação autônoma*, em cujo processo o arrematante figurará como litisconsorte necessário. (destaquei).

Além disso, o Novo Código, no Livro, III, Título I, Capítulo VII – Da Ação Rescisória e da Ação Anulatória, no art. 966, manteve no § 4º a ação anulatória de atos de disposição de direitos, homologado pelo juízo e atos homologatórios praticados no ato da execução, semelhante ao que preconizava o art. 486 do CPC de 1973.

Senão vejamos:

> Art. 966. A decisão de mérito, transitada em julgado, pode ser rescindida quando:
>
> § 4º Os atos de disposição de direitos, praticados pelas partes ou por outros participantes do processo e homologados pelo juízo, *bem como os atos homologatórios praticados no curso da execução*, estão sujeitos à *ação anulatória*, nos termos da lei. (destaquei)

Por fim, não se vislumbra aplicação desta ação para anular acordos homologados pelo juiz do trabalho, porque em flagrante incompatibilidade com a norma do parágrafo único do art. 831 da CLT (*No caso de conciliação, o termo que for lavrado valerá como decisão irrecorrível, salvo para a Previdência Social quanto às contribuições que lhe forem devidas.*). Nestes casos, a jurisprudência iterativa, notória e atual do TST, conforme a Súmula n. 100, item V.

Assim, subsiste a ação anulatória para combater atos judiciais que não dependem de sentença, como a alienação, arrematação e a adjudicação. Esta ação deve ser ajuizada no prazo decadencial de dois anos, contados do momento que a parte prejudicada teve conhecimento do ato.

A competência para ação é do juízo que o praticou. Tratando-se de execução que tramitou na vara do trabalho, esta será competente. Se a execução tramitou no Tribunal, este será o órgão competente.

Conclusão

Como ressaltado no início, impossível esgotar neste espaço as repercussões e polêmicas do Novo CPC, no processo do trabalho.

O Novo Código de Processo Civil é um grande avanço, porque se preocupou em oferecer à sociedade um Código extremamente didático, de fácil interpretação e, sobretudo, com a simplificação de procedimentos. A par destes avanços, incorpora valores e princípios constitucionais para oferecer à sociedade um diploma legal comprometido com um método eficiente de resolução de conflitos. Destaca-se a ênfase à conciliação e mediação. É lamentável, porém, que o Congresso Nacional excluiu o capítulo das ações coletivas, proposta pela Comissão de Juristas. Era avançadíssima, corrigindo alguns retrocessos introduzidos *a posteriori* na Lei da Ação Civil Pública e o Código de Defesa do Consumidor.

O processo do trabalho foi um berço da experiência positiva de simplificação dos procedimentos em prol da celeridade e efetividade, sem riscos à segurança jurídica para os litigantes. Essas experiências foram, em grande parte, incorporadas ao Novo Código, o que é salutar e louvável. Neste momento, os magistrados, os advogados e os membros do Ministério Público, que estudam o processo do trabalho, devem se preocupar em contribuir para que esses avanços não sofram nenhuma resistência para serem aplicados, sem apego às formas ultrapassadas. Isto, agora, inspirando-se em muitos avanços do Novo Código de Processo Civil.

Referências bibliográficas

BARROSO, Luís Roberto. Fundamentos teóricos e filosóficos do novo Direito Constitucional brasileiro. *Revista de Direito da Procuradoria Geral do Estado do Rio de Janeiro*, RJ, n. 54.

CASTELO, Jorge Pinheiro. Anteprojeto do novo CPC e reflexos no processo do trabalho – primeiras impressões. *Revista da AMATRA/XV*, n. 6, ano 2013.

DIDIER JR., Fredie. *Curso de direito processual*: meios de impugnações às decisões judiciais e processo nos tribunais. 8. ed. Salvador: JusPodivm, 2010. p. 421. v. 3.

_____; BRANDA, Cláudio; MALLET, Estêvao. *Repercussões do novo CPC e processo do trabalho*. Salvador: JusPODIVM, 2015.

_____; PEIXTO, Ravi. *Código de Processo Civil comparativo com o Código de 1973*. Salvador: JusPodivm, 2015. 3. t.

FREIRE E SILVA, Bruno. *O Novo CPC e o processo do trabalho*. São Paulo: LTr, 2005.

GRINOVER, Ada Pellegrini; ARAUJO CINTRA, Antônio Carlos; DINAMARCO, Cândido Rangel. In: *Teoria geral do processo*. 9. ed. São Paulo: Malheiros, 1992.

GRINOVER, Ada Pellegrini *et alli*. *Bases científicas para um renovado direito processual – Mudanças estruturais para o novo processo civil*. Salvador: Podvim, 2009.

MIESSA, Elisson; CORREIA, Henrique. *Súmulas e orientações jurisprudenciais do TST comentadas e organizadas por assunto*. Salvador (BA): Editora JusPodivm, 2014.

_____. *Curso de direito processual*: meios de impugnações às decisões judiciais e processo nos tribunais. Salvador (BA): JusPodivm, 2010.

PANCOTTI, José Antonio. In: *Institutos fundamentais de direito processual – jurisdição, ação, exceção e processo*. São Paulo: LTr, 2002.

REVISTA JURÍDICA CONSULEX, ano XIV, 14 – 15.02.2010.

SANTOS, Moacyr Amaral. *Primeiras Linhas de Direito Processual Civil*. São Paulo: Saraiva, 1984. v. 3.

SILVA, Homero Batista Mateus da. *Curso Orientação Jurisprudencial, Curso FMB*, 2010.

THEODORO JÚNIOR, Humberto. *Curso de direito processual civil*. 48. ed. Rio de Janeiro: Forense, 2016.

_____. *Código de Processo Civil anotado*. Rio de Janeiro: Forense, 2016.

A Petição Inicial no Processo do Trabalho, diante das Modificações Introduzidas pelo Novo Código de Processo Civil

José Antônio Ribeiro de Oliveira Silva
*Juiz Titular da 6ª Vara do Trabalho de Ribeirão Preto (SP).
Doutor em Direito do Trabalho e da Seguridade Social pela Universidade de Castilla-La Mancha (UCLM),
na Espanha – Título revalidado pela Universidade de São Paulo (USP). Mestre em Direito Obrigacional
Público e Privado pela UNESP. Membro do Conselho Técnico da Revista do TRT da 15ª Região
(Subcomissão de Doutrina Internacional). Professor da Escola Judicial do TRT-15.*

1. Nota introdutória

O Novo Código de Processo Civil – Lei n. 13.105/2015 – reavivou o interesse dos atores jurídicos pelo estudo dos temas processuais, especialmente a partir de sua vigência, que se deu em 18 de março de 2016. Isso também ocorreu na seara juslaboral, haja vista que o estudioso do processo do trabalho, além de compreender o sentido e o alcance das novas regras, necessita, num segundo passo, verificar a possibilidade de aplicação *subsidiária* ou *supletiva* delas no segmento especializado do processo.

Muitos são os temas que merecem análise. Contudo, nesse pequeno artigo, me dedicarei a estudar apenas a temática relacionada à *petição inicial* – com suas inúmeras facetas –, desde os requisitos específicos a essa peça processual, passando pelas espécies de pedidos e suas nuanças, até a análise do aditamento ou alteração do pedido ou da causa de pedir. Outros temas tão importantes quanto esses, como indeferimento da petição inicial e improcedência liminar do pedido, ficarão para outra oportunidade.

Ao longo da explanação, se perceberá que não houve muitas mudanças no que toca à petição inicial e suas variantes, mas algumas novidades certamente gerarão impactos consideráveis na prática da atividade processual.

Quanto à *opção do autor* pela realização ou não de *audiência de conciliação ou de mediação*, como requisito da petição inicial, mister se analise a sua exigibilidade no processo do trabalho. No tocante à emenda da petição inicial, doravante não bastará ao juiz determiná-la, pois terá o dever de indicar com precisão "*o que deve ser corrigido ou completado*", até em nome do *princípio da cooperação*, sendo imperioso que se estude essa diretriz, tendo em vista que no processo do trabalho predomina o princípio inquisitivo. Ademais, o CPC/2015 permite a *interpretação sistemática* do pedido, que deve considerar "*o conjunto da postulação*", além de observar "*o princípio da boa-fé*". Há campo fértil no processo do trabalho para a aplicação dessa importante novidade. Enfim, foi encampada pelo CPC/2015 a doutrina que promove a *distinção* entre pedidos alternativos, sucessivos e subsidiários, sendo imprescindível que se faça uma análise atenta dessa mudança, diante da intensa cumulação de pedidos da petição inicial trabalhista.

É o que proponho nas linhas que seguem, sempre preocupado com a *efetividade* do processo do trabalho, pois o importante é que apliquemos apenas as normas do CPC/2015 que contribuam para uma Justiça do Trabalho ainda mais rápida e justa.

2. Requisitos da petição inicial no Novo CPC

Estou convicto de que o art. 319 do Novo Código de Processo Civil certamente será um dos mais comentados pela doutrina e jurisprudência, por corresponder ao famoso art. 282 do CPC/1973, que disciplinava os requisitos da petição inicial sob a égide do Código revogado (art. 1.046 do CPC/2015).

Doravante, os *requisitos* da petição inicial estarão disciplinados no referido art. 319, que mantém os seis requisitos *sine qua non* do CPC/1973, melhorando a redação do inciso I, especificando melhor as exigências do inciso II, e incluindo um sétimo requisito, tendo em vista a opção preferencial pela via conciliatória do novo regime (art. 3º, §§ 2º e 3º, do CPC/2015), razão pela qual o autor deverá indicar em sua petição inicial, nos domínios do processo civil, a opção *"pela realização ou não de audiência de conciliação ou de mediação"* (inciso VII). Ademais, o art. 319 contém três parágrafos com o regramento de situações relacionadas à falta de cumprimento às exigências formais do inciso II, como se verá na sequência.

Com efeito, no processo civil, predomina o formalismo processual, de modo que, ainda que feita uma clara opção pela facilitação do acesso à justiça, com dispositivo expresso em seu rol de princípios fundamentais (art. 3º, *caput*, do CPC/2015), a não observância desse rígido rol de requisitos pode conduzir ao indeferimento da petição inicial, quando alguns deles poderiam facilmente ser contornados em nome dos princípios do acesso à ordem jurídica justa e da efetividade processual. O próprio Código (legislador) percebeu esse rigor, ao recordar expressamente do princípio do acesso à justiça para *relativizar* a exigência formal do inciso II, no § 3º do art. 319.

Pois bem, seja como for, há de se examinar item por item desse extenso rol de requisitos da petição inicial, para se compreender seu conteúdo e alcance. Assim o autor, ao formular sua petição de acesso ao Judiciário, nos domínios do *processo civil*, deve indicar, *sob pena de indeferimento* da exordial:

1º) *o juízo a que é dirigida* – corrigida, portanto, a expressão do CPC/1973, que mencionava "o juiz ou tribunal, a que dirigida" a petição inicial; como amplamente sabido, a petição inicial, assim como qualquer petição endereçada pelas partes no curso do processo, é encaminhada ao juízo *competente* para processar a causa;

2º) *os nomes, os prenomes, o estado civil, a existência de união estável, a profissão, o número de inscrição no Cadastro de Pessoas Físicas ou no Cadastro Nacional da Pessoa Jurídica, o endereço eletrônico, o domicílio e a residência do autor e do réu* – esta regra passa a exigir uma qualificação ainda mais completa de ambas as partes (autor e réu) para a melhor identificação possível das pessoas naturais ou jurídicas que comporão a relação jurídico-processual; a partir da vigência do Novo Código de Processo Civil não bastará que o autor indique os nomes, os prenomes, o estado civil, a profissão, o domicílio e a residência das partes, pois terá também de indicar: a) a existência de união estável, se for o caso; b) o número de inscrição no Cadastro de Pessoas Físicas ou no Cadastro Nacional da Pessoa Jurídica, respectivamente, para pessoas naturais ou pessoas jurídicas, por óbvio; c) o endereço eletrônico seu e do réu, se o souber.

Contudo, é muito comum que o autor não tenha todos esses dados em relação ao réu; não por outra razão os §§ 1º a 3º do art. 319 – à semelhança do que ocorre na Justiça do Trabalho sem qualquer regra formal a respeito – contornam o rigor da norma, para disciplinar que: 1º) se o autor não dispuser de todas essas informações, poderá *"requerer ao juiz diligências necessárias a sua obtenção"*, desde que o faça já na petição inicial; 2º) se mesmo com a falta de dados *"for possível a citação do réu"*, o juiz não indeferirá a petição inicial porque, a princípio, isso é o que interessa na qualificação do réu, informações que conduzam à sua citação com segurança; 3º) com diligências ou não, e ainda que frustrada a tentativa de citação, o autor não pode ser tolhido de acionar o Judiciário para a análise de sua postulação, porque isso violaria o princípio constitucional do acesso à justiça, consagrado no art. 5º, inciso XXXV, da Constituição da República Federativa do Brasil – também assegurado no art. 3º, *caput*, do CPC/2015 –, daí por que o § 3º do art. 319 disciplina que *"se a obtenção de tais informações tornar impossível ou excessivamente oneroso o acesso à justiça"*, não haverá o indeferimento da petição inicial, inclusive porque a citação pode ser realizada por edital quando o autor não dispuser de alguns desses dados, em conformidade com o art. 256 e parágrafos do novo Código de Processo Civil;

3º) *o fato e os fundamentos jurídicos do pedido* – esse requisito é de suma importância para que o autor apresente ao juízo sua *causa petendi*, exigindo-se a causa de pedir *remota* – os fatos por meio dos quais surgiu o direito do autor (fatos constitutivos do seu direito material) –, bem assim a chamada causa de pedir *próxima* – o enquadramento jurídico daqueles fatos para que se possa aferir qual a fonte do alegado direito (a lei, o contrato etc.), de modo que o autor precisa expor os fatos nos quais se baseia seu pleito de forma clara, precisa, sem omissões que dificultem a compreensão de seu reclamo, ou que revelem deslealdade; além disso, apontar quais os fundamentos normativos em que seu direito estaria amparado;

4º) *o pedido com as suas especificações* – não basta que o autor exponha os fatos e os fundamentos jurídicos com clareza e precisão, pois é necessário que tanto o réu quanto o juiz saibam o que ele pretende, com toda a *extensão* de seu pedido; é dizer, seu pedido deve ser *certo* (art. 322, *caput*, do CPC/2015), *determinado* (art. 324, *caput*, do CPC/2015) e conter todas as especificações para que, se julgado procedente, o réu possa cumpri-lo em sua inteireza e, caso não o faça, o juiz tenha condições de exigir o exato cumprimento do comando sentencial, em conformidade com a espécie de obrigação a ser adimplida, se for o caso; ademais, o pedido há de ser bem formulado, compreendendo o chamado pedido *imediato* – a prestação jurisdicional declaratória, constitutiva ou condenatória ao cumprimento de uma obrigação – e o pedido *mediato* – a satisfação do direito material reivindicado, o chamado bem da vida objeto de postulação em juízo;

5º) *o valor da causa* – no processo civil, sempre foi requisito obrigatório da petição inicial a indicação do valor da causa pelo autor, para efeito de definição do procedimento a ser seguido e também para cálculo de custas e despesas processuais; a partir do Novo Código de Processo Civil, ainda que o procedimento comum seja único (o ordinário), o valor da causa continua a ter tanta importância para o processamento da causa que os arts. 291 a 293 do CPC/2015 continuam com rígido regramento a respeito do tema, pois toda causa deve ter um valor certo, determinado, ainda que *"não tenha conteúdo econômico imediatamente aferível"* (art. 291); por isso, para cada tipo de causa, uma regra de definição do valor correspondente, tanto na petição inicial quanto na petição de reconvenção (art. 292 e parágrafos), podendo, doravante, o juiz corrigir *de ofício* o referido valor, inclusive para determinar o *"recolhimento das custas correspondentes"* (§ 3º do art. 292); com efeito, até mesmo nas ações indenizatórias de dano moral o autor, a partir da vigência do Novo Código de Processo Civil, terá de atribuir um valor *certo* para a causa, que será *"o valor pretendido"* (art. 292, V, do CPC/2015), o qual passa a ser, portanto, um requisito da petição inicial nesse tipo de ação;

6º) *as provas com que o autor pretende demonstrar a verdade dos fatos alegados* – a indicação dos meios de prova dos quais o autor pretende se utilizar para convencer o juízo sobre a existência dos fatos por ele alegados e, por via de consequência, das repercussões jurídicas que deles emanam, também é requisito *sine qua non* da petição inicial nos domínios do processo civil; por certo que essa exigência visa a evitar surpresas para o réu no curso do processo, além de propiciar ao juiz que, ao sanear o processo, saiba que tipo de prova terá de determinar ou permitir, bem como a ordem lógica na produção dessas provas;

7º) *a opção do autor pela realização ou não de audiência de conciliação ou de mediação* – trata-se este requisito de *inovação* do CPC/2015, sem correspondente no CPC/1973; a busca da solução consensual dos conflitos de interesses passou a ser a grande meta do Judiciário; tanto é assim que logo em seguida à promulgação do Novo Código foi editada a Lei n. 13.140/2015 – publicada em 29.06.2015, com *vacatio legis* de 180 dias –, para regulamentar a *mediação* entre particulares como meio de solução de controvérsias, permitindo a autocomposição de conflitos inclusive no âmbito da administração pública; com efeito, o Novo Código de Processo Civil não somente manteve a chamada *audiência preliminar* do art. 331 e parágrafos do CPC/1973, como lhe conferiu *status* de ato judicial imprescindível, com extensa regulação no art. 334 e seus 12 parágrafos, disciplinando expressamente no § 4º deste dispositivo que a referida audiência de conciliação ou de mediação somente estará dispensada em duas hipóteses: 1ª) *"se ambas as partes manifestarem, expressamente, desinteresse na composição consensual"* – o autor já em sua petição inicial e o réu em petição especifica, que deverá ser protocolizada até 10 (dez) dias antes da data da audiência (§ 5º), que, portanto, deve ser designada, ainda que o autor não tenha interesse na composição; 2ª) *"quando não se admitir a autocomposição"* – ou seja, quando o objeto do processo versar sobre direitos indisponíveis que não admitem transação.

2.1. Os requisitos da petição inicial no processo do trabalho

Já sob a égide do CPC/1973, a doutrina mais abalizada do processo do trabalho preconizava a *inaplicabilidade* do art. 282 daquele Código no segmento especializado trabalhista, diante da clara existência de *norma própria*, mais precisamente a do art. 840, § 1º, da CLT.

Penso não haver qualquer fundamento sólido para se entender em sentido contrário quanto ao novel art. 319, que mantém o formalismo processual do processo civil ao disciplinar os requisitos da petição inicial.

Ora, no processo do trabalho, sempre predominou o *princípio da informalidade*, de modo que a petição inicial trabalhista deve conter, apenas e tão somente, os requisitos *imprescindíveis* à compreensão da demanda por parte do reclamado e à entrega da prestação jurisdicional pelo juiz do trabalho, requisitos que sempre foram avaliados com *simplicidade* e contornados em inúmeras situações pela jurisprudência trabalhista, porque no processo do trabalho sempre teve *foro de relevância* a busca da decisão de mérito, doravante estipulada como meta também no processo civil (art. 4º do CPC/2015). A prática da Justiça do Trabalho revela que, nesta, sim, fez-se uma clara opção pela *facilitação* do acesso à justiça, de modo que, no processo do trabalho, basta ao autor (reclamante), ao formular sua petição inicial – se optar pela petição escrita –, indicar:

1º) *a designação do Presidente da Junta, ou do juiz de direito a quem for dirigida* – obviamente, essa redação, de 1943, deve ser atualizada para o século XXI, ou para a ordem constitucional em vigor, recordando-se que não há mais a representação classista na Justiça do Trabalho, além do que hodiernamente, passados mais de 70 anos, esta Justiça está tão "capilarizada" que praticamente não há mais exercício de jurisdição trabalhista por juiz da Justiça estadual; assim, com atenção aos princípios da informalidade e da simplicidade que imperam na Justiça do Trabalho, leia-se: *a designação da Vara do Trabalho a quem for dirigida*, num regramento praticamente idêntico ao do inciso I do art. 319 do Novo Código de Processo Civil, que menciona "*o juízo a que é dirigida*" a petição inicial no processo civil; esse requisito é imprescindível para se verificar a *competência* do juízo ao qual endereçada a petição inicial, para o processamento da causa;

2º) *a qualificação do reclamante e do reclamado* – como se vê, a CLT não exige todo o formalismo do inciso II do art. 319 do Novo Código de Processo Civil para o preenchimento desse requisito da petição inicial; basta que a qualificação ofertada pelo reclamante, quantas vezes um humilde trabalhador, com pouco estudo, possibilite a *citação* do reclamado, o qual, comparecendo à relação jurídico-processual, poderá apontar a incorreção de seus dados e postular a retificação pelo juízo; são inúmeras as vezes em que o trabalhador não sabe ao certo o nome empresarial de sua empregadora ou tomadora de serviços, sabendo apenas o seu "nome-fantasia", por vezes não sabendo com precisão nem mesmo o endereço desta, mormente quando situada na zona rural; pois bem, nesses e noutros tantos casos, a Justiça do Trabalho sempre envidou esforços para empreender a citação e cumprir sua função jurisdicional, facilitando, na prática, o acesso do trabalhador ao Judiciário; e, no processo do trabalho, nem há necessidade de o autor "*requerer ao juiz diligências necessárias*" à obtenção de todos os dados da qualificação do réu, porque o juiz do trabalho o faz de ofício, diante do *princípio inquisitivo* que é da índole do processo do trabalho, de modo que a aplicação subsidiária dos §§ 1º a 3º do art. 319 do Novo Código de Processo Civil ao processo do trabalho somente faz sentido com a ideia de *reforço* às normas dos arts. 840, § 1º, e 841 e parágrafos da CLT, conquanto dispensável, a meu juízo.

De outra mirada, como esse simples requisito, também no processo do trabalho, tem como função propiciar a *qualificação* mais completa possível das partes, até mesmo para uma verificação rápida de sua capacidade processual, especialmente no processo judicial eletrônico, é prudente que o reclamante indique, sempre que disponha dos dados, nomes, prenomes, estado civil, domicílio e residência das partes, bem como o número de inscrição no Cadastro de Pessoas Físicas ou no Cadastro Nacional da Pessoa Jurídica, e o seu endereço eletrônico (do autor), para facilitar a prática dos atos processuais no curso do processo; de se recordar que o número de inscrição no CPF ou no CNPJ costuma ser muito útil na fase de cumprimento da sentença, no processo do trabalho, para a chamada penhora *on-line*; contudo, apenas em situações muito excepcionais, que não permitem mesmo a citação correta do réu por falta dos dados mínimos a tanto, é que a petição inicial trabalhista poderá ser indeferida, inclusive no rito sumaríssimo, a despeito da regra rígida do art. 852-B, inciso II, da CLT, tendo em vista que a jurisprudência tem *relativizado* esta regra, permitindo a citação por edital ou determinando a conversão do rito em ordinário para que a citação ocorra, prestigiando o princípio do acesso à justiça, insculpido no art. 5º, inciso XXXV, da Constituição da República Federativa do Brasil, norma que, aliás, demonstra a *inconstitucionalidade* da proibição de citação por edital inserta no inciso II do referido art. 852-B;

3º) *uma breve exposição dos fatos de que resulte o dissídio* – bem se vê que no processo do trabalho não se exige todo o formalismo do processo civil, revelando este requisito mais uma faceta do *princípio da simplicidade* do processo laboral; ao contrário do processo civil, no qual se exige o apontamento preciso não somente dos fatos, mas também dos fundamentos jurídicos do pedido, ou seja, do enquadramento jurídico daqueles fatos, revelando os fundamentos normativos do seu direito (art. 319, inciso III), no processo do trabalho a exigência é singela: o reclamante deve se ocupar apenas de *"uma breve exposição dos fatos"* que permitam ao reclamado compreender minimamente sua pretensão, bem como ao juiz instruir a causa e prestar a tutela jurisdicional; por certo que, sobretudo em questões mais complexas, como acidente do trabalho, assédio moral e outras, o autor deve expor esses fatos de forma clara e precisa, sem omissões que impossibilitem a compreensão do conflito trabalhista; não havendo causa de pedir suficiente, o juiz do trabalho poderá (ou deverá) determinar a emenda da petição inicial, sob pena de indeferimento por inépcia (art. 321 e parágrafo único do CPC/2015, c/c o art. 330, § 1º, I, do mesmo Código), em conformidade com a Súmula n. 263 do C. Tribunal Superior do Trabalho; não obstante, não há de se exigir do reclamante, *jamais*, a indicação dos fundamentos jurídicos de seu pedido; por isso, não consigo compreender a prática de se formular petição inicial de 30, 40 ou até 50 laudas no processo do trabalho, ferindo de morte os princípios tão caros à efetividade da prestação jurisdicional trabalhista;

4º) *o pedido* – também aqui, na *simplicidade*, o processo do trabalho exige apenas que o reclamante apresente seu pedido, não lhe cobrando "especificações" desse pedido, como o faz o inciso IV do art. 319 do CPC/2015; até porque, segundo alguns doutrinadores, aplica-se no processo do trabalho o princípio da *ultra* ou *extrapetição*[1], permitindo-se ao julgador que, em alguns casos, condene o empregador em quantia superior à postulada ou em obrigações diversas das que foram objeto da petição inicial, p. ex., condenando ao pagamento do adicional de horas extras, ainda que não postulado, ou à indenização do período de garantia de emprego, ainda que postulada apenas a reintegração ao emprego; bem verdade que o art. 852-B, inciso I, da CLT, exige, no processo submetido ao rito sumariíssimo, que o autor apresente pedido certo ou determinado, indicando, inclusive, *"o valor correspondente"* desse pedido, que, segundo parte da jurisprudência, limitaria o valor da condenação, de modo que, apurada em liquidação de sentença uma quantia maior, o juízo teria de determinar a redução ao valor expressamente indicado pelo reclamante em sua petição inicial; entretanto, como veremos nos comentários aos arts. 322 e 324 do CPC/2015, nem mesmo no processo civil essas exigências são levadas a ferro e fogo, admitindo-se pedido genérico e interpretação sistemática do pedido em conformidade com o princípio da boa-fé.

De outra mirada, é importante que o reclamante, por mais simples que seja o processo do trabalho, formule pedido o mais completo possível, com toda a sua *extensão*, porque tanto o reclamado quanto o juiz do trabalho precisam saber o que ele realmente pretende; assim, p. ex., não basta que o reclamante inclua no polo passivo da relação jurídico-processual o tomador de serviços e peça a condenação dos reclamados, tendo de especificar que tipo de condenação merece o tomador (espécie de responsabilidade), além de postular de forma completa o chamado bem da vida, indicando com clareza qual o alcance do direito material a ser satisfeito pelo réu, p. ex., a extensão dos reflexos das horas extras e outras verbas de natureza salarial; não havendo pedido claro e com a extensão delimitada, o juiz do trabalho poderá determinar a *emenda* da petição inicial, sob pena de indeferimento (art. 321 e parágrafo único do CPC/2015, c/c o art. 330, § 1º, I, do mesmo Código);

---

(1) Por todos, *vide* GIGLIO, Wagner D. *Direito processual do trabalho*. 12. ed. rev. atual. e ampl. São Paulo: Saraiva, 2002. p. 74-76.

5º) *a data e a assinatura do reclamante ou de seu representante* – trata-se de requisito tão óbvio que nem mesmo o processo civil o disciplina.

De não se olvidar que na Justiça do Trabalho a reclamação do trabalhador pode ser verbal, caso em que "*será reduzida a termo, em 2 (duas) vias datadas e assinadas pelo escrivão ou secretário, observado, no que couber, o disposto no parágrafo anterior*", como disposto no § 2º do art. 840 da CLT. Assim, mantido o *ius postulandi* no processo do trabalho (art. 791, *caput*, da CLT), pode o trabalhador se dirigir à Secretaria da Vara do Trabalho e, nesta, uma pessoa designada pelo Diretor tomará a termo a reclamação do trabalhador, reclamação esta que será a mais simples e informal possível, desde que contenha aqueles requisitos do § 1º do referido art. 840: o juízo competente, a qualificação das partes, a causa de pedir e o pedido, com a assinatura do servidor e, sendo possível, do reclamante (alfabetizado).

Ademais disso, ainda que o § 1º do art. 840 da Consolidação não mencione o valor da causa como requisito da petição inicial, penso que a partir da vigência da Lei n. 9.957/2000 – que introduziu o rito sumariíssimo no processo do trabalho, para as causas "*cujo valor não exceda a quarenta vezes o salário mínimo vigente na data do ajuizamento da reclamação*", exceto se a demanda for ajuizada em face da "*Administração Pública direta, autárquica e fundacional*" (art. 852-A e parágrafo único da CLT) – passou a ser requisito obrigatório da petição inicial trabalhista a indicação do *valor da causa* pelo autor, para efeito de definição do procedimento a ser seguido; ora, como saber se o processo seguirá o rito ordinário ou o rito sumariíssimo se o reclamante não atribuir à causa um valor determinado?; ainda que o juiz do trabalho possa atribuir de ofício o valor da causa, "*se este for indeterminado no pedido*" (art. 2º, *caput*, da Lei n. 5.584/70), penso que o melhor caminho é o de se exigir do próprio autor essa fixação, principalmente quando atribuir valor certo para os pedidos (rito sumariíssimo) ou se tratar de causa de alta complexidade, evidenciando não se tratar de simples "dissídio de alçada".

Entretanto, no processo do trabalho, *jamais* será exigido que o reclamante indique, já em sua petição inicial, as provas com que pretende demonstrar a existência dos fatos por ele alegados. Ora, se o juiz do trabalho pode determinar de ofício os meios de prova a serem utilizados, bem como qualquer diligência necessária à busca da chamada verdade real (art. 765 da CLT), não faria sentido exigir do autor que já apontasse esses meios de prova quando do ingresso em juízo. O que se exige do reclamante no processo do trabalho é apenas que já faça a juntada dos *documentos* que pretende utilizar para o convencimento do juiz (art. 787 da CLT), mas as perícias e outras provas poderão ser requeridas ou determinadas *de ofício* em audiência, mormente no rito sumariíssimo (art. 852-H e parágrafos da CLT).

E, quanto à "*opção do autor pela realização ou não de audiência de conciliação ou de mediação*", novo requisito da petição inicial do processo civil (inciso VII do art. 319), conquanto se trate de uma grande novidade naquele processo, na seara trabalhista, esta regra não tem o menor espaço para incidência subsidiária ou supletiva. Ora, a busca da conciliação sempre foi a *função precípua* da Justiça do Trabalho. Com efeito, esta Justiça especializada foi pioneira tanto na previsão legal da busca da solução consensual para os conflitos de interesses, quanto na prática da tentativa conciliatória. Desde 1943, no *pós-moderno* processo do trabalho, graças às normas do art. 764 e parágrafos da CLT, os juízes *sempre* envidaram todos os esforços possíveis para a conciliação das partes, empregando boas técnicas e inclusive a *persuasão* em busca da solução conciliatória, em qualquer momento da audiência una, ou das audiências bipartidas (inicial e instrução), *sem a necessidade* de designação de audiência *específica* para tanto[2]. Aliás, a prática tem demonstrado que na audiência inicial, salvo exceções, não se tem logrado alcançar um bom número de conciliações. O reclamado – ou seu advogado – prefere aguardar a audiência de instrução, na espera de que algum ato processual o favoreça, p. ex., a ausência do reclamante à audiência – que implica na declaração de sua confissão (Súmula n. 74 do C. Tribunal Superior do Trabalho) –, ou para ganhar tempo mesmo, principalmente em época de crise econômica. Portanto, a designação de uma audiência específica para conciliação ou mediação é *manifestamente incompatível* com o processo do trabalho, motivo pelo qual não se há exigir do reclamante que faça opção por referida audiência, em sua petição inicial.

No tocante à *mediação judicial*, penso que somente poderá ser levada a efeito no processo do trabalho quando houver uma lei própria para regulamentar a matéria, como normatizou expressamente o parágrafo único do art. 42 da Lei n. 13.140/2015, o qual evidenciou, portanto, que esta lei *não regula* a mediação no âmbito da Justiça do Trabalho. Outrossim, pela sistemática do processo do trabalho e pelos princípios protetivos do direito material trabalhista, penso que, quando forem

---

(2) SILVA, José Antônio Ribeiro de Oliveira et al. *Comentários ao Novo CPC e sua aplicação ao processo do trabalho – atualizado conforme a Lei n. 13.256/2016.* São Paulo: LTr, 2016. p. 23. v. 1: parte geral – arts. 1º ao 317 atualizados.

criados os centros judiciários de solução consensual de conflitos – CEJUSCs, órgãos que serão responsáveis pela realização de sessões e audiências de conciliação e mediação e pelo desenvolvimento de programas destinados a auxiliar, orientar e estimular a autocomposição –, *não poderão funcionar* sem a supervisão do juiz do trabalho, para que haja *efetiva* conciliação e não renúncia a direitos essenciais por parte do trabalhador[3].

3. Emenda da petição inicial no processo do trabalho

A *emenda da petição inicial* é o ato pelo qual o autor, sob determinação judicial, procede à correção ou complemento de sua petição inicial, sanando defeitos ou juntando documentos indispensáveis, a fim de que o julgador tenha condições de resolver o mérito. Agora, se mesmo admoestado, o autor não cumprir essa determinação, por preclusão temporal ou por não atender satisfatoriamente às indicações precisas do juiz, este não terá outro caminho que não seja o de *indeferir* a petição inicial, extinguindo o processo sem resolução do mérito, nos termos do art. 485, inciso I, do CPC/2015.

A disciplina da matéria no Novo Código de Processo Civil está contida no art. 321 e parágrafo único deste Repertório, correspondente às normas do art. 284 e parágrafo único do CPC/1973, com duas *novidades*: 1ª) o prazo para emenda ou complemento da petição inicial passou de 10 para *15 dias*; 2ª) doravante, não basta ao juiz determinar a emenda da petição inicial ou seu complemento, pois terá o *dever* de indicar, e *com precisão*, "*o que deve ser corrigido ou completado*". Trata-se de um ótimo exemplo de aplicação do *princípio da cooperação*, erigido em norma fundamental do processo civil pelo art. 6º do CPC/2015[4].

Com efeito, o Novo Código de Processo Civil estabeleceu a *primazia do julgamento do mérito*[5], porque somente esse tipo de decisão terá o condão de colocar fim ao litígio – ou de pacificá-lo, como se diz sempre. As partes não querem soluções processuais; antes, pretendem que o Judiciário diga com clareza, precisão e boa fundamentação com quem está a *razão jurídica*, se o autor é detentor do direito por ele afirmado ou se o réu nada lhe deve, inclusive por ter cumprido a obrigação, se for o caso. É a *solução da pretensão material* das partes – e de terceiros intervenientes – que importa. Com isso em mente, o juiz só deve "pausar" a marcha do processo se realmente a petição inicial se ressentir da falta de requisitos que torne dificultoso esse julgamento do mérito, como preconiza o referido art. 321, de modo que, sendo *imperioso* que o autor emende a petição inicial ou a complemente, por não preencher algum dos requisitos do art. 319 do Novo Código de Processo Civil ou por não ter sido instruída com documento indispensável à propositura da demanda ou, ainda, por apresentar outros "*defeitos e irregularidades capazes de dificultar o julgamento de mérito*", o juiz poderá determinar que o autor supra a falha no prazo de 15 (quinze) dias, mas, como já afirmado, com lealdade, "*indicando com precisão o que deve ser corrigido ou completado*".

No *processo do trabalho*, ainda que inaplicável o art. 319 do Novo Código de Processo Civil e que a norma do art. 320 nele seja inócua ou supérflua (art. 787 da CLT), não pode haver óbice à aplicação das normas do art. 321 e parágrafo único. Tanto é assim que nunca se questionou seriamente sobre a aplicação subsidiária das diretrizes do art. 284 (atual art. 321) e parágrafo único do CPC/1973 ao processo do trabalho. Pelo contrário, o E. Tribunal Superior do Trabalho tem até mesmo súmula sobre a matéria, mais precisamente a Súmula n. 263, com o seguinte teor:

SÚM-263. PETIÇÃO INICIAL. INDEFERIMENTO. INSTRUÇÃO OBRIGATÓRIA DEFICIENTE (atualizada em decorrência do CPC de 2015) – Res. 208/2016, DEJT divulgado em 22, 25 e 26.04.2016

Salvo nas hipóteses do art. 330 do CPC/2015 (art. 295 do CPC/1973), o indeferimento da petição inicial, por se encontrar desacompanhada de documento indispensável à propositura da ação ou não preencher outro requisito legal, somente é cabível se, depois de intimada para suprir a irregularidade em 15 (quinze) dias, mediante indicação precisa do que deve ser corrigido ou completado, a parte não o fizer (art. 321 do CPC/2015), de modo que, *não preenchendo* a petição inicial trabalhista algum dos requisitos do art. 840, § 1º, da CLT – ou do art. 852-B da CLT, no rito sumariíssimo –, ou se o juiz do trabalho constatar algum outro defeito ou irregularidade capaz de dificultar o julgamento do *mérito*, poderá – ou deverá – determinar que o reclamante

---

(3) No mesmo sentido, DIAS, Carlos Eduardo Oliveira *et al. Comentários ao Novo CPC e sua aplicação ao processo do trabalho – atualizado conforme a Lei n. 13.256/2016.* v. 1: parte geral – arts. 1º ao 317. p. 225.

(4) Sobre o princípio da cooperação, *vide*, por todos, FELICIANO, Guilherme Guimarães *et al. Comentários ao Novo CPC e sua aplicação ao processo do trabalho – atualizado conforme a Lei n. 13.256/2016.* p. 29-30. v. 1: parte geral – arts. 1º ao 317.

(5) Sobre referido princípio, DIDIER Jr., Fredie. *Curso de direito processual civil*: introdução ao direito processual civil, parte geral e processo de conhecimento. 19. ed. Salvador: JusPodivm, 2017. p. 153-155.

emende sua petição inicial, no prazo de 15 dias ou em prazo menor que não comprometa o cumprimento da determinação. Contudo, ao fazê-lo, deverá, *cooperando* com o autor e preocupando-se com a solução de mérito, indicar, *com precisão*, quais os pontos que devem ser corrigidos ou completados. Somente se o reclamante deixar transcorrer *in albis* o prazo que lhe foi assinado, ou se não emendar satisfatoriamente sua petição inicial, o juiz do trabalho poderá proceder ao *indeferimento* da inicial trabalhista e extinguir o processo sem resolução do mérito (art. 485, inciso I, do CPC/2015). Assim, a despeito da rigidez da regra do § 1º do art. 852-B, *mesmo no rito sumaríssimo*, o juiz deve oportunizar ao reclamante a emenda de sua petição inicial, para suprir a falta dos requisitos daquele dispositivo legal – formulação de pedido certo ou determinado, com a indicação do valor correspondente, e indicação do nome e do endereço corretos do reclamado –, na esteira da jurisprudência remansosa nesse sentido.

4. Pedidos implícitos e interpretação sistemática dos pedidos

4.1. Pedido certo e pedidos implícitos

A regra do *caput* do art. 322 do Novo Código de Processo Civil corresponde à primeira parte do *caput* do art. 286 do CPC/1973. Contudo, houve *significativa mudança* na sistemática do CPC/2015, quanto a essa matéria. Sob a égide do CPC/1973, a locução utilizada pelo legislador da época foi "pedido certo ou determinado", de modo que parte da doutrina, em consonância com a conjunção alternativa "ou", interpretava a norma no sentido de que os atributos da certeza e determinabilidade eram disjuntivos e não cumulativos. Assim, ao formular sua petição inicial o autor deveria deduzir pedido certo *ou* determinado, ou seja, devidamente delimitado em toda a sua extensão, revelando o que realmente pretendia e, *sendo possível*, com o valor correspondente ao pleito (pedido determinado), regra que comportava algumas exceções (incisos I a III do referido art. 286).

De outra mirada, a doutrina majoritária entendia que, apesar da expressão "ou", o pedido deveria ser certo *e* determinado[6]. Certo quanto a sua existência e extensão, para que o réu e o juiz pudessem verificar o que o autor realmente pretendia. E pedido determinado, *líquido*, admitindo-se pedido genérico apenas nas exceções legais já referidas.

Pois bem, o Novo Código de Processo Civil adotou essa segunda corrente doutrinária e de forma bem *explícita*, tratando do pedido certo no art. 322 e do pedido determinado, com suas exceções, no art. 324.

Segundo a melhor doutrina, o pedido deve ser *certo* quanto a sua existência e extensão porque deve ser interpretado restritivamente, tendo em vista que o sistema processual civil, em regra, não permite que o juiz profira julgamentos *ultra* ou *extra petita*, ou seja, além ou à margem do que efetivamente postulado pelo autor, não podendo lhe conceder mais do que pedido, ou coisa diversa da buscada em juízo. Trata-se do *princípio da congruência ou da adstrição*, refletido nas regras dos arts. 128 e 460 do CPC/1973, mantidas nos arts. 141 e 492 do CPC/2015[7]. Não por outra razão a norma do referido art. 492 é taxativa, dizendo expressamente ser *vedado* ao juiz proferir decisão *ultra* ou *extra petita*, ou seja, "de natureza diversa da pedida", ou "condenar a parte em quantidade superior ou em objeto diverso do que lhe foi demandado".

Contudo, o próprio sistema sempre admitiu, por meio de autorização legal ou por criação jurisprudencial, *exceções* à rigidez dessa normativa da interpretação restritiva do pedido. A título meramente exemplificativo, o art. 293 do CPC/1973 autorizava a interpretação de que os *juros legais* estão compreendidos no pedido principal; sempre se admitiu que a *correção monetária* carece de pedido expresso, por ser mera forma de atualização do valor nominal da moeda. São os *pedidos implícitos*, que não demandam certeza ou formulação expressa.

Acatando essa diretriz dos pedidos implícitos, a regra do § 1º do art. 322 do CPC/2015, que nem sequer manteve a exigência de interpretação restritiva dos pedidos do referido art. 293, estendeu o leque legal daqueles, para estatuir que, a título exemplificativo, estão compreendidos no pedido principal "*os juros legais, a correção monetária e as verbas de sucumbência, inclusive os honorários advocatícios*". Se até mesmo os honorários de advogado carecem de pedido expresso – em consonância com a jurisprudência remansosa do processo civil (Súmula n. 256 do STF) –, penso que outras exceções poderão tranquilamente ser criadas pela jurisprudência, inclusive pela *interpretação sistemática* com a regra do § 2º do art. 322.

É nessa mesma trilha que caminha a diretriz segundo a qual não há necessidade de pedido expresso de cumprimento das *prestações sucessivas*, pois se o juiz

---

(6) THEODORO JÚNIOR, Humberto. *Curso de Direito Processual Civil*. 10. ed. Rio de Janeiro: Forense, 1993. p. 358. v. I: Teoria Geral do Direito Processual Civil e Processo de Conhecimento.

(7) NERY JUNIOR, Nelson; NERY, Rosa Maria de Andrade. *Comentários ao Código de Processo Civil*. São Paulo: Revista dos Tribunais, 2015. p. 590.

constata a existência de obrigação com esse objeto, é consequência lógica que tais prestações sejam inseridas no capítulo da condenação, considerando-se esse pedido *implícito*, em conformidade com o art. 323 do CPC/2015, correspondente ao art. 290 do CPC/1973.

4.2. Interpretação sistemática e boa-fé

A propósito, o Novo Código de Processo Civil traz uma grande e *formidável inovação*, no tocante à interpretação do pedido por parte do juiz. O CPC/2015 não mais fala em interpretação restritiva dos pedidos, como já pontuado. Pelo contrário, permite – ou estimula – expressamente a chamada *interpretação sistemática* do pedido, que deve considerar "*o conjunto da postulação*", além de observar "*o princípio da boa-fé*", tudo em conformidade com a regra do § 2º do citado art. 322, que deve ser lida em combinação com a do art. 5º do Novo Código de Processo Civil, norma que alçou o *princípio da boa-fé* à categoria de norma fundamental do processo civil.

Nelson Nery menciona essa mudança, explicando que, de acordo com a interpretação sistemática, "determinados pleitos não expressos na inicial mas que, em tese, seriam passíveis de dedução, de acordo com o conjunto do que foi pedido", podem ser plenamente aceitos, "mas tudo em respeito, evidentemente, ao princípio da boa-fé"[8]. Este autor cita bela jurisprudência do E. STJ a respeito do reconhecimento de sociedade de fato, a despeito de não haver pedido expresso na petição inicial, na qual se compreende com clareza o significado do que poderíamos chamar de *princípio da sistematicidade ou da interatividade do pedido*. Perde espaço, portanto, doravante, o princípio da adstrição ou congruência.

Ora, não é lógico decidir que, a despeito de toda a argumentação exposta na exordial, devidamente contestada pelo réu, por vezes sobre fatos que foram objeto de prova, simplesmente pela falta de texto expresso no campo próprio dos pedidos, uma extensão lógica destes não possa ser contemplada pela decisão judicial. Seria decisão com apego exagerado ao formalismo processual, em total falta de sintonia com a *boa-fé objetiva*. Daí o novo regramento, que merece encômios.

4.3. Pedidos implícitos e interpretação sistemática no processo do trabalho

No processo do trabalho, pelo menos nos processos de rito ordinário, basta que o reclamante formule seu pedido, sem maiores formalismos, diante da *simplicidade* do processo laboral. Entretanto, é recomendável que o reclamante apresente pedido certo, plenamente delimitado em toda a sua extensão. É muito comum verificar que o reclamante, ajuizando a ação trabalhista em face do empregador e do tomador de serviços, postule genericamente a condenação das reclamadas ao pagamento das verbas objeto do pedido. Para que esse pedido seja considerado certo, teria o trabalhador de postular a condenação do tomador como responsável, especificando a *espécie de responsabilidade* que entende ser aplicável. Quanto aos *reflexos* de horas extras, adicional de insalubridade etc. em verbas de natureza salarial, deveria o trabalhador especificar com clareza a extensão desses reflexos.

Ademais, o art. 852-B, inciso I, da CLT, inspirado na regra do art. 286 do CPC/1973, elencou como requisito da petição inicial nos processos de *rito sumaríssimo* que o reclamante formule *pedido certo ou determinado*, inclusive com a indicação do valor correspondente. É dizer, esta norma exige que, além de certo, o pedido nesse tipo de processo deve ser plenamente determinado, sempre com um valor que sirva de parâmetro para o alcance do pleito, ainda que por estimativa, como defendi alhures[9].

Contudo, diante da *aplicação supletiva* (lacuna primária) da norma do § 2º do art. 322 do Novo Código de Processo Civil ao processo do trabalho, por ser plenamente compatível com as diretrizes deste, essa ótima novidade de se proceder à *interpretação sistemática* dos pedidos, considerando-se o conjunto da causa de pedir e do pedido, sempre com atenção ao princípio da boa-fé, é medida que se impõe. É contraproducente que uma questão, tendo sido objeto da chamada *litiscontestatio*, principalmente quando tenha havido produção de provas a seu respeito, não conduza à respectiva decisão de mérito, simplesmente por não ter havido pedido expresso, no campo específico, ou em toda a extensão. Aliás, a jurisprudência trabalhista é rica em situações que bem demonstram a aplicação do que ouso chamar de *princípio da sistematicidade* ou *da interatividade do pedido*: a) se o reclamante pede reflexos nas verbas legais, em regra o juiz condena ao pagamento de reflexos em DSR's, 13º salário, férias + 1/3, aviso-prévio e FGTS + 40%, as verbas que, sabidamente, ganham aqueles reflexos; b) se ele pede a condenação das reclamadas, pelo conjunto da petição inicial, na qual ele narra a forma como se deu a prestação de serviços em proveito de outrem, o juiz decide pela condenação do tomador como responsável subsidiário, entendimento já devidamente

---

(8) NERY JUNIOR, Nelson; NERY, Rosa Maria de Andrade. *Comentários ao Código de Processo Civil*, p. 893.

(9) SILVA, José Antônio Ribeiro de Oliveira. *Questões relevantes do procedimento sumaríssimo*. São Paulo: LTr, 2000. p. 45-48.

sumulado (Súmula n. 331 do C. Tribunal Superior do Trabalho); c) confundindo-se o reclamante quanto ao correto instituto jurídico, se equiparação salarial, desvio ou acúmulo de função, numa interpretação sistemática da petição inicial, o juiz identifica qual o pedido correto sob o aspecto estritamente jurídico, e, sendo o caso, condena o reclamado ao adimplemento de verba distinta da postulada.

Como se não bastasse, no processo do trabalho a corrente doutrinária que perfilho entende que se aplicam os princípios da *ultra* ou *extrapetição*, considerando-se, inclusive, que na Justiça do Trabalho ainda vigora o *ius postulandi* das partes, não tendo o trabalhador conhecimento técnico para delimitar toda a extensão e determinabilidade de seu pedido. São vários os exemplos desse cabimento: a) a petição inicial trabalhista carece de pleito expresso de juros de mora e atualização monetária (Súmula n. 211 do Tribunal Superior do Trabalho); b) ainda que o pedido seja apenas de reintegração ao emprego, o juiz pode determinar o pagamento da indenização do período de estabilidade (arts. 496 e ss. da CLT); c) mesmo que não haja pedido expresso do adicional de horas extras ou do terço constitucional das férias, o juiz os concede; d) não havendo pedido expresso de anotação da CTPS, em sendo reconhecido o vínculo de emprego, o juiz a determina (art. 39, § 2º, da CLT); e) também a condenação ao pagamento das multas dos arts. 467 e 477, § 8º, da CLT, segundo parte da jurisprudência, não dependeria de pedido expresso[10].

Quanto a esta última hipótese, mesmo que haja resistência na jurisprudência trabalhista, pela aplicação supletiva dos §§ 1º e 2º do art. 322 do CPC/2015 não haverá mais fundamento lógico para se exigir interpretação restritiva dos pedidos, expressão que nem sequer foi mantida no texto do atual CPC. Pelas mesmas razões, não pode sobreviver a jurisprudência que entende que o valor da condenação, nos processos de rito sumariíssimo, deve ser limitado ao valor do pedido. Assim, se apurada em liquidação uma quantia maior do que a indicada pelo reclamante em sua petição inicial, essa quantia será devida, porque não é justo que o direito material sofra restrições por questões puramente formais, como o são as exigências de formalidades na postulação em juízo. Pensar de modo contrário é olvidar-se do *princípio da instrumentalidade* do processo e ignorar o princípio da boa-fé, em descompasso com o postulado da interpretação sistemática do pedido e com o princípio da *ultrapetição*. Revejo, aqui, posição adotada anteriormente quanto a essa questão.

5. Pedido determinado e pedido genérico

A matéria está disciplinada nas regras do art. 324 e § 1º do CPC/2015, que correspondem às do art. 286 e incisos I a III do CPC/1973. Contudo, como já enfatizado, houve *expressiva mudança* na sistemática do Novo Código, que adotou a corrente doutrinária segundo a qual o pedido deve ser certo *e também* determinado, disciplinando aquele no referido art. 322 e o pedido determinado, com suas três exceções legais, no art. 324.

No que toca à *determinabilidade* do pedido, diz a doutrina clássica que o pedido deve ser, além de certo, determinado, em toda a sua extensão, e *líquido* quando houver uma pretensão pecuniária, admitindo-se pedido genérico apenas nas exceções agora disciplinadas no § 1º do referido art. 324. Na prática, pedido determinado é "sinônimo" de *pedido líquido*, com a indicação do seu valor correspondente.

Ocorre que há ações meramente declaratórias, ou desconstitutivas de relação ou negócio jurídico, nas quais não há uma pretensão pecuniária imediata. Ainda que se exija a atribuição de valor da causa nestas ações (art. 291 do CPC/2015), por certo que não se pode falar em pedido determinado, na acepção clássica, para esse tipo de ação. Com efeito, nestas e outras situações não se pode exigir do autor que delimite todo o efeito econômico de sua pretensão material, que muitas vezes somente poderá ser aferível em toda a sua extensão quando da liquidação da sentença. Sensível a essa realidade, o legislador sempre permitiu a formulação de *pedido genérico*, vale dizer, não líquido, pelo menos nas três exceções a essa regra geral (art. 330, § 1º, II, do CPC/2015), a saber:

a) "*nas ações universais*", por exemplo, na petição de herança, quando o autor "não puder, desde logo, individuar os bens demandados, componentes da universalidade";

b) "*quando não for possível determinar, desde logo, as consequências do ato ou do fato*", porque há casos nos quais o autor não sabe ainda toda a extensão da indenização por ato ou fato ilícito, p. ex., num acidente de trânsito em que a vítima ainda se encontra em processo de convalidação, não se sabendo se irá ou não recuperar a capacidade cognitiva ou de trabalho; como observa

---

(10) O Mestre de todos nós, Wagner Giglio, entende que, em verdade, "o juiz fica constrangido" a condenar ao pagamento da multa do art. 467 da CLT, pois "esse preceito é de ordem pública, dirigido ao magistrado, determinando como deve proceder, haja ou não pedido expresso de acréscimo de 50% na condenação, na peça vestibular" (GIGLIO, Wagner D. *Direito processual do trabalho*, p. 75).

Nelson Nery, há casos que demandam até mesmo "liquidação da sentença por artigos, quando houver de provar-se fato novo, superveniente à sentença";

c) *"quando a determinação do objeto ou do valor da condenação depender de ato que deva ser praticado pelo réu"*, hipótese relacionada ao cumprimento de obrigações alternativas, que admitem inclusive pedido alternativo (art. 325 do CPC/2015), aplicando-se, ainda, esta norma para casos em que "o valor da condenação, para ser fixado, depende de fato do réu", nos quais, por óbvio, o autor não terá condições de indicar esse valor em sua petição inicial.[11]

Enfim, noutra *inovação* em relação ao CPC/1973, o Novo Código disciplina, no § 2º do art. 324, que tudo o quanto *"disposto neste artigo aplica-se à reconvenção"*. Se a reconvenção é ação autônoma, ajuizada incidentalmente pelo réu em face do autor, na qual ele formula uma pretensão material a ser satisfeita por este, não poderia ser mesmo diferente, porque do contrário não estaria atendido o princípio da paridade de armas[12], erigido em norma fundamental do processo civil pelo art. 7º do CPC/2015. De se anotar que a reconvenção está disciplinada no art. 343 e parágrafos do CPC/2015.

5.1. Pedido determinado e pedido genérico no processo do trabalho

No processo do trabalho, basta a formulação do pedido, sem qualquer apontamento de valor, nos processos de rito ordinário. Não obstante, nos processos de rito sumaríssimo o autor deve apresentar pedido certo ou determinado, com a indicação do valor correspondente, nos termos do art. 852-B, inciso I, da CLT. Daí que, havendo pedidos cumulados – como é a regra geral no processo do trabalho – o reclamante deve liquidar *todos os pedidos* que representem expressão pecuniária, ou pelo menos apresentar uma *estimativa* do alcance dos pedidos, por ser praticamente impossível desde logo liquidar pedidos como pagamento de horas extras, adicional de acúmulo de função, diferenças decorrentes de equiparação salarial e tantas outras verbas trabalhistas.

A propósito, transcrevo parte do que sustentei sobre a interpretação da norma do art. 852-B, inciso I, no ano de 2000, assim que publicada a Lei n. 9.957:

Refletindo sobre o dispositivo em tela, chegamos à conclusão de que o pedido deve ser certo e determinado quanto ao que se pretende, mas não há necessidade de ser líquido, vale dizer, determinado quanto ao seu valor de forma discriminada, em toda a sua extensão, para o que deveria o autor já apresentar seus cálculos aritméticos. Basta, pois, que se indique *o valor correspondente*, ou seja, o limite do valor da pretensão deduzida. Mesmo porque é da soma do valor limite dos pedidos que se verificará se a ação seguirá o rito sumaríssimo ou não.

Esta é a interpretação mais lógica, porque se é possível ao autor formular pedido determinado (líquido) em relação a verbas eminentemente *rescisórias*, tais como aviso prévio indenizado, salários trezenos, férias mais o terço constitucional, FGTS mais multa de 40%, além de saldo de salário, multas e algumas outras verbas, por outro lado, é inviável formular pedido líquido de horas extras (ou de diferenças), sobretudo dos reflexos pertinentes, além de desnecessário, porquanto quase sempre a instrução probatória demonstra que as horas extras são devidas em quantidade inferior à postulada.

(...)

Para reforçar nossos argumentos, veja-se que também no Juizado Especial Cível é requisito do pedido a indicação de seu valor (art. 14, § 1º, inciso III, da Lei n. 9.099/95), mas "É lícito formular pedido genérico quando não for possível determinar, desde logo, a extensão da obrigação" (§ 2º do mesmo dispositivo legal).

Ora, se até mesmo no JEC, onde se postula verbas de mais fácil liquidação do que as nossas tradicionais horas extras, diferenças salariais e outras, é permitida a apresentação de pedido genérico se não for possível apurar, de antemão, toda a extensão da obrigação, por que exigir do trabalhador que o faça? Como ele apresentará pedido líquido de adicional de insalubridade se ainda não realizada a perícia para se saber o grau da mesma, de acordo com os arts. 192 e 195 da CLT? E se o pedido for de declaração de sua garantia de emprego por ter adquirido doença profissional, matéria complexa que

---

(11) NERY JUNIOR, Nelson; NERY, Rosa Maria de Andrade. *Comentários ao Código de Processo Civil*, p. 895.

(12) Sobre este princípio, *vide* FELICIANO, Guilherme Guimarães *et al. Comentários ao Novo CPC e sua aplicação ao processo do trabalho – atualizado conforme a Lei n. 13.256/2016*, p. 30. v. 1: parte geral – arts. 1º ao 317.

exige perícia técnica, a qual, por sua vez, gera impugnações de parte a parte?

Por isso, não hesitamos em afirmar que a se exigir *cegamente* a formulação de pedido líquido, em toda e qualquer hipótese, estar-se-á ferindo de morte o próprio direito constitucional de ação (art. 5º, inciso XXXV, da CF/88), princípio maior do que a exigência da lei ordinária.

(...)

Para tanto, basta um cálculo aproximado, por estimativa, de quanto seria o valor das pretensas horas extras (por exemplo), com base no último salário.[13]

E agora, em 2017, insisto: a norma do art. 852-B, inciso I, da CLT, exige que, além de certo, o pedido no processo de *rito sumaríssimo* deve ser plenamente determinado, com a indicação de um valor que sirva de parâmetro para o alcance do pleito, mas por mera *estimativa*, e não com cabal liquidez. Ademais, friso: se esse valor-limite serve apenas de parâmetro à pretensão, em sendo apurada em liquidação de sentença uma quantia maior do que a especificada pelo reclamante, essa quantia será exigível do reclamado, porque não é justo e nem conforme a boa-fé que o direito material, especialmente o direito trabalhista, que envolve quase sempre verbas de natureza alimentar, sofra reduções por questões meramente formais. Registro aqui, portanto, minha *mudança de posicionamento* sobre essa questão, em relação ao quanto sustentado em 2000.

Quanto às *exceções* à exigência de formulação de pedido determinado, nas quais se admite a apresentação de *pedido genérico*, de se observar que a primeira delas não se aplica ao processo do trabalho, porque a Justiça especializada *não tem* competência material para conhecer as ações universais. De outra mirada, se o reclamante não puder determinar, desde logo, toda a extensão da indenização por ato ou fato ilícito praticado pelo empregador ou tomador de serviços, p. ex., num acidente do trabalho em que ele, reclamante, ainda se encontre em fase de consolidação das lesões, não tendo condições de avaliar com segurança se irá ou não recuperar sua capacidade de trabalho – fato que será apurado em perícia, no curso do processo –, não se há exigir dele a formulação de pedido líquido, de modo que a exceção do inciso II do § 1º do art. 324 do CPC/2015 *se aplica* ao processo do trabalho. No que se refere à terceira hipótese, conquanto seja *incomum* a formulação de pedido relacionado ao cumprimento de obrigações alternativas na seara laboral, há compatibilidade da norma com as diretrizes do processo do trabalho, e exemplos concretos de sua aplicação, como no caso de previsão em norma coletiva, p. ex., de fornecimento de cesta básica, de tíquete-refeição ou de pagamento de um valor avençado; nesse caso, cabendo a escolha ao empregador, não há como exigir do trabalhador que apresente pedido líquido.

No tocante à *reconvenção*, ainda que haja polêmica quanto a sua admissibilidade no processo do trabalho, como a doutrina e a jurisprudência majoritárias a admitem, de se aplicar *supletivamente* (lacuna primária) a regra do § 2º do art. 324 do CPC/2015, exigindo-se que o reclamado, ao formular seu pedido reconvencional, também apresente *pedido líquido*, a menos que seja possível enquadrar sua pretensão material numa das exceções legais à exigência de formulação de pedido devidamente determinado.

6. Pedido sucessivo ou subsidiário

A norma do *caput* do art. 326 do CPC/2015 corresponde à do art. 289 do CPC/1973, mas contém uma *mudança radical*, ainda que tenha apenas empregado a expressão "subsidiária" no lugar de "sucessiva" para a ordem de formulação dos pedidos cumulados. Ademais, a regra do parágrafo único deste artigo se trata de *absoluta novidade* no sistema processual brasileiro, introduzida pelo Novo Código de Processo Civil, pois se refere a *pedidos alternativos*, quando o legislador já tratara dessa espécie de pedido no art. 325.

Encampada, pois, pelo CPC/2015 a doutrina que promove a *distinção* entre pedidos alternativos, sucessivos e subsidiários. Dinamarco, estudando minuciosamente a cumulação de demandas, promove relevantes distinções entre essas figuras, que podem resultar na seguinte *classificação*:

1) *pedidos cumulados* – disciplinados no art. 292 do CPC/1973, correspondente ao art. 327 do CPC/2015, com a *tríplice compatibilidade* que para tanto se exige (§ 1º dos dois dispositivos citados), exigência esta que se aplica à cumulação de pedidos, na cumulação simples e na sucessiva, com atenuações na cumulação eventual ou subsidiária e na alternativa (§ 3º do art. 327 do CPC/2015);

2) *pedidos sucessivos* – a cumulação de pedidos permitida genericamente nos dispositivos já mencionados permite também a cumulação de demandas interligadas pelo *nexo de prejudi-*

---

(13) SILVA, José Antônio Ribeiro de Oliveira. *Questões relevantes do procedimento sumaríssimo*, p. 45-48.

cialidade, demandas que "são invariavelmente conexas pelas causas de pedir", por ser uma a demanda principal e outra a acessória; estou falando, portanto, de pedido *principal* e de pedido *acessório*, de modo que o juiz só conhece do pleito acessório se se convencer da procedência do pedido principal; há uma *sucessividade* no julgamento dessas demandas, inerente à prejudicialidade delas (a demanda principal como prejudicial; a acessória como prejudicada), oriunda da máxima segundo a qual *accessorium sequitur suum principale*; de modo que a procedência do pedido principal *permite* a apreciação do pleito acessório, "mas a improcedência daquele impõe também a deste (daí, *prejudicialidade*)", segundo Dinamarco; nessa ordem de ideias, pedido *sucessivo* é pedido *acessório* ou prejudicial, não pedido subsidiário;

3) *pedidos subsidiários* – diferente é a situação em que o autor formula pedidos cumulados, mas optando *preferencialmente* pelo reconhecimento de um deles; trata-se de um cúmulo alternativo (*lato sensu*) de pedidos – e não de um cúmulo simples –, em que a alternatividade é qualificada pela *eventualidade* do segundo pedido formulado, porque se o primeiro (o preferido ou principal) for acolhido pelo juiz, restará prejudicada a análise do segundo (o eventual ou subsidiário); vê-se que a situação é *oposta* à do pedido sucessivo, cuja análise resta prejudicada exatamente na improcedência do pedido principal; no caso de pedido principal e *subsidiário*, como a regra do art. 326 do CPC/2015 deixa claro, o juiz somente conhecerá do pedido posterior (eventual), "*quando não acolher o anterior*" (principal); se acolhido o pedido prioritário, "fica prejudicado o *eventual* e não será julgado por ausência de interesse processual", segundo Dinamarco; bem se vê, portanto, que a situação é de *eventualidade*, não de sucessividade, motivo pelo qual o Novo Código de Processo Civil corrige a expressão desta norma, falando em "*ordem subsidiária*" no art. 326, e não em ordem sucessiva (art. 289 do CPC/1973);

4) *pedidos alternativos* (*lato sensu*) – embora o pedido alternativo *stricto sensu* se refira a uma obrigação alternativa (art. 325), a doutrina já admitia que a *alternatividade*, pelo sistema processual, não se restringe àquela hipótese; assim, pela amplitude da cumulação de demandas permitida no processo civil, é lícito ao autor formular pedidos alternativos, independentemente da previsão em lei ou em contrato, para que o juiz possa acolher *qualquer deles* – acolhe um e exclui o outro –, exigindo-se, apenas, a compatibilidade de juízo e de procedimento (§ 3º do art. 327 do CPC/2015); se ao autor for "indiferente obter um resultado jurídico ou outro", poderá formular pedidos com essa alternatividade, p. ex., postulando a entrega do bem objeto do contrato de compra e venda ou a devolução do preço pago; pedindo a nulidade de um contrato ou de outro, quando sejam incompatíveis entre si; nesses casos, o juiz sempre terá liberdade para acolher qualquer dos pedidos, "segundo lhe pareça mais adequado ao direito e à justiça do caso concreto", sendo que, nesse caso, a demanda será julgada procedente e não parcialmente procedente, não tendo o autor interesse em recorrer, já que deixou à livre escolha do juiz o acolhimento de um ou outro pedido.[14]

Destarte, bem se vê que o Novo Código de Processo Civil trata dos pedidos subsidiários ou eventuais no *caput* do art. 326, e dos pedidos alternativos (*lato sensu*) em seu parágrafo único, que *não encontra* correspondência no CPC/1973. Inovando mais uma vez, o § 3º do art. 327 do CPC/2015 disciplina que "*O inciso I do § 1º não se aplica às cumulações de pedidos de que trata o art. 326*", de modo que não se pode exigir compatibilidade entre os pedidos principal e subsidiário, tampouco entre os pedidos alternativos, disciplinados no art. 326 e parágrafo único.

6.1. Pedido sucessivo ou subsidiário no processo do trabalho

No processo do trabalho, é muito comum falar-se em pedidos sucessivos e alternativos, mas sem uma boa técnica para a identificação correta do instituto, ainda que as reclamações trabalhistas sejam ricas em hipóteses que poderiam ser utilizadas para demonstrar que, apesar de informal, o processo do trabalho convive bem com alguns institutos formalísticos do processo civil, oferecendo exemplos muito mais claros à compreensão do intérprete, de modo que, também no segmento justrabalhista, é possível falar em *pedidos cumulados, alternativos, sucessivos* e inclusive *subsidiários*, conquanto haja apenas menções pontuais a estes últimos na doutrina.

---

(14) DINAMARCO, Cândido Rangel. *Instituições de Direito Processual Civil*. 4. ed., rev., atual. e com remissões ao Código Civil de 2002. São Paulo: Malheiros, 2004. p. 164-172. v. II.

O processo do trabalho é o mais rico em formulação de *pedidos cumulados*, pois há uma infinidade de pretensões de satisfação de direitos trabalhistas sonegados no curso da relação de trabalho. Há petição inicial trabalhista com mais de vinte pedidos. Por certo que, para essa cumulação simples, há de se exigir a *tríplice compatibilidade* de que trata o § 1º do novel art. 327.

Igualmente, no processo do trabalho, há exemplos contundentes de *pedidos sucessivos*, embora muitos assim considerados sejam, em verdade, pedidos subsidiários. Bem verdade que os princípios da informalidade e simplicidade que imperam no processo do trabalho tornam a rigidez dessa distinção inócua, *na prática*. Não obstante, para efeito doutrinário, convém separar as duas situações, inclusive porque o legislador do CPC/2015 utilizou a expressão "subsidiária" e não "sucessiva" na redação do *caput* do art. 326, o que pode conduzir a equívocos, se não for bem compreendida a matéria.

Pois bem, na petição inicial trabalhista, é bastante comum a cumulação de pedidos conectados pelo *nexo de prejudicialidade*, pedidos que possuem a mesma causa de pedir. É dizer, há um pedido principal e um *pedido acessório*, presente este nas inúmeras hipóteses em que o reclamante postula reflexos da verba principal (por ex., de horas extras, adicionais de insalubridade e periculosidade e um largo etcétera) em outras verbas trabalhistas de caráter salarial (DSR's, 13º salário, férias + 1/3, aviso-prévio, FGTS + 40%). A sucessividade nesses casos é pacífica, tanto que o juiz do trabalho *só julga* o pedido acessório (de reflexos) se julgar procedente o pleito principal. É dizer, apenas a *procedência* do pedido principal dá ensejo à apreciação da postulação acessória, que pode ser julgada procedente ou improcedente (se não houver habitualidade nas horas extras, não há falar em certos reflexos). De outra mirada, se o juiz não acolher o pleito principal, terá de julgar improcedente o pedido sucessivo, diante da *prejudicialidade* inerente a esse tipo de cumulação de demandas (não havendo horas extras, não há falar em reflexos).

Outra figura jurídica é a dos *pedidos subsidiários*, porque o reclamante, ao formular pedidos dessa natureza, faz opção *preferencial* pelo acolhimento de um deles, sendo exemplo categórico desse tipo de postulação no processo do trabalho a formulação de pedidos de *responsabilidade* solidária ou subsidiária do tomador de serviços. Aqui o reclamante apresenta pedidos alternativos, mas cuja alternatividade é qualificada pela *eventualidade* do pedido posterior, ou seja, se o principal (pedido anterior) for acolhido pelo juiz, não haverá qualquer espaço para que se analise a pertinência do pedido posterior, formulado em caráter eventual ou subsidiário. Ora, se o juiz já condenou o tomador de serviços como responsável *solidário* (o mais), por que apreciaria o pleito de responsabilidade subsidiária (o menos)? Assim, numa situação *invertida* com a dos pedidos sucessivos, se julgado procedente o pedido principal, restará *prejudicada* a análise do pedido secundário. No entanto, se o principal não for acolhido (a solidariedade), o juiz *passará* ao julgamento do pleito eventual ou subsidiário (a subsidiariedade), que, por sua vez, poderá ser acolhido ou não. Outro exemplo: o reclamante postula vínculo de emprego com o tomador de serviços ou, pelo menos, a responsabilidade subsidiária deste para com seus haveres trabalhistas, sendo este pedido subsidiário em relação àquele, o preferencial.

Quanto aos *pedidos alternativos (lato sensu)*, que não se relacionam ao cumprimento de uma obrigação alternativa, embora haja certa alternatividade na formulação de pleitos principal e subsidiário, trata-se de instituto formalmente pensado para as hipóteses em que ao autor é *indiferente* se o juiz vai acolher o pedido "A" ou o "B", porque a procedência de qualquer um deles, *sem* ordem preferencial, satisfaz a pretensão do autor. Aqui penso ter havido uma alteração de 180 graus em dois pedidos formulados amiúde no processo do trabalho: os pedidos de reintegração ou de indenização do período de estabilidade. A doutrina justrabalhista sempre frisou tratar-se de hipótese de pedidos "sucessivos" – em verdade, subsidiários, conforme a melhor técnica já descrita –; porém, é deveras comum que o trabalhador não faça *questão alguma* da reintegração, postulando-a apenas com receio da jurisprudência majoritária no sentido de que o direito principal é ao emprego e não à indenização. Assim, *na prática*, a menos que o trabalhador deixe claro que seu pedido principal é o de reintegração – e o subsidiário o da indenização –, estaremos diante de *pedidos alternativos*, caso ao reclamante seja *indiferente* qualquer daqueles dois resultados.

A ilação é a de que, portanto, as normas do art. 326 e parágrafo único do Novo Código de Processo Civil são *perfeitamente ajustáveis* ao processo do trabalho, principalmente pelas mudanças que elas são capazes de proporcionar.

7. Aditamento ou alteração do pedido e da causa de pedir

O regramento do art. 329 do CPC/2015 corresponde a dois artigos do CPC/1973. Seu inciso I à regra do art. 294 e seu inciso II à do parágrafo único do art. 264. Contudo, houve *significativa* melhora de redação, para deixar bem claros os momentos em que cabíveis o *aditamento* ou a *alteração* do pedido e da causa de pedir. Ademais, houve o *acréscimo* do parágrafo único, que mandou aplicar esse regramento à reconvenção, norma que não havia no regime do CPC/1973.

No processo civil, sempre se preocupou em estabelecer marcos intransponíveis para que o autor pudesse inovar sua petição inicial, alterando os fatos ou formulando novos pedidos, em nome do que se convencionou chamar de *estabilização da demanda*. Ora, o réu precisa ser citado e tem prazo peremptório para se defender, não podendo ser surpreendido com aditamento de fatos ou de pedidos quando está a preparar sua defesa em juízo. Daí por que o sistema processual fixa *dois momentos* para que esses acréscimos sejam admitidos, consoante as regras dos incisos I e II do art. 329, a saber:

1ª) *até a citação* – e não mais antes da citação (antigo art. 294) – poderá o autor aditar – trazer nova causa de pedir e novo pedido – ou alterar o pedido ou a causa de pedir já apresentados na petição inicial, "*independentemente de consentimento do réu*"; é dizer, se ainda *não realizada* a citação, ele poderá fazer os aditamentos ou alterações que bem entender, porque o réu ainda não integra a relação jurídico-processual e ainda não corre seu prazo de defesa de quinze dias (art. 335 e parágrafos do CPC/2015);

2ª) *até o saneamento do processo*, desde que haja "*consentimento do réu*", ao qual se assegura – caso concorde com o aditamento do pedido ou a alteração do pedido e da causa de pedir depois de sua citação – "*o contraditório mediante a possibilidade de manifestação*" sobre os acréscimos levados a efeito pelo autor, "*no prazo mínimo de 15 (quinze) dias*", que é o prazo (mínimo) para defesa ou contestação; faculta-se, ainda, ao réu, nesse caso, "*o requerimento de prova suplementar*", se já tiver apresentado contestação e nesta indicado as provas das quais pretendia se utilizar para o convencimento do juiz; trata-se de absoluta *novidade* esta *segunda parte* do inciso II ora em comento, quiçá inspirada na prática do processo do trabalho, porque o importante é que se assegure o *contraditório* para se admitir aditamento ou alterações do quanto já postulado, que será observado *efetivamente* (art. 7º do CPC/2015) se o réu tiver *renovado* seu prazo de defesa, que é de quinze dias.

De outra mirada, se o juiz já tomou *decisão de saneamento* do processo, com toda a extensão do art. 357 do Novo Código de Processo Civil, resolvendo questões processuais pendentes, delimitando as questões de fato que serão objeto de prova, especificando os meios de prova admitidos, definindo a distribuição do ônus da prova, e inclusive delimitando as questões de direito relevantes para a decisão do mérito, seria um contrassenso admitir que o autor, depois de tudo isso, ainda pudesse aditar o pedido – trazendo fatos novos – ou mesmo alterar o pedido e sua causa de pedir. Em suma, já formada a chamada *litiscontestatio*, não há falar em aditamento ou alteração do objeto da inicial.

Nelson Nery observa que a proibição de alteração do pedido ou da causa de pedir se aplica mesmo no caso de ter havido *revelia*, sendo "vedado ao autor prevalecer-se da inferioridade processual do réu e alterar a causa de pedir ou o pedido. Caso queira assim proceder, deverá citar novamente o réu, que terá nova oportunidade para resposta", como constava expressamente no art. 321 do CPC/1973, regra não mantida no CPC/2015. Quanto ao *litisconsórcio passivo*, ensina que, "enquanto não realizadas todas as citações, a modificação do pedido ou da causa de pedir é possível, mesmo sem o consentimento dos réus já citados", ainda que os réus já citados devam ser citados (intimados) novamente, "para que possam tomar conhecimento da modificação"[15].

Outra *inovação* é a do parágrafo único do art. 329, determinando que se apliquem todas essas diretrizes sobre pedido e causa de pedir ao instituto da "*reconvenção e à respectiva causa de pedir*". Se a reconvenção é, em singelas palavras, a ação do réu em face do autor, na qual ele formula pretensão material própria diante deste (art. 343 do CPC/2015), não poderia ser diferente a definição dos momentos em que o réu pode aditar sua reconvenção ou alterar pedidos e causa de pedir já formulados.

7.1. Aditamento ou alteração do pedido e da causa de pedir no processo do trabalho

Nos domínios do processo do trabalho, conquanto haja controvérsia sobre o tema, a doutrina e, sobretudo, a jurisprudência mais abalizadas sempre entenderam pela *inaplicabilidade* dos marcos intransponíveis das normas do art. 294 e do parágrafo único do art. 264 do CPC/1973 na seara laboral, ainda que não o mencionasse expressamente.

E isso por motivos lógicos, dado que a *sistemática procedimental* do processo do trabalho é muito distinta da do processo civil, com a extrema *concentração* de atos processuais em audiência. Além do mais, na Justiça do

---

(15) NERY JUNIOR, Nelson; NERY, Rosa Maria de Andrade. *Comentários ao Código de Processo Civil*, p. 900-901.

Trabalho a citação é ato de secretaria (art. 841 da CLT), a defesa é apresentada em audiência (art. 847 da CLT) e não há decisão de saneamento do processo (art. 848 da CLT). De outra mirada, não admitir que o trabalhador, dada a simplicidade e a informalidade do processo do trabalho, possa aditar o pedido ou modificar causa de pedir e pedidos já formulados, não seria razoável. Por isso, a jurisprudência trabalhista sempre admitiu tais modificações por parte do reclamante *até a primeira audiência*, renovando-se, nesta, o prazo de defesa do reclamado, preservando-lhe o contraditório, com o *adiamento da audiência* para que este possa aditar (ou refazer) sua defesa. Uma prática saudável que, ao que nos parece, foi incorporada ao processo civil, na parte final do inciso II do art. 329.

Destarte, no processo do trabalho sempre se admitiu, mesmo *depois* da citação do réu e *independentemente* de seu consentimento, o aditamento do pedido e a modificação do pedido ou de sua causa de pedir. Como não há decisão de saneamento no processo do trabalho, na primeira audiência (inicial ou una), o juiz do trabalho normalmente admite os referidos aditamento e modificação, a despeito de falta de consentimento do réu, assegurando-lhe o *efetivo contraditório*, adiando a audiência para uma data que respeite os prazos de defesa do processo do trabalho – de 5 dias (art. 841, *caput*, da CLT) ou de 20 dias (prazo em quádruplo da Fazenda Pública, consoante o art. 1º, inciso II, do Decreto-Lei n. 779/1969).

Com efeito, enquanto não recebida a defesa pelo juiz, o autor pode aditar ou alterar a causa de pedir ou o pedido, conquanto seja recomendável que o faça até uns 10 dias antes da audiência, para evitar o adiamento desta. E, no *processo judicial eletrônico*, ainda que juntada a defesa, o juiz a recebe em audiência, sendo possível, antes desse recebimento, o aditamento, desde que renovado o prazo de defesa. A mesma diretriz se aplica à desistência de pedido ou da ação (art. 485, § 4º, do CPC/2015).

Agora, depois de recebida a defesa em audiência, já tendo sido formada a chamada *litiscontestatio*, não se deve admitir aditamento ou alteração de pedido nem mesmo no processo do trabalho, a menos que haja concordância do reclamado, porque essa prática poderia conduzir a procrastinações incompatíveis com a celeridade que é a marca registrada do processo do trabalho.

Enfim, também no processo do trabalho se exige nova citação do réu no caso de revelia e aditamento posterior, aplicando-se à reconvenção trabalhista as mesmas diretrizes já mencionadas.

Referências bibliográficas

DIAS, Carlos Eduardo Oliveira *et al*. *Comentários ao Novo CPC e sua aplicação ao processo do trabalho – atualizado conforme a Lei n. 13.256/2016*. São Paulo: LTr, 2016. v. 1: parte geral – arts. 1º ao 317.

DIDIER JR., Fredie. *Curso de direito processual civil*: introdução ao direito processual civil, parte geral e processo de conhecimento. 19. ed. Salvador: JusPodivm, 2017.

DINAMARCO, Cândido Rangel. *Instituições de Direito Processual Civil*. 4. ed., rev., atual. e com remissões ao Código Civil de 2002. São Paulo: Malheiros, 2004. v. II.

FELICIANO, Guilherme Guimarães *et al*. *Comentários ao Novo CPC e sua aplicação ao processo do trabalho – atualizado conforme a Lei n. 13.256/2016*. São Paulo: LTr, 2016. v. 1: parte geral – arts. 1º ao 317.

GIGLIO, Wagner D. *Direito processual do trabalho*. 12. ed. rev. atual. e ampl. São Paulo: Saraiva, 2002.

NERY JUNIOR, Nelson; NERY, Rosa Maria de Andrade. *Comentários ao Código de Processo Civil*. São Paulo: Revista dos Tribunais, 2015.

SILVA, José Antônio Ribeiro de Oliveira. *Questões relevantes do procedimento sumaríssimo*. São Paulo: LTr, 2000.

SILVA, José Antônio Ribeiro de Oliveira *et al*. *Comentários ao Novo CPC e sua aplicação ao processo do trabalho – atualizado conforme a Lei n. 13.256/2016*. São Paulo: LTr, 2016. v. 1: parte geral – arts. 1º ao 317.

THEODORO JÚNIOR, Humberto. *Curso de Direito Processual Civil*. 10. ed. Rio de Janeiro: Forense, 1993. v. I: Teoria Geral do Direito Processual Civil e Processo de Conhecimento.

Breve Estudo sobre o *Amicus Curiae* como Modalidade de Intervenção de Terceiros no Código de Processo Civil e sua Incorporação na Justiça do Trabalho

Larissa Satie Fuzishima Komuro
Mestre em Direito pelo Centro Universitário Toledo – UNITOLEDO de Araçatuba.
Professora das Faculdades Integradas de Três Lagoas – AEMS.

Com o advento do Código de Processo Civil (Lei n. 13.105, de 16 de março de 2015), o *amicus curiae* foi incluído dentre as modalidades de intervenção de terceiros. E, mesmo não possuindo regramento próprio, o instituto já aparecia em vários julgamentos de grande repercussão, como a ADPF n. 54, que trata da interrupção da gravidez do feto anencefálico, ADI n. 4277 e ADPF n. 132, que reconhecem a união estável para casais do mesmo sexo, ADI n. 3510, sobre a utilização de células-tronco embrionárias para pesquisas científicas com fins terapêuticos, ADPF n. 186 e RE n. 597.285, acerca da reserva de vagas em universidades públicas a partir de critérios raciais e sociais ("cotas"), além da ADPF n. 324 e RE n. 958.252, a serem julgados, que tratam da terceirização das atividades-meio.

O presente estudo pretende traçar um paralelo entre o *amicus curiae* e outras figuras já existentes no ordenamento jurídico brasileiro além de pesquisar sua atuação no Supremo Tribunal Federal, Tribunal Superior do Trabalho e Tribunal Regional do Trabalho da 15ª Região depois da entrada em vigor do Novo Código de Processo Civil.

O instituto do *amicus curiae* nasceu com o objetivo de ampliar a busca da verdade real, fazer com que a matéria seja discutida exaustivamente antes da decisão final, ouvindo opiniões e posições dos diversos segmentos da sociedade e trazendo ao julgador todas as informações disponíveis, visando o maior esclarecimento e entendimento possíveis.

Em obra fundamental sobre o estudo do *amicus curiae* – "*Amicus Curiae* no processo civil brasileiro – um terceiro enigmático" – Cassio Scarpinella Bueno traz o instituto diante de outras figuras do processo civil brasileiro e ao fazê-lo, ao contrário da maioria dos autores que enumeram as diferenças entre estas figuras, procura aproximá-las para chegar a uma proposta de sistematização do *amicus curiae* a partir da regulamentação já existente quanto ao perito, ao *custos legis*, ao assistente, além de outros.

A doutrina divide os sujeitos processuais em principais (juiz e partes) e secundários (auxiliares da justiça). Cassio Scarpinella Bueno[1] cita Chiovenda, para o qual "o conceito de parte entronca-se no conceito do processo e da relação processual: Parte é aquele que demanda em seu próprio nome (ou em cujo nome é demandada) a atuação duma vontade de lei, e aquele em face de quem essa atuação é demandada. A ideia de parte é ministrada, portanto, pela própria lide, pela relação processual, pela demanda; não é necessário rebuscá-la fora da lide e, especialmente, na relação substancial que é objeto da controvérsia".

---

(1) *Amicus Curiae no processo civil brasileiro – um terceiro enigmático*, p. 363.

O art. 149 do Código de Processo Civil trata dos auxiliares da justiça:

> Art. 149. São auxiliares da Justiça, além de outros cujas atribuições sejam determinadas pelas normas de organização judiciária, o escrivão, o chefe de secretaria, o oficial de justiça, o perito, o depositário, o administrador, o intérprete, o tradutor, o mediador, o conciliador judicial, o partidor, o distribuidor, o contabilista e o regulador de avarias.

Olivia F. Razaboni[2] entende que quando a intervenção do *amicus curiae* ocorre por iniciativa do juiz, o *amicus* exerce a função de auxiliar do juízo.

Com relação ao perito, pode-se destacar como pontos em comum com o *amicus curiae* o fato de ser um terceiro, auxiliar do juízo, que tem como finalidade oferecer ao magistrado melhores condições de julgamento da lide.

> O perito, destarte, é auxiliar do juízo, assim entendido o responsável por levar ao conhecimento do juízo informações técnicas, que não estão ao alcance da compreensão exigida de um magistrado. Rigorosamente falando, todas as questões relativas a dados não jurídicos e que têm aptidão para ser entendidas como áreas específicas ou próprias do conhecimento humano podem resultar, quando seu enfrentamento é necessário para fins de resolver um conflito, na *necessidade* da produção de prova pericial.[3]

Ocorre que o perito possui regime próprio no Código de Processo Civil (art. 156 e seguintes)[4].

Custos legis, ou "fiscal da lei", é a função desempenhada pelo Ministério Público:

Trata-se daqueles casos em que a lei prevê a *intervenção* do Ministério Público para atuar não em favor de um dos litigantes, autor ou réu, mas para atuar de forma reconhecidamente desvinculada do interesse individual, subjetivado, trazido ao processo. De uma forma, para nos valermos de uma só palavra: *imparcial*. Para empregarmos outra, que nos parece bastante reveladora de muitas informações úteis para o desenvolvimento do nosso trabalho: uma atuação que *transcende* o interesse subjetivado, próprio, de cada uma das partes que estão na relação processual perante o Estado-juiz.[5]

O art. 178 do CPC estabelece a competência do Ministério Público, sendo que sua relação com o *amicus curiae* relaciona-se com o inciso I:

> Art. 178. O Ministério Público será intimado para, no prazo de 30 (trinta) dias, intervir como fiscal da ordem jurídica nas hipóteses previstas em lei ou na Constituição Federal e nos processos que envolvam:
>
> I – *interesse público ou social*;
>
> II – interesse de incapaz;
>
> III – litígios coletivos pela posse de terra rural ou urbana. (grifos nossos)

Baseado na leitura do artigo acima e nos ensinamentos de Hugo Nigro Mazzilli[6], pode-se classificar as funções do Ministério Público em duas: os casos em que o Ministério Público atua tutelando interesse público objetivamente indisponível e os casos em que atua motivado pela qualidade das partes (subjetiva)[7].

Nos primeiros casos, ações que tratam de interesses objetivamente indisponíveis, o Ministério Público

---

(2) *Amicus Curiae*: democratização da jurisdição constitucional. Dissertação de mestrado em Direito do Estado – Direito Constitucional pela USP, 2009. p. 95.

(3) *Amicus Curiae no processo civil brasileiro – um terceiro enigmático*, p. 366.

(4) A função do perito judicial também pode ser comparada à do *amicus curiae*, no sentido de que ambas se destinam a promover o esclarecimento de questões técnicas indispensáveis ao julgamento da causa. Diante da impossibilidade humana do juiz de conhecer todas as áreas do saber, é imprescindível o auxílio de pessoas habilitadas para o julgamento das questões técnicas controversas. Ambos podem fornecer elementos úteis à formação da convicção do órgão julgador. Há, pois, forte relação entre a atuação do *amicus* e a instrução processual, na medida em que, em sua essência, é o portador e informações não jurídicas importantes na solução do litígio. Porém, o perito é profissional escolhido pelo juiz para lhe auxiliar na elucidação dos fatos ou na aplicação das regras técnicas ligadas ao convencimento judicial. Por outro lado, o "amigo da corte" não é pessoa de confiança do juiz, não se submete aos requisitos exigidos pelo art. 145 do CPC, não está sujeito à exceção de impedimento ou de suspeição, não possui prazo para entregar laudos, nem responde, diretamente, pelas sanções previstas no art. 147 do CPC. Ademais, o perito se restringe a fornecer conclusões técnicas, a partir da observação dos elementos probatórios constantes dos autos e, além de fornecer contribuições técnicas, extrair conclusões jurídicas. (CAMBI, Eduardo; DAMASCENO, Kleber Ricardo. *Amicus Curiae* e o processo coletivo. *Revista de Processo*, ano 36, n. 192, fev., 2011).

(5) *Amicus Curiae no processo civil brasileiro – um terceiro enigmático*, p. 376.

(6) Ensinamentos citados por Cassio Scarpinella Bueno, in *Amicus Curiae no processo civil brasileiro – um terceiro enigmático*, p. 378.

(7) A atuação do Ministério Público como fiscal da lei, portanto, justifica-se (também) em razão da existência de um interesse público indisponível que não precisa, necessariamente, apresentar-se subjetivado em nenhum dos integrantes dos polos da relação jurídico-processual, autor e réu. Trata-se, para usarmos a nomenclatura de Mazzilli, de um interesse público objetivamente indisponível. A razão de ser da atuação da instituição, nestes casos,

age imparcialmente. Nos últimos, há a indisponibilidade subjetiva; o Ministério Público deve agir de modo protetivo, visando "suprir eventuais deficiências na defesa da parte assistida".

O Ministério Público atua como fiscal da lei nos casos em que há interesses metaindividuais ou, até mesmo, individuais, desde que indisponíveis.

> Art. 127, CF – O Ministério Público é instituição permanente, essencial à função jurisdicional do Estado, incumbindo-lhe a defesa da ordem jurídica, do regime democrático e dos interesses sociais e individuais indisponíveis.

Neste paralelo que se desenvolve com o *amicus curiae*[8], importante ter conhecimento dos poderes do Ministério Público quando atua como fiscal da lei:

> Art. 179. Nos casos de intervenção como fiscal da ordem jurídica, o Ministério Público:
>
> I – terá vista dos autos depois das partes, sendo intimado de todos os atos do processo;
>
> II – poderá produzir provas, requerer as medidas processuais pertinentes e recorrer.

A doutrina destaca que o *custos legis*, além de requerer, pode também produzir e recolher provas, já que para exercer eficientemente sua função de fiscal da lei, o Ministério Público deve possuir "amplos poderes na investigação da verdade", podendo ultrapassar os contornos jurídicos da questão discutida.

Fredie Didier Junior[9] enumera as seguintes diferenças entre o *amicus curiae* e o Ministério Público: I – a intervenção do *amicus curiae*, em regra, não é obrigatória; II – não opera como fiscal da qualidade das decisões, tratando-se de mero auxiliar; e III – pode atuar em lides que não envolvam direitos indisponíveis. Além disso, a atuação do *amicus curiae* não precisa ser necessariamente imparcial.

Partindo para análise do curador especial, tem-se o art. 72 do CPC, *in verbis*:

> Art. 72. O juiz nomeará curador especial ao:
>
> I – incapaz, se não tiver representante legal ou se os interesses deste colidirem com os daquele, enquanto durar a incapacidade;
>
> II – réu preso revel, bem como ao réu revel citado por edital ou com hora certa, enquanto não for constituído advogado.
>
> Parágrafo único. A curatela especial será exercida pela Defensoria Pública, nos termos da lei.

Assim, o curador especial visa um resultado favorável a uma das partes, ou seja, não tem nenhum ponto em comum com o *amicus curiae*, portanto, não há porque ater-se nesta temática.

Antonio do Passo Cabral[10] esclarece que o *amicus curiae* pode intervir em diversos processos discutindo a mesma matéria e que sua intervenção pode ser tanto espontânea como determinada pelo juiz.

---

volta-se para "fiscalizar acima de tudo a exata aplicação da lei". No que diz respeito, especificamente, à hipótese do art. 82, III, do Código de Processo Civil, vale a pena destacar que o "interesse público" aí referido tem de ser interpretado como algo mais do que a mera aplicação da lei ao caso concreto. Como bem observa José Roberto dos Santos Bedaque, a propósito, aplicar leis aos fatos em estado conflituoso é, por si só, interesse público, e que, se a aplicação do dispositivo devesse só por isso, em todos os processos civis a atuação do Ministério Público seria obrigatória. (BUENO, Cassio Scarpinella. *Amicus Curiae no processo civil brasileiro – um terceiro enigmático*, p. 381).

(8) (...) o que identifica as atuações tanto dos *custos legis* quanto a do *amicus curiae* é possibilidade de contribuir para a elucidação das questões técnicas, aumentando a discussão sobre temas complexos e, com isto, ampliando o exercício democrático da jurisdição. Afinal, a função mais importante do "amigo da corte" e, inclusive, a razão de sua própria denominação, é justamente possibilitar a participação dos jurisdicionados, especialmente da sociedade civil organizada, na interpretação, integração e aplicação judiciais do direito. (CAMBI, Eduardo; DAMASCENO, Kleber Ricardo. *Amicus Curiae* e o processo coletivo. *Revista de Processo*, ano 36, n. 192, fev., 2011).

(9) Possibilidade de sustentação oral do *amicus curiae*. *Revista Dialética de Direito Processual*, n. 8, nov. 2003. Oliveira Rocha, 2003.

(10) Outra diferença crucial entre a intervenção de terceiros em geral e o *amicus curiae* reside nos efeitos do julgamento e da autoridade da coisa julgada sobre os terceiros. Já restou salientada a utilidade da intervenção: para o terceiro, no sentido de escapar aos efeitos reflexos da sentença; para as partes, a busca de estender aos terceiros o título executivo e a autoridade da coisa julgada que reveste o julgamento. Trata-se da denominada "eficácia da intervenção", por vezes confundida com a coisa julgada, mas pertinente à eficácia preclusiva dela decorrente, que impede que o terceiro discuta a matéria já debatida em outro processo, "a justiça da decisão", na dicção do art. 55 do CPC, dispositivo com previsão análoga em outras legislações, como no § 68 da *Zivilprozessordnung* alemã. O *amicus curiae* não se sujeita a esta peculiar preclusão resultante da coisa julgada, podendo livremente discutir matéria que motivou sua intervenção em outros processos...

Outra disparidade na disciplina das modalidades de intervenção previstas no Código de Processo Civil para a intervenção do *amicus curiae* é que esta poderá ser espontânea ou determinada pelo magistrado. Com efeito, até a previsão normativa do *amicus curiae*, inexistia no ordenamento processual modalidade de intervenção de terceiros que pudesse ser ordenada pelo órgão julgador, já que, ainda quando a intervenção é forçada ou coata, é a parte que provoca a inserção do terceiro no processo, sendo maciço o entendimento de que o juiz somente pode determinar a vinda de terceiro quando se tratar de hipóteses de litisconsórcio (CABRAL, Antonio do Passo. Pelas asas de Hermes – a intervenção do *amicus curiae*, um terceiro especial. Uma análise dos institutos interventivos similares. *Revista de Processo*, n. 117, p. 20-22, set./out. 2004).

Cumpre esclarecer inicialmente as noções gerais trazidas por Athos Gusmão Carneiro[11] de assistência, denunciação da lide e chamamento ao processo.

Quanto à assistência: "o assistente ingressa voluntariamente no processo não como parte, mas apenas como coadjuvante da parte (é "parte secundária", segundo alguns), isto é, buscando auxiliar a defesa dos interesses do seu "assistido", que tanto pode ser o demandante como o demandado. Não sendo parte, o assistente nada pede para si, não formula pretensão; nem é sujeito passivo de pretensão alheia, pois contra ele nada é pedido".

Na denunciação da lide, "uma das partes (mais frequentemente o réu), como "denunciante", promove no mesmo processo uma "ação regressiva" contra terceiro – o "denunciado".

No chamamento ao processo, "o réu tem a faculdade de fazer citar um terceiro, para que este ingresse no processo como seu litisconsorte".

Ao tratar da relação do *amicus curiae* com as modalidades de intervenção de terceiros do processo civil brasileiro, a doutrina enfatiza a afinidade entre o *amicus curiae* e a assistência, ressaltando o fato de em ambos os casos tratar-se de intervenção espontânea. Mas o assistente sempre atua vinculado a um dos polos da demanda.

Antonio do Passo Cabral[12] enumera algumas diferenças entre o *amicus curiae* e as outras modalidades de intervenção de terceiros, começando pela relação processual existente, que no caso de intervenção de terceiros é modificada pela substituição ou acréscimo de sujeitos ou, ainda, pela formação de uma nova relação jurídica simultaneamente. O *amicus curiae* participa do processo, mas não se agrega à relação processual, não tem interesse em integrá-la.

Quando se trata de interveniente típico, este deve demonstrar seu interesse jurídico na demanda, já o *amicus curiae* deve demonstrar sua representatividade e a relevância da matéria. Não há impedimento no sentido do *amicus curiae* possuir interesse no deslinde do processo em que pretende ingressar, porém, não é requisito para sua admissibilidade ou não no processo. O interesse do *amicus curiae* no processo é institucional, reconhecido socialmente, não se confundindo com o interesse individual das partes[13].

Tereza Arruda Alvim Wambier diz de maneira simples que, como a própria expressão sugere, o *amicus curiae* é um amigo do juiz, um colaborador do juiz, que deve agir no sentido de que o Poder Judiciário, ao decidir, leve em conta, de algum modo, por exemplo, como vetor interpretativo, os valores adotados pela sociedade, representada pelas suas instituições. Sua relevância se dá a partir de uma ótica ligada ao princípio do contraditório, no seu sentido mais pleno, no contexto de um processo mais cooperativo, em que se pretende atingir a verdade real[14].

Cabral diferencia a intervenção de terceiros do *amicus curiae* dizendo que o primeiro altera subjetivamente a relação processual, originariamente existente entre juiz, autor e réu, ora para substituí-los, ora para acrescentar-lhes outros sujeitos, que passarão a integrar a relação já existente, ou formarão uma nova relação jurídico-processual com uma das partes. Já na segunda situação, uma vez sendo admitida a participação do amigo da Corte, este não se agrega à relação processual, porque seu interesse no litígio é decorrente do direito à participação no processo. Não há interesse em integrar a relação processual, vez que o título executivo que porventura seja formado não incluirá o amigo da

---

(11) *Intervenção de terceiros*. São Paulo: Saraiva, 2010. p. 83-86.

(12) Pelas asas de Hermes – a intervenção do *amicus curiae*, um terceiro especial. Uma análise dos institutos interventivos similares. *Revista de Processo* n. 117. São Paulo: RT, p. 18-22, set./out. 2004.

(13) O interesse público, ou melhor, o interesse socialmente relevante, a justificar a admissão do "amigo da Corte", pode ser concebido como fator de legitimação da intervenção, ou mesmo como força motriz da mesma intervenção, tal como ocorre com o Ministério Público, por força do art. 82, III, do CPC.
No entanto, não há necessariamente um interesse público específico a motivar a atuação do "amigo da Corte". O mesmo pode agir sem interesse qualquer, por mera provocação do juízo, ou por um interesse outro que não o interesse público.
Enfim, o que legitima a intervenção do *amicus curiae* é o interesse público, em sentido amplo, corolário do Estado Democrático de Direito, voltado à justa solução da causa e a maior legitimação social da decisão judicial. Em síntese, o que qualifica o interesse do amigo do tribunal são os possíveis reflexos que uma dada decisão judicial, em razão das questões discutidas, poderá gerar no grupo social, servindo como precedente a orientar o julgamento, pelo Poder Judiciário, de casos presentes e futuros.
Portanto, o "amigo da Corte" não está vinculado ao interesse das partes, mas ao exercício da cidadania, isto é, o interesse social na preservação da ordem jurídica, na interpretação e aplicação judiciais justas das regras e princípios jurídicos, bem como na legitimação do exercício jurisdicional, capaz de gerar precedentes judiciais, em casos de grande impacto social. É, sob esse ângulo, que a intervenção ampla torna-se não apenas uma mera possibilidade viável, mas uma opção necessária, sob o prisma democrático. (CAMBI, Eduardo; DAMASCENO, Kleber Ricardo. *Amicus Curiae* e o processo coletivo. *Revista de Processo*, ano 36, n. 192, fev. 2011).

(14) WAMBIER, Teresa Arruda Alvim. *Amicus curiae: afinal quem é ele?* 2007.

Corte, pelo que, neste particular, seu interesse é reflexo ou mediato[15].

O autor continua seu entendimento afirmando que o fundamento do instituto é o permissivo de manifestação de terceiros quando o caso puder afetar toda a sociedade, mesmo em processos cuja demanda seja limitada individualmente, permitindo-se que sejam relevantes para a cognição do órgão julgador. Esta modalidade de intervenção guarda características próprias que a diferencia das outras formas de ingresso de sujeitos estranhos ao processo previstas no Código de Processo Civil e que ganham similares em inúmeros ordenamentos estrangeiros. O amigo da Corte é o terceiro *sui generis* e sua intervenção pode ser classificada como atípica[16].

Pires também faz diferença entre os dois modos de intervenção, afirmando que, embora o *amicus curiae* se aproxime da figura do assistente, a atuação deste é vinculada a um dos polos da demanda, ao passo que aquele não tem qualquer vinculação estabelecida, podendo ser até imparcial[17].

Quanto ao ônus do *amicus curiae*, este decorre de sua essência, já que em sua manifestação deve trazer algo de novo (elemento, informação, dado) para o processo em que ingressou, de modo que o juiz realmente passe a ter melhores condições para julgá-lo. Lembrando que a "novidade" trazida ao processo pelo *amicus curiae* deve ter estreita relação com seu interesse institucional[18].

Desta maneira, o *amicus curiae* prevê a possibilidade de entidades atuarem no sentido da concretização do direito, cujo núcleo essencial contém o coração do princípio democrático.

Todavia, Pedrollo e Martel são coerentes ao dizer que, apesar da série de benesses apontadas, não se pode duvidar da possibilidade de o *amicus* se tornar um instrumento gerador de morosidade judicial, contrariando os postulados do devido processo legal e a exigência de uma ordem jurídica justa. Assim, para eles, é importante que o órgão judicante tenha possibilidade de rechaçar o ingresso do amigo da Corte no processo, e possua, inclusive, padrões para fazê-lo. Outra questão, a fim de se evitar a lesão aos princípios da celeridade e da economia, ao *amicus* não podem ser conferidas as mesmas prerrogativas nem os mesmos direitos das partes ou de terceiros intervenientes, como dito anteriormente, tampouco as razões expostas em um parecer de *amicus* devem vincular o Poder Judiciário, que não terá, por dever de fundamentação, de enfrentar todos os pontos por eles levantados[19].

Damares Medina enumera como principais motivos para o indeferimento do pedido de ingresso de *amicus curiae*[20]:

- ausência de informação relevante ou simples reiteração das razões da petição inicial;
- pedido após o término da fase de instrução da ação (fora do prazo das informações; às vésperas ou após iniciado o julgamento);
- superposição (no caso de mais de uma pessoa jurídica de um ente público ou categoria requererem o ingresso no mesmo processo);
- ausência de legitimidade.

Depois da leitura das ementas dos processos que trazem o termo *amicus curiae*, pode-se resumir o regramento do tema pelo Supremo Tribunal Federal do seguinte modo:

- compete ao relator, considerando a relevância da matéria e a representatividade dos postulantes, por meio de despacho irrecorrível, admitir ou não pedidos de intervenção de interessados na condição de *amicus curiae* (ADPF n. 198);
- os pedidos de ingresso dos *amici curiae* poderão ser formulados até a inclusão do processo em pauta para julgamento (ADPF n. 198);
- deve existir interesse-utilidade no ingresso de mais um *amicus curiae* no mesmo processo (RE n. 605552);
- há a possibilidade de sustentação oral e juntada de memoriais pelo *amicus curiae*;

---

(15) CABRAL, Antonio do Passo. Pelas asas de Hermes – a intervenção do *amicus curiae*, um terceiro especial. Uma análise dos institutos interventivos similares, 2004.

(16) CABRAL, Antonio do Passo. Pelas asas de Hermes – a intervenção do *amicus curiae*, um terceiro especial. Uma análise dos institutos interventivos similares, 2004.

(17) PIRES, Roberto Carlos Martins. *A intervenção de terceiros do Amicus Curiae*, 2007.

(18) "Não deve ser admitida nenhuma manifestação, a título de *amicus curiae*, que se limite a se reportar ao que já foi exposto pelas partes ou por outros sujeitos processuais anteriormente ou que se limite a querer "acompanhar" o processo." (BUENO, Cassio Scarpinella. *Amicus Curiae no processo civil brasileiro – um terceiro enigmático*, p. 565).

(19) MARTEL, Letícia de Campos Velho; PEDROLLO, Gustavo Fontana. *Amicus curiae: elemento de participação política nas decisões judiciais – constitucionais*, 2005.

(20) MEDINA, Damares. *Amicus Curiae – amigo da corte ou amigo da parte?* São Paulo: Saraiva, 2010. p. 116.

- o *amicus curiae* não possui legitimidade recursal (ADI n. 3248 e ADI n. 4154);
- a intervenção do *amicus curiae*, para legitimar-se, deve se apoiar em razões que tornem desejável e útil a sua atuação processual na causa, em ordem a proporcionar meios que viabilizem uma adequada resolução do litígio constitucional (RE n. 605552);
- é de se destacar que a possibilidade de ingresso na qualidade de *amicus curiae* é franqueada a órgãos ou entidades que detenham alguma representatividade, conforme se depreende da leitura do art. 7º, § 2º, da Lei n. 9.868/1999 (RE n. 590415);
- quanto à finalidade, o *amicus* é um terceiro que intervém no feito não para defender interesses das partes em litígio, mas, para colaborar dentro do processo democrático das decisões emanadas dessa Corte, apresentando tese jurídica de relevância que viabilize uma adequada resolução do litígio constitucional em apreciação (RE n. 536973);
- o *amicus* estava autorizado ao se manifestar não só em relação à existência ou não da repercussão geral, mas sobre o próprio mérito da matéria em debate (RE n. 591797).

O Código de Processo Civil (Lei n. 13.105, de 16 de março de 2015) inovou ao trazer a figura do *amicus curiae* dentre as modalidades de intervenção de terceiros, além do incidente de desconsideração da personalidade jurídica (art. 133 e seguintes).

> Art. 138. O juiz ou o relator, considerando a relevância da matéria, a especificidade do tema objeto da demanda ou a repercussão social da controvérsia, poderá, por decisão irrecorrível, de ofício ou a requerimento das partes ou de quem pretenda manifestar-se, solicitar ou admitir a participação de pessoa natural ou jurídica, órgão ou entidade especializada, com representatividade adequada, no prazo de 15 (quinze) dias de sua intimação.
>
> § 1º A intervenção de que trata o *caput* não implica alteração de competência nem autoriza a interposição de recursos, ressalvadas a oposição de embargos de declaração e a hipótese do § 3º.
>
> § 2º Caberá ao juiz ou ao relator, na decisão que solicitar ou admitir a intervenção, definir os poderes do *amicus curiae*.
>
> § 3º O *amicus curiae* pode recorrer da decisão que julgar o incidente de resolução de demandas repetitivas.

O Enunciado n. 44 do Fórum Nacional de Processo do Trabalho realizado em março deste ano em Curitiba prevê a possibilidade de participação do *amicus curiae* no processo do trabalho:

> ENUNCIADO N. 44 – CLT, ART. 769 E NCPC, ART. 138. POSSIBILIDADE DE INTERVENÇÃO DO *AMICUS CURIAE* NO PROCESSO TRABALHISTA. O instituto da intervenção do *amicus curiae*, perante a primeira e as instâncias superiores, contida no art. 138 do NCPC, é compatível com o processo do trabalho, nas hipóteses específicas de sua previsão.
>
> Resultado: aprovado por maioria qualificada.

Importante destacar os ensinamentos do Desembargador José Antonio Pancontti quando da análise do *amicus curiae* no anteprojeto do CPC[21] e suas repercussões no Processo do Trabalho:

> Tem cabimento essa modalidade de intervenção no processo do trabalho?
>
> Não se pode descartá-la *a priori* em face da ampliação da competência da Justiça do Trabalho.
>
> De sorte que em determinada ação movida por um sindicato, em face de uma empresa, postulando a colocação de um equipamento de proteção coletiva, em determinada secção, o juiz pode chamar para ser ouvida a FUNDACENTRO – Fundação Centro Nacional de Prevenção de Acidente de Trabalho, órgão do Ministério do Trabalho e Emprego, por meio de seu pessoal técnico, se uma ou mais perícias realizadas se mostrarem deficientes, por exemplo.
>
> Em ação de dissídio coletivo ou ação de cumprimento de instrumento normativo, em que preliminarmente, se discute a legitimidade de representação sindical, não seria o caso de chamar o sindicato a que as partes aludiram, a fim de ser ouvido?
>
> Em caso de profunda alteração das condições de trabalho por inovação tecnológica, em sindicato que vem alegando prejuízo aos trabalhadores, o juiz poderia ouvir empresa especializada na matéria, para apreciar a legitimidade ou não do ato patronal.
>
> Nas dispensas coletivas sob o argumento de inovação tecnológica ou por razões de mercado, porque não ouvir especialista na matéria?

---

(21) Anteprojeto do CPC e repercussões no Processo do Trabalho. *Revista do TST*, Brasília, v. 78, n. 1, p. 130, jan./mar. 2012.

Vislumbra-se que, evitando burocratização ou alongar a demanda, admitir ou determinar a oitiva de um *amicus curiae*, pode ser solução célere, não onerosa e eficiente, para questões mais complexas que por outras formas de o juiz obter informações implicaria em morosidade e aumento de custos do processo.

É uma forma de intervenção de terceiros no processo, sendo essencial que este tenha um mínimo de interesse jurídico na condução e resultado que poderão advir do processo, e não, como pode equivocadamente parecer, que a relevância se refira ao objeto do processo.

É importante ressaltar que a entidade postulante na qualidade de *amicus curiae* deverá ter sua atividade diretamente relacionada com o ato normativo questionado[22].

Levantamentos realizados nos *sites* do Tribunal Regional do Trabalho da 15ª Região, Tribunal Superior do Trabalho e Supremo Tribunal Federal mostram que a participação do *amicus curiae* ainda é muito tímida, cumprindo aos operadores do Direito propagar este instituto para a efetiva democratização do processo.

Os gráficos abaixo mostram os processos em que constam o termo *amicus curiae* com a publicação entre 01.01.2016 a 30.06.2016, período da entrada em vigor do Novo Código de Processo Civil.

TRT 15

Processo	Amicus curiae
0010326-21.2015.5.15.0076	Citação de outro julgado
0001997-04.2012.5.15.0083-Físico	Citação de outro julgado

TST

Processo	Amicus curiae
Ag-RR – 995-94.2011.5.03.0106	Edital para possível interessado
Ag-AIRR – 1314-27.2013.5.24.0003	Citação de outro julgado
RR – 86400-70.2009.5.17.0012	Citação de outro julgado
RR – 139-43.2012.5.01.0077	Citação de outro julgado
AIRR – 30900-27.2012.5.21.0004	Citação de outro julgado
AIRR – 163700-67.2009.5.01.0008	Citação de outro julgado
AIRR – 140500-75.2008.5.04.0010	União, mas antes da vigência do Novo CPC
RR – 56000-03.2009.5.04.0702	Citação de outro julgado
ARR – 101700-08.2009.5.04.0021	Citação de outro julgado
AIRR – 1359-30.2011.5.04.0012	Citação de outro julgado
AIRR – 2234-63.2011.5.02.0009	Citação de outro julgado
RR – 1355-29.2013.5.05.0421	Citação de outro julgado
ED-E-RR – 1125-36.2010.5.06.0171	Indeferimento – CPC/1973
AIRR – 11316-78.2014.5.18.0006	Citação de outro julgado
RR – 83700-93.2009.5.04.0009	Citação de outro julgado
AIRR – 991-17.2011.5.01.0008	Citação de outro julgado
AIRR – 893-28.2012.5.02.0086	Citação de outro julgado
RR – 136100-76.2008.5.04.0702	Citação de outro julgado
ARR – 246-12.2010.5.02.0051	Citação de outro julgado
AIRR – 234-71.2010.5.02.0447	Citação de outro julgado
ED-RR – 86-42.2012.5.05.0371	Citação de outro julgado

---

(22) PIRES, Roberto Carlos Martins. *A intervenção de terceiros do* Amicus Curiae, 2008.

Processo	Amicus curiae
E-ED-RR – 162400-64.2008.5.02.0465	Exclusão da classificação *amicus curiae*
RR – 187100-82.2007.5.04.0401	Citação de outro julgado
AIRR – 188500-46.2009.5.03.0060	Citação de outro julgado
ARR – 69800-62.2009.5.02.0053	Citação de outro julgado
AIRR – 197400-18.2009.5.03.0060	Citação de outro julgado
AIRR – 70-97.2013.5.05.0001	Citação de outro julgado
AIRR – 446-71.2010.5.01.0075	Citação de outro julgado
RR – 1646-27.2010.5.03.0021	Citação de outro julgado
RR – 972-28.2010.5.15.0114	Citação de outro julgado
AIRR – 33-21.2010.5.09.0662	Citação de outro julgado
E-ED-RR – 235-20.2010.5.20.0006	ABRAPP – Associação Brasileira das Entidades Fechadas de Previdência Complementar, Federação Nacional dos Portuários – FNP, Sindicato dos Assalariados Ativos, Aposentados e Pensionistas nas Empresas Geradoras ou Transmissoras ou Distribuidoras ou Afins de Energia Elétrica no Estado do Rio Grande do Sul e Assistidos por Fundações de Seguridade Privada Originadas no Setor Elétrico – SENERGISUL, Associação dos Aposentados da Fundação CORSAN AAFC, Sindicato dos Trabalhadores em Empresas de Radiodifusão e Televisão do Rio Grande do Sul e Associação dos Profissionais dos Correios – ADCAP
RR – 248-37.2012.5.05.0371	Citação de outro julgado
AIRR – 160600-33.2008.5.01.0043	Citação de outro julgado
RR – 181200-25.2006.5.02.0041	Citação de outro julgado
AIRR – 9600-87.2007.5.01.0247	Citação de outro julgado
RR – 1421-40.2011.5.04.0701	Citação de outro julgado
RR – 2033-22.2011.5.10.0018	Citação de outro julgado
ED-ARR – 117400-42.2008.5.15.0089	Citação de outro julgado
RR – 50300-74.2008.5.04.0025	Citação de outro julgado
AIRR – 9-93.2011.5.01.0075	Citação de outro julgado
RR – 151240-91.2006.5.17.0013	Citação de outro julgado
RR – 141-90.2012.5.05.0371	Citação de outro julgado
RR – 1073-15.2011.5.05.0371	Citação de outro julgado
RR – 1049-84.2011.5.05.0371	Citação de outro julgado
AIRR – 145-78.2011.5.20.0005	Citação de outro julgado
ARR – 499-68.2010.5.02.0384	Citação de outro julgado
ARR – 1805-55.2011.5.05.0222	Citação de outro julgado
RR – 1867400-19.2006.5.11.0008	Citação de outro julgado
AIRR – 52341-76.2009.5.03.0099	Citação de outro julgado
AIRR – 98500-77.2009.5.03.0099	Citação de outro julgado
AIRR – 52340-91.2009.5.03.0099	Citação de outro julgado
AIRR – 20121-46.2012.5.20.0002	Citação de outro julgado
AIRR – 795-70.2011.5.01.0065	Citação de outro julgado

Processo	Amicus curiae
AIRR – 58400-20.2010.5.17.0014	Citação de outro julgado
ARR – 117400-42.2008.5.15.0089	Citação de outro julgado
AgR-CorPar – 554-51.2016.5.00.0000	Associação Brasileira de Shopping Center – ABRASCE na condição de Assistente.
E-ED-RR – 146800-52.2007.5.17.0131	Federação Nacional das Empresas de Serviços Contábeis e das Empresas de Assessoramento, Perícias, Informações e Pesquisas – FENACON na condição de Assistente
RR – 1346-53.2010.5.05.0007	Citação de outro julgado
RR – 2008-50.2010.5.01.0226	Citação de outro julgado
RR – 157000-03.2005.5.05.0009	Citação de outro julgado
AIRR – 3300-30.2009.5.15.0157	Citação de outro julgado
AIRR – 145400-42.2008.5.15.0157	Citação de outro julgado
AIRR – 2206-62.2010.5.15.0076	Citação de outro julgado
ARR – 256000-16.2009.5.02.0042	Citação de outro julgado
ARR – 50900-52.2008.5.01.0034	Citação de outro julgado
ARR – 1070-92.2011.5.05.0037	Citação de outro julgado
RR – 592-79.2013.5.05.0016	Citação de outro julgado
AIRR – 1349-50.2012.5.05.0035	Citação de outro julgado
RR – 646-62.2010.5.06.0003	Citação de outro julgado
RO – 10659-02.2012.5.01.0000	Citação de outro julgado
ED-AIRR – 1214-35.2012.5.05.0036	Citação de outro julgado
AIRR – 1067-11.2012.5.02.0030	Citação
AIRR – 1729-31.2010.5.09.0068	Citação de outro julgado
AIRR – 2136-85.2012.5.02.0060	Citação de outro julgado

STF

Processo	Amicus curiae
ADI 5357 MC-Ref/DF – Distrito Federal	Federação Nacional das APAES – FENAPAES Federação Brasileira das Associações de Síndrome de Down – FBASD Associação Nacional do Ministério Público de Defesa dos Direitos dos Idosos e Pessoas com Deficiência – AMPID Conselho Federal da Ordem dos Advogados do Brasil Associação Brasileira para a Ação por Direitos das Pessoas com Autismo (ABRACA) Defensoria Pública do Estado de São Paulo Associação Movimento de Ação e Inovação Social – MAIS Organização Nacional de Cegos do Brasil – ONCB-BRASIL Federação das Fraternidades Cristãs de Pessoas com Deficiência do Brasil FCD/BR Organização Nacional de Entidades de Deficientes Físicos no Brasil – ONEDEF Associação de Pais, Amigos e Pessoas com Deficiência, de Funcionários do Banco do Brasil e da Comunidade – APABB Federação Nacional das Associações Pestalozzi

Processo	Amicus curiae
ADI 5296 MC/DF – Distrito Federal	Associação Nacional dos Defensores Públicos Federais – ANADEF Defensoria Pública da União União dos Advogados Públicos Federais do Brasil – UNAFE Partido Popular Socialista Sindicato Nacional dos Procuradores da Fazenda Nacional – SINPROFAZ Defensoria Pública do Distrito Federal Associação Nacional de Defensores Públicos – ANADEP Solidariedade Associação Nacional dos Advogados da União – ANAUNI Estado de São Paulo Estado do Espírito Santo Estado do Acre Defensoria Pública do Estado do Espírito Santo Estado do Amazonas Estado de Roraima Defensoria Pública do Estado de São Paulo
RE 641320/RS – Rio Grande do Sul	Instituto de Defesa do Direito de Defesa Defensoria Pública da União
Rcl 23242/PA – Pará	Associação Brasileira das Secretarias de Finanças das Capitais Estado do Pará Estado de Mato Grosso do Sul Estado de Goiás
RE 598572/SP – São Paulo	Confederação Nacional das Empresas de Seguros Gerais, Previdência Privada e Vida, Saúde Suplementar e Capitalização – CNSEG
ADPF 317 AgR-AgR/MA – Maranhão	Sindicato dos Servidores da Justiça do Estado do Maranhão – SINDJUS/MA Sindicato dos Funcionários do Grupo Tributação, Arrecadação e Fiscalização da Secretaria da Fazenda do Estado do Maranhão – SINTAF Sindicato dos Auditores Fiscais da Receita Estadual do Maranhão – SINDAFTEMA Sindicato dos Policiais Civis do Estado do Maranhão – SINPOL/MA Associação da Polícia Técnico-Científica do Maranhão – APOTEC/MA Associação dos Delegados de Polícia Civil do Maranhão – ADEPOL/MA Confederação dos Servidores Públicos do Brasil – CSPB
RE 601314/SP – São Paulo	Sindicato Nacional dos Auditores Fiscais da Receita Federal do Brasil – SINDIFISCO NACIONAL Associação Nacional dos Delegados de Polícia Federal – ADPF Conselho Federal da OAB – CFOAB Banco Central do Brasil – BACEN

Importa destacar as lições de Ustárroz[23], a saber:

> Um sistema processual que almeje cumprir com as promessas constitucionais deve propiciar meios efetivos para que os cidadãos participem da elaboração dos provimentos judiciais. Ampliando o acesso à justiça e fortalecendo o contraditório, o direito processual realiza o ideal de cidadania. Como lembra José Joaquim Calmon de Passos, é o princípio democrático que deve ditar as regras do processo civil: "Direito é decisão, destarte a participação no processo decisório, em todos os seus pressupostos e fases,

---

(23) USTÁRROZ, Daniel. *Amicus curiae*: um regalo para a cidadania presente. *Revista Jurídica*, v. 56, n. 371, Notadez, p. 75/76, set. 2008.

revela-se um elemento constitutivo da dimensão democrática do Estado de Direito, uma garantia para o cidadão e um espaço real de liberdade e de efetiva autodeterminação, indispensáveis para haver real cidadania. Digo mais, é a única forma de realizar os direitos fundamentais, bem como os que deles decorrem como seus desdobramentos, tirando-os do mundo do faz de conta dos enunciados bombásticos para colocá-los no mundo real dos acontecimentos. (...) Dentro dessa realidade complexa, na qual os pontos de vista dos atores sociais frequentemente não convergem, a missão das Cortes, na interpretação das normas, torna-se ainda mais árdua. Daí a importância de o Poder Judiciário realizar a premissa constitucional, de participação popular na formação dos provimentos, facultando o ingresso dos argumentos trazidos por aqueles que, em última análise, serão atingidos pelas decisões (sociedade civil). O debate ampliado, ao cabo, será definido pelo filtro constitucional e legal do magistrado. Surge o *amicus curiae*, portanto, como um dos remédios adequados para a crise de legitimidade do direito e para a afirmação da cidadania.

Nos dizeres de José Antonio Pancotti[24]:

> Este é o momento em que os magistrados, advogados e membros do Ministério Público que militam e estudam o processo do trabalho devem preocupar-se em contribuir para que esses avanços não sofram nenhuma resistência para serem incorporados, sem apego às formas ultrapassadas. Isto, agora, inspirando-se em muitos avanços no processo civil.

Desta maneira, é possível afirmar que, o *amicus curiae* surgiu como uma opção viável para o incremento da argumentação jurídica. O mesmo passou a permitir o pluralismo jurídico pela participação de uma sociedade aberta, sendo sua aplicação necessária nos processos coletivos, em razão da sua própria natureza social e de seus princípios. Seu papel, se empregado corretamente com meios e recursos garantidos aos terceiros, é uma expressa garantia do exercício democrático da jurisdição, pois constitui uma das faces da garantia do acesso à Justiça (normatizado pelo art. 5º, XXXV, da CF).

Em razão de ser recente, a figura do *amicus* tem um longo caminho a ser seguido, principalmente no que diz respeito à produção de regras objetivas para sua aplicação e controle de desvios. Outro ponto importante a ser observado é que o mesmo não pode ser visto como um único caminho, solitário, pois deve ser utilizado como instrumento democrático, capaz de representar os valores e princípios da sociedade, imprimindo legitimidade e transparência as decisões judiciais.

Referências bibliográficas

BINENBOJM, Gustavo. A dimensão do Amicus Curiae no Processo Constitucional Brasileiro: requisitos, poderes processuais e aplicabilidade no âmbito estadual. *Revista Eletrônica de Direito do Estado*, Salvador, Instituto de Direito Público da Bahia, n. 1, jan. 2004. Disponível em: <HTTP://www.direitodoestado.com.br>. Acesso em: 24 nov. 2016.

BRASIL. Lei n.13.105, de 16 de março de 2015.

BUENO, Cassio Scarpinella. Amicus Curiae *no processo civil brasileiro – um terceiro enigmático*. 2. ed. rev. atual. e ampl. São Paulo: Saraiva, 2008.

_____. O modelo constitucional do direito processual civil: um paradigma necessário de estudo do direito processual civil e algumas de suas aplicações. Atualidades Jurídicas. *Revista Eletrônica do Conselho Federal da OAB* n 3, jul./ago. 2008. Disponível em: <http://www.oab.org.br/editora/revista/users/revista/1222960746174218181901.pdf>. Acesso em: 01 dez. 2016.

CABRAL, Antonio do Passo. Pelas asas de Hermes – a intervenção do *amicus curiae*, um terceiro especial. Uma análise dos institutos interventivos similares. *Revista de Processo* n. 117. São Paulo: Revista dos Tribunais, 2004, p. 9-41, set./out. 2004.

CAMBI, Eduardo; DAMASCENO, Kleber Ricardo. *Amicus Curiae e o processo coletivo*. Revista de Processo, ano 36, n. 192, fev., 2011.

CARNEIRO, Paulo Cezar Pinheiro. In: *Breves Comentários ao Novo Código de Processo Civil*, Teresa Arruda Alvim Wambier et al., (coords.). São Paulo: Editora Revista dos Tribunais, 2015.

DALL'AGNOL JUNIOR, Antonio Janyr; USTARROZ, Daniel; PORTO, Sergio Gilberto. *Afirmação do amicus curiae no direito brasileiro. O terceiro no processo civil brasileiro e assuntos correlatos*: estudos em homenagem ao professor Athos Gusmão Carneiro. São Paulo: Revista dos Tribunais, 2010.

DIDIER JUNIOR, Fredie. Possibilidade de sustentação oral do *amicus curiae*. Revista Dialética de Direito Processual n. 8, Oliveira Rocha, nov. 2003.

DINAMARCO, Cândido Rangel. *A instrumentalidade do processo*. 3. ed. São Paulo: Malheiros, 1993.

---

[24] Anteprojeto do CPC e repercussões no Processo do Trabalho. *Revista do TST*, Brasília, v. 78, n. 1, p. 134-135, jan./mar. 2012.

HEINE, Juliano. A figura do *amicus curiae* como um mecanismo de legitimação democrática do direito. *Revista Forense*, v. 103, n. 392, jul./ago. 2007.

LEAL, Monia Clarissa Hennig. Jurisdição constitucional aberta – a abertura constitucional como pressuposto de intervenção do *amicus curiae* no direito brasileiro. Direito Publico. São Paulo: Síntese/IOB, v. 5, n. 21, maio/jun. 2008.

MARINONI, Luiz Guilherme; ARENHART, Sérgio Cruz; MITIDIERO, Daniel. *Novo curso de processo civil*: tutela dos direitos mediante procedimento comum. São Paulo: Revista dos Tribunais, 2015. v. II.

MEDINA, Damares. Amicus Curiae – *amigo da corte ou amigo da parte*? São Paulo: Saraiva, 2010.

_____. Reequilibrando o jogo: *amicus curiae* no Supremo Tribunal Federal. *Consulex – Revista Jurídica*. Brasília: Consulex, v. 13, n. 289, p. 50-52, jan. 2009.

PANCOTTI, José Antonio. Anteprojeto do CPC e repercussões no Processo do Trabalho. *Revista do TST*, Brasília, v. 78, n. 1, jan./mar. 2012.

PEDROLLO, Gustavo Fontana; MARTEL, Letícia de Campos Velho. *Amicus curiae*: elemento de participação política nas decisões judiciais-constitucionais. *Revista da Ajuris*, Porto Alegre, v. 32, n. 99, p. 161-179, set. 2005.

PIRES, Roberto Carlos Martins. A intervenção de terceiros do *amicus curiae*. *Revista Esmafe*: Escola de Magistratura Federal da 5ª Região, n. 13, mar., 2007. Disponível em: <http://bdjur.stj.jus.br/jspui/bitstream/2011/27615/intervencao_terceiros_amicus_curiae.pdf>. Acesso em: 04 dez. 2016.

RAZABONI, Olívia Ferreira. *Amicus Curiae*: democratização da jurisdição constitucional. Dissertação de mestrado em Direito do Estado – Direito Constitucional pela USP, 2009.

SILVA, Paulo Maycon Costa da. Do *amicus curiae* ao método da sociedade aberta dos intérpretes. *Revista da AJURIS*. Porto Alegre, v. 35, n. 112, dez. 2008.

USTÁRROZ, Daniel. *Amicus curiae*: um regalo para a cidadania presente. *Revista Jurídica*, v. 56, n. 371, Notadez, set. 2008.

WAMBIER, Teresa Arruda Alvim. Amicus curiae: afinal quem é ele? *Direito e Democracia*. Universidade Luterana do Brasil, v. 8, n. 1, jan./jun. 2007.

_____ et al. (coords.). *Breves Comentários ao Novo Código de Processo Civil*. São Paulo: Revista dos Tribunais, 2015.

O Processo do Trabalho Brasileiro do Século XXI

Manoel Carlos Toledo Filho
*Desembargador-Diretor da Escola Judicial do Tribunal Regional da 15ª Região.
Bacharel, Mestre e Doutor em Direito do Trabalho pela Universidade de São Paulo. Membro efetivo
das Associações Argentina e Uruguaia de Direito do Trabalho e da Seguridade Social.*

1. Introdução

O século XXI é, antes e acima de tudo, o século da comunicação. Comunicação que se perfaz de forma instantânea, globalizada, que é assim consumada de modo inaudito e, fundamentalmente, em *tempo real*.

Hoje, as autoridades máximas das grandes democracias ocidentais – aí incluída a brasileira – quase não mais necessitam de porta-vozes, é dizer, de intermediários que lhes transmitam as opiniões ou o pensamento. Elas próprias o fazem diretamente, mediante a utilização das ferramentas disponíveis na rede mundial de computadores.

Neste contexto, onde tudo parece fluir e transformar-se de modo radical em lapsos diminutos, constantemente se pergunta se o Direito, a Justiça e o Processo do Trabalho estariam adequados à época, ou mesmo se sua existência seria ainda necessária, pertinente ou factível.

No texto presente, tentaremos concisamente responder a tal perquirição especificamente naquilo que se refere ao *plano instrumental* do *tripé social* acima referido. O nosso objetivo será, pois, buscar apreender até que ponto o direito adjetivo trabalhista poderia – ou não – ser classificado como um *elemento indispensável* à garantia de direitos fundamentais da pessoa que trabalha e, como corolário, à preservação de um *mínimo equilíbrio social*.

2. Escorço histórico

O direito do trabalho, no plano internacional, tem sua gênese e desenvolvimento vinculados ao surgimento do capitalismo de matiz industrial, máxime a partir de meados do século XIX.

As relações entre trabalhadores e empregadores tornaram-se mais intensas e complexas; o exaustivo número de horas de labor, os baixos salários, o expressivo número de acidentes, tudo isso motivou a criação gradativa de *normas de contraposição*, cujo objetivo principal era estabelecer um *equilíbrio mínimo* entre as partes envolvidas na relação de produção.

A essas normas *substantivas* ou de *fundo* foram paulatinamente sendo agregadas disposições de índole *instrumental*, é dizer, preceitos de cunho processual, os quais ademais, normalmente, vinham acompanhados de uma jurisdição especializada com a missão de bem fazê-los cumprir[1].

---

(1) Nas palavras da magistrada e professora costa-riquenha Julia Varela Araya, "La historia de los procesos viene ligada a la historia de los conflitos laborales, que son los que configuran los orígenes y la evolución del Derecho Laboral". *Manual de procedimentos laborales*. 4. ed. São José: IJSA, maio de 2008. p. 27.

De um modo geral, com as naturais e intuitivas variações de país a país, podemos situar esse momento histórico nas décadas de 20 e 30 do século passado. Por outro lado, parece claro que o que inicialmente começou como uma sorte de *movimento institucional esparso* na década de 20, ganhou *sistematização* ou *consistência* na década de 30, seguramente por conta da grave crise econômica mundial desencadeada a partir de 1929. Bons exemplos disso são o primeiro Código do Trabalho Chileno, de 13 de maio de 1931[2], e a primeira Lei Federal do Trabalho do México[3], de 18 de agosto do mesmo ano[4]. Havendo surgido no plano jurídico internacional praticamente ao mesmo tempo, previam ambos a criação de uma jurisdição especializada ao lado de normas procedimentais que lhes eram específicas.

No Brasil, o *timing* não foi diferente. Nossa primeira experiência similar (esparsa e localizada) foram os Tribunais Rurais Paulistas, previstos pela Lei n. 1.869, de 10.10.1922. Dez anos depois, o Governo de Getúlio Vargas criou as Juntas de Conciliação e Julgamento, com o procedimento a elas inerente (Decreto n. 22.132, de 25 de novembro de 1932), que viria a ser o embrião do processo trabalhista inserido no Decreto n. 1.237, de 1939 (com vigência a partir de 1941) e ratificado em seguida (1943) pela CLT[5].

Desde então, pouco substancialmente mudou no processo laboral brasileiro.

É certo que houve sim diversas leis subsequentes que agregaram inúmeras *reformas pontuais* ao sistema nacional de resolução de conflitos trabalhistas (Decreto-Lei n. 8.737/1946, Lei n. 2.244/1954, Lei n. 5.442/1968, Lei n. 5.584/1970, Lei n. 7.701/1988, Lei n. 8.432/1992, Lei n. 9.957/2000, Lei n. 13.015/2014, para citar algumas mais significativas). Porém, a *ideia essencial* proposta pela *iniciativa embrionária* materializada no longínquo ano de 1932 seguiu e segue sendo rigorosamente a mesma: um processo simples, célere e preferencialmente gratuito[6], que, reconhecendo a disparidade de forças existente no plano do direito material busque, na máxima medida possível, evitar que a mesma se projete no correlativo âmbito instrumental.

3. Fundamentos estruturantes do processo trabalhista

Como já adiantado acima, à época em que começaram a eclodir os primeiros conflitos entre o capital e o trabalho – já dentro da *molduragem contemporânea* estabelecida pela Revolução Industrial – desde logo se advertiu que o sistema institucional vigente estava *duplamente despreparado* para resolvê-los: não havia, então, normas substanciais aptas a bem enquadrar as pretensões contrapostas, nem tampouco preceitos processuais que a elas pudessem minimamente responder.

Realmente, dentro da perspectiva do direito material, prevalecia o conceito de que a relação de trabalho deveria ser assimilada dentro da noção tradicional do contrato, ou seja, um ajuste entre partes hipoteticamente iguais, que deveria ser respeitado integralmente, pouco ou nada importando a quase sempre *evidente assimetria* que se advertia nas condições supostamente "pactuadas', como bem explica o doutrinador uruguaio Mario Garmendia Arigón:

> A relação jurídica que se produz entre trabalhador e empregador não mereceu nenhum tipo de tratamento especial por parte do Direito liberal. A prestação de serviços era o tipo contratual que parecia ajustar-se mais facilmente àquele vínculo que, por não apresentar nenhuma particularidade aos olhos dos juristas da época, estava sujeito, sem condicionamento de espécie alguma, ao esquema comum "liberdade-autonomia da vontade", que regia a validade de todos os contratos civis.[7]

Contudo, as consequências do *desajuste formal* que se projetava desde o *desajuste material* existente entre as partes bem pronto se fizeram sentir:

---

(2) Conforme DÍAZ, Rodolfo Walter; LANATA FUENZALIDA, Gabriela. *Régimen legal del nuevo proceso laboral chileno*: estudio de las modificaciones introducidas por las leyes ns. 20.002, 20.023 y 20.087. Santiago: LexisNexis, 2007. p. 11-12.

(3) BUEN LOZANO, Néstor de. *Derecho procesal del trabajo*. 12. ed. México: Porrúa, 2002. p. 132.

(4) Ainda em 1931, foram criados, na Espanha, os jurados mistos (27.11.1931), em ampliação às experiências ali anteriores e que, pouco tempo depois, vieram a servir de base para o legislador brasileiro (a tal respeito: TOLEDO FILHO, Manoel Carlos. *A competência funcional do juiz-presidente da junta de conciliação e julgamento*. São Paulo: LTr, 1997. p. 30-41).

(5) Para informações detalhadas sobre a evolução histórica das normas trabalhistas nacionais, Toledo Filho, *op. cit.*, p. 15-29.

(6) Nas palavras do professor boliviano Alberto Cornejo, cuja atualidade se nos afigura irrefragável, "El trabajador, carece de respaldo económico, no está en condiciones de erogar gastos dispendiosos y dedicar un tiempo largo a la atención judicial de su demanda, por que las condiciones de vida, dentro la actual sociedad hacen que el salario percibido apenas alcance a las necesidades diárias; de modo que toda erogación extraordinaria solo se solucionará por un sacrificio personal y de la família, por la desnutrición, menor atención a los gastos de subsistencia etc." Los tribunales del trabajo en Bolivia. In: Tissembaum, Mariano R. (coord.). *Tribunales del trabajo – derecho procesal del trabajo*. Santa Fe: UNL, 1941. p. 421.

(7) GARMENDIA ARIGÓN, Mario. *Ordem pública e direito do trabalho*. Tradução de Edilson Alkmin Cunha. São Paulo: LTr, 2003. p. 63.

O trabalhador pobre, só e sem nenhum respaldo estatal, não tinha condições de discutir as circunstâncias de trabalho estabelecidas unilateralmente pelo empregador. O liberalismo que, no plano econômico permitiu grande desenvolvimento do capitalismo, foi em compensação nefasto no terreno social, pois permitiu a degradação do trabalhador. As profundas desigualdades que separavam o trabalhador do empregador começaram a ser advertidas por diversos juristas que exigiam do legislador o abandono do papel de simples "distribuidor de liberdades", para adotar papel mais comprometido com as questões sociais.[8]

O contexto acima foi enfrentado com o advento de *normas básicas de proteção*, cujo objetivo era trazer a relação de labor dependente para um *patamar satisfatório* ou de *equilíbrio mínimo*. Emblemáticas, a tal respeito, foram as disposições que estabeleceram jornadas máximas de trabalho, cujo conteúdo deveria obrigatoriamente se superpor a qualquer preceito adverso porventura contratado diretamente pelas partes.

Sem embargo, a eficácia das normas de direito material não se poderia fiar exclusivamente na frágil ilusão do *cumprimento espontâneo* ou na mera esperança da *obediência voluntária*. Padrões culturais de comportamento não se transmudam da noite para o dia, apenas porque assim o decrete o legislador. A fiscalização da observância da legislação era, pois, como ainda é, uma medida complementar de imperativa necessidade. E, para além dela, mister também se fazia a previsão de normas processuais (instrumentais) adequadas à realidade do direito de fundo cuja viabilização lhes incumbia judicialmente assegurar.

É que, do mesmo modo que se passava no âmbito do direito material, o direito processual tampouco estava preparado para a nova realidade do conflito que se apresentava. Como observa Sagardoy Bengoechea, "en el ámbito del derecho procesal se reproducía el desequilibrio existente entre las partes contratantes en el contrato de trabajo, que se intentaba corregir por medio del derecho substantivo"[9]. Como corolário, na correta avaliação de Raquel Aguilera Izquierdo, quanto mais aumentava o nível de proteção propiciado pelas normas substantivas, mais se acentuava o desajuste, perante estas, das normas adjetivas ou de cunho instrumental, que se caracterizavam, primordialmente, pelo seu caráter *custoso* (caro), *complicado* e *formal*[10]. Em suma, para um *direito novo*, um *novo processo* igualmente se fazia necessário[11].

Esse novo processo iria romper cânones seculares[12]: reforçaria o protagonismo do juiz, abrandaria o princípio dispositivo[13], focando, precipuamente, na celeridade e na desburocratização do procedimento[14].

---

(8) *Idem*, p. 67.

(9) *El proceso laboral*: principios informadores. Instituciones de derecho del trabajo y de la seguridad social. Nestor de Buen y E. Morgado (coord.). UNAM, 2003. p. 823 *apud* Aguilera Izquierdo, Raquel. *Proceso laboral y proceso civil*: convergencias y divergencias. Madrid: Civitas, 2004. p. 39.

(10) *Idem*, p. 38-39.

(11) Como advertia o professor Mariano Tissembaum, falando, em 1941, sobre a realidade específica da Argentina, a "discordancia que se observa entre los fines que orientan la transformación evolutiva de la legislación de fondo en punto al trabajo, y la inmovilidad o estabilidad de las normas procesales vigentes, en cuanto a la forma y modo de hacer efectivo los renovados princípios juridicos de orden social, constituye un contrapeso de tal naturaleza que puede afirmarse sin exageración alguna, muchos de los nuevos postulados que consagran las leyes que se dictan en el país, **se hallan trabados o retardados en su aplicación por la inactualidad o inadaptabilidad del sistema procesal con que deben hacerse efectivos**". In: *Tribunales del Trabajo...*, p. 7-8. O destaque é nosso.

(12) Não apenas na esfera do processo do trabalho isso ocorreria. Em Portugal, consoante esclarece Álvaro Lopes-Cardoso, no âmbito do próprio processo civil, já desde 1926, se iniciara uma reação – consolidada em 1961 – aos paradigmas privativistas tradicionais. Segundo este autor, "o antigo direito adjetivo, todo decalcado sobre os postulados fundamentais do liberalismo individualista, já não correspondia às exigências dos tempos modernos que reclamavam um predomínio mais seguro da *justiça material* sobre a pura *justiça formal* e, consequentemente, uma intervenção mais activa do juiz no desenvolvimento da relação processual". (*Manual de processo do trabalho*. 3. ed. Lisboa: Livraria Petrony Ltda., 2000. p. 12). Os destaques são do próprio autor. Fenômeno muito similar se passou no Brasil, com o advento do CPC de 1939, como se pode intuir do trecho seguinte de sua exposição de motivos, subscrita por Francisco Campos: "Nesse sentido, o novo processo é eminentemente popular. Pondo a verdade processual não mais apenas a cargo das partes, mas confiando numa certa medida ao juiz a liberdade de indagar dela, rompendo com o formalismo, as ficções e presunções que o chamado "princípio dispositivo", de "controvérsia" ou "contradição", introduzira no processo, o novo Código procura restituir ao público a confiança na Justiça e restaurar um dos valores primordiais da ordem jurídica, que é a segurança nas relações sociais reguladas pela lei". Disponível em: <http://www2.camara.leg.br/legin/fed/declei/1930-1939/decreto-lei-1608-18- setembro-1939-411638-norma-pe.html>. Acesso em: 08 fev. 2017.

(13) Conforme Carmen Sáez Lara, "entre las "especialidades" del proceso laboral (en relación con el proceso civil), se encontrarían la matización del principio de igualdad de las partes, y una paralela menor intensidad del principio dispositivo, en favor del mayor protagonismo judicial" (*La tutela judicial efectiva y el proceso laboral*. Madrid: Civitas, 2004. p. 34).

(14) No pensamento do professor peruano Leopoldo Gamarra Vílchez, os princípios do direito processual do trabalho "poseen sus propias características y funciones dentro del Derecho Laboral: sustantividad propia en razón de su generalidad y obedecen a la inspiración de justicia social, que es la razón de ser desde su nacimiento; de ahí que busquen favorecer al trabajador". In: Los princípios en el nuevo proceso laboral. *IV Congreso Nacional de la Sociedad Peruana de Derecho del Trabajo y de la Seguridad Social*. Lima: Imprenta Editorial El Búho EIRL, outubro/2010. p. 206.

Um processo que seria, na avaliação do professor panamenho Jaime Javier Jované Burgos[15], *particularmente social, maiormente breve, inquisitivo*, e ordinariamente afeto à ordem pública[16].

Bastante significativa, em tal particular – e, por isso, merecedora de expressa referência – é a sentença proferida pelo Tribunal Constitucional Espanhol em 1983 (Sentença 03, de 25 de janeiro). Ali, aquela sempre prestigiada e recordada Corte deixou assentado que (g. n.):

> De todo ello deriva el específico carácter del Derecho laboral, en virtud del cual, mediante la transformación de reglas indeterminadas que aparecen indudablemente ligadas a los principios de libertad e igualdad de las partes sobre los que se basa el Derecho de contratos, se constituye como un ordenamiento compensador e igualador en orden a la corrección, al menos parcialmente, de las desigualdades fundamentales. Y en el tema que importa a la cuestión debatida debe destacarse, que **a esta finalidad sirven no sólo las normas sustantivas sino también las procesales, porque superando tendencias que creían que el Derecho procesal era un conjunto de normas neutras y aisladas del Derecho sustantivo, resulta patente que ambos son realidades inescindibles, actuando aquél como un instrumento más, y de singular importancia, para el cumplimiento de los fines pretendidos por éste**.[17]

Seria ingenuidade, de outro lado, detectar na índole das normas processuais assim concebidas alguma sorte de tendência marxista ou veio ideológico similar. Em verdade, da mesma maneira que o direito do trabalho – e porque correlato a ele – o instrumental laboral é uma *exteriorização capitalista típica*. Como registra o doutrinador venezuelano Eric Lorenzo Pérez Sarmiento – que se autodeclara um "anticomunista militante" – o reconhecimento da fragilidade econômica do trabalhador é comum tanto a Marx quanto ao Papado, aos corporativistas da extrema direita, aos democratas liberais norte-americanos e aos socialistas democráticos europeus[18].

4. O paradoxo da subsidiariedade

Como o processo do trabalho foi pensado para ser simples e direto, era natural que a ele se agregassem, em caráter subsidiário, mercê de suas previsíveis lacunas, as disposições existentes no processo comum, sempre e quando com aquele se demostrassem compatíveis.

No Brasil, esta circunstância assumiu, com o advento do CPC de 1973, e com especial ênfase a partir das minirreformas neste realizadas a partir da década de 90 do século transato, um curioso caráter de *reforma indireta* do processo trabalhista nacional. Como modificar diretamente as normas trabalhistas, em ordem a conferir-lhes maior adequação ou efetividade, sempre se revelou uma tarefa politicamente dificultosa e delicada, os operadores do processo trabalhista passaram a mais e mais utilizar as gradativas inovações inseridas no âmbito do processo civil. E isto se deu tanto para o bem quanto para o mal: ao mesmo tempo que se acelerava o resultado do processo – adotando-se, por exemplo, a figura da antecipação da tutela, hoje chamada pelo Código de 2015 de "tutela provisória" – se complicava o núcleo do procedimento com a incorporação das figuras de intervenção de terceiros ou a maximização da ideia da execução "menos onerosa" para o devedor.

Em verdade, contudo – hoje o sabemos –, não era para tanto. O processo do trabalho sempre possuiu preceitos aptos a fazê-lo renovar-se por si mesmo, plasmados em seus arts. 765 e 769, os quais, desde que utilizados com *ousadia* e *criatividade*, poderiam ter bem antes incorporado as figuras que no processo civil somente ao fim do século XX se apresentaram.

Neste aspecto, aliás, o CPC de 2015 tem prestado um valioso auxílio ao processo trabalhista brasileiro. Mas não por conta da virtude de seu conteúdo – conquanto virtudes existam – e sim em função da *arrogância* com que inicialmente se preconizou sua *virtual incidência* ao processo laboral. Em dado momento, a impressão que se formara é que todo o processo e a Justiça do Trabalho teriam de se amoldar a ele – como se a CLT pura e simplesmente não existisse. E como a toda ação corresponde uma reação de igual intensidade e direção em sentido contrário, o que se viu foi uma quase completa ojeriza da comunidade jurídica trabalhista ao novo regramento. Em outras palavras, a *presunçosa* "ofensiva" perpetrada contra o processo trabalhista desencadeou uma sorte de *repercussão institucional* da 3ª Lei de Newton, fazendo

---

(15) *Manual de derecho del trabajo panameño.* Panamá: Editorial Portobelo, 2011, p. 140. t. II: *sección colectiva, sección procesal.*

(16) Na Espanha, segundo informa José Ángel Folguera Crespo, a evolução do processo trabalhista resultou em um esquema instrumental "sumamente sencillo, ágil y eficaz, con el resultado de que la jurisdicción social, con carácter general, haya venido siendo la que menos retrasos experimentaba" In: FOLGUERA CRESPO, José Ángel; SALINAS MOLINA, Fernando; SEGOVIANO ASTABURUAGA, Maria Luisa et al. *Comentários a la ley reguladora de la jurisdicción social.* Valladolid: LEX NOVA, nov. 2011. p. 345.

(17) Disponível em: <http://hj.tribunalconstitucional.es/es/Resolucion/Show/131>. Acesso em: 08 fev. 2017.

(18) *Comentarios a la ley orgánica procesal del trabajo.* 2. ed. Caracas: Vadell Hermanos Editores, 2004. p. 12.

com que os operadores daquele cavassem trincheiras, formassem um *círculo defensivo* e estocassem mantimentos e munição para resistir e responder ao fogo – o qual, depois de tudo, acabou não se revelando tão intenso ou virulento quanto inicialmente se esperava, quiçá por conta mesmo da pouca consistência em que se amparavam seus respectivos argumentos.

Esse fenômeno, conquanto ainda esteja em desenvolvimento, tenderá a naturalmente encontrar o seu devido ponto de equilíbrio. Mas, seja como for, teve ele a virtude de fazer os integrantes da Justiça do Trabalho *revisitar* a CLT, *relembrar* a origem do processo do trabalho, *reanalisar* seus princípios particulares, enfim, nos fez melhor conhecer nossa própria história. E, apenas por isso, já lhe devemos ser gratos.

Conclusão

O mundo do trabalho não é hoje o que era no século XIX. Foi profundamente transformado pela tecnologia e pela dinâmica das relações pessoais, econômicas e empresariais.

Todavia, fato igualmente é que, naquilo que se refere ao contexto produtivo do labor humano de índole dependente ou subordinada, pouca coisa se modificou.

O trabalhador continua sem recursos financeiros para esperar por um processo longo. Continua sem a possibilidade concreta de produzir provas cujo acesso é exclusivo do empregador; continua sem informação detalhada sobre o patrimônio empresarial apto a garantir o adimplemento de seus direitos; continua sem uma garantia de emprego que lhe permita imediatamente questionar as condições de seu labor; segue impossibilitado de recusar o cumprimento de horas extras sem colocar em risco real o seu sustento pessoal e familiar; continua carente de uma formação profissional mais sofisticada, que amplie suas possibilidades de acesso ao mercado de trabalho; segue, não raro, vinculado a sindicatos de pouca representatividade e questionável legitimidade; permanece, com frequência, jungido a aceitar propostas ou acordos nocivos aos seus direitos, pois que a opção que se lhe apresenta é a de não receber nada agora ou, mesmo, não receber nunca; continua sujeito a regras de competência material ou territorial cuja interpretação pode facilmente, na prática, obstaculizar seu pleno acesso à Justiça.

Se tal é o panorama fático da atualidade, o processo do trabalho, com seu histórico caráter protetor e ativista, segue, também, sendo indiscutivelmente atual. Ainda que sua forma se transmude, por completo, para a *versão eletrônica*, que o *processo de papel* esteja a caminho da extinção, a essência e os fundamentos que desde sempre o informaram persistem existindo em igual medida e dimensão.

Nosso país vive, no momento presente, uma tendência à flexibilização ou relativização do direito do trabalho. Não há novidade alguma nisso. Já ocorreu antes, servindo de *exemplo recente* a década final do século XX. Nesses momentos, é praxe sustentar que o mundo é outro, a globalização e seus efeitos são todos eles inevitáveis, que a pujança econômica deve se superpor ao formalismo jurídico, que o processo do trabalho deve ser absorvido pelo processo civil e que a Justiça do Trabalho simboliza um resquício corporativo de uma era que de há muito já passou.

Nada obstante, não se pode olvidar, como bem adverte o juslaboralista chileno Diego López Fernández – reportando-se ao escólio do festejado professor espanhol José Luis Monereo – que o direito do trabalho é, antes e acima de tudo, um *direito capitalista do trabalho*, que legitima o sistema acumulativo de produção mediante a construção de barreiras de proteção ou de contenção social[19]. Então, enquanto houver capitalismo, igualmente haverá a necessidade de um direito do trabalho, que não foi ademais gerado por nenhum arroubo de generosidade, mas por uma necessidade emanada das contradições e perplexidades mesmas do sistema econômico que o viu florescer[20]. E, com ele, seguem sendo pertinentes seus corolários naturais, como o são o processo e a Justiça do Trabalho. Não por acaso, que, no Chile, a supressão da Justiça Laboral, efetuada nos anos do Governo Pinochet, mediante o Decreto-Lei n. 3.648 de 1980, sob a justificativa de uma suposta racionalização do sistema, resultou em uma experiência "desastrosa", que poucos anos durou antes de ser devida e oportunamente revertida pela Lei n. 18.510, de 1986[21].

Em arremate, portanto, não será por agora que se verá a eliminação do direito processual do trabalho brasileiro. Ao revés, o momento é de revivificá-lo, para que, uma vez mais, supere os sucessivos desafios que a sociedade e os tempos atuais lhe apresentam.

---

(19) *Derechos, trabajo y empleo*: por una renovación de los derechos en el trabajo. Santiago: LOM Ediciones, 2004. p. 106.

(20) Ainda, consoante Diego López, "El reconocimiento legal de derechos al trabajador asalariado nace de la reflexión dramática de que sin protección suficiente, las personas que venden su fuerza de trabajo se ven reducidas a situaciones de explotación infrahumanas; sin Derecho no hay humanidad". *Idem*, p. 110.

(21) Díaz e Lanata Fuenzalida, *op. cit.*, p. 12.

A Teoria da Ação no Novo CPC e o Processo do Trabalho

MARCELO ANTONIO DE OLIVEIRA ALVES DE MOURA
Juiz titular da 19ª Vara do Trabalho do Rio de Janeiro. Professor coordenador do Curso de Direito da Universidade Candido Mendes – Ipanema, Rio de Janeiro. Doutorando em Ciências Jurídico-empresariais na Universidade do Porto. Mestre em Ciências Jurídicas pela Universidad Antonio de Nebrija, Madrid, Espanha. Bacharel em Ciências Jurídicas pela Faculdade de Direito da UFRJ.

1. Direito subjetivo, pretensão e ação

O direito subjetivo nasce com a própria relação jurídica. É instituto que precede ao exercício, em juízo, da pretensão. Assim, o credor de uma parcela salarial possui o direito subjetivo de exigir do devedor o cumprimento deste dever jurídico, observado o prazo prescricional previsto em lei. Pode ser que o credor jamais exerça esta pretensão, mas isto não significa que deixou de ter o direito subjetivo de exigir do devedor o cumprimento de sua parte na relação jurídica obrigacional citada.

A pretensão está ligada à exigibilidade do direito em si. O titular do direito que deixa transcorrer o prazo prescricional sem exercitá-lo perde sua exigibilidade, ou seja, a pretensão, ainda que mantenha intacto o direito subjetivo. Contudo, não havendo como exercitar sua pretensão, o titular do direito subjetivo (às férias, por exemplo), contará com a boa vontade do devedor em cumprir sua prestação voluntariamente, já que nada mais poderá lhe exigir. Pretensão e exigibilidade possuem, como se percebe, intrínseca relação.

A ação de direito processual é "exercício da pretensão à tutela jurídica, razão porque pode haver exercício da pretensão à tutela jurídica mesmo se apenas para declarar que uma relação jurídica de direito material não existe entre ele e o réu" (Pontes de Miranda. *Comentários*, Tomo I, 1979. p. 128).

A ação é, portanto, o próprio exercício, em juízo, da pretensão em face do réu, que é chamado a compor a relação jurídico-processual por ato do juízo denominado citação. Existe ação mesmo que o réu não seja chamado por algum equívoco do juízo, ou até pela dificuldade de citação.

A relação jurídico-processual, inicialmente instaurada entre autor e juiz, só se torna angular com o chamamento do réu. Há processo mesmo antes da citação, mas é processo linear: autor-juiz.

2. Ação de direito material

Até meados do século XIX, não se conseguia conceber a ação colocada em um plano distinto do direito material. A doutrina recorria às definições romanistas, segundo as quais a ação nada mais era do que o direito de alguém perseguir, em juízo, o que lhe era devido. O exercício do direito de ação, desta forma, estava vinculado a ter ou não razão quanto ao direito material. Não havia autonomia do direito de ação. O direito e a ação eram uma só coisa vista sobre ângulos diferentes.

A doutrina ainda reproduzia a noção de ação que vigorava na última etapa da evolução do direito romano – denominada *cognitio extraordinaria*; noção essa elaborada séculos antes, primeiro por Celso, e depois repetida quase que textualmente por Ulpiano: *actio autem nihil aliud est quam ius persequendi in iudicio quod sibi debetur* (Em verdade, a ação nada mais é do que o direito de perseguir em juízo o que nos é devido), conforme Carreira Alvim, TGP, 2002, p. 117.

A definição de Celso viria, séculos mais tarde, a constituir base de uma doutrina, que, tendo entre seus maiores expoentes Savigny, teve a adesão dos juristas até meados do século XIX. Esta doutrina ficou conhecida como Imanentista, porque a ação era algo imanente ao próprio direito material, que não possuía vida própria, daí a clássica proposição: "Não há direito sem ação, não há ação sem direito, a ação segue a natureza do direito." (Carreira Alvim, 2002, p. 118.)

Esta estreita vinculação entre a existência da ação e do próprio direito influenciou a redação do art. 75 do Código Civil de 1916, assim redigido: "A todo o direito corresponde uma ação, que o assegura."

3. A construção da autonomia do direito de agir

3.1. A clássica polêmica entre Windscheid e Muther

A polêmica entre os dois juristas alemães em destaque foi responsável pelos primeiros estudos acerca da autonomia do direito de ação. A doutrina anterior à discussão travada por estes dois juristas não via qualquer desvinculação entre direito e ação.

A polêmica iniciou-se com a publicação, em 1856, de obra intitulada *A ação do Direito Civil Romano do Ponto de Vista do Direito Atual*, de autoria de Bernhard Windscheid. Até então, vigorava na Alemanha o direito romano *justinianeu*, reelaborado pelos juristas medievais e modernos, e continuava sendo aplicado o processo germânico comum, com a "recepção" também muito ampla de concepções de institutos romanos (Carreira Alvim, 2002, p. 118).

Marinoni, *Curso*, v. 1, 2006, p. 161, assim resume a polêmica:

> Windscheid – analisando a *actio* romana – concluiu que a pretensão é o equivalente moderno da *actio*, delineando-a como uma situação jurídica substancial, distinta tanto do direito de se queixar quanto do próprio direito subjetivo, do qual é uma emanação que funda a possibilidade de o autor exigir a realização judicial do seu direito.
>
> Windscheid afirmou que a ordenação romana não era – como a moderna – uma ordenação de direitos, mas sim uma ordenação de pretensões que podem ser perseguidas judicialmente. Neste ponto reside a principal divergência oposta por Muther, pois para este a ordenação romana

era sim de direitos, pois aquele que pedia a aplicação de uma fórmula jurídica ao pretor também devia ter um direito subjetivo, o qual, na sua ótica, seria o próprio fundamento do direito à fórmula (Marinoni, 2006, p. 161).

Muther sustentou a ideia de um direito de agir contra o Estado – na pessoa de seus órgãos jurisdicionais –, e também que a própria *actio* seria um direito do autor para que o pretor lhe outorgasse a "fórmula" – que constitua, na sua época, a tutela jurídica.

Windscheid respondeu a Muther em obra intitulada *A actio. Réplica ao Dr. Theodor Muther*, Düsseldorf, 1857, na qual acolheu muitas das ponderações de seu opositor. (Carreira Alvim, 2002, p. 123; Marinoni, 2006, p. 162.)

Guardadas as divergências, as duas teorias tiveram o mérito de distinguir a ação do próprio direito que visa tutelar.

3.2. A ação como direito à obtenção de uma sentença favorável

Constituídas as premissas que sustentam a desvinculação entre o direito material discutido e o direito de ação em juízo, os juristas passaram a se debruçar sobre outra questão: o autor cujo pedido fora julgado improcedente teve direito de ação? A ação estava condicionada à obtenção de uma sentença favorável?

A discussão sobre essas indagações levou Plósz e Degenkolb a entenderem que o direito de ação não significava a obtenção de uma sentença favorável. O direito de agir autônomo, independentemente do resultado do processo, foi qualificado por Plósz como **direito abstrato de agir**, conforme explica Marinoni, v. 1, 2006, p. 163.

A natureza pública do direito de agir foi também objeto de estudo destes dois autores, que destacaram o direito de obter uma sentença.

Sob outro enfoque, Wach (1885, *Manual de Direito Processual Civil*; 1888, monografia intitulada "ação declaratória") identificou a autonomia do direito de ação vinculada à obtenção de uma sentença favorável.

O Direito concreto à tutela jurídica que, "embora distinta do direito subjetivo material, pressupõe existente esse direito, e corresponde a quem tem **direito a uma sentença favorável**" (Carreira Alvim, 2002, p. 126).

3.3. Ação como direito potestativo

Chiovenda (1903, Universidade de Bolonha), afirmou que a ação, como todos os direitos potestativos, é "um poder puramente ideal, quer dizer, o poder de produzir determinados efeitos jurídicos (atuação da lei). Este poder se exercita mediante uma declaração de vontade relativamente aos efeitos que se pretendem, e não requer nenhuma ação física, senão aquela que é necessária para manifestar e manter, durante o processo, a vontade de que a lei seja atuada (demanda judicial)" (Carreira Alvim, 2002, p. 127).

Chiovenda também era um concretista, pois, ao fim, exigia, para o reconhecimento do direito de ação, que a sentença fosse favorável.

Calamandrei é o mais fiel seguidor da doutrina de Chiovenda, sustentando sua tese nas seguintes premissas: a ação pode ser concebida como um direito subjetivo autônomo, pois existe por si mesma, independentemente do direito subjetivo (material), dirigido a obter uma determinada providência jurisdicional favorável ao pedido do demandante (Carreira Alvim, 2002, p. 129).

3.4. A abstração e autonomia do direito de ação

Coube a Carnelutti o papel de definir a verdadeira autonomia do direito de ação. O célebre jurista, que tanta influência exerceu no direito brasileiro, distinguiu a ação como um poder à decisão. Não importa, para a identificação do direito de ação, se a sentença é ou não favorável ao autor. Para exercitar a ação, não é necessário ter o direito subjetivo material.

A ação é, portanto, um **direito subjetivo processual** das partes.

A principal crítica à doutrina de Carnelutti reside no fato deste acreditar que o adversário do autor da ação é o juiz, que deve compor a lide, e não a outra parte (o réu). Diferentemente do que pensava Chiovenda, este sim com ideia mais próxima do que se aplica na atualidade: "a ação é um poder que sujeita o adversário, portanto, um poder em face do adversário." (*L´azione nel sistema dei diritti*, 1903, p. 15, *apud* Marinoni, *Curso*, v. 1, 2006, p. 166).

3.5. Ação como direito de petição

Por volta dos anos 40 o ilustre processualista uruguaio Eduardo Couture apresentou a ação como um direito de petição. Para Couture, o direito de ação é o direito de qualquer cidadão exigir, em juízo, de forma coativa, a presença da outra parte; sobre outra mirada, este direito constitucional de petição obriga o juiz a se pronunciar sobre o pedido da parte.

Luiz Guilherme Marioni, 2006, p. 167, assim sintetiza a opinião do saudoso jurista uruguaio:

> quando o direito de petição é exercido diante do Poder Judiciário sob a forma de ação civil, esse poder jurídico não só resulta virtualmente coativo para o demandado, que tem que comparecer para se defender se não deseja sofrer as conseqüências prejudiciais da confissão ficta (da ausência de defesa), como também resulta coativo para o juiz, que deve obrigatoriamente se pronunciar, de uma ou outra forma.

4. As condições da ação: interesse e legitimidade

4.1. A doutrina de Liebman

Provavelmente, Enrico Tulio Liebman, que morou em São Paulo, refugiado do regime ditatorial da Itália de Mussolini, foi o jurista que maior influência teve na construção da teoria da ação no direito brasileiro, inclusive na redação do Código de Processo Civil de 1973; o projeto deste CPC é de autoria do ilustre jurista paulista Alfredo Buzaid, discípulo de Liebman, integrante da chamada "Escola Paulista de Direito Processual".

No ano de 1949, Liebman expôs sua teoria a respeito da ação, baseada na existência de suas condições, em aula inaugural na Universidade de Turim.

O ilustre jurista italiano, da mesma forma que Couture no Uruguai, destacou a importância da ação como um direito constitucional, uma garantia de todos os cidadãos levarem seus pleitos ao Judiciário.

A doutrina de Liebman considera a ação como um direito ao pronunciamento de mérito pelo Judiciário – favorável ou desfavorável; essa ação se constitui pela existência de três requisitos ou condições, a saber: **legitimidade das partes, interesse de agir e possibilidade jurídica do pedido** (neste sentido, o art. 267, VI, do CPC/1973).

4.2. As condições da ação no CPC/2015

Segundo Liebman, as condições da ação são requisitos para sua existência. Não havendo condições da ação, o autor será considerado carecedor do direito de ação.

> Na 3ª edição do seu *Manuale di diritto processuale civile*, **Liebman abandonou a categoria da "impossibilidade jurídica do pedido"**. A partir daí, ao tratar do interesse de agir, passou a dizer "seria uma *inutilidade* [faltaria interesse de agir] proceder ao exame do pedido para conceder ou negar o provimento postulado" quando

o provimento "não pudesse ser proferido, *porque não admitido por lei*" (Manual..., cit., v. 1, p. 155). Como está claro, Liebman **inseriu a ideia de impossibilidade jurídica do pedido na ausência de interesse de agir**. (Marinoni. *Curso*, v. 1, 2006, p. 169). (grifei).

O **Código de Processo Civil de 2015**, em seu art. 17, adotou, a nosso sentir, a posição atualizada de Liebman ao afirmar que: "para postular em juízo é necessário ter interesse e legitimidade."

Neste sentido, Humberto Theodoro Jr., *Curso*, v. I, 2016, p. 165:

> É bom destacar que a preocupação com a conceituação da *impossibilidade jurídica*, como condição da ação, antes mesmo do Código novo, perdeu por completo a primitiva relevância. Sua inserção nessa categoria processual se deveu sobretudo à doutrina de Liebman. Acontece que, nas reedições de sua obra, a impossibilidade jurídica acabou sendo afastada, concentrando-se a categoria apenas na legitimidade e no interesse.

Prossegue o mestre mineiro:

> ...foi correto o caminho utilizado pela nova codificação que limita as condições da ação apenas às figuras do art. 17, ou seja, o interesse e a legitimidade. Deixa-se de lado, por inútil, a condição da possibilidade jurídica, que ou se confunde com o mérito ou se subsume no interesse.

Humberto Dalla Bernardina de Pinho (2015, v. I, p. 197) também corrobora a afirmação de que a omissão quanto à possibilidade jurídica do pedido foi proposital e eloquente, lembrando o autor que:

> O CPC de 2015 optou por retirar a possibilidade jurídica do pedido do rol de condições da ação, que agora fica restrito à legitimidade e ao interesse, como se pode perceber da leitura dos arts. 17 e 485, VI.

O **interesse de agir**, segundo Liebman, é "um interesse processual, secundário e instrumental com relação ao interesse substancial primário; tem por objeto o provimento que se pede ao juiz como meio para obter a satisfação de um interesse primário lesado pelo comportamento da parte contrária, ou, mais genericamente, pela situação de fato objetivamente existente. (...) Ao mérito, e não ao interesse de agir, pertence toda e qualquer questão de fato e de direito relativa à procedência do pedido, ou seja, à juridicidade da proteção que se pretende para o interesse substancial. Em conclusão, o interesse de agir é representado pela relação entre a situação antijurídica denunciada e o provimento que se pede para debelá-la mediante a aplicação do direito; deve essa relação consistir na **utilidade do provimento, como meio para proporcionar ao interesse lesado a proteção concedida pelo direito**" (grifei) (*Manual*, v. 1, p. 155).

Ao tratar da **legitimação**, ou legitimidade para agir, assim se expressa Liebman: "Legitimação para agir (*legitimatio ad causam*) é a titularidade (ativa e passiva) da ação. O problema da legitimação consiste em **individualizar a pessoa a quem pertence o interesse de agir** (e, pois, a ação) e a pessoa com referência à qual ele existe. (...) A legitimação, como requisito da ação, é uma condição para o pronunciamento sobre o mérito do pedido; indica, pois, para cada processo, as justas partes, as partes legítimas, isto é, as pessoas que devem estar presentes para que o juiz possa julgar sobre determinado objeto." (*Manual*, v. 1, p. 147.)

A **possibilidade jurídica do pedido**, como foi visto acima, perdeu sua autonomia, mas seu sentido será utilizado, na vigência do CPC/2015, para orientar a análise do interesse de agir. Portanto, haverá falta de interesse quando o pedido não encontrar qualquer obstáculo jurídico para sua postulação. Frederico Marques, *apud* Leonardo Greco, *A Teoria da Ação*, 2003, p. 29, refere-se à providência admitida pelo direito objetivo.

Dinamarco, *Instituições*, v. II, 2001, p. 298-299, já criticava a restrição da locução "impossibilidade jurídica do pedido", estendendo sua função aos demais elementos da demanda: causa de pedir e partes. Parece-nos que suas lições encontram bastante atualidade, a fim de que se interprete o interesse de agir, e não mais a possibilidade de forma autônoma. Diz o mestre:

> O *petitum* é juridicamente impossível quando se choca com preceitos de ordem material, de modo que jamais poderá ser atendido, independentemente dos fatos e das circunstâncias do caso concreto (pedir o desligamento de um Estado da Federação). A *causa petendi* gera a impossibilidade da demanda quando a ordem jurídica nega que os fatos como alegados pelo autor possam gerar direitos (pedir condenação com fundamento em dívida de jogo). As partes podem ser a causa de impossibilidade jurídica, como no caso da Administração Pública, em relação à qual a Constituição e a lei negam a possibilidade de execução mediante penhora e expropriação pelo juiz. (...)

Daí a insuficiência da locução impossibilidade jurídica do pedido, que se fixa exclusivamente na exclusão da tutela jurisdicional em virtude da peculiaridade de um dos elementos da demanda – o *petitum* – sem considerar os outros dois (partes e causa de pedir).

4.3. A teoria da asserção na análise das condições da ação

Segundo a teoria da asserção, a análise das condições da ação deve ser feita em abstrato, levando-se em consideração somente as alegações da parte autora.

Na Justiça do Trabalho, o pedido de reconhecimento do vínculo de emprego deve ser apreciado simplesmente pelo que consta na petição inicial. Autor e réu, no caso concreto, são considerados como empregado e empregador, simplesmente porque assim foram identificados na narrativa inicial. O pedido, como é óbvio, é juridicamente possível e encontra amparo no art. 3º da CLT.

A apreciação das condições, segundo essa teoria, não depende de qualquer instrução probatória, ainda que sumária. A alegação de carência de ação na defesa, por ausência de uma das condições para agir, também será analisada em abstrato, se os fatos da petição inicial forem suficientes para a solução desta questão.

A teoria da asserção é a mais aceita no direito nacional, inclusive no processo do trabalho (por todos, Bezerra Leite, *Curso*, 2012, p. 314-315).

Contudo, há quem resista a uma simples análise das condições da ação com base somente na descrição da inicial, sem o mínimo esteio probatório, como explica Dalla (2015, v. I, p. 199), com apoio na doutrina de Leonardo Greco:

> No entanto, a asserção não é suficiente para demonstrar a presença das condições da ação. Na verdade, ela deve ser examinada em conjunto com as provas que instruem a petição inicial. É necessário um mínimo de provas a demonstrar a verossimilhança das asserções formuladas na petição inicial. Entendimento contrário permitiria a autolegitimação do exercício da ação e criaria a possibilidade de submeter o réu ao ônus de defender-se de uma demanda manifestamente inviável, na visão de Leonardo Greco.

Todavia, o autor reconhece que a jurisprudência continua a se utilizar da teoria da asserção, sem qualquer exame probatório das alegações da inicial, uma vez que a instrução probatória, ainda que superficial, representaria avanço ao mérito da causa, como se percebe do trecho a seguir transcrito:

> Contudo, a posição que ainda hoje predomina na jurisprudência é a do exame das condições da maneira como estão dispostas na inicial, sem extensão probatória, pois, a partir do momento em que o juiz autoriza a produção de provas, já estará ingressando no mérito da causa. Não obstante, já se levantam vozes a mitigar a intensidade dessa regra.[1] (Dalla, 2015, v. I, p. 199.)

4.4. (Des)necessidade das condições da ação

Será que a teoria processual não poderia prescindir de instituto tão fluido e abstrato quanto às condições da ação? Ou será que em alguns casos não deveriam elas ser tratadas como questões de mérito para todos os efeitos, inclusive o de formação da coisa julgada material? Estas são algumas das dúvidas suscitadas por Leonardo Greco em *A Teoria da Ação*, 2003, p. 20.

Ignácio Botelho de Mesquita afirma que se o autor pode vindicar um direito, em juízo, mesmo sem ter o direito material afirmado na inicial, é suficiente para se afirmar que as condições da ação não são necessárias. Marinoni e Arenhart entendem que não deveriam existir condições da ação, sendo desnecessária a distinção feita pelo Código entre sentença de carência de ação e daquela que julga procedente ou improcedente o pedido (*in* Greco, *A Teoria da Ação*, 2003, p. 20).

Fredie Didier, *Curso*, v. 1, 2012, p. 215-216, antes do CPC/2015, propôs a extinção da categoria jurídica das condições da ação, por absoluta impossibilidade de sua distinção com o mérito da causa. A falta de uma das condições, para o autor, deveria dar ensejo, sempre, a uma decisão de mérito.

Com o Novo Código já em vigor, o referido autor defende que tal categoria desapareceu do ordenamento jurídico brasileiro. Segundo o ilustre professor baiano, o Novo Código não usa a expressão "condições da ação" e, pela ausência de legitimidade ou de interesse, o órgão jurídico deve proferir decisão de inadmissibilidade. Portanto, segundo o autor, estas passaram para a categoria de pressupostos processuais. A impossibilidade jurídica do pedido, por sua vez, levará à improcedência liminar do pedido (*Curso*, v. I, 2015, p. 306-307).

---

(1) Bedaque, 2006b, p. 72-179.

5. Outros sentidos da ação na visão de Leonardo Greco

5.1. Ação como direito cívico

Neste sentido, a ação é vista como um direito de acesso aos órgãos jurisdicionais, conferido a todos os sujeitos como um direito de se obter um pronunciamento jurisdicional a respeito da postulação. Trata-se de um direito incondicionado e se identifica com o Direito de Petição mencionado por Couture. O dever do Estado é o de responder à postulação do cidadão, de acordo com a lei e com absoluta imparcialidade (Greco, 2003, p. 10).

5.2. Ação de direito material

Trata-se de uma noção que resgata a ação de direito material dos concretistas, mas em um sentido mais efetivo. "Renasce o dogma civilista de que a todo direito corresponde uma ação que o assegura (Código Civil de 1916, art. 75), ou melhor, de que o titular de qualquer direito pode invocar a sua proteção jurisdicional como um atributo do próprio direito material." (Greco, 2003, p. 10.) A ação aparece como garantia da eficácia concreta do direito material.

5.3. Ação como direito ao processo justo

Como explica Greco, 2003, p. 11, neste sentido, seria mais correto falar-se em direito ao processo, do que direito à ação. Direito ao processo com todas as garantias do devido processo legal, com ampla defesa, contraditório, acesso às provas, juiz imparcial, etc. Nesta visão, a ação é direito tanto do autor como do réu. Trata-se do direito das partes serem ouvidas pelo juiz com igualdade de tratamento, mesmo que, ao fim, não recebam o pronunciamento jurisdicional de mérito diante de algum obstáculo para a apreciação da lide (exemplo: carência de ação, inépcia, coisa julgada, etc.).

A justiça do processo não está vinculada ao resultado, mas sim à forma como se chega à solução do litígio.

5.4. Ação como demanda

A ação como demanda é o conjunto de elementos propostos pelo autor que delimitam o objeto litigioso. Cabe ao autor fixar os limites subjetivos e objetivos da demanda e o faz quando indica as partes (contornos subjetivos), a causa de pedir e o pedido (contornos objetivos). Esta delimitação orienta a atuação do Judiciário, evitando a discricionariedade na escolha das questões jurídicas que serão apreciadas em juízo. O juiz está vinculado ao pedido formulado pela parte autora, de acordo com o princípio da adstrição ou da congruência.

5.5. A ação como direito à jurisdição

O direito subjetivo público, autônomo e abstrato de se exigir do Estado a prestação jurisdicional sobre uma demanda de direito material.

Leonardo Greco, 2003, p. 13, esclarece que não se trata do direito de petição, que consiste em se obter do Judiciário uma resposta qualquer, mas sim da prestação incidente sobre o mérito, sobre a relação jurídica material. Tampouco se confunde com a ação de direito material, pois a esta tem direito apenas quem é o titular da relação material, enquanto a ação como direito à jurisdição se refere à alegação abstrata daquele que diz ser o titular do direito, mesmo que, ao final, não o seja.

A ação como direito à jurisdição também encontra fundamento constitucional na garantia da tutela jurisdicional efetiva (art. 5º, XXXV, da CF), porque é por meio dela que o titular do direito material tem acesso à sua proteção, ainda que nem seja sua a iniciativa da ação (substituição processual).

6. Classificação das ações

6.1. Critério de classificação: carga predominante e atividade do juiz

Dentre os diversos critérios já utilizados pela doutrina para classificação das ações, prevalece aquele que leva em consideração a **carga predominante do provimento jurisdicional que se pretende obter**. A finalidade da ação condiciona a sentença.

Diz-se carga predominante porque nenhuma ação e, consequentemente, nenhuma sentença, possui provimento de uma só natureza. Por outro lado, sempre será possível identificar qual o provimento jurisdicional que predomina na ação, definindo sua natureza.

Exemplificativamente, na ação que se pretende a condenação do réu ao pagamento de horas extras, é pressuposto lógico e antecedente ao julgamento condenatório o reconhecimento do trabalho extraordinário. Consequentemente, esta ação terá cunho declaratório, como também condenatório, mas predomina este último, pois é o objetivo final da pretensão formulada pelo autor. De nada adiantaria o reconhecimento do direito sem a respectiva condenação. Daí por que se afirmar que a ação do exemplo citado tem natureza condenatória exigindo do réu o cumprimento de obrigação de pagar.

Para o que acima dito fosse destruído, fora preciso que se apontasse, pelo menos, "uma" sentença pura de condenação, outra de declaração, outra de constituição, outra de mandamento, outra de execução. Não há, nem nunca houve. A qualidade de cada uma resulta, apenas, da quantidade ou intensidade dos elementos (declaratividade, constitutividade, condenatoriedade, mandamentalidade, execução). A ação executiva (por exemplo) tem mínimo de declaratividade. (Pontes de Miranda, Comentários, Tomo I, p. 150.)

A maioria da doutrina **também leva em consideração a atividade do juiz**, e não apenas a finalidade do provimento jurisdicional, como explica Kazuo Watanabe, 2000, p. 36-37:

A doutrina dominante, ao classificar as ações em ações de conhecimento, ações executivas e ações cautelares, leva em conta, também, a cognição e não apenas a natureza do provimento ou da tutela reclamada. A chamada ação de conhecimento é basicamente caracterizada, na sistematização mais ampla e no confronto com as demais ações, pela atividade que o juiz desenvolve, de cognição (= conhecimento) e, em sua subclassificação, em ações declaratórias, ações condenatórias e ações constitutivas, é que aparece o critério da natureza do provimento, mais especificamente, a sua função (declarar, condenar ou constituir). O **provimento é o resultado da atividade cognitiva do juiz**, de sorte que a alusão a "conhecimento" não indica a natureza do provimento. (Kazuo Watanabe, 2000, p. 37.)

6.2. Espécies de ação

A doutrina nacional e estrangeira converge para a seguinte classificação tradicional, chamada por alguns de **ternária: ações de conhecimento (declaratórias, constitutivas e condenatórias), de execução e cautelares.**

Alexandre Câmara, *Lições*, v. I, 2012, p. 157, apesar de reconhecer a predominância do critério na doutrina pátria e estrangeira, tece críticas à classificação das ações. Segundo o autor, a classificação das ações é despida de qualquer fundamento teórico, pois cientificamente se deve falar em classificação das espécies de tutela jurisdicional ou das espécies de sentença. A ação, como poder de provocar a tutela jurisdicional é una. Conclui o insigne jurista que: "A rigor, a demanda – ato inicial de exercício do poder de ação – pode, sim, ser classificada, conforme o pedido formulado, em diversas espécies. Assim, conforme o caso, pode-se falar em *demanda de conhecimento, demanda de execução, demanda cautelar*."

No mesmo sentido Scarpinella Bueno, v. 1, 2007, p. 343: "Nem "ação" nem "processo" aceitam, vale a ênfase, classes ou adjetivações. São categorias que não se modificam. O que se altera mediante cada caso concreto – cada provocação do Estado-juiz – é a tutela jurisdicional."

De forma cada vez mais crescente, paralelamente à classificação tradicional, ações de conhecimento, de execução e cautelares, a doutrina identifica duas outras espécies: as **ações mandamentais e as executivas** *lato sensu*. Trata-se da classificação **quinária,** atribuída a Pontes de Miranda.

Ao lado da tripartição tradicional, um número cada vez maior de autores coloca a ação *mandamental*, tendente a obter uma ordem judicial (mandado) dirigido a outro órgão do Estado ou a particulares (essa última hipótese vem hoje consagrada pelo art. 461, § 5º, do CPC, introduzido pela minirreforma de dezembro de 1994). (Cintra-Grinover-Dinamarco, 2003, p. 301.)

A existência destas duas últimas espécies de ação (mandamental e executiva *lato sensu*) é bastante divergente na doutrina. A principal característica destas ações, para aqueles que aceitam a classificação, está em que a ordem judicial da ação mandamental e a eficácia própria da sentença executiva *lato sensu* não dependem, para sua concretização, de processo de execução autônomo, como ocorre para a sentença condenatória pura (Cintra-Grinover-Dinamarco, 2003, p. 305-306).

Esta diferença perdeu importância conceitual à medida que a dicotomia entre processo de conhecimento e de execução foi diminuindo, até desaparecer por completo, no processo civil, com o advento da Lei n. 11.232/2005, que suprimiu o processo autônomo de execução fundada em sentença.

Achamos que a razão está com a doutrina tradicional, que rejeita a classificação quinária. Por todos, confira-se o que pensa Leonardo Greco, *Instituições*, v. I, p. 217:

a doutrina clássica, a qual me filio, nas as aceita como espécies autônomas de ações de conhecimento, porque, na verdade, são ações condenatórias, que diferem das demais apenas no seu modo de cumprimento.

No mesmo sentido, Fredie Didier, *Curso*, v. I, 2012, p. 231:

> "Parece-nos, porém, que a distinção perdeu um pouco de sua importância. É que, com a Lei Federal n. 11.232/2005, todas as ações de prestação tornaram-se sincréticas, ou seja, não há mais necessidade de instauração de um processo de execução de sentença, que se efetivará em fase do mesmo processo em que foi proferida. Sinceramente, pensamos que, por mais incrível que possa parecer, reformado o CPC, toda ação de prestação será chamada de ação condenatória – já é isso que muitos doutrinadores faziam, por não concordar com a terminologia ação mandamental ou ação executiva *lato sensu*. A história se repete. A distinção entre ação mandamental e ação executiva continuará sendo importante, como forma de distinguir o meio de efetivação da decisão judicial."

6.3. Ações de conhecimento

As ações de conhecimento correspondem à pretensão à sentença. Trata-se do exercício do poder de ação com finalidade de obtenção de sentença de mérito. Exaure-se a atividade jurisdicional com o pronunciamento da sentença. O julgador é provocado a proferir juízos de valor com base nas provas produzidas, ou na ausência delas. A atividade do juiz, portanto, é o caminho que ele percorre, a fim de atender aos pedidos das partes.

As ações de conhecimento se subdividem em **ações declaratórias, constitutivas e condenatórias**.

6.3.1. Ações de conhecimento declaratórias

As **ações declaratórias** (simplesmente declaratórias ou declaratórias puras) têm por objetivo o reconhecimento de relação jurídica preexistente. O conteúdo desta modalidade de ação é a obtenção da declaração de uma relação jurídica, ou da inexistência dela, ou de ser falso ou verdadeiro algum documento, ou alguma situação jurídica (Pontes de Miranda, *Comentários*, 2. ed., Tomo I, 1979, p. 154).

A prestação jurisdicional se exaure neste propósito de reconhecimento, sem condenação, modificação ou extinção da relação jurídica pretérita. É a hipótese, *v. g.*, de ação cuja única finalidade é reconhecer a relação jurídica de emprego, sem impor qualquer obrigação de dar, fazer ou não fazer ao empregador. Neste caso, a anotação da CTPS não é uma condenação em si, mas uma materialização da sentença simplesmente declaratória. Neste sentido, o texto do art. 11, § 1º, da CLT, que confirma a natureza declaratória deste tipo de ação, quando afirma não incidir prescrição quanto às "ações que tenham por objeto anotações para fins de prova junto à Previdência Social". Como se sabe, as ações declaratórias não se sujeitam à prescrição.

O CPC/1973, art. 5º, previa a possibilidade de **ação declaratória incidental** ao objeto principal do processo[2]. Para que tal ocorresse, o objeto da ação declaratória incidental deveria ser prejudicial à lide principal.

O sistema do Novo CPC suprimiu a ação declaratória incidental, mas ampliou os limites objetivos da coisa julgada para abranger questão prejudicial, independentemente de pedido das partes. A formação da coisa julgada de questão prejudicial, que é exceção à regra geral[3], só ocorrerá no preenchimento de todos os requisitos previstos no § 1º, do art. 503 do CPC:

> Art. 503 do CPC. A decisão que julgar total ou parcialmente o mérito tem força de lei nos limites da questão principal expressamente decidida.
>
> § 1º O disposto no *caput* aplica-se à resolução de questão prejudicial, decidida expressa e incidentemente no processo, se:
>
> I – dessa resolução depender o julgamento do mérito;
>
> II – a seu respeito tiver havido contraditório prévio e efetivo, não se aplicando no caso de revelia;
>
> III – o juízo tiver competência em razão da matéria e da pessoa para resolvê-la como questão principal.

Sobre o objeto da ação declaratória incidental, na vigência do art. 5º do CPC/1973, explicava Pontes de Miranda, Tomo I, 2. ed., 1979, p. 249:

> Para que haja demanda incidental declarativa é preciso: a) que ocorra processo; b) que a decisão em tal processo assente, no todo ou em parte, em relação jurídica que se discute no curso

---

(2) CPC/1973, art. 5º: Se, no curso do processo, se tornar litigiosa relação jurídica de cuja existência ou inexistência depender o julgamento da lide, qualquer das partes poderá requerer que o juiz a declare por sentença. CPC/1973, art. 325: Contestando o réu o direito que constitui fundamento do pedido, o autor poderá requerer, no prazo de 10 (dez) dias, que sobre ele o juiz profira sentença incidente, se da declaração da existência ou da inexistência do direito depender, no todo ou em parte, o julgamento da lide (art. 5º).

(3) Art. 503 do CPC: A decisão que julgar total ou parcialmente o mérito tem força de lei nos limites da questão principal expressamente decidida.

do processo, porém a respeito da qual não se pediu declaração de existência ou de inexistência (portanto, a relação jurídica, de que se trata, não é idêntica à relação jurídica a respeito da qual existirá, com a sentença, coisa julgada).

Para que ocorra o que se prevê no art. 5º, é preciso que a litigiosidade seja atinente à existência ou inexistência da relação jurídica de que depende a decisão da lide, e não a qualquer outra espécie de eficácia preponderante.

É a situação, por exemplo, de pretensão formulada pelo sindicato da categoria profissional, em dissídio coletivo de greve, exigindo que o Tribunal reconheça o direito ao pagamento dos dias de paralisação. O sindicato da categoria econômica, ao negar tal direito, propõe, no mesmo processo, ação declaratória incidental para que se reconheça, no mesmo juízo, a abusividade do movimento grevista. O interesse do sindicato patronal surge da ausência de questionamento desta questão prejudicial na inicial, razão pela qual só seria objeto da lide, com formação de coisa julgada material, se o réu propusesse a referida ação declaratória incidental.

Na vigência do Novo CPC, o tema da abusividade da greve, como questão prejudicial ao julgamento do objeto principal, seria abordado pelo Judiciário, independentemente de pedido das partes, e com aptidão para formação de coisa julgada, uma vez que estão presentes os requisitos do art. 503 acima transcrito.

Havia certa **cizânia doutrinária quanto ao cabimento da ação declaratória incidental no processo do trabalho**. Já quanto à formação de coisa julgada de questão prejudicial, na regência do art. 503, 1º, do CPC/2015, acima transcrito, os argumentos da doutrina trabalhista não serão mais válidos.

Bezerra Leite, *Curso*, 2012, p. 307-308, apesar de vislumbrar o cabimento deste tipo de ação, afirmava que aqueles que negavam sua aplicação viam semelhança entre o procedimento sumário do processo civil e procedimento trabalhista, sendo certo que o art. 280, do CPC/1973[4], que cuida daquele procedimento, veda o uso da ação declaratória incidental. Na sistemática do CPC/2015, desapareceu o procedimento sumário. Portanto, o obstáculo apontado por parte da doutrina também foi superado.

Sergio Pinto Martins, *Direito Processual do Trabalho*, 33. ed., 2012, p. 241-242, sustentava seu cabimento no processo do trabalho, por razões de economia processual e segurança jurídica, evitando-se, assim, sentenças diversas sobre temas relacionados. O autor cita, entre outros exemplos, a hipótese da análise da autenticidade de um documento, requerido por uma das partes em ação declaratória incidental, como prejudicial à questão de mérito atinente à prova do fato. O exemplo citado pelo renomado autor tornou-se ainda mais atual, pois se trata de questão prejudicial que, independentemente de pedido, pode ser apreciada pelo juiz com formação de coisa julgada sobre o tema.

Coqueijo Costa, 1978, p. 83-84, depois de discorrer sobre os exemplos trazidos do processo civil, concluía pelo não cabimento da ação declaratória incidental no processo do trabalho, seja por sua inutilidade, pois o juiz poderia apreciar todas as questões atinentes à relação de emprego como prejudiciais, independentemente de provocação[5], seja porque na maioria dos casos não se insere na competência da Justiça do Trabalho[6]. Quanto à afirmação de Coqueijo Costa, atualmente, na vigência do Novo CPC, tais questões prejudiciais formariam coisa julgada, o que impediria novas discussões sobre esses temas.

6.3.2. Ações de conhecimento constitutivas

As **ações constitutivas** objetivam criar, modificar ou extinguir a relação jurídica. O dissídio coletivo de natureza econômica, de competência originária dos Tribunais, cuja finalidade é a criação de regras de interesse das categorias (econômica e profissional) suscitantes do conflito, constitui nosso melhor exemplo de ação constitutiva. Como se trata de criação da relação jurídica (criação da regra), se denomina **ação constitutiva positiva**.

O Inquérito para apuração de falta grave (art. 853 *usque* 855 da CLT), requisito para desconstituição da relação jurídica de emprego do empregado estável (CLT, art. 494[7]), é um clássico exemplo de **ação constitutiva**

---

(4) CPC/1973, art. 280: No procedimento sumário não são admissíveis a ação declaratória incidental e a intervenção de terceiros, salvo a assistência, o recurso de terceiro prejudicado e a intervenção fundada em contrato de seguro.

(5) Coqueijo (1978, p. 83) fala em "julgamento implícito". Segundo o autor: "Quando o juízo trabalhista julga procedente a indenização, implicitamente deu pela existência da relação de emprego, que não poderá ser questionada noutro processo, entre as mesmas partes (coisa julgada material)."

(6) Obviamente, a posição do autor está bastante prejudicada quanto ao aspecto da competência da Justiça do Trabalho, que foi profundamente alterada ao longo dos anos.

(7) CLT, art. 494: O empregado acusado de falta grave poderá ser suspenso de suas funções, mas a sua despedida só se tornará efetiva após o inquérito em que se verifique a procedência da acusação.

negativa. A ação rescisória, que visa desconstituir a relação jurídica tornada definitiva com a sentença de mérito transitada em julgada, é outro bom exemplo de ação constitutiva negativa (CPC/2015, art. 485[8]).

6.3.3. Ações de conhecimento condenatórias

Na **ação condenatória**, o titular do direito (legitimação ordinária), ou alguém por ele (legitimação extraordinária), visa obter uma condenação do réu ao cumprimento de uma prestação, que consistirá em pagar ou dar, fazer ou não fazer.

A **pretensão de pagamento** consiste na imposição ao réu para cumprir com a obrigação assumida em dinheiro, que, de acordo com a CLT, art. 463[9], só poderá ser em moeda corrente no Brasil.

A **pretensão de dar**[10] tem por finalidade a entrega de um objeto, que pode ser **coisa certa ou incerta**. Pode-se também falar em obrigação de restituir, quando a coisa está em poder de outrem que não possui mais razão legítima para mantê-la consigo.

Na **entrega de coisa certa**, se assegura objeto específico, determinado, e com características que lhe são peculiares. A restituição da CTPS que está em posse do empregador além do prazo de 48 horas do art. 29[11], da CLT, assegura ao empregado o direito de exigir a restituição (entrega) de coisa certa (CTPS).

A **coisa incerta**, que será indicada ao menos pelo gênero e pela quantidade (art. 243 do Código Civil), é espécie de prestação incomum nas relações de trabalho, diante da própria natureza das cláusulas contratuais normalmente pactuadas entre empregador e empregado. A entrega de ferramentas de trabalho, sem especificação da qualidade ou de características especiais, pode significar exemplo de prestação de dar coisa incerta.

A ação que objetiva o cumprimento de **prestação de fazer** consiste em compelir o réu a realizar determinado ato. Esta ação humana é o que constitui o objeto principal da prestação, pois se esta ação humana for um meio, um intermédio para a entrega de um bem, a prestação será de dar, e não de fazer. A advertência que ora se faz ganha importância no processo do trabalho, pois inúmeros autores citam a prestação de entrega das guias do FGTS, ou do seguro-desemprego, como exemplos de obrigação de fazer, quando em verdade se está diante de obrigação de dar coisa certa e determinada.

Por todos, leia-se o que dizem Giglio-Corrêa, 2007, p. 302-303:

> No processo do trabalho, as obrigações trabalhistas de fazer mais ocorrentes, na prática (sem ordem de importância ou preferência), são as de anotar ou retificar as anotações da Carteira de Trabalho, de entregar as guias de levantamento dos depósitos do FGTS, de fornecimento dos documentos necessários à obtenção do seguro-desemprego, de promover, de reintegrar o empregado de fazê-lo retornar às atividades laborativas.

As próprias expressões utilizadas no texto acima destacado: "entregar as guias" ou "fornecimento de documentos" denotam o sentido de "entrega de coisa", e não um fazer propriamente dito. Os demais exemplos citados, contudo, são bastante pertinentes.

A pretensão baseada em um **não fazer** consiste em exigir do réu sua omissão, uma inação. É o reflexo, invertido, das prestações de fazer. A obrigação de não fazer algo, de se abster da prática de determinada conduta, obriga tanto o empregador como o empregado a se adequarem à ordem jurídico-trabalhista. O empregado que está usando um Equipamento de Proteção Individual de forma inadequada, v. g., capacete sem presilha, cinto de segurança solto, etc., poderá ser instado a se abster de tal prática. O empregador que exige o cumprimento de carga horária excessiva pode ser obrigado a uma prestação negativa, ou seja, a se abster de submeter seus empregados a extensas jornadas de trabalho.

6.3.4. As ações mandamentais e executivas lato sensu

Como defendemos no início deste estudo, no tópico intitulado "espécies de ações", não cremos na existência destas modalidades independentes de ações de conhecimento. Estamos com aqueles que as incluem entre as ações condenatórias. De toda sorte, o tema não

---

(8) CPC/2015, art. 966: A decisão de mérito, transitada em julgado, pode ser rescindida quando: (...)

(9) CLT, art. 463: A prestação, em espécie, do salário será paga em moeda corrente do País.

(10) Alguns autores incluem entre as prestação de dar o pagamento de quantia em dinheiro. Optamos pelo caminho de separar as prestações em dar (referindo-se a algum objeto) e pagar (referindo-se a dinheiro).

(11) CLT, art. 29: A Carteira de Trabalho e Previdência Social será obrigatoriamente apresentada, contra recibo, pelo trabalhador ao empregador que o admitir, o qual terá o prazo de quarenta e oito horas para nela anotar, especificamente, a data de admissão, a remuneração e as condições especiais, se houver, sendo facultada a adoção de sistema manual, mecânico ou eletrônico, conforme instruções a serem expedidas pelo Ministério do Trabalho.

é unânime na doutrina, razão pela qual cabe aqui a explicação sobre estas modalidades de ações, em atenção àqueles que defendem esta classificação.

A **ação é de mandamento** porque é mais específica em mandar. Todo pronunciamento judicial definitivo possui um comando, mas que não é a carga predominante no provimento. Na ação mandamental, este "mandar" prevalece sobre as demais adjetivações da ação. A ação mandamental não é despida de outras cargas, todavia, menos intensas que o comando.

> a sentença de mandamento declara; constitui a si mesma, e tanto, que o seu efeito executivo é explícito e inerente a ela; condena, tanto que, em vez de condenar para que seja ulterior a execução (sentenças de condenação), condena dirigindo-se, desde já, ao órgão de execução. (Pontes de Miranda, Tomo I, 1979, p. 150.)

A ação **executiva** *lato sensu* contém esta adjetivação – *lato sensu* – para distingui-la da execução propriamente dita. Na visão processual pré-reforma, não se poderia admitir a denominação de execução forçada, estrito senso, antes de a fase executória ter se instaurado.

No sentido em que acima afirmamos, são esclarecedoras as lições de Dinamarco em texto escrito antes da reforma processual da execução civil:

> Existe, portanto, um *sentido latíssimo* de execução, que principia por incluir o próprio adimplemento das obrigações, passa pela realização de direitos pela sentença constitutiva, abrange os atos de pressão psicológica e de documentação e só afinal chega à execução forçada. No sentido estrito e processualmente técnico, somente esta última é tratada como execução. Em direito processual, *execução é somente a execução forçada*. (*Execução Civil*, 8. ed., jan.-2002, p. 108.)

Atualmente, esta distinção não tem mais importância, pois a legislação processual permite a prática de atos executivos propriamente ditos, em qualquer fase do processo, mesmo ainda estando no início do procedimento, como se nota das medidas executivas autorizadas para efetivação da tutela provisória (art. 297, parágrafo único, do CPC/2015).

O ponto em comum entre as ações mandamentais e as executivas *lato sensu* reside no fato de que ambas permitem a efetivação de atos executórios antes da fase executória propriamente dita. A distinção entre elas está na natureza destes atos executórios, como explica Didier:

> A distinção que se pretende fazer entre "ação executiva *lato sensu*" e "ação mandamental" parte da distinção entre coerção direta e indireta. Ambas as demandas teriam por característica comum a circunstância de poderem gerar uma decisão que certifique a existência do direito e já tome providências para efetivá-lo, independentemente de processo de execução. São, pois, ações sincréticas. Distinguem-se na medida em que a primeira visa à efetivação por sub-rogação/execução direta, e a segunda por coerção pessoal/execução indireta. (*Curso*, v. I, 2012, p. 233.)

6.4. Ações executivas ou de execução

Antes da reforma da execução civil, implementada pela Lei n. 11.232/2005, as ações executivas serviam tanto para dar concretude ao direito reconhecido na sentença, depois de encerrado o processo de conhecimento, como para a execução forçada dos títulos executivos extrajudiciais.

Depois da Lei n. 11.232/2005, não se fala mais em ação de execução fundada em sentença, mas somente em ação executiva baseada em título extrajudicial.

A classificação tradicional, que se referia à execução das sentenças por iniciativa do credor, exigia a propositura de uma ação para dar início à execução. Atualmente, o credor inicia a fase de cumprimento da sentença no próprio processo que formou o título judicial, sem necessidade de ação autônoma (*sincretismo processual*). A ação executiva, portanto, ficou restrita à cobrança dos chamados títulos executivos extrajudiciais[12].

No processo do trabalho, a doutrina majoritária jamais identificou esta autonomia da ação executiva[13], mesmo antes da Lei n. 11.232/2005. Em verdade, já se tornou voz corrente na doutrina a afirmação de que a inovação processual civil teve inspiração no processo do trabalho.

Na Justiça do Trabalho, a execução se fundava (e ainda se funda) quase que exclusivamente em títulos

---

(12) CPC, art. 614: Cumpre ao credor, ao requerer a execução, pedir a citação do devedor e instruir a petição inicial: I – com o título executivo extrajudicial; (Redação dada pela Lei n. 11.382, de 2006).

(13) CPC/2015, art. 798: Ao propor a execução, incumbe ao exequente: I – instruir a petição inicial com: a) o título executivo extrajudicial; (...).
Por todos, Antonio Lamarca, 1962, p. 29: "a execução da sentença trabalhista não passa de uma fase do mesmo processo."

judiciais (sentenças e acordos judiciais descumpridos), sem a necessidade de ação autônoma, uma vez que tanto o cumprimento da sentença, como sua execução, pode ocorrer até mesmo de ofício[14].

Nas ações executivas autônomas, o devedor é compelido (forçado) a cumprir a obrigação reconhecida no título executivo extrajudicial, uma vez que não o fez voluntariamente antes do processo judicial. Os títulos executivos extrajudiciais estão arrolados, predominantemente, no art. 876 da CLT[15].

6.5. Ações cautelares

As ações cautelares protegem o processo e, indiretamente, o direito que este busca assegurar. São ações de tutela de garantia, pois visam assegurar que o direito não se perca pela demora do provimento definitivo das ações de conhecimento.

Conforme observa Teixeira Filho, com apoio em Calamandrei:

> as providências cautelares não possuem uma finalidade própria, interna, constituindo em verdade um meio de servir ao provimento jurisdicional defitinitivo. (*As ações cautelares no processo do trabalho*, 1996, p. 75.)

O objeto da ação cautelar, consubstanciado em sua pretensão à segurança, não lhe retira sua autonomia. Existe, como se percebe, um objeto específico, próprio da ação cautelar, que consiste nesta "pretensão à segurança da pretensão" nas palavras de Pontes de Miranda (Teixeira Filho, cit., p. 76).

As cautelares como ações típicas eram relacionadas no CPC/1973, a partir do art. 813. Contudo, o direito processual brasileiro, civil como o trabalhista, atribui ao juiz um "poder geral de cautela", para atender às necessidades do jurisdicionado em buscar uma garantia não nominada no Código.

Este poder cautelar amplo, para atuar em situações não previstas em lei, estava expressamente destacado nos arts. 798 do CPC/1973[16], atual art. 301 do CPC/2015[17] e 765 da CLT[18].

Sobre este poder geral de cautela, semelhante no direito processual italiano, dispõe Enrico Tulio Liebman:

> complementando o sistema cautelar que emerge do complexo de normas sobre a matéria, a lei admitiu uma figura de medida cautelar de contornos menos definidos, a que denominou *provimentos de urgência*; e determina que estes poderão ser concedidos fora dos casos previstos para cada medida cautelar típica quando houver o perigo de que, durante o tempo necessário para a tutela de um direito pelas vias ordinárias, fique este ameaçado de um prejuízo iminente e irreparável. Trata-se, pois, de provimentos cautelares inominados, aos quais corresponde uma *ação cautelar inominada*. (*Manual*, 3. ed., v. I, 2005, p. 281.)

Esta ação cautelar inominada, que já foi largamente utilizada no processo do civil e trabalhista brasileiro, deixou de ter maiores aplicações práticas diante da possibilidade do provimento cautelar ser formulado, independentemente de ação autônoma, incidentalmente na fase de conhecimento, ou na própria petição inicial que dá início a esta fase, conforme passou a autorizar o art. 273, § 7º, do CPC revogado[19]. Sobre este tema, se manifesta Cândido Rangel Dinamarco:

> O § 7º do art. 273 do Código de Processo Civil, introduzido pela segunda reforma (Lei n. 10.444, de 07.05.2002), teve o significado e declarada intenção de, além de ditar a regra da fungibilidade entre as medidas urgentes, determinar que as demandas de cautela, quando

---

(14) CLT, art. 878: A execução poderá ser promovida por qualquer interessado, ou *ex officio* pelo próprio Juiz ou Presidente ou Tribunal competente, nos termos do artigo anterior.

(15) CLT, art. 876: As decisões passadas em julgado ou das quais não tenha havido recurso com efeito suspensivo; os acordos, quando não cumpridos; os termos de ajuste de conduta firmados perante o Ministério Público do Trabalho e os termos de conciliação firmados perante as Comissões de Conciliação Prévia serão executadas pela forma estabelecida neste Capítulo. (Redação dada pela Lei n. 9.958, de 12.01.2000)

(16) CPC/73, art. 798: Além dos procedimentos cautelares específicos, que este Código regula no Capítulo II deste Livro, poderá o juiz determinar as medidas provisórias que julgar adequadas, quando houver fundado receio de que uma parte, antes do julgamento da lide, cause ao direito da outra lesão grave e de difícil reparação.

(17) CPC/2015, art. 301: A tutela de urgência de natureza cautelar pode ser efetivada mediante arresto, sequestro, arrolamento de bens, registro de protesto contra alienação de bem e qualquer outra medida idônea para asseguração do direito.

(18) CLT, art. 765: Os Juízos e Tribunais do Trabalho terão ampla liberdade na direção do processo e velarão pelo andamento rápido das causas, podendo determinar qualquer diligência necessária ao esclarecimento delas.

(19) CPC/73, art. 273, § 7º: Se o autor, a título de antecipação de tutela, requerer providência de natureza cautelar, poderá o juiz, quando presentes os respectivos pressupostos, deferir a medida cautelar em caráter incidental do processo ajuizado. (Incluído pela Lei n. 10.444, de 07.05.2002)

formuladas na pendência de processo principal, darão origem a meras questões incidentes e não mais, como antes, a um *processo incidente* àquele. Não se forma nova relação processual, e o ato que decide a respeito, não pondo fim a processo algum, é *mera decisão interlocutória*, e não uma sentença. (notas ao *Manual de Direito Processual Civil*, de Enrico Tullio Liebman, cit., p. 279).

A sistemática do Novo CPC não arrolou, de forma detalhada, as cautelares típicas. Restringiu-se o Código a consagrar o poder geral de cautela do juiz, em seu art. 301, sem que esse fato, por si só, tenha feito desaparecer as cautelares nominadas, como o Arresto, o Sequestro e a Produção Antecipada de Provas. Contudo, o Novo CPC tornou desnecessária ação autônoma com o propósito de se conseguir provimento cautelar, como já havia ocorrido com a reforma do CPC/1973.

As providências cautelares, com vistas à preservação do processo, poderão ser requeridas na petição inicial do processo de conhecimento, ou mesmo em caráter incidental, por simples petição, sem as vetustas formalidades exigidas pelo código revogado.

O Novo CPC, em seu art. 294[20], classifica a tutela cautelar como espécie de tutela de urgência. É adequada a classificação, pois seu deferimento é dependente da existência de *periculum in mora*. O risco que corre o processo, e não o direito em si. O receio de perda da prova, caso não antecipado o depoimento da testemunha na iminência da morte, de perecimento da garantia dada ao processo, quando o devedor começa a dilapidar seu patrimônio, ou mesmo por não guardar adequadamente o bem acerca do qual assumiu o encargo de fiel depositário. São riscos que demandam a atuação urgente e cautelar – porque para garantir o processo e só indiretamente o direito que este visa proteger.

---

(20) Art. 294. A tutela provisória pode fundamentar-se em urgência ou em evidência.
Parágrafo único. A tutela provisória de urgência, cautelar ou antecipada, pode ser concedida em caráter antecedente ou incidental.

A Mediação e a Conciliação como Forma de Solução de Conflitos Trabalhistas Desportivos

Mauricio de Figueiredo Corrêa da Veiga
Advogado, Doutorando em Ciências Jurídicas pela Universidade Autónoma de Lisboa (UAL). formado pela Universidade Católica de Petrópolis. Membro da Academia Brasiliense de Direito do Trabalho (ABRADT). Membro do IAB e da Comissão Permanente de Direito do Trabalho daquele Instituto. Membro do Instituto dos Advogados do Distrito Federal (IADF). Conselheiro da OAB/DF. Sócio do escritório Corrêa da Veiga Advogados.

1. Introdução

A cada ano que passa, aumenta de forma considerável o número de processos em tramitação na Justiça do Trabalho.

O aumento dos processos judiciais pode ser interpretado como um alto grau de confiança depositada no Poder Judiciário como instituição pacificadora de conflitos. Contudo, o grande volume de ações ameaça a eficiência e a celeridade, além de contribuir com o descrédito da instituição.

De acordo com o relatório "Justiça em números", consolidado pelo Conselho Nacional de Justiça (CNJ), a Justiça do Trabalho finalizou o ano de 2015[1] com aproximadamente 5 milhões de processos em tramitação!

Em que pese a solução de 200 mil processos a mais do que a quantidade de novos que foram ajuizados, o "estoque" aumentou em 477 mil processos em relação ao ano anterior.

Tais indicadores demonstram que deve haver uma mudança de paradigma, pois, do contrário, a Justiça do Trabalho não terá capital humano para resolver todas as demandas que lhe são submetidas e o estoque continuará em franco crescimento.

A mediação e a conciliação são meios de solução de conflitos.

A globalização e a intensificação do comércio internacional viabilizaram o surgimento de novas técnicas de solução de demandas, como a mediação e a arbitragem, enquanto que a conciliação ganhou novos contornos e técnicas.

A crescente expansão das sociedades contemporâneas, por outro lado, acarreta, na mesma proporção, o aumento da judicialização de conflitos. No mundo cada vez mais globalizado, tribunais e juízes, de todos os ramos, enfrentam um número explosivo de novas ações judiciais, sem perspectiva de solução rápida e eficaz.

Não há dúvidas de que os mecanismos de conciliação e mediação precisam ser integrados no trabalho diário dos juízes, como meios alternativos de solução de conflitos.

Conciliar é tarefa tão nobre quanto instruir processos ou proferir decisões, razão pela qual o Poder Judiciário deve colocar à disposição da sociedade outros modelos de solução de disputas além do método tradicional que é lento, custoso e não se preocupa com questões sociais e psicológicas das partes.

No processo do trabalho, por exemplo, a conciliação é obrigatória podendo ser realizada em qualquer tempo ou grau de jurisdição, havendo previsão expressa

---

(1) Disponível em: <http://www.cnj.jus.br/files/conteudo/arquivo/2016/10/b8f46be3dbbff344931a933579915488.pdf>. Acesso em: 23 fev. 2017

da tentativa de conciliação no início da audiência e no seu término, inclusive, sob pena de nulidade.

O ano de 2016 foi particularmente importante para o ordenamento jurídico brasileiro, tendo em vista que passou a vigorar a Lei n. 13.105/2015, que instituiu o Novo Código de Processo Civil brasileiro.

O Novo CPC trouxe inúmeras inovações para o sistema processual brasileiro e uma das que mais chamam a atenção é justamente a que prevê a Audiência de Conciliação ou Mediação Obrigatória do art. 334 do Novo CPC.

O presente trabalho trará conceitos definidores de ambos os institutos e abordará a conciliação e a mediação nos processos de natureza desportiva. O Direito Desportivo, por se tratar de um ramo consideravelmente novo no ordenamento jurídico de muitos países, poderá inovar se incorporar em sua novel estrutura métodos alternativos de solução de conflitos.

Em Portugal, a presença da mediação como meio de resolução de conflitos é bastante recente.

No Brasil, a Lei n. 13.140/2015 dispõe acerca da mediação entre particulares como meio de solução de controvérsias e sobre a autocomposição de conflitos no âmbito da administração pública. Contudo, a mediação ainda é pouco utilizada para dirimir conflitos jusdesportivos, nada obstante se tratar de um importante instrumento de solução de conflitos e pode vir a ser um importante aliado no intuito de assegurar efetividade à legislação desportiva, bem como desafogar o Poder Judiciário e os Tribunais de Justiça Desportiva.

2. Conciliação

Na conciliação, há, entre as partes, a presença de um terceiro imparcial que terá a missão de tentar aproximar os interesses que estão em conflito, orientando-as na formação de um acordo. O conciliador é um facilitador do acordo entre os envolvidos e para isso deve tentar criar um ambiente propício ao entendimento mútuo com a aproximação dos interesses.

Via de regra, na conciliação, há concessões recíprocas com vistas a resolver antecipadamente o conflito com um acordo razoável para ambas as partes e o conciliador participa da formação da comunhão de vontades.

Conforme lembrado pelo Ministro aposentado do Supremo Tribunal Federal (STF) e ex-presidente do Conselho Nacional de Justiça (CNJ), Cezar Peluso, em 29.11.2010, foi aprovada pelo CNJ a Resolução n. 125 que estabelece a Política Nacional de Conciliação, que conta com dois objetivos básicos. O primeiro é o de firmar entre os profissionais do direito o entendimento no qual para os agentes sociais é mais importante prevenir e chegar a uma solução rápida para os litígios do que ter que recorrer, sempre, a um Poder Judiciário cada vez mais assoberbado de processos e metas. O segundo é o de oferecer instrumentos de apoio aos tribunais para a implantação de núcleos de conciliação e mediação, que certamente terão impacto na grande quantidade de processos que serão levados às Cortes[2].

A previsão de criação de "centros" que possam atender aos cidadãos que busquem a solução de seus conflitos tem como objetivo viabilizar a conciliação ou mediação na fase pré-processual ou mesmo em processos já iniciados, sendo que tais núcleos são considerados órgãos administrativos dos respectivos tribunais.

Com efeito, a noção de acesso à justiça não pode ficar limitado no direito da parte de ter um pronunciamento judicial que, em razão de sua natureza, desagradará uma das partes envolvidas, o que dificilmente ocorre na conciliação e na mediação.

3. Mediação

A palavra mediação é de origem latina, oriunda da palavra *mediare*, que quer dizer "dividir", "intervir".

A mediação também é uma tentativa de resolução de litígios por meio de um acordo, porém, com certas peculiaridades que a diferenciam da conciliação.

A mediação é um processo que oferece àqueles que estão vivenciando um conflito, a oportunidade e o ambiente propícios para encontrar, em parceria, uma solução para aquele problema.

A mediação será orientada pelos seguintes princípios: a) imparcialidade do mediador; b) isonomia entre as partes; c) oralidade; d) informalidade; e) autonomia da vontade das partes; f) busca do consenso; g) confidencialidade; e h) boa-fé.

O mediador, diferente do conciliador, além de imparcial é neutro. Logo, não poderá sugerir soluções para o conflito, mas deverá deixar que as partes proponham, negociem e cheguem a esta solução sem sua intervenção direta. O objetivo do mediador é garantir as condições para o diálogo entre as partes.

O mediador, via de regra, trata de assuntos mais sensíveis e não tem a liberdade assegurada ao conciliador.

Na definição do Ministro Mauricio Godinho Delgado[3], "mediação consiste na conduta pela qual

---

(2) PELUSO, Cezar. Mediação e Conciliação. In: Doutrinas essenciais de arbitragem e mediação. WALD, Arnoldo (Org.). São Paulo: Revista dos Tribunais, 2014. p. 540-541. v. VI.

(3) DELGADO, Mauricio Godinho. *Curso de Direito do Trabalho*, 12. ed. LTr, 2013. p. 1.487.

determinado agente, considerado terceiro imparcial em face dos interesses contrapostos e das respectivas partes conflituosas, busca auxiliá-las e, até mesmo, instigá-las à composição, cujo teor, será, porém, decidido pelas próprias partes.

Ao contrário do que ocorre na arbitragem, o mediador não assume poderes decisórios perante as partes, que conservam a sua autonomia em relação à solução do conflito, pois a ideia do mediador é a de adotar medidas e argumentos no intuito de solucionar o conflito amenizando a litigiosidade existente entre as partes.

Todavia, também poderá haver mediação em dissídio individual, principalmente quando se tratar de demanda proposta por atleta em face de seu clube empregador.

O mediador não precisa ter formação em direito e deve ter: a) a ausência de preferência em determinar o conteúdo do que for acordado pelas partes; b) ausência de autoridade para impor uma decisão vinculante às partes; e c) saber que as partes não chegam a um acordo completo até que cada um dos envolvidos aceite todos os termos do acordo. Na lição de Domingos Sávio Zainaghi, o mediador deve ter características diferentes do conciliador e, sobretudo, do árbitro e do julgador[4].

Conforme mencionado no item anterior, no ano de 2010, foi editada a Resolução n. 125 pelo CNJ, devendo ser ressaltado que no ano de 2016 o referido normativo foi aperfeiçoado com vias a atribuir maior formalidade e importância à solução alternativa dos conflitos, tendo em vista a edição da Emenda n. 2, de 8 de março de 2016, que acrescentou os seguintes dispositivos, *verbis*:

> Aos órgãos judiciários incumbe, nos termos do art. 334 do Novo Código de Processo Civil combinado com o art. 27 da Lei de Mediação, antes da solução adjudicada mediante sentença, oferecer outros mecanismos de soluções de controvérsias, em especial os chamados meios consensuais, como a mediação e a conciliação, bem assim prestar atendimento e orientação ao cidadão.[5]

Além disso, o CNJ auxiliará os tribunais na organização dos serviços relacionados à solução dos conflitos por meios adequados à sua natureza e peculiaridade, podendo ser firmadas parcerias com entidades públicas e privadas, em especial quanto à capacitação de mediadores e conciliadores, seu credenciamento, nos termos do art. 167, § 3º, do Novo Código de Processo Civil, e à realização de mediações e conciliações, na forma do art. 334, do Novo CPC.

Há, inclusive, a previsão[6] de criação do Cadastro Nacional de Mediadores Judiciais e Conciliadores visando interligar os cadastros dos Tribunais de Justiça e dos Tribunais Regionais Federais, nos termos do art. 167 do Novo Código de Processo Civil combinado com o art. 12, § 1º, da Lei de Mediação.

No Brasil, a Lei n. 13.140/2015 dispõe sobre a mediação entre particulares como meio de solução de controvérsias e sobre a autocomposição de conflitos no âmbito da administração pública, sendo que o art. 1º do referido dispositivo legal define a mediação como *a atividade técnica exercida por terceiro imparcial sem poder decisório, que, escolhido ou aceito pelas partes, as auxilia e estimula a identificar ou desenvolver soluções consensuais para a controvérsia*[7].

4. Audiência de conciliação ou mediação obrigatória do Novo Código de Processo Civil (NCPC)

O Novo CPC trouxe, como nova regra, a previsão da audiência de composição obrigatória.

No procedimento comum, o réu não é mais intimado para responder, mas para comparecer a uma audiência de conciliação ou de mediação que passa a ser obrigatória.

O art. 334 do Novo CPC assim estabelece, *verbis*:

> Art. 334. Se a petição inicial preencher os requisitos essenciais e não for o caso de improcedência liminar do pedido, o juiz designará audiência de conciliação ou de mediação com antecedência mínima de 30 (trinta) dias, devendo ser citado o réu com pelo menos 20 (vinte) dias de antecedência.
>
> § 1º O conciliador ou mediador, onde houver, atuará necessariamente na audiência de conciliação ou de mediação, observando o disposto neste Código, bem como as disposições da lei de organização judiciária.
>
> § 2º Poderá haver mais de uma sessão destinada à conciliação e à mediação, não podendo exceder a

---

(4) ZAINAGHI, Domingos Sávio. Mediação e de Conflitos. In: Doutrinas essenciais de arbitragem e mediação. WALD, Arnoldo (Org.). Revista dos Tribunais, 2014. p. 548. v. VI.

(5) Texto disponível em: <http://www.cnj.jus.br/busca-atos-adm?documento=2579>. Acesso em: 27 nov. 2016.

(6) Art. 6º, IX, da Resolução n. 125 do CNJ, incluída pela Emenda de 08.03.2016.

(7) Texto de lei disponível em: <http://www.planalto.gov.br/ccivil_03/_Ato2015-2018/2015/Lei/L13140.htm>. Acesso em: 27 nov. 2016.

2 (dois) meses da data de realização da primeira sessão, desde que necessárias à composição das partes.

§ 3º A intimação do autor para a audiência será feita na pessoa de seu advogado.

Os três primeiros parágrafos e o caput do art. 334 do NCPC, permitem se chegar às seguintes conclusões: a) a audiência de mediação e conciliação deve ser sempre designada, exceto nas hipóteses de indeferimento e determinação de emenda da inicial ou improcedência liminar; b) no interregno existente entre a data da designação e da audiência em si, deve haver um interstício mínimo de 30 dias, enquanto que o réu deve ser citado pelo menos 20 dias antes da realização da audiência; c) a audiência será presidida por conciliador ou mediador, sendo possível que seja presidida por servidor com outras funções, na ausência dessas figuras; d) a audiência de conciliação ou mediação poderá ser fracionada quando a autoridade que a preside entender que tal providência é necessária, não podendo ser marcada a continuação para data superior a 2 meses da primeira audiência; e e) o autor é intimado por intermédio do seu advogado, enquanto que o réu, por se tratar de sua primeira participação no processo, é intimado pessoalmente.

O art. 334 do Novo CPC possui outros parágrafos complementares a seguir transcritos. *Verbis*:

> Art. 334. [...]
>
> § 4º A audiência não será realizada:
>
> I – se ambas as partes manifestarem, expressamente, desinteresse na composição consensual;
>
> II – quando não se admitir a autocomposição.
>
> § 5º O autor deverá indicar, na petição inicial, seu desinteresse na autocomposição, e o réu deverá fazê-lo, por petição, apresentada com 10 (dez) dias de antecedência, contados da data da audiência.
>
> § 6º Havendo litisconsórcio, o desinteresse na realização da audiência deve ser manifestado por todos os litisconsortes.

Conforme mencionado no início da análise do dispositivo legal, a regra é que a audiência seja obrigatória. Contudo, ela não será realizada quando: (i) todas as partes envolvidas no processo (inclusive litisconsortes ativos e passivos) manifestarem desinteresse na composição consensual; ou (ii) quando a lide não admitir autocomposição nem mesmo em tese.

Deve ser ressaltado que apenas a manifestação de todos os interessados poderá levar a não realização da audiência, não bastando apenas o desinteresse de uma das partes como ocorria na antiga previsão do Código de Processo Civil de 1973, que vigorou no Brasil até o dia 15 de março de 2016.

O autor deve indicar que não quer a audiência logo na petição inicial, enquanto o réu poderá fazê-lo em petição avulsa, com antecedência mínima de 10 dias da data da audiência.

O § 7º do art. 334 do NCPC estabelece que a audiência de conciliação ou de mediação pode se realizar por meio eletrônico, nos termos da lei.

Trata-se de uma previsão que prestigia as facilidades dos meios eletrônicos e o constante avanço da infraestrutura dos tribunais nacionais, com grande auxílio do CNJ, conforme já abordado no presente trabalho. O Novo CPC já admitiu a realização da audiência de conciliação ou mediação por meio eletrônico, nada obstante ter remetido aos "termos da lei", devendo ser ressaltado que a referida lei, não precisa, necessariamente, ser Lei Federal, sendo válida uma Lei Estadual ou até mesmo o Regimento Interno da Corte respectiva que disporá acerca dos elementos, procedimentos e condições tecnológicas para a realização do ato por meio eletrônico.

Em continuidade, são os seguintes parágrafos que complementam o art. 334 do NCPC, *verbis*:

> § 8º O não comparecimento injustificado do autor ou do réu à audiência de conciliação é considerado ato atentatório à dignidade da justiça e será sancionado com multa de até dois por cento da vantagem econômica pretendida ou do valor da causa, revertida em favor da União ou do Estado.
>
> § 9º As partes devem estar acompanhadas por seus advogados ou defensores públicos.

Logo, a parte não poderá comparecer desacompanhada de advogado, de modo a se garantir o conhecimento das implicações jurídicas de qualquer acordo a ser celebrado na audiência, bem como as consequências de não fazê-lo.

> § 10. A parte poderá constituir representante, por meio de procuração específica, com poderes para negociar e transigir.

A parte poderá nomear representante para a audiência de conciliação ou mediação, no entanto, é fundamental que esse procurador seja constituído com poderes específicos para negociar e transigir, veiculados em procuração específica para a audiência.

> § 11. A autocomposição obtida será reduzida a termo e homologada por sentença.
>
> § 12. A pauta das audiências de conciliação ou de mediação será organizada de modo a respeitar o intervalo mínimo de 20 (vinte) minutos entre o início de uma e o início da seguinte.

A autocomposição, por conciliação ou mediação, será reduzida a termo e homologada por sentença e não se admitirá audiências designadas com prazos mínimos entre uma e outra, fato que atende às reivindicações dos advogados que enfrentam grandes atrasos, principalmente em razão do não cumprimento dos horários designados.

O referido artigo, supradiscorrido, demonstra a essencial importância que foi atribuída à audiência de conciliação e mediação.

5. A mediação como meio de solução de conflitos de natureza desportiva em Portugal

A presença da mediação como meio de resolução de conflitos no ordenamento português é recente. É a Lei n. 29/2013 que trata do tema e define a mediação.

Na lição de Emanuel Carvalho[8], a Lei de Mediação veio estabelecer os princípios gerais aplicáveis à mediação realizada em Portugal, bem como os regimes jurídicos da mediação civil e comercial, dos mediadores e da mediação pública. Há um regime geral de mediação, aplicável em todas as esferas. O regime jurídico da mediação é definido pela lei e, por fim, é estabelecido o regime jurídico dos mediadores.

O Tribunal Arbitral do Desporto (TAD) foi criado pela Lei n. 74/2013, de 6 de setembro, e iniciou as suas atividades em 1º de outubro de 2015, como entidade jurisdicional independente, com competência específica para administrar a justiça relativamente a litígios que relevam do ordenamento jurídico desportivo, ou relacionados com a prática do desporto. A sua jurisdição é exercida em todo território português e tem a sua sede no Comitê Olímpico de Portugal.

De acordo com informações extraídas no sítio do Tribunal[9], compete ao TAD, em sede de arbitragem necessária, conhecer dos litígios emergentes dos atos e omissões das federações desportivas, ligas profissionais e outras entidades desportivas, no âmbito do exercício dos correspondentes poderes de regulamentação, organização, direção e disciplina, bem como dos recursos das deliberações tomadas por órgãos disciplinares das federações desportivas ou pela Autoridade Antidopagem de Portugal em matéria de violação das normas antidopagem, nos termos da Lei n. 38/2012, de 28 de agosto.

Na hipótese de haver previsão em convenção de arbitragem ou, relativamente a litígios decorrentes da correspondente relação associativa, mediante cláusula estatutária de uma federação ou outro organismo desportivo, também poderão ser submetidos ao TAD todos os litígios relacionados direta ou indiretamente com a prática do desporto, que, segundo a Lei da Arbitragem Voluntária (LAV), sejam suscetíveis de decisão arbitral, incluindo quaisquer litígios emergentes de contratos de trabalho desportivo celebrados entre atletas ou técnicos e agentes ou organismos desportivos, podendo ser apreciadas a regularidade e a licitude do despedimento.

A criação do Tribunal Arbitral do Desporto (TAD) viabilizou a utilização da mediação no campo desportivo, na medida em que previu o funcionamento de um serviço de mediação nessa jurisdição.

Os principais benefícios do processo de mediação se inserem nas vantagens que as partes desfrutam em comparação com o procedimento formal submetido ao Poder Judiciário. De pronto, se destaca a redução do tempo e dos custos, na medida em que os processos submetidos à mediação podem ser resolvidos em tempo muito inferior ao tradicional, sendo certo que a redução do tempo implica em redução do custo.

Com efeito, os litígios em matéria desportiva carecem de resoluções extremamente rápidas na medida em que a participação dos atletas está sujeita ao calendário das competições que, obrigatoriamente, são previamente fixados. Outrossim, o alto valor que o esporte movimenta requer uma solução rápida para os conflitos. Por fim, a justiça que tarda, muitas das vezes, acaba sendo injusta.

Diante da recente inovação, é possível se dizer que o desporto é um campo fértil para a atuação de mediação de conflitos.

6. A mediação como meio de solução de conflitos de natureza trabalhista desportiva no âmbito da Justiça do Trabalho

A Justiça do Trabalho tem como objetivo principal a conciliação. Logo, a solução dos conflitos não apenas deve ser estimulada como se trata de previsão obrigatória constante na Consolidação das Leis do Trabalho (CLT). A conciliação deve ser o fim precípuo do processo do trabalho e essa deve ocorrer em qualquer tempo ou grau de jurisdição.

Com base neste princípio é que a mais alta Corte Trabalhista do Brasil, o Tribunal Superior do Trabalho (TST), instituiu audiências de mediação, as quais o Presidente (ou Vice-Presidente) do TST busca a conciliação e atua como mediador.

---

(8) CARVALHO, Emanuel Agostinho Azevedo. Desporto: um novo campo para a mediação de conflitos. In: *Direito e Finanças do Desporto*. MIRANDA, João e RODRIGUES, Nuno Cunha (coords.). Lisboa: Edição Instituto de Ciências Jurídico-Políticas, 2016. v. II.

(9) Disponível em: <http://www.tribunalarbitraldesporto.pt/>. Acesso em: 23 out. 2016.

Essa foi a hipótese que ocorreu no processo que envolveu o jogador Leandro Damião e o Santos Futebol Clube.

Antes de se mencionar a mediação a que foi submetida no caso em comento, é necessário apresentar o histórico do processo para se demonstrar o alto grau de litigiosidade entre as partes, a sugerir que a conciliação seria praticamente impossível.

No dia 3 de junho de 2015, os jornais noticiavam que o Santos sofria duas derrotas: a primeira, em campo, diante do São Paulo, pelo Campeonato Brasileiro. Já a segunda, era no Tribunal, pois a Justiça do Trabalho acatava o pedido do atleta Leandro Damião e julgava procedente o pedido de rescisão indireta do contrato de trabalho.

Na Reclamação Trabalhista tombada sob o n. 40-07.2015.5.02.0444, foi pleiteada a rescisão indireta do contrato de trabalho, sob o fundamento no qual os salários do atleta estavam em atraso e também o recolhimento do FGTS, sendo que o contrato de trabalho em questão foi celebrado com previsão de duração entre 2014 a 2018.

Para fins de rescisão indireta do contrato de trabalho, o inadimplemento salarial é considerado quando o clube empregador atrasar o pagamento do salário, em todo ou em parte, por período igual ou superior a 3 (três) meses; o vocábulo salário, para este efeito, não é entendido de maneira restrita, mas ampla, sendo interpretado como tal qualquer parcela da remuneração do atleta, como 13º salário, gratificação, prêmios, bicho ou férias.

Em decisão de 1º grau, o Juiz da 4ª Vara do Trabalho de Santos/SP reconheceu a rescisão indireta do contrato de trabalho firmado entre o atleta e o Santos Futebol Clube (terceiro interessado na presente demanda). Contudo, por prudência e cautela, indeferiu a antecipação dos efeitos da tutela.

Ambas as partes interpuseram Recurso Ordinário. O atleta requereu, em sede de preliminar, a concessão dos efeitos antecipados da tutela, sendo que o recurso ordinário, nestas condições, deveria ter sido distribuído, de imediato para apreciação do pleito de urgência.

Entretanto, passadas as primeiras distribuições perante o TRT da 2ª Região (São Paulo), o processo permanecia represado, aguardando a designação do relator. Neste caso, alegou o atleta que, em 03.12.2015, recebera a notícia de que a próxima distribuição de processos ocorreria no dia 07.01.2016.

Diante disso, o atleta ajuizou correição parcial perante o Tribunal Superior do Trabalho, com pedido de liminar, sob a alegação na qual estaria sofrendo prejuízo irreparável, uma vez que ficaria impedido de negociar com uma outra entidade desportiva, além de não receber salários, não realizar treinamentos, o que poderia significar prejuízo a sua *performance* atlética.

Nesse sentido, foi proferida a r. decisão pelo Ministro Corregedor do Tribunal Superior do Trabalho, *verbis*:

> (...) Ante o exposto, DEFIRO a liminar para assegurar ao requerente o direito de exercer, desde logo, sua atividade profissional em entidade diversa da qual mantém vínculo empregatício até a publicação da decisão a ser proferida no julgamento do Recurso Ordinário interposto no Processo n. 0000040-07.2015.5.02.0444. Em consequência, determino ao MM. Juízo da 4ª Vara do Trabalho de Santos – SP que expeça, com urgência, os ofícios liberatórios, com força de mandado, às seguintes entidades: (...)

Conforme se infere da decisão proferida em sede de correição parcial, foi deferida a liminar, sob a alegação de que fosse assegurado suposto direito do atleta profissional em exercer sua atividade laboral em uma outra entidade desportiva até que fosse publicada a decisão do julgamento do Recurso Ordinário interposto no TRT da 2ª Região.

Nota-se que no caso em destaque foi deferida a antecipação de tutela mesmo havendo real perigo de irreversibilidade do provimento antecipado. Logo, a antecipação dos efeitos da tutela, concedida pelo TST, em medida correicional, sem o exaurimento da instância ordinária, provocou dano irreversível para o clube e não para aquele que ajuizou a correicional, no caso, o atleta.

A discussão travada nos autos principais de n. 0000040-07.2015.5.02.0444, demonstrava alta controvérsia estabelecida e uma real probabilidade de provimento do recurso do clube, que alegava o pagamento dos salários do atleta, pois teria depositado os seguintes valores: R$ 225.252,00, em 07.04.2014; R$ 236.086,00, em 07.05.2014; R$ 236.087,00, em 06.06.2014; R$ 236.086,00, em 11.07.2014; R$ 236.086,00, em 06.08.2014; R$ 236.086,00, em 01.10.2014; R$ 236.086,00, em 06.11.2014; e R$ 236.086,00, em 14.01.2015.

Neste sentido, haveria atraso no pagamento dos meses de novembro e dezembro de 2014, o que não ensejaria a mora necessária para configurar a rescisão indireta.

Portanto, a decisão proferida em correição parcial exorbitou os limites do Poder Geral de Cautela estabelecido no art. 13 do Regimento Interno da Corregedoria Geral da Justiça do Trabalho, tendo em vista que antecipou o provimento do recurso ordinário do atleta/reclamante, provocando tumulto processual e dano irreparável ao clube/empregador.

Com efeito, se o atleta não mais possui interesse em permanecer vinculado à atual entidade de prática desportiva, estará livre para contratar com qualquer outra agremiação e para tal deverá realizar o pagamento da cláusula indenizatória conforme dispõe o art. 28, I, da Lei Pelé.

Diante da decisão proferida em Correição Parcial, publicada poucos dias antes do recesso forense do ano de 2015, o clube ingressou com o recurso cabível de imediato, no caso o Agravo Regimental. Todavia, não haveria tempo hábil de convocação dos Ministros para sessão de julgamento perante o Órgão Especial antes do recesso, o que ocorreria somente a partir de fevereiro de 2016.

Logo, o clube necessitava ajuizar uma medida, de caráter emergencial, no intuito de se assegurar que eventual transferência do atleta – por força da decisão proferida em Correição Parcial – eventual garantia do prejuízo na hipótese de provimento do seu recurso ordinário.

Nesse sentido, foi ajuizada Ação Cautelar de Arresto, perante o TRT da 2ª Região, no qual o clube buscou o adimplemento do valor da cláusula indenizatória devida, na hipótese do clube se sair vencedor na tese defendida em seu recurso ordinário, afinal, foi o atleta quem provocou a ruptura antecipada do contrato de trabalho.

Nesse diapasão, o atleta, inconformado com a decisão liminar proferida pelo TRT da 2ª Região, requereu a cassação da liminar proferida pelo E. TRT da 2ª Região na Ação Cautelar de Arresto, por meio de nova Correição Parcial, com pedido de liminar.

Naquela nova medida, afirmou (i) que o clube estaria tumultuando o processo, (ii) que o Desembargador que proferiu a liminar na Ação Cautelar de Arresto estaria descumprindo a decisão do Corregedor do C. TST e (iii) bem como teria sofrido prejuízo irreparável, uma vez que impedido de negociar com uma outra entidade desportiva.

Nova medida liminar foi deferida pelo Tribunal Superior do Trabalho, sob a justificativa de que fosse assegurado suposto direito do atleta profissional em exercer sua atividade laborativa em uma outra entidade desportiva até que publicação da decisão do julgamento do Recurso Ordinário interposto no TRT da 2ª Região.

Tendo em vista as irregularidades acima apontadas, foi impetrado Mandado de Segurança pelo clube empregador. Tombado sob o número 351-89.2016.5.00.0000, o processo foi remetido ao Vice-Presidente do TST, em razão da declaração de impedimento do Excelentíssimo Ministro Presidente, que havia sido o autor do ato apontado como coator, em razão do exercício das atividades corregedoras durante o plantão judicial da primeira quinzena do mês de janeiro de 2016.

No dia 22 de janeiro de 2016, o Ministro Ives Gandra da Silva Martins Filho concedeu a liminar nos autos do Mandado de Segurança e determinou o pagamento de caução no importe de R$ 65.000.000,00 (sessenta e cinco milhões de reais) e assim constou da decisão, *verbis*:

> [...] Verifica-se da decisão impugnada neste mandado de segurança ter sido deferida a liminar requerida na Correição Parcial n. 1-04.2016.5.00.0000, "para suspender os efeitos da liminar deferida na Ação Cautelar de Arresto nº 1002511-50.2015.5.02.000, até a publicação da decisão a ser proferida no julgamento colegiado do Recurso Ordinário interposto no Processo 0000040-07.2015.5.02.0444".
>
> Isso diante do receio de dano de difícil reparação, em razão da eventual inviabilidade de que o jogador Leandro Damião celebre novo contrato de trabalho até o trânsito em julgado da decisão que deferira a rescisão indireta do contrato firmado com o Santos Futebol Clube nos autos da Reclamação Trabalhista n. 0000040-07.2015.5.2.0444, em possível afronta ao inciso XIII do art. 5º da Constituição da República.
>
> Conforme já salientado na decisão proferida pela autoridade dita coatora, não há ato atentatório à boa ordem processual resultante do deferimento da medida liminar na ação cautelar de arresto, por se tratar de providência deferida no regular exercício da função jurisdicional.
>
> Nela fora determinado, a título de caução, o arresto do valor de eventual novo contrato de trabalho firmado pelo jogador de futebol Leandro Damião com outra agremiação até o valor da multa indenizatória desportiva, ali estipulada, ou seja, R$ 200.000.000,00 (duzentos milhões de reais), caso a negociação ocorra com clube brasileiro, ou E$ 200.000.000,00 (duzentos milhões de euros), caso a negociação ocorresse com clube estrangeiro.
>
> Ora, se, por um lado, a inexistência de desordem processual afastaria a possibilidade da correição parcial, por outro lado, duas situações emergem como igualmente exigentes de uma intervenção judicial de caráter acautelatório excepcional:
>
> a) prejuízo de difícil ou impossível reparação ao atleta, em face de estar condicionado o novo contrato de trabalho ao depósito de quantia que se afiguraria, em princípio, exorbitante, inviabilizando nova pactuação e o livre exercício da atividade profissional;
>
> b) a sentença proferida na reclamação trabalhista, no sentido do reconhecimento da sua rescisão indireta ainda não transitou em julgado, e a matéria é altamente controvertida diante dos fatos constantes dos autos (atraso apenas de parcela

pequena em relação ao salário pago; hipótese de empréstimo do jogador a outro time que arcaria com parte da remuneração; desejo do jogador de mudar de agremiação que lhe oferecesse salário maior; etc.), recomendando a cautela de alguma caução.

Considerando os contornos da questão posta em litígio, recomendável se mostra a adoção de medida salomônica, que não acarrete ônus demasiado a nenhuma das partes, assegurando, de um lado, ao jogador o livre exercício de sua atividade profissional e, de outro, à entidade esportiva a prevenção de elevado prejuízo financeiro decorrente da rescisão antecipada do contrato.

CONCLUSÃO

Do exposto, defiro parcialmente a liminar requerida para suspender parcialmente a decisão proferida na CorPar-1-04.2016.5.00.0000 e restabelecer em parte a liminar concedida na Ação Cautelar n. 1002511-50.2015.5.02.0000, mantendo o arresto do valor de eventual novo contrato de trabalho firmado pelo jogador de futebol Leandro Damião com nova agremiação, no limite de R$ 65.000.000,00 (sessenta e cinco milhões de reais), valor esgrimido pelo clube como de seu efetivo prejuízo.

Intimem-se o impetrante, o jogador Leandro Damião da Silva dos Santos, a Confederação Brasileira de Futebol (CBF) e a Federação Paulista de Futebol (FPF).

Expeça-se ofício ao Exmo. Juiz Convocado do TRT da 2ª Região, Celso Ricardo Peel Furtado de Oliveira, comunicando-lhe o inteiro teor desta decisão.

Oficie-se à autoridade dita coatora a fim de que preste, em 10 (dez) dias, as informações que entender de direito.

Publique-se. Brasília, 26 de janeiro de 2016.

Firmado por assinatura digital (MP 2.200-2/2001)
IVES GANDRA DA SILVA MARTINS FILHO
Ministro Vice-Presidente do TST

Logo, foi parcialmente restabelecida a decisão proferida na medida cautelar julgada em sede de liminar pelo TRT da 2ª Região, salvo no tocante aos valores envolvidos.

Tendo em vista o alto grau de litigiosidade que envolvia a questão, foi designada mediação pelo Presidente em exercício do Tribunal Superior do Trabalho, sendo que, finalmente, no dia 29.01.2016, as partes celebraram acordo para pôr fim ao litígio.

Neste processo, em seguida à impetração do mandado de segurança pelo clube, o Ministro Ives Gandra da Silva Martins Filho, do Tribunal Superior do Trabalho, depois de conceder a medida liminar postulada, designou mediação no intuito de se buscar a composição entre as partes.

Durante mais de 12 horas, os advogados e as partes deliberaram, no Gabinete do então Ministro Vice-Presidente, as condições e concessões recíprocas que possibilitaram a celebração do acordo[10].

Foi a primeira vez, nos 70 anos de existência do Tribunal Superior do Trabalho, que um acordo foi entabulado nos autos de um Mandado de Segurança impetrado na Corte Superior Trabalhista.

Referências bibliográficas

CARVALHO, Emanuel Agostinho Azevedo. *Desporto*: um novo campo para a mediação de conflitos. In: *Direito e Finanças do Desporto*. MIRANDA, João e RODRIGUES, Nuno Cunha (coord.). Lisboa: Edição Instituto de Ciências Jurídico-Políticas, 2016. v. II.

DELGADO, Mauricio Godinho. *Curso de Direito do Trabalho*. 12. ed. São Paulo: LTr, 2013.

PELUSO, Cezar. Mediação e Conciliação. In: *Doutrinas essenciais de arbitragem e mediação*. WALD, Arnoldo (Org.). São Paulo: Revista dos Tribunais, 2014. v. VI.

VEIGA, Mauricio de Figueiredo Corrêa da. *Manual de Direito do Trabalho Desportivo*. 1. ed. São Paulo: LTr, 2016.

ZAINAGHI, Domingos Sávio. Mediação de Conflitos. In: *Doutrinas essenciais de arbitragem e mediação*. WALD, Arnoldo (Org.). São Paulo: Revista dos Tribunais, 2014. v. VI.

---

(10) VEIGA, Mauricio de Figueiredo Corrêa da. *Manual de Direito do Trabalho Desportivo*. 1. ed. São Paulo: LTr, 2016. p. 95-102.

Princípios da Execução Trabalhista

Mauro Schiavi
*Juiz Titular da 19ª Vara do Trabalho de São Paulo. Doutor e Mestre em Direito pela PUC/SP.
Professor no Curso de Pós-Graduação Lato Sensu da Universidade Presbiteriana Mackenzie/SP.
Professor Convidado do Curso de Especialização da PUC/SP (COGEAE).
Professor da Escola Judicial do TRT da 2ª Região. Autor de 16 livros, dentre os quais:
Manual de Direito Processual do Trabalho. 12. ed. São Paulo: LTr, 2017.*

1. Introdução

Atualmente, com o avanço da sociedade, a execução não mais incide sobre a pessoa do devedor, e sim sobre seu patrimônio (princípio da humanização da execução que tem início em Roma, no século V, com a *Lex Poetelia*). Diz-se que a execução tem caráter patrimonial. Nesse sentido, é o que dispõe o art. 789 do CPC, *in verbis*:

> O devedor responde, para o cumprimento de suas obrigações, com todos os seus bens presentes e futuros, salvo as restrições estabelecidas em lei.

Como destaca *Araken de Assis*[1]:

> O art. 591[2] culmina notável evolução histórica. Rompendo com as tradições romana e germânica, convergentes ao imprimir responsabilidade pessoal ao obrigado, a regra dissociou a dívida e responsabilidade. Esta última se relaciona com inadimplemento, que é o fato superveniente à formação do vínculo obrigacional, pois somente após descumprir o dever de prestar, o obrigado sujeitará seus bens à execução.

Um dos capítulos do Processo do Trabalho que têm sido apontado como grande entrave ao acesso real e efetivo à Justiça do Trabalho, do trabalhador, é o da execução.

Mesmo a CLT, prevendo um procedimento simplificado para a execução, a cada dia vem perdendo terreno para a inadimplência, contribuindo para falta de credibilidade da jurisdição trabalhista.

Ainda que tenha um título executivo judicial nas mãos, o credor trabalhista tem enfrentado um verdadeiro calvário para satisfazer seu crédito e muitas vezes o executado, tendo numerário para satisfazer o crédito do autor, prefere apostar na burocracia processual e deixar para adimplir o crédito somente quando se esgotar a última forma de impugnação.

Em nosso país, onde a litigiosidade é intensa e a estrutura do Poder Judiciário propicia ao jurisdicionado diversas instâncias recursais, a cada dia, a sentença de primeiro grau vai perdendo prestígio, principalmente para os litigantes de maior poder econômico. Por isso, muitos chegam a afirmar que o 1º grau de jurisdição é apenas um "rito de passagem" do processo. Com isso, há significativa dilatação no curso do processo, gasto

---

(1) *Manual do processo de execução*. 7. ed. São Paulo: LTr, 2001. p. 363.
(2) O art. 591 citado pelo autor é do CPC/1973; atualmente o CPC, no art. 789, tem idêntica redação.

excessivo de direito público e falta de credibilidade e efetividade das sentenças de primeiro grau.

Como bem adverte Rodolfo de Camargo Mancuso[3]: "essa crise de efetividade dos comandos condenatórios ou prestacionais, além de ser muito grave em si mesma – na medida em que a Constituição Federal erige a *eficiência* dentre os princípios reitores do *setor público* (art. 37, *caput*) – ainda projeta inquietantes externalidades negativas: desprestigia a função judicial do Estado, na medida em que não oferece aos jurisdicionados a devida contrapartida por haver criminalizado a justiça de mão própria (CP, art. 345); desestimula o acesso à Justiça dos que têm os seus direitos injustamente resistidos ou contrariados; penaliza aqueles que, embora tendo obtido o reconhecimento judicial de suas posições de vantagem, todavia não conseguem usufruí-las concretamente, ante as postergações e resistências consentidas na fase jurisatisfativa; fomenta a hostilidade entre os contraditores, ante a dilação excessiva das lides; exacerba a contenciosidade social, ao insuflar os bolsões de frustração e de insatisfação ao interno da coletividade."

Em razão disso, os estudos do processo têm sido mais voltados para a execução e cumprimento das decisões, tendo a doutrina e a jurisprudência modernas defendido posturas mais agressivas da legislação, assim como da atuação do Juiz para propiciar resultados mais efetivos na materialização dos títulos executivos.

No conceito clássico de Chiovenda[4]:

> Chama-se execução processual a atuação prática, da parte dos órgãos jurisdicionais, de uma vontade concreta da lei que garante a alguém um bem da vida e que resulta de uma verificação; e conhece-se por execução o complexo dos atos coordenados a esse objetivo.

A sentença não voluntariamente cumprida dá ensejo a uma outra atividade jurisdicional, destinada à satisfação da obrigação consagrada em um título. Essa atividade estatal de satisfazer a obrigação consagrada num título que tem força executiva, não adimplido voluntariamente pelo credor, se denomina *execução forçada*.

Como bem adverte Enrico Tullio Liebman[5], "a execução é feita para atuação de uma sanção justificada pelos fatos ocorridos entre as partes, isto é, para satisfazer direito efetivamente existente. Por isso, não pode proceder-se à execução senão depois de verificada legalmente a existência dos fatos que a justificam e que constituem a sua causa em sentido jurídico. Não se pode, pois, começar pela execução: *ad executione no est encoandum*. Ao contrário, deve, em regra, preceder ao conhecimento e julgamento da lide. Mas isso também não quer dizer que a todo processo de cognição se segue necessariamente o processo de execução, pois em muitos casos, com a prolação da sentença, o assunto termina definitivamente e não há lugar para a execução."

Para nós, a execução trabalhista *consiste num conjunto de atos praticados pela Justiça do Trabalho destinados à satisfação de uma obrigação consagrada num título executivo judicial ou extrajudicial, da competência da Justiça do Trabalho, não voluntariamente satisfeita pelo devedor, contra a vontade deste último.*

2. Dos princípios e sua importância no Processo do Trabalho

Ensina Celso Antônio Bandeira de Mello[6] que princípio "é, por definição, mandamento nuclear de um sistema, verdadeiro alicerce dele, disposição fundamental que se irradia sobre diferentes normas, compondo-lhes o espírito e servindo de critério para sua exata compreensão e inteligência, exatamente por definir a lógica e a racionalidade do sistema normativo, no que lhe confere a tônica e lhe dá sentido harmônico".

Segundo a doutrina clássica, os princípios têm quatro funções: a) inspiradora do legislador; b) interpretativa; c) suprimento de lacunas; d) sistematização do ordenamento, dando suporte a todas as normas jurídicas, possibilitando o equilíbrio do sistema.

Quanto à função inspiradora, o legislador costuma buscar nos princípios inspiração para a criação de normas. Muitos princípios, hoje, estão positivados na lei.

Na função interpretativa, os princípios ganham especial destaque, pois eles norteiam a atividade do intérprete na busca da real finalidade da lei e também se ela está de acordo com os princípios constitucionais. Segundo a doutrina, violar um princípio é muito mais grave do que violar uma norma, pois é desconsiderar todo o sistema de normas.

Os princípios também são destinados ao preenchimento de lacunas na legislação processual. Há lacuna quando a lei não disciplina determinada matéria. Desse

---

(3) *Acesso à Justiça*: condicionantes legítimas e ilegítimas. São Paulo: RT, 2011. p. 111.
(4) *Instituições de Direito Processual Civil*. São Paulo: Saraiva, 1969. p. 285. v. 1,
(5) *Processo de execução*. São Paulo: Bestbook, 2001. p. 17.
(6) *Curso de direito administrativo*. 8. ed. São Paulo: Malheiros, 1997. p. 573.

modo, os princípios, ao lado da analogia, do costume, serão um instrumento destinado a suprir as omissões do ordenamento jurídico-processual.

De outro lado, os princípios têm a função de sistematização do ordenamento processual trabalhista, dando-lhe suporte, sentido, harmonia e coerência.

Os princípios dão equilíbrio ao sistema jurídico, propiciando que este continue harmônico toda vez que há alteração de suas normas, bem como em razão das mudanças da sociedade.

Em países de tradição romano-germânica como o Brasil, há tradição positivista, com prevalência de normas oriundas da Lei, com Constituição Federal rígida, havendo pouco espaço para os princípios. Estes atuam, na tradição da legislação, de forma supletiva, para preenchimento das lacunas da legislação. Nesse sentido, destacam-se os arts. 4º, da LINDB, e 8º, da CLT.

Não obstante, diante do Estado Social, que inaugura um novo sistema jurídico, com a valorização do ser humano e a necessidade de implementação de direitos fundamentais para a garantia da dignidade humana, a rigidez do positivismo jurídico, paulatinamente, vai perdendo terreno para os princípios, que passam a ter caráter normativo, assim como as regras positivadas, e também passam a ter primazia sobre elas, muitas vezes sendo o fundamento das regras e outras vezes propiciando que elas sejam atualizadas e aplicadas à luz das necessidades sociais.

A partir do constitucionalismo social, que se inicia depois da 2ª Guerra Mundial, os direitos humanos passam a figurar de forma mais contundente e visível nas Constituições de inúmeros países, dentre os quais o Brasil. Esses direitos humanos, quando constantes do texto constitucional, adquirem o *status* de direitos fundamentais, exigindo uma nova postura do sistema jurídico, com primazia dos princípios.

Como bem advertiu José Joaquim Gomes Canotilho[7]:

> O Direito do estado de direito do século XIX e da primeira metade do século XX é o direito das regras dos códigos; o direito do estado constitucional e de direito leva a sério os princípios, é o direito dos princípios [...] o tomar a sério os princípios implica uma mudança profunda na metódica de concretização do direito e, por conseguinte, na actividade jurisdicional dos juízes.

Diante disso, há, na doutrina, tanto nacional como estrangeira, uma redefinição dos princípios, bem como suas funções no sistema jurídico. Modernamente, a doutrina tem atribuído caráter normativo dos princípios (*força normativa dos princípios*), vale dizer: os princípios são normas, atuando não só como fundamento das regras ou para suprimento da ausência legislativa, mas para ter eficácia no ordenamento jurídico como as regras positivadas.

Nesse sentido, a visão de Norberto Bobbio[8]:

> Os princípios gerais, a meu ver, são apenas normas fundamentais ou normas generalíssimas do sistema. O nome 'princípios' induz a erro, de tal forma que é antiga questão entre os juristas saber se os princípios gerais são normas. Para mim não resta dúvida: os princípios gerais são normas como todas as outras. E essa é também a tese sustentada pelo estudioso que se ocupou mais amplamente do problema, Crisafulli. Para sustentar que os princípios gerais são normas, os argumentos são dois, e ambos válidos: em primeiro lugar, se são normas aquelas das quais os princípios gerais são extraídos, mediante um procedimento de generalização excessiva, não há motivo para que eles também não sejam normas: se abstraio de espécies animais, obtenho sempre animais e não flores e estrelas. Em segundo lugar, a função pela qual são extraídos e usados é igual àquela realizada por todas as normas, ou seja, a função de regular um caso. Com que objetivo são extraídos em caso de lacuna? Para regular um comportamento não regulado, é claro: mas então servem ao mesmo objetivo a que servem as normas expressas. E por que não deveriam ser normas?

Pensamos ser os princípios diretrizes fundamentais do sistema, com caráter normativo, podendo estar presentes nas regras ou não, de forma abstrata ou concreta no ordenamento jurídico, com a função de ser o fundamento do sistema jurídico e também mola propulsora de sua aplicação, interpretação, sistematização e atualização do sistema. De nossa parte, o caráter normativo dos princípios é inegável.

Não obstante, não pensamos ser os princípios absolutos, pois, sempre que houver conflitos entre dois princípios na hipótese concreta, deve o intérprete guiar-se

---

(7) A principialização da jurisprudência através da Constituição. In: *Revista de Processo*, São Paulo: RT, Repro, v. 98, p. 84.

(8) *Teoria geral do Direito*. 3. ed. São Paulo: Martins Fontes, 2010. p. 309.

pela regra de ponderação, sacrificando um princípio em prol de outro que se encaixa com maior justiça e efetividade ao caso concreto. De outro lado, os princípios têm prevalência sobre as regras.

Segundo a moderna teoria geral do direito, os princípios de determinado ramo do direito têm de estar em compasso com os princípios constitucionais do processo. Por isso, deve o intérprete, ao estudar determinado princípio ou norma infraconstitucional, realizar a chamada filtragem constitucional, isto é, ler a norma infraconstitucional com os olhos da Constituição Federal.

Com a mudança de paradigma do Estado Liberal para o Estado Social, houve o que a doutrina denomina de *constitucionalização do direito processual,* ou seja, a Constituição passa a disciplinar os institutos fundamentais do direito processual, bem como seus princípios basilares. Desse modo, todos os ramos da ciência processual, inclusive o direito processual do trabalho, devem ser lidos e interpretados a partir da Constituição Federal e dos direitos fundamentais.

No aspecto, destacamos o art. 1º do CPC, *in verbis*:

> O processo civil será ordenado, disciplinado e interpretado conforme os valores e as normas fundamentais estabelecidos na Constituição da República Federativa do Brasil, observando-se as disposições deste Código.

Como bem adverte Marcelo Freire Sampaio Costa[9], ao analisar o referido dispositivo civilista, "esse dispositivo acabou por consagrar o modelo constitucional de processo, cujo ponto de partida era o Texto Maior, na própria codificação processual ordinária. Além disso, foi mais longe com a pretensão de construir, como o próprio Título Único aponta, sistema de normas fundamentais aplicado à ciência processual, promovendo um verdadeiro encontro da teoria processual com a teoria dos direitos fundamentais".

Os princípios constitucionais do processo constituem direitos fundamentais do cidadão, por constarem no rol do art. 5º que trata dos direitos individuais fundamentais (art. 60, § 4º, da CF) e constituem postulados básicos que irradiam efeitos em todos os ramos do processo, bem como norteiam toda a atividade jurisdicional. Tais princípios constituem o núcleo de todo o sistema processual brasileiro. Em razão disso, muitos autores já defendem a existência de um chamado Direito Constitucional Processual ou Processo Constitucional[10] que irradia seus princípios e normas a todos os ramos do direito processual, dentre eles, o Processo do Trabalho. Desse modo, atualmente, os princípios e normas do Direito Processual do Trabalho devem ser lidos em compasso com os princípios constitucionais do processo, aplicando-se a hermenêutica da interpretação conforme a Constituição. Havendo, no caso concreto, choque entre um princípio do Processo do Trabalho previsto em norma infraconstitucional e um princípio constitucional do processo, prevalece este último.

3. Dos princípios da execução trabalhista

Os princípios da execução trabalhista não diferem dos princípios da execução no Processo Civil, entretanto, em face da natureza do crédito trabalhista e da hipossuficiência do credor trabalhista, alguns princípios adquirem intensidade mais acentuada na execução trabalhista, máxime os da celeridade, da simplicidade e da efetividade do procedimento.

Com suporte na melhor doutrina, a execução trabalhista é norteada pelos seguintes princípios:

4. Primazia do credor trabalhista

A execução trabalhista se faz no interesse do credor. Desse modo, todos os atos executivos devem convergir para satisfação do crédito do exequente.

Nesse sentido, dispõe o art. 797 do Código de Processo Civil, aplicável subsidiariamente ao Processo do Trabalho:

> Ressalvado o caso de insolvência do devedor, em que tem lugar o concurso universal, realiza-se a execução no interesse do exequente que adquire, pela penhora, o direito de preferência sobre os bens penhorados.
>
> Parágrafo único. Recaindo mais de uma penhora sobre o mesmo bem, cada exequente conservará o seu título de preferência.

Na execução, o presente princípio se destaca em razão da natureza alimentar do crédito trabalhista e da necessidade premente de celeridade do procedimento executivo.

Este princípio deve nortear toda a atividade interpretativa do Juiz do Trabalho na execução. Por isso, no conflito entre normas que disciplinam o procedimento executivo, deve-se preferir a interpretação que favoreça o exequente.

---

(9) *Cumprimento Provisório no Processo do Trabalho.* 2. ed. São Paulo: LTr, 2016. p. 22.

(10) Alguns autores preferem a expressão "Constitucionalização do Processo".

5. Princípio do meio menos oneroso para o executado

Diante da potencialidade lesiva que a execução possa ter sobre o patrimônio do devedor, faculta a lei que, quando por mais de um modo a execução possa ser realizada, com a mesma eficácia para o credor, se preferirá o meio menos gravoso ao devedor, como forma de proteção à dignidade do devedor e tornar a execução mais humanizada.

Nesse sentido, dispõe o art. 805 do CPC, de aplicação subsidiária (arts. 889 da CLT, e 15 do CPC), *in verbis*:

> Quando por vários meios o exequente puder promover a execução, o juiz mandará que se faça pelo modo menos gravoso para o executado.
>
> Parágrafo único. Ao executado que alegar ser a medida executiva mais gravosa incumbe indicar outros meios mais eficazes e menos onerosos, sob pena de manutenção dos atos executivos já determinados.

O Código de Processo Civil de 2015 aperfeiçoou o anterior (art. 620 do CPC/1973), acrescentando, corretamente, o parágrafo único, que determina que, ao executado que alegar o benefício da execução menos lesiva, o dever indicar outros meios executivos mais eficazes que os atuais, sob consequência de manutenção dos atos executivos já determinados.

Trata-se, inegavelmente, de um significativo avanço, já que o art. 805 do CPC deve ser interpretado e aplicado à luz do princípio da primazia do credor, disciplinado pelo art. 797 do CPC.

Ao contrário do que vinha entendendo parte da jurisprudência, com suporte no art. 620 do CPC/1973[11], este dispositivo não poderia ser interpretado, isoladamente, e nem servir de suporte para que o devedor se esquivasse de cumprir a obrigação ou lhe criar embaraços, ou deixar de colaborar, uma vez que, conforme já mencionado, o princípio cardeal da execução é a primazia do credor.

6. Princípio do título

Segundo Carnelutti, enquanto o processo de conhecimento se contenta com uma pretensão, entendida como vontade de submeter o interesse alheio ao próprio, bem mais exigente é o processo executivo que reclama, para sua instauração, uma pretensão conforme o direito. Em outras palavras, o juiz, no processo de execução, necessita de âncora explícita para ordenar atos executivos e alterar a realidade em certos rumos, do mesmo modo que o construtor de edifícios sem o respectivo projeto não saberia como tocar o empreendimento. Como jamais se configurará a certeza absoluta em torno do crédito, a lei sufraga a relativa certeza decorrente de certo documento, que é o título. Faz o título prova legal ou integral do crédito[12].

Toda execução pressupõe um título, seja ele judicial ou extrajudicial. A execução é nula sem título (*nulla executio sine titulo*).

Conforme destaca Araken de Assis[13], a ação executória sempre se baseará no título executivo. Célebre metáfora ao título designou de *bilhete de ingresso*, ostentado pelo credor para acudir ao procedimento *in exutivis*.

Nesse sentido, dispõe o art. 783 do CPC, *in verbis*:

> A execução para cobrança de crédito fundar-se-á sempre em título de obrigação certa, líquida e exigível.

Os títulos trabalhistas que têm força executiva estão previstos no art. 876 da CLT.

Outrossim, o título a embasar a execução deve ser líquido, certo e exigível.

O requisito da certeza está no fato de o título não estar sujeito à alteração por recurso (judicial); ou que a lei confere tal qualidade, por revestir o título das formalidades previstas em lei (extrajudicial).

Exigível é o título que não está sujeito à condição ou termo, ou seja, a obrigação consignada no título não está sujeita a evento futuro ou incerto (condição) ou a um evento futuro e certo (termo).

Líquido é o título que individualiza o objeto da execução (obrigação de entregar), ou da obrigação (fazer ou não fazer), bem como delimita o valor (obrigação de pagar).

7. Redução do contraditório

O contraditório na execução é limitado (mitigado), pois a obrigação já está constituída no título e deve ser cumprida: ou de forma espontânea pelo devedor, ou mediante a atuação coativa do Estado, que se materializa no processo.

---

(11) Art. 620 do CPC/1973: "Quando por vários meios o credor puder promover a execução, o juiz mandará que se faça pelo modo menos gravoso para o devedor."

(12) ASSIS, Araken de. *Manual da execução*. 11. ed. São Paulo: RT, 2007. p. 143-144.

(13) *Ibidem*, p. 99.

A questão, no entanto, não é pacífica. Autores há que sustentam a versão de que o contraditório permanece forte também na fase executiva, principalmente em se tratando de título executivo extrajudicial, devendo sempre o juiz dialogar com as partes, e estas terem sempre a oportunidade de participar, ativamente, do procedimento. De outro lado, ao devedor deve sempre ser oportunizado manejar os meios legais para resistir às medidas executivas. O Novel Código de Processo Civil, nos arts. 9º, 10, 133 a 137, indiscutivelmente, robustece o contraditório na fase executiva.

Não obstante, os argumentos acima, na fase executiva, as oportunidades de resistência do devedor são reduzidas, comparando-as com as outras fases do processo, uma vez que já há uma sentença em prol do credor, reconhecendo-lhe o direito que deve ser materializado na fase executiva. De outro lado, é inerente a todo título executivo a coerção a que está sujeito o devedor, que deve ser exteriorizada pelo devido processo legal, aplicando-se o princípio de que *sententia habet paratam executionem*, ou seja, a sentença contém em si a execução perparada.

Como bem destaca Marcelo Abelha[14]:

> Todavia, o que se pode dizer é que no procedimento executivo o contraditório existente não possui a mesma feição que no procedimento cognitivo, pois, aqui, o fim da atividade jurisdicional é descobrir com qual das partes está a razão, e as posições jurídicas de ator e réu são equivalentes em relação à revelação da norma jurídica concreta, já que a um ou a outro poderá ser entregue a tutela jurisdicional. Já no procedimento executivo, a premissa é a existência de posições jurídicas diversas – poder e sujeição –, com que a finalidade é obter – com o menor sacrifício possível do patrimônio do executado – a satisfação do direito exeqüendo. Certamente, também aqui haverá 'participação' e atuação do réu, que tem o direito de ser ouvido dentro da perspectiva relativa à atuação da norma jurídica concreta.

8. Patrimonialidade

A execução não incide sobre a pessoa do devedor, e sim sobre seus bens, conforme o art. 789 do CPC. Tanto os bens presentes como os futuros do devedor são passíveis de execução.

A Constituição prevê apenas duas possibilidades de a execução incidir sobre a pessoa do devedor no art. 5º, LXVII, que assim dispõe:

> Não haverá prisão civil por dívida, salvo a do responsável pelo inadimplemento voluntário e inescusável de obrigação alimentícia e a do depositário infiel.

Portanto, somente poderá haver prisão civil por dívida em duas hipóteses, quais sejam: a) depositário infiel[15]; e b) devedor de obrigação alimentícia.

9. Efetividade

Conforme a clássica frase de Chiovenda: "o processo precisa ser apto a dar a quem tem um direito na medida do que for praticamente possível, tudo aquilo a que tem direito e precisamente aquilo a que tem direito."

Nesse sentido, dispõe o art. 4º do Código de Processo Civil:

> As partes têm direito de obter em prazo razoável a solução integral do mérito, incluída a atividade satisfativa.

Conforme o referido dispositivo, são diretos fundamentais das partes no processo:

a) **solução integral do mérito**: constitui direito fundamental da parte no processo, que todos os pedidos e requerimentos formulados sejam apreciados, tanto os do autor como os do réu, e que, sempre que possível, o Magistrado julgue o mérito da causa, evitando ao máximo a extinção do processo sem resolução do mérito. A decisão prematura de extinção do processo sem resolução de mérito, quando possível a compreensão da controvérsia, é frustrante para quem busca seu direito no Judiciário, provoca gasto desnecessário de dinheiro público na tramitação do processo e não resolve o conflito;

b) **atividade satisfativa**: quanto à atividade satisfativa, como direito fundamental processual da parte, o projeto merece muitos elogios. A atividade satisfativa, que se manifesta, pelo cumprimento das decisões, que se dá, como regra geral, na fase executiva, é tão importante, ou mais, que as demais fases processuais, pois o direito reconhecido na decisão, só se materializa, quando o processo é capaz de entregar "o bem da vida" ao credor, que lhe pertence por direito.

---

(14) *Manual de execução civil*. 3. ed. Rio de Janeiro: Forense Universitária, 2008. p. 61.

(15) A Súmula Vinculante n. 25 do STF fixou a impossibilidade de decretação da prisão do depositário judicial infiel.

Como bem adverte *Cassio Scarpinella Bueno*[16]:

> A expressa menção a 'atividade satisfativa' é digna de destaque para evidenciar que a atividade jurisdicional não se esgota com o reconhecimento (declaração) dos direitos, mas *também* com a sua concretização.

Há efetividade da execução trabalhista quando ela é capaz de materializar a obrigação consagrada no título que tem força executiva, entregando, no menor prazo possível, o bem da vida ao credor, ou materializando a obrigação consagrada no título. Desse modo, a execução deve ter o máximo resultado com o menor dispêndio de atos processuais.

Conforme destaca Araken de Assis[17]: "é tão bem-sucedida a execução quando entrega rigorosamente ao exeqüente o bem perseguido, objeto da prestação inadimplida, e seus consectários, ou obtém o direito reconhecido no título executivo. Este há de ser o objetivo fundamental de toda e qualquer reforma a função jurisdicional executiva, favorecendo a realização do crédito."

10. Utilidade

Como corolário do princípio da efetividade, temos o princípio da utilidade da execução. Por este princípio, nenhum ato inútil, a exemplo de penhora de bens de valor insignificante e incapazes de satisfazer o crédito, poderá ser consumado.

Nesse sentido, dispõe o art. 836 do CPC:

> Não se levará a efeito a penhora quando ficar evidente que o produto da execução dos bens encontrados será totalmente absorvido pelo pagamento das custas da execução.
>
> § 1º Quando não encontrar bens penhoráveis, independentemente de determinação judicial expressa, o oficial de justiça descreverá na certidão os bens que guarnecem a residência ou o estabelecimento do executado, quando este for pessoa jurídica.
>
> § 2º Elaborada a lista, o executado ou seu representante legal será nomeado depositário provisório de tais bens até ulterior determinação do juiz.

Desse modo, deve o Juiz do Trabalho racionalizar os atos processuais na execução, evitando a prática de atos inúteis ou que atentem contra a celeridade e o bom andamento processual.

11. Disponibilidade

O credor tem a disponibilidade de prosseguir ou não com o processo executivo. Nesse diapasão, dispõe o art. 775 do CPC, *in verbis*:

> O exequente tem o direito de desistir de toda a execução ou de apenas alguma medida executiva.
>
> Parágrafo único. Na desistência da execução, observar-se-á o seguinte:
>
> I – serão extintos a impugnação e os embargos que versarem apenas sobre questões processuais, pagando o exequente as custas processuais e os honorários advocatícios;
>
> II – nos demais casos, a extinção dependerá da concordância do impugnante ou do embargante.

De outro lado, no processo do trabalho, considerando-se os princípios da irrenunciabilidade de direitos trabalhistas e a hipossuficiência do trabalhador, deve o Juiz do Trabalho ter cuidado redobrado ao homologar eventual desistência da execução por parte do credor trabalhista, devendo sempre ouvir o reclamante e se convencer de que a desistência do crédito é espontânea.

12. Função social da execução trabalhista

Em razão do caráter publicista do processo do trabalho e do relevante interesse social envolvido na satisfação do crédito trabalhista, a moderna doutrina tem defendido a existência do princípio da função social da execução trabalhista.

Além disso, no processo do trabalho, o credor é hipossuficiente, a verba é alimentar e há necessidade premente de celeridade do procedimento, uma vez que, não raro, o trabalhador está desempregado e necessita receber o valor do processo para sobreviver até arrumar novo emprego.

Desse modo, deve o Juiz do Trabalho direcionar a execução no sentido de que o exequente, efetivamente, receba o bem da vida pretendido de forma célere e justa, e que as atividades executivas sejam razoáveis no sentido de que somente o patrimônio do próprio devedor seja atingido, preservando-se sempre a dignidade tanto da pessoa humana do exequente como a do executado.

13. Subsidiariedade

O processo do trabalho permite que as regras do direito processual comum sejam aplicadas na execução

---

(16) *Novo Código de Processo Civil anotado*. São Paulo: Saraiva, 2015. p. 44.
(17) *Manual do processo de execução*. 11. ed. São Paulo: RT, 2007. p. 101.

trabalhista, no caso de lacuna da legislação processual trabalhista e compatibilidade com os princípios que regem a execução trabalhista[18].

O art. 769 da CLT disciplina os requisitos para aplicação subsidiária do Direito Processual Comum ao Processo do Trabalho, com a seguinte redação:

> Nos casos omissos, o direito processual comum será fonte subsidiária do direito processual do trabalho, exceto naquilo em que for incompatível com as normas deste Título.

Conforme a redação do referido dispositivo legal, são requisitos para a aplicação do Código de Processo Civil ao Processo do Trabalho:

a) omissão da CLT, ou seja, quando a CLT, ou a legislação processual extravagante, não disciplina a matéria;

b) compatibilidade com os princípios que regem o processo do trabalho. Vale dizer: a norma do CPC, além de ser compatível com as regras que regem o Processo do Trabalho, deve ser compatível com os princípios que norteiam o Direito Processual do Trabalho, máxime o acesso do trabalhador à Justiça.

Na fase de execução trabalhista, em havendo omissão da CLT, aplica-se em primeiro plano a Lei de Execução Fiscal (Lei n. 6.830/1980) e, posteriormente, o Código de Processo Civil.

Com efeito, dispõe o art. 889 da CLT:

> Aos trâmites e incidentes do processo de execução são aplicáveis, naquilo em que não contravierem o presente Título, os preceitos que regem o processo dos executivos fiscais para a cobrança judicial da dívida ativa da Fazenda Pública Federal.

Entretanto, o art. 889 da CLT deve ser conjugado com o art. 769 consolidado, pois, somente quando houver compatibilidade com os princípios que regem a execução trabalhista, a Lei n. 6.830/1980 poderá ser aplicada.

A Lei de Execução Fiscal em muitos pontos é divergente da sistemática processual trabalhista, pelos seguintes elementos: a) a Lei n. 6.830/1980 disciplina execução por título executivo extrajudicial, quando, nas execuções trabalhistas, a grande maioria de títulos executivos é judicial; b) na execução trabalhista, o credor trabalhista é hipossuficiente e postula verbas alimentares; na execução fiscal, o credor é o Estado, que não é hipossuficiente, e a verba postulada não é alimentar; e c) maior efetividade e proximidade do sistema da execução civil, principalmente o cumprimento da sentença, com a execução trabalhista.

Atualmente, na execução trabalhista, há um desprestígio da aplicação da Lei n. 6.830/1980 em razão da maior efetividade do Código de Processo Civil em muitos aspectos.

13.1. Aplicação supletiva e subsidiária do Código de Processo Civil na execução trabalhista

Dispõe o art. 15 do Código de Processo Civil:

> Na ausência de normas que regulem processos eleitorais, trabalhistas ou administrativos, as disposições deste Código lhes serão aplicadas supletiva e subsidiariamente.

Conforme o presente dispositivo legal, o Código de Processo Civil será aplicado ao processo do trabalho de forma supletiva e subsidiariamente, na ausência de normas que o disciplinem.

Trata-se de inovação do Novo código, pois o atual não disciplina tal hipótese. Doravante, o CPC será aplicado ao processo do trabalho, nas lacunas deste, nas seguintes modalidades:

a) **supletivamente:** significa aplicar o CPC quando, apesar da lei processual trabalhista disciplinar o instituto processual, não for completa. Nesta situação, o Código de Processo Civil será aplicado de forma complementar, aperfeiçoando e propiciando maior efetividade e justiça ao processo do trabalho. Como exemplos: hipóteses de impedimento e suspeição do Juiz que são mais completas no CPC, mesmo estando disciplinadas na CLT (art. 802 da CLT); ônus da prova previsto no CPC, pois o art. 818 da CLT é muito enxuto e não resolve questões cruciais como as hipóteses de ausência de prova e prova dividida; o depoimento pessoal previsto no CPC, pois a CLT disciplina apenas o interrogatório (art. 848 da CLT), sendo os institutos afins e propiciam implementação do contraditório substancial no processo trabalhista, etc.;

b) **subsidiariamente:** significa aplicar o CPC quando a CLT e as leis processuais trabalhistas extravagantes não disciplinarem determinado instituto processual. Exemplos: tutelas de urgência, ação rescisória, ordem preferencial de penhora, hipóteses legais de impenhorabilidade, etc.

---

(18) Remetemos o leitor às ponderações que fizemos no Capítulo II deste livro.

Pode-se argumentar que houve revogação dos arts. 769 e 889 da CLT, uma vez que o Código de Processo Civil, cronologicamente, é mais recente que CLT. Também pode-se argumentar que, diante do referido dispositivo legal, o processo do trabalho perdeu sua autonomia científica, ficando, doravante, mais dependente do processo civil.

Sustentando a revogação do art. 769 da CLT, pelo art. 15 do CPC, destacamos, dentre outros, a posição de Edilton Meirelles[19]:

> Primeiro é preciso deixar claro que o art. 15 do novo CPC não é uma regra de processo civil. Este dispositivo, em verdade, é regra de direito processual do trabalho, de processo judicial eleitoral e de processo administrativo. O art. 15 do CPC, aliás, não se aplica ao processo civil em sentido restrito. Daí, então, surge o questionamento, neste caso ele teria revogado o art. 769, da CLT? (...) A CLT, em seu art. 769, regula a aplicação subsidiária do direito processual comum no processo do trabalho. Já o art. 15 do novo CPC passou a tratar da mesma matéria relativa a aplicação subsidiária de regras processuais ao processo do trabalho. Logo estaria revogado o art. 769 da CLT. Antes, conforme o art. 769 da CLT, subsidiária era a regra do 'direito processual comum'. Agora é o CPC. Antes, apenas se aplica a regra subsidiária, o que pressupõe uma omissão absoluta. Agora, aplicam-se as regras do CPC subsidiária ou supletiva. Assim, tem-se que o art. 769, da CLT está revogado em face do art. 15 do novo CPC a partir da vigência deste. Isso porque este novo dispositivo trata da mesma matéria regulada no art. 769 da CLT.

Embora o art. 15 e as disposições do Novo CPC exerçam influência no processo do trabalho e, certamente, impulsionarão uma nova doutrina e jurisprudência processual trabalhista, não revogou a CLT, uma vez que os arts. 769 e 889 da CLT são normas específicas do Processo do Trabalho, e o CPC, apenas uma norma geral. Pelo princípio da especialidade, as normas gerais não derrogam as especiais.

De outro lado, o art. 769 da CLT, que é o vetor principal do princípio da subsidiariedade do processo do trabalho, fala em *processo comum*, não, necessariamente, em processo civil para preencher as lacunas da legislação processual trabalhista.

Além disso, pela sistemática da legislação processual trabalhista, as regras do Código de Processo Civil somente poderão ser aplicadas ao processo trabalho se forem compatíveis com a principiologia e singularidades do processo trabalhista. Assim, mesmo havendo lacuna da legislação processual trabalhista, se a regra do CPC for incompatível com a principiologia e singularidades do processo do trabalho, ela não será aplicada.

O art. 15 do Novel CPC não contraria os arts. 769 e 889 da CLT. Ao contrário, com eles se harmoniza.

Desse modo, conjugando-se o art. 15 do CPC com os arts. 769 e 889 da CLT, temos que o Código de Processo Civil se aplica ao processo do trabalho da seguinte forma: **supletiva e subsidiariamente, nas omissões da legislação processual trabalhista, desde que compatível com os princípios e singularidades do processo do trabalho.**

O Tribunal Superior do Trabalho, recentemente, editou a Instrução Normativa n. 39/2016, que em seu art. 1º, dispõe:

> Aplica-se o Código de Processo Civil, subsidiária e supletivamente, ao Processo do Trabalho, em caso de omissão e desde que haja compatibilidade com as normas e princípios do Direito Processual do Trabalho, na forma dos arts. 769 e 889 da CLT e do art. 15 da Lei n. 13.105, de 17.03.2015.
>
> § 1º Observar-se-á, em todo caso, o princípio da irrecorribilidade em separado das decisões interlocutórias, de conformidade com o art. 893, § 1º da CLT e Súmula n. 214 do TST.
>
> § 2º O prazo para interpor e contra-arrazoar todos os recursos trabalhistas, inclusive agravo interno e agravo regimental, é de oito dias (art. 6º da Lei n. 5.584/1970 e art. 893 da CLT), exceto embargos de declaração (CLT, art. 897-A).

Conforme o referido dispositivo, a mais alta Corte Trabalhista brasileira interpretou, corretamente, o art. 15 do Código de Processo Civil.

Por fim como adverte Marcelo Freire Sampaio Costa[20], "o art. 15 do NCPC deve ser visualizado, pela seara laboral, como um instrumento de maior aproximação desses ramos processuais, cujo objetivo será

---

(19) O Novo CPC e sua aplicação supletiva e subsidiária no processo do trabalho. In: *Repercussões do Novo CPC*: Processo do Trabalho. Fredie Didier Júnior (coord.). Salvador: JusPodivm, 2015. p. 98-99.

(20) *Cumprimento Provisório no Processo do Trabalho*. 2. ed. São Paulo: LTr, 2016. p. 38.

aprimorar a efetividade do processo do trabalho, em consonância com os direitos fundamentais sociais e com os vetores principiológicos dessa vertente processual especializada".

14. Princípio da ausência de autonomia da execução trabalhista (procedimento sincrético)

Ainda há, na doutrina, respeitáveis opiniões no sentido de que a execução trabalhista é um processo autônomo e não uma fase do procedimento.

Em prol deste entendimento, há o argumento no sentido de que a execução trabalhista começa pela citação do executado, conforme dispõe o art. 880 da CLT. Milita também em favor desse entendimento a existência de títulos executivos extrajudiciais que podem ser executados na Justiça do Trabalho, conforme o art. 876 da CLT.

Em verdade, para os títulos executivos judiciais, a execução trabalhista nunca foi, na prática, considerada um processo autônomo, que se inicia por petição inicial e se finaliza com a sentença. Costumeiramente, embora a liquidação não seja propriamente um ato de execução, as Varas do Trabalho consideram o início do cumprimento da sentença mediante despacho para o autor apresentar os cálculos de liquidação e, a partir daí, a Vara do Trabalho promove, de ofício, os atos executivos.

De outro lado, no processo do trabalho, em se tratando de título executivo judicial, a execução é fase do processo, e não procedimento autônomo, pois o juiz pode iniciar a execução de ofício (art. 878 da CLT), sem necessidade de o credor entabular petição inicial.

Como destaca Humberto Theodoro Júnior[21]:

> Atestado da unidade do procedimento trabalhista e do caráter de simples continuidade de que se impregna a fase de execução de sua sentença, pode também ser encontrado nos autos de liquidação de sentença. Como se sabe, pela própria natureza das verbas reclamadas na ação trabalhista, a sentença nesse procedimento quase sempre é ilíquida, ou seja, não fixa desde logo os valores individuais de cada parte, nem a soma da condenação.

Além disso, a execução trabalhista prima pela simplicidade, celeridade e efetividade, princípios estes que somente podem ser efetivados entendendo-se a execução como fase do processo e não como um novo processo formal, que começa com a inicial e termina com uma sentença.

Como bem adverte Manoel Antonio Teixeira Filho[22]: "sem pretendermos ser heterodoxos neste tema, pensamos que a execução trabalhista calcada em título judicial, longe de ser autônoma, representa, em rigor, simples fase do processo de conhecimento que deu origem à sentença condenatória exequenda."

No mesmo sentido, a opinião de Jorge Luiz Souto Maior[23]:

> A ação trabalhista, assim, não é mera ação que já comporta condenação e satisfação do direito e na qual, como esclarece Luiz Guilherme Marinoni, 'não existe condenação ou ordem. Como disse Pontes de Miranda, na ação executiva quer-se mais: quer-se o ato do juiz, fazendo não o que devia ser feito pelo juiz como juiz, mas sim o que a parte deveria ter feito'.

O próprio processo civil, em se tratando de execução por título executivo judicial, aboliu o processo de execução, criando a fase do cumprimento da sentença. Desse modo, a execução passa a ser mais uma fase do processo, e não um processo autônomo que começa com a inicial e termina com a sentença.

No nosso sentir, diante dos novos rumos do processo civil ao abolir o processo de execução, e dos princípios constitucionais da duração razoável do processo e efetividade, consagrados pela EC n. 45/2004, pensamos que não há mais motivos ou argumentos para sustentar a autonomia da execução no processo do trabalho.

A execução trabalhista constitui fase do processo, pelos seguintes argumentos:

a) simplicidade e celeridade do procedimento;

b) a execução pode se iniciar de ofício (art. 878 da CLT);

c) não há petição inicial na execução trabalhista por título executivo judicial;

---

(21) *O cumprimento da sentença e a garantia do devido processo legal*: antecedente histórico da reforma da execução de sentença ultimada pela Lei n. 11.232, de 22.12.2005. 2. ed. Belo Horizonte: Mandamentos, 2006. p. 198.

(22) *Execução no processo do trabalho*. 9. ed. São Paulo: LTr, 2005. p. 46.

(23) Teoria geral da execução forçada. In: NORRIS, Roberto (coord.). *Execução trabalhista*: visão atual. Rio de Janeiro: Forense, 2001. p. 37.

d) princípios constitucionais da duração razoável do processo e efetividade;

e) acesso à justiça e efetividade da jurisdição trabalhista.

15. Princípio do impulso oficial

Como nos adverte José Rogério Cruz e Tucci[24]: "O juiz é o Estado administrando a justiça; não é um registro passivo e mecânico de fatos, em relação aos quais não o anima nenhum interesse de natureza vital. Não lhe pode ser indiferente o interesse da justiça. Este é o interesse da comunidade, do povo, do Estado, e é no juiz que um tal interesse se representa e personifica."

Em razão do relevante aspecto social que envolve a safisfação do crédito trabalhista, a hipossuficiência do trabalhador e a existência do *jus postulandi* no processo do trabalho (art. 791 da CLT), a CLT disciplina, no art. 878, a possibilidade de o Juiz do Trabalho iniciar e promover os atos executivos de ofício.

Como bem adverte Wolney de Macedo Cordeiro[25]:

> A construção principiológica da execução trabalhista, ao contrário dos primados do direito processual, estabelece a possibilidade do juiz do trabalho iniciar, de ofício, a prestação jurisdicional executiva. Obviamente, essa possibilidade apresenta algumas restrições de índole procedimental, especialmente diante da execução fundada em título extrajudicial, na qual, constituída por estrutura procedimental autônoma e própria, se exige a atuação do credor interessado na tutela executiva. É relevante observar que essa característica típica da execução trabalhista reveste-se de um verdadeiro caráter principiológico de estrutura conceitual da disciplina jurídica. A postura verdadeiramente inquisitorial do Juiz do Trabalho, principalmente enquanto condutor da tutela executiva, não se apresenta como uma mera particularidade da norma positivada, mas sim uma estrutura conceitual indelevelmente vinculada ao aspecto tuitivo do processo do trabalho.

De outro lado, é inerente à função jurisdicional fazer cumprir seus comandos condenatórios, que são materializados pelas sentenças que proferem. Assim como o juiz tem o poder geral de cautela no processo, detém não só o poder, mas o dever de fazer cumprir suas decisões, transformando a realidade, a fim de entregar o bem da vida que pertence ao credor por direito. Por isso, deve utilizar não só os meios típicos, mas também se valer dos meios atípicos executivos, adaptando o procedimento às necessidades do caso concreto, a fim de assegurar a eficácia da execução em prazo razoável.

No aspecto, vale transcrever o art. 139, IV, do CPC, *in verbis*:

> O juiz dirigirá o processo conforme as disposições deste Código, incumbindo-lhe: (...)
>
> IV – determinar todas as medidas indutivas, coercitivas, mandamentais ou sub-rogatórias necessárias para assegurar o cumprimento de ordem judicial, inclusive nas ações que tenham por objeto prestação pecuniária.

Dispõe o art. 878 da CLT:

> A execução poderá ser promovida por qualquer interessado, ou *ex officio*, pelo próprio juiz ou presidente[26] ou tribunal competente, nos termos do artigo anterior.
>
> Parágrafo único. Quando se tratar de decisão dos Tribunais Regionais, a execução poderá ser promovida pela Procuradoria da Justiça do Trabalho.

No aspecto, relevante destacar a seguinte ementa:

> Processo de execução – Impulso oficial. Ao Juízo de primeiro grau cabe a direção do processo, consoante inteligência contida no art. 765 da CLT, devendo velar pelo andamento rápido das causas. Nesse sentido, ainda mais se verifica a importância do impulso oficial no processo de execução (art. 878 da CLT), na medida em que o juiz, ao aplicar o direito em situação de maior proximidade às partes e à situação fática de cada processo, encontra-se em situação privilegiada para concluir pela possibilidade e pertinência de determinados procedimentos. (TRT 12ª R. – 1ª T. – Ag. Pet. n. 1023/2001.001.12.00-1 – rel. Gérson P. T. Conrado do DJSC 18.11.03 – p. 225) (RDT n. 1 – Janeiro de 2004)

O Código de Processo Civil atual, em alguns dispositivos de aplicação supletiva de subsidiária ao processo do trabalho (arts. 889 da CLT e 15 do CPC), também assegura o impulso oficial do Juiz na execução. São eles:

---

(24) *Comentários ao Código de Processo Civil*. São Paulo: Saraiva, 2016. p. 37. v. VII.
(25) *Execução no Processo Trabalhista*. 2. ed. Salvador: JusPodivm, 2016. p. 53.
(26) O dispositivo foi idealizado para a composição colegiada do Judiciário Trabalhista em primeiro grau, antes da EC n. 45/2004, onde, além do Juiz Presidente, havia os Juízes Classistas temporários. Não obstante, na execução, sempre atuou, unicamente, o Juiz Presidente, ou Juiz Togado.

Art. 773. O juiz poderá, de ofício ou a requerimento, determinar as medidas necessárias ao cumprimento da ordem de entrega de documentos e dados.

Parágrafo único. Quando, em decorrência do disposto neste artigo, o juízo receber dados sigilosos para os fins da execução, o juiz adotará as medidas necessárias para assegurar a confidencialidade.

Art. 782. Não dispondo a lei de modo diverso, o juiz determinará os atos executivos, e o oficial de justiça os cumprirá.

§ 1º O oficial de justiça poderá cumprir os atos executivos determinados pelo juiz também nas comarcas contíguas, de fácil comunicação, e nas que se situem na mesma região metropolitana.

§ 2º Sempre que, para efetivar a execução, for necessário o emprego de força policial, o juiz a requisitará.

§ 3º A requerimento da parte, o juiz pode determinar a inclusão do nome do executado em cadastros de inadimplentes.

§ 4º A inscrição será cancelada imediatamente se for efetuado o pagamento, se for garantida a execução ou se a execução for extinta por qualquer outro motivo.

§ 5º O disposto nos §§ 3º e 4º aplica-se à execução definitiva de título judicial.

Art. 806. O devedor de obrigação de entrega de coisa certa, constante de título executivo extrajudicial, será citado para, em 15 (quinze) dias, satisfazer a obrigação.

§ 1º Ao despachar a inicial, o juiz poderá fixar multa por dia de atraso no cumprimento da obrigação, ficando o respectivo valor sujeito a alteração, caso se revele insuficiente ou excessivo.

§ 2º Do mandado de citação constará ordem para imissão na posse ou busca e apreensão, conforme se tratar de bem imóvel ou móvel, cujo cumprimento se dará de imediato, se o executado não satisfizer a obrigação no prazo que lhe foi designado.

Art. 814. Na execução de obrigação de fazer ou de não fazer fundada em título extrajudicial, ao despachar a inicial, o juiz fixará multa por período de atraso no cumprimento da obrigação e a data a partir da qual será devida.

Parágrafo único. Se o valor da multa estiver previsto no título e for excessivo, o juiz poderá reduzi-lo.

Art. 830. Se o oficial de justiça não encontrar o executado, arrestar-lhe-á tantos bens quantos bastem para garantir a execução.

§ 1º Nos 10 (dez) dias seguintes à efetivação do arresto, o oficial de justiça procurará o executado 2 (duas) vezes em dias distintos e, havendo suspeita de ocultação, realizará a citação com hora certa, certificando pormenorizadamente o ocorrido.

§ 2º Incumbe ao exequente requerer a citação por edital, uma vez frustradas a pessoal e a com hora certa.

§ 3º Aperfeiçoada a citação e transcorrido o prazo de pagamento, o arresto converter-se-á em penhora, independentemente de termo.

Panorama do Atual Sistema Recursal na Justiça do Trabalho e a Formação de Precedentes: a Lei n. 13.015/2014 e o Novo CPC

Renato Henry Sant'Anna
Juiz Titular da 1ª Vara do Trabalho de Ribeirão Preto-SP (TRT da 15ª Região), Mestre em Direito (LLM) pela Universidade de Illinois (EUA) e Especialista em Direito do Trabalho pela Universidade de São Paulo.

1. Introdução

O objetivo do presente trabalho é fazer uma apresentação técnica e, até onde for possível, simplificada do sistema recursal na Justiça do Trabalho já sob a influência das mudanças estruturais criadas pela Lei n. 13.015/2014 e pelo Novo CPC.

Frise-se, pois, que o objetivo principal é expositivo, procurando sistematizar o novo campo de atuação de magistrados, servidores do Poder Judiciário, membros do Ministério Público e advogados. Deixa-se, assim, para uma perspectiva secundária e pontual a eventual crítica aos objetivos e origens do novo sistema que se pretende expor aqui.

Vale dizer, busca-se traçar um quadro do caminho recursal das lides da Justiça do Trabalho, com especial ênfase ao período de tramitação que ocorre entre os Tribunais Regionais do Trabalho e o Tribunal Superior do Trabalho e na formação de precedentes.

Diga-se, ainda, que o presente trabalho apresenta-se especialmente oportuno numa obra coletiva em homenagem ao ilustre Desembargador Lorival Ferreira dos Santos, já que foi em seu mandato na presidência do E. Tribunal Regional do Trabalho da 15ª Região que muitos dos novos institutos aqui tratados foram efetivamente aplicados. E é certo que a transição para o novo sistema no âmbito da 15ª Região seria muito mais difícil não fosse a serenidade e o conhecimento técnico do magistrado homenageado.

2. O sistema de precedentes e a valorização da chamada segurança jurídica

Somente um observador menos atento deixaria de notar que as reformas recentes da legislação processual visam a chamada segurança jurídica, muitas vezes, também denominada como previsibilidade ou estabilidade das decisões judiciais.

Também é inegável, e isso será explorado mais adiante, que a Lei n. 13.015/2014, já com a ótica do NCPC em tramitação final, antecipou-se na reestruturação do sistema recursal.

O deputado Valtenir Pereira, autor da proposta legislativa que veio a resultar na Lei n. 13.015/2014, claramente estabelece o objetivo da legislação:

> Inicialmente, faz-se importante lembrar que a Emenda Constitucional n. 45/2004 acrescentou o inciso LXXVIII, ao art. 5º da Constituição Federal, para, assim, assegurar, em âmbito judicial e administrativo, a razoável duração do processo e os meios que garantam a celeridade de sua tramitação. A efetivação do referido direito fundamental encontra guarida – especialmente – quando da conciliação dos preceitos trazidos aos postulados da certeza e segurança jurídica. Tudo isso constitui o objetivo de juristas e dos operadores do direito, em especial daqueles que se dedicam ao sistema de direito do trabalho. (Disponível em: <http://www.camara.gov.br/proposicoesWeb/fichadetramitacao>.)

Também o Ministro Cláudio Brandão do Tribunal Superior do Trabalho, autor da obra de referência sobre o tema, identifica na fase de aprovação da legislação no Senado Federal a preocupação com a estabilidade e previsibilidade das decisões judiciais, citando trecho do parecer produzido naquela Casa Legislativa:

> Enfim, todas as alterações legislativas ora apresentadas convergem com o intuito de aperfeiçoar a fase recursal do processo do trabalho... Buscam igualmente conferir maior segurança jurídica às partes, especificamente quando decorrente de uniformização da interpretação das normas de proteção ao trabalho. (*Reforma do sistema recursal trabalhista*: de acordo com o CPC/2015, as Instruções Normativas do TST ns. 39 e 40/2016 e Emenda Constitucional n. 92/2016/Cláudio Brandão. 2. ed. São Paulo: LTr, 2016. p. 20.)

E, numa visão absolutamente pragmática do tema, não há forma de tornar eficaz tal segurança jurídica e/ou previsibilidade, seja lá como queira se identificar o fenômeno, sem a existência de instrumentos recursais ou de controle que viabilizem dita estabilidade das decisões.

Um sistema de precedentes precisa e não sobrevive sem instrumento de cumprimento efetivo.

Na mesma obra acima citada, o Ministro Cláudio Brandão, com a objetividade que lhe é peculiar, estabelece de maneira muito clara qual é o dilema enfrentado pelo Tribunal Superior do Trabalho e que o fez patrocinar as alterações da Lei n. 13.015/2014.

Sintetizando, diz o magistrado da mais alta Corte Trabalhista que aquele Tribunal não estaria mais cumprindo seu papel de unificar a interpretação da legislação, mas limitando-se a resolver "querelas jurisprudenciais internas dos TRT's, diante dos incontáveis casos que revelam divergências entre as turmas que os compõem" (*Reforma do sistema recursal trabalhista*: de acordo com o CPC/2015, as Instruções Normativas do TST ns. 39 e 40/2016 e Emenda Constitucional n. 92/2016/Cláudio Brandão. 2. ed. São Paulo: LTr, 2016. p. 21).

Voltando ao sistema de precedentes e o "papel de unificar a interpretação da legislação", trabalho científico da advogada Narda Roberta da Silva faz interessante quadro, indicando suas funções (*Revista de Processo*, v. 228/2014. p. 343-354, fev./2014 DTR\2014\325):

> Em 1994, Michele Taruffo[1] propôs uma conceituação da teoria geral do precedente alicerçada em quatro dimensões, quais sejam: institucional, objetiva, estrutural e da eficácia. O escopo dessa teoria, na visão do autor, é explicar o fenômeno do precedente tanto nos ordenamentos jurídicos de matriz romano-germânica, quanto nos de *commow law*, bem como definir as características mais importantes dos precedentes. ([1] Taruffo, Michele. Dimensioni del precedente giudiziario. Rivista Trimestrale di Diritto e Procedura Civile, 2/411-430.)

No campo que mais nos interessa para efeito do presente trabalho, sua dimensão de eficácia, esclarece a advogada que Taruffo previu que os precedentes possuem cinco diferentes graus de eficácia. No grau máximo, verifica-se a vinculação absoluta ao precedente, para todos os casos sucessivos e semelhantes[8]. Nos graus intermediários, em níveis descendentes estariam: o *binding precedente*, o qual deve ser seguido, salvo exceções expressamente previstas em lei; o *defeasibily binding*, que deve ser seguido, mas o juiz de modo fundamentado pode não segui-lo; e *weakly binding*, que, em tese, deve ser seguido.

Veremos a seguir que o sistema atual prevê formas bastante efetivas de tornar os precedentes obrigatórios, inclusive com mecanismos que determinam um novo julgamento do feito sob a ótica do órgão superior ou do Tribunal Pleno ao qual estiver ligado o órgão fracionário, bem como instrumentos de rápida imposição das suas decisões.

3. O sistema da Lei n. 13.015/2014 – Precedentes na Justiça do Trabalho

Um dos primeiros trabalhos de alta qualidade e profundidade sobre a Lei n. 13.015/2014, elaborado pelo Juiz do Trabalho da 15ª Região, atual titular na cidade de Piracicaba, Firmino Alves Lima, publicado na Revista do TST, v. 80, n. 4, out./dez. 2014, de início já resumia o alcance da nova lei:

> Os principais aspectos tratados são os seguintes:
> a) alterações dos pressupostos dos embargos;
> b) alterações dos pressupostos dos recursos de revista;
> c) alterações da sistemática dos embargos de declaração no processo do trabalho;
> d) introdução do sistema de recursos repetitivos no processo do trabalho;
> e) meios de uniformização da jurisprudência nos Tribunais Regionais;
> f) introdução de princípios previstos no projeto de Código de Processos Civil em tramitação;

g) introdução do sistema de precedentes no processo do trabalho;

h) alteração na exigência de depósito recursal em agravo de instrumento contra despacho denegatório. (A Lei n. 13.015/2014 como Introdutora dos Julgamentos de Recursos Repetitivos e da Teoria dos Precedentes no Processo Trabalhista. *Revista do TST*, v. 80, n. 4, out./dez. 2014.)

Vamos focar nossa atenção a três dos aspectos levantados pelo magistrado Firmino Alves Lima: sistema de recursos repetitivos, uniformização de jurisprudência pelos TRTs e introdução do sistema de precedentes no processo do trabalho.

Antes mesmo da vigência do NCPC, em 18.03.2016, por força da Lei n. 13.015/2014, já se instalava na Justiça do Trabalho o sistema da nova legislação processual.

É que a redação no novo art. 896 da CLT já trazia instrumentos realmente inovadores.

Vejamos a redação das partes do referido dispositivo legal que nos afetam para esse estudo:

> Art. 896. Cabe Recurso de Revista para Turma do Tribunal Superior do Trabalho das decisões proferidas em grau de recurso ordinário, em dissídio individual, pelos Tribunais Regionais do Trabalho, quando: (Redação dada pela Lei n. 9.756, de 17.12.1998)
>
> § 1º O recurso de revista, dotado de efeito apenas devolutivo, será interposto perante o Presidente do Tribunal Regional do Trabalho, que, por decisão fundamentada, poderá recebê-lo ou denegá-lo. (Redação dada pela Lei n. 13.015, de 2014)
>
> ...
>
> § 3º Os Tribunais Regionais do Trabalho procederão, obrigatoriamente, à uniformização de sua jurisprudência e aplicarão, nas causas da competência da Justiça do Trabalho, no que couber, o incidente de uniformização de jurisprudência previsto nos termos do Capítulo I do Título IX do Livro I da Lei n. 5.869, de 11 de janeiro de 1973 (Código de Processo Civil). (Redação dada pela Lei n. 13.015, de 2014)
>
> § 4º Ao constatar, de ofício ou mediante provocação de qualquer das partes ou do Ministério Público do Trabalho, a existência de decisões atuais e conflitantes no âmbito do mesmo Tribunal Regional do Trabalho sobre o tema objeto de recurso de revista, o Tribunal Superior do Trabalho determinará o retorno dos autos à Corte de origem, a fim de que proceda à uniformização da jurisprudência. (Redação dada pela Lei n. 13.015, de 2014)
>
> § 5º A providência a que se refere o § 4º deverá ser determinada pelo Presidente do Tribunal Regional do Trabalho, ao emitir juízo de admissibilidade sobre o recurso de revista, ou pelo Ministro Relator, mediante decisões irrecorríveis. (Redação dada pela Lei n. 13.015, de 2014)
>
> § 6º Após o julgamento do incidente a que se refere o § 3º, unicamente a súmula regional ou a tese jurídica prevalecente no Tribunal Regional do Trabalho e não conflitante com súmula ou orientação jurisprudencial do Tribunal Superior do Trabalho servirá como paradigma para viabilizar o conhecimento do recurso de revista, por divergência. (Redação dada pela Lei n. 13.015, de 2014)
>
> ...
>
> § 13. Dada a relevância da matéria, por iniciativa de um dos membros da Seção Especializada em Dissídios Individuais do Tribunal Superior do Trabalho, aprovada pela maioria dos integrantes da Seção, o julgamento a que se refere o § 3º poderá ser afeto ao Tribunal Pleno. (Incluído pela Lei n. 13.015, de 2014)

A análise dos dispositivos acima aponta para o nascimento no âmbito dos TRTs de uma nova ordem de trabalhos, ainda que não estivesse claramente identificado um sistema de imposição de precedentes.

Pelo sistema criado com a Lei n. 13.015/2014, sempre que determinado tema estiver gerando decisões conflitantes nos TRTs, caberá ao Ministro do TST, em análise de Recurso de Revista ou de Agravo de Instrumento provido em Recurso de Revista, determinar ao órgão regional a uniformização de sua jurisprudência. O mesmo deve ser feito pelo Desembargador Presidente ou Vice-Presidente a quem estiver submetida a análise do cabimento do Recurso de Revista.

Voltamos, assim, a trecho inicial desse texto, onde o Ministro Cláudio Brandão afirma que o TST não pode cumprir seu papel constitucional se os TRTs continuarem com suas "querelas jurisprudenciais internas, diante dos incontáveis casos que revelam divergências entre as turmas que os compõem" (*Reforma do sistema recursal trabalhista*: de acordo com o CPC/2015, as Instruções Normativas do TST ns. 39 e 40/2016 e Emenda Constitucional n. 92/2016/Cláudio Brandão. 2. ed. São Paulo: LTr, 2016. p. 21).

E a forma preconizada para o fim das querelas internas foi o incidente de uniformização de jurisprudência previsto no CPC de 1973, ainda hoje em utilização nos TRTs por força dos Regimentos Internos e da diretriz da Instrução Normativa n. 40 do C. TST:

Art. 2º Após a vigência do Código de Processo Civil de 2015, subsiste o Incidente de Uniformização de Jurisprudência da CLT (art. 986, §§ 3º, 4º, 5º e 6º) observado o procedimento previsto no regimento interno do Tribunal Regional do Trabalho.

Anote-se o seguinte trecho da Resolução n. 205, de 15.03.2016, que aprovou a citada IN n. 40 do TST: "Considerando que, não obstante o Código de Processo Civil haja extinto o procedimento para disciplinar o incidente de uniformização de jurisprudência (IUJ), o instituto continua previsto no art. 896, §§ 3º a 6º da CLT."

Tudo isso, anote-se, muito embora a doutrina também reconheça, como não poderia deixar de fazer, a inexistência do chamado IUJ no atual sistema do CPC.

Cito trecho da obra *Novo Curso de Processo Civil* de autoria de Luiz Guilherme Marinoni, Sérgio Cruz Arenhart e Daniel Mitidiero, tratando do Incidente de Assunção de Competência:

> A ideia é evitar ou compor divergência entre os órgãos fracionários do tribunal – função essa, aliás, semelhante à que se pretendia desenvolvida pelo antigo incidente de uniformização de jurisprudência, que não existe mais no sistema atual – de forma a tornar unívoca a aplicação do direito no âmbito da corte (art. 947, § 4º). (*Novo Curso de Processo Civil*. São Paulo: Revista dos Tribunais, 2015, v. 2, p. 565-566, Luiz Guilherme Marinoni, Sérgio Cruz Arenhart e Daniel Mitidiero.) (grifamos).

Não obstante a vigência do NCPC, prevalece nos Tribunais Regionais do Trabalho o procedimento do IUJ com os contornos que o C. TST entendeu pertinente dar em 23.09.2014, pelo Ato n. 491/SEGJUD.GP, em especial ao definir que a Lei n. 13.015/2014 "instituiu novos requisitos para a admissibilidade de recurso no âmbito da Justiça do Trabalho e introduz a sistemática do recurso repetitivo".

Em especial, prevalece procedimento que não tem mais base específica na disciplina do IUJ prevista no CPC de 1973, mas que está presente no dia a dia dos Tribunais do Trabalho.

Trata-se da norma prevista no citado Ato n. 491 do TST e que estabelece a forma de imposição do sistema de precedentes nos processos trabalhistas:

> Art. 3º Para efeito de aplicação dos §§ 4º e 5º do art. 896 da CLT, persistindo decisão conflitante com a jurisprudência unificada do Tribunal Regional do Trabalho de origem, deverão os autos retornar à instância *a quo* para sua adequação à súmula regional ou à tese jurídica prevalecente no Tribunal Regional do Trabalho, desde que não conflitante com súmula ou orientação jurisprudencial do Tribunal Superior do Trabalho.

Sua fundamentação, penso eu, estava na regra do art. 543-C, II, do CPC de 1973, parcialmente reproduzida no art. 1.040 do NCPC.

Tal entendimento explicitado no Ato n. 491 faz com que sejam devolvidos feitos pelo TST ou pelo Ministro Relator aos TRTs para novo julgamento em atenção à jurisprudência do Tribunal Pleno do próprio órgão de origem. Tal providência também fica a cargo do Desembargador Presidente ou Vice-Presidente do Regional, ao analisar o cabimento do Recurso de Revista.

É situação bastante controversa e que custa certa flexibilidade e novo olhar aos julgadores. Afinal, Juízes e Tribunais estão habituados a não mais analisar um feito já decidido, conferindo ao eventual órgão revisor a tarefa de modificá-lo, se assim entender de direito.

Exige algum esforço dos magistrados atuais aceitarem que suas decisões tenham que ser por eles mesmos modificadas ou, no jargão atual, retornem "para sua adequação" à jurisprudência dominante.

No entanto, o C. TST não deixou qualquer margem de manobra ou flexibilidade aos TRTs no tema.

A Instrução Normativa n. 37/2015 do TST é clara ao definir o papel dos IUJs na caracterização da divergência jurisprudencial na análise do Recurso de Revista:

> Art. 1º Para efeito do Incidente de Uniformização de Jurisprudência (IUJ), previsto nos §§ 4º e 5º do art. 896, com redação da Lei n. 13.015/2014, considerar-se-á dissenso jurisprudencial sobre idêntica questão jurídica no âmbito do mesmo Tribunal Regional do Trabalho:
>
> I – a discrepância subsistente de julgados entre órgãos fracionários da Corte, ainda que não uniformizada a matéria;
>
> II – a divergência subsistente de julgados entre órgão fracionário e Tribunal Pleno ou Órgão Especial em decisão uniformizadora, sumulada ou não, ainda que anterior à Lei n. 13.015/2014.

E, no dizer do Ministro Cláudio Brandão, a rotina no TST passa ser a seguinte:

> Ao receber o recurso de revista, a primeira providência a ser adotada pelo Ministro Relator – e deverá fazê-lo de plano, uma vez superados os pressupostos extrínsecos – será consultar os sítios dos TRTs na internet para constatar a existência de decisões conflitantes sobre o tem objeto do recurso, a questão jurídica posta ao exame

do TST. Caso encontre pelo menos uma, deverá determinar o retorno dos autos para que seja adotada a providência determinada no parágrafo anterior, qual seja proceda à uniformização de sua jurisprudência. (*Reforma do sistema recursal trabalhista*: de acordo com o CPC/2015, as Instruções Normativas do TST ns. 39 e 40/2016 e Emenda Constitucional n. 92/2016/Cláudio Brandão. 2. ed. São Paulo: LTr, 2016. p. 132.)

E segue o Ministro Cláudio Brandão nas consequências e objetivos das providências referidas nos itens I e II do art. 1º da IN n. 37/2015 do TST, também, frise-se novamente, a serem observadas pelo Desembargador Presidente ou Vice-Presidente do TRT ao fazer o juízo de admissibilidade dos Recursos de Revista:

> No primeiro caso, o incidente é suscitado para que o Tribunal fixe a tese, diante do dissenso interno; no segundo, <u>coibirá a atitude renitente de turma que deixa de aplicar o posicionamento já pacificado</u>. (*idem*, pág. 133)

Grifamos parte do trecho acima para relembrarmos reflexão feita no início deste trabalho, quando dissemos que um sistema de precedentes precisa e não sobrevive sem instrumentos de cumprimento efetivos.

Diga-se, ainda, que mesmo a vigência do NCPC não trouxe qualquer dúvida ao renomado especialista na matéria, Ministro Cláudio Brandão, ao explicar a continuidade dos IUJs e a supressão de parte do texto original da Lei n. 13.015/2014 durante sua tramitação:

> Além do conhecido incidente, constava no projeto enviado pelo TST ao Congresso Nacional a adoção do Incidente de Resolução de Demandas Repetitivas – IRDR, previsto no projeto de Código de Processo Civil...
> Contudo, uma vez vigente o CPC, passa a ser aplicado também aos TRTs e ao TST esse importante instituto processual destinado a dar vazão às demandas de massa e fixar precedentes, os quais, de igual modo, possuirão a mesma força obrigatória e constituirão forma de garantir a rápida solução dos conflitos e preservar a segurança jurídica da sociedade, ao ser definido entendimento uniforme para casos idênticos, como previsto no art. 8º da IN n. 39/2016. (*idem* págs.129/130)

E, de fato, citado dispositivo da IN n. 39/2016 é claro ao definir o entendimento do C. TST pela aplicabilidade do IRDR (Incidente de Resolução de Demandas Repetitivas) no âmbito da Justiça do Trabalho.

Tanto isso é verdade que tramitam nos TRTs procedimentos para inserção explícita dos IRDRs (Incidentes de Resolução de Demandas Repetitivas) e IACs (Incidentes de Assunção de Competência) nos regimentos internos, mas ainda sem a extinção dos IUJs (Incidentes de Uniformização de Jurisprudência). Afinal, "... o antigo incidente de uniformização de jurisprudência (art. 476 e segs. do CPC-1973) desdobrou-se, no CPC-2015, no incidente de resolução de demandas repetitivas e no incidente de assunção de competência" (artigo de Leonardo Carneiro da Cunha e Fredie Didier Jr. em *Coleção Repercussões do Novo CPC*, v. 4, p. 588, Editora JusPodivm).

4. Novo CPC e sua intersecção com o sistema da Lei n. 13.015/2014

O NCPC, ao tratar da ordem dos processos nos Tribunais, em seu art. 926, já define que cabe às Cortes "uniformizar sua jurisprudência e mantê-la estável, íntegra e coerente", editando, segundo seus regimentos internos, enunciados de súmulas.

Na obra *Novo Código de Processo Civil Comentado*, justamente ao tratar do art. 926, os processualistas Luiz Guilherme Marinoni, Sérgio Cruz Arenhart e Daniel Mitidiero fazem verdadeira oração ao sistema de precedentes:

> Isso despertou a doutrina e o novo Código para o problema dos precedentes judiciais. Se as normas só existem a partir da interpretação, a ponto de se poder dizer que o respeito ao princípio da legalidade significa na verdade respeito à interpretação conferida à lei pelos órgãos institucionalmente encarregados (ao menos do ponto de vista da administração da Justiça Civil), então quem quer que esteja preocupado em saber qual o seu espaço de liberdade de ação e quais efeitos jurídicos são ligados às suas opções socieconômicas (princípio da liberdade), preocupado em saber como deve fazer para aplicar o direito a partir da necessidade de que todos sejam efetivamente iguais perante a ordem jurídica (princípio da igualdade, que no âmbito do processo civil sempre é lembrado a partir da velha *treat like cases alike*) e como tornar a interpretação e a aplicação do direito algo forjado nas fundações do princípio da segurança jurídica, não pode obviamente virar as costas para o problema da interpretação judicial do direito e dos precedentes daí oriundos. Fora daí o direito brasileiro corre o risco de ser um direito irracional, um direito que não respeita a liberdade, a

igualdade e a necessidade de segurança do tráfego jurídico. (*Novo Código de Processo Civil Comentado*. 2. ed., Editora Revista dos Tribunais, p. 986, Luiz Guilherme Marinoni, Sérgio Cruz Arenhart e Daniel Mitidiero.)

E, logo no artigo seguinte, dando concretude à estabilidade referida no art. 926, o NCPC estabelece que cabe aos juízes e tribunais observar, no foco do nosso trabalho, os acórdãos em assunção de competência e de resolução de demandas repetitivas e a orientação do plenário ou do órgão especial aos quais estiverem vinculados.

Vale dizer, a conjugação do art. 896 da CLT e dos arts. 926 e 927 do NCPC estabelece o fechamento do sistema de precedentes na Justiça do Trabalho, seja pelos IUJs (Incidentes de Uniformização de Jurisprudência), seja pelos IRDRs (Incidentes de Resolução de Demandas Repetitivas) e IACs (Incidentes de Assunção de Competência) que veremos a seguir.

Em tal sentido:

> ... todo o conjunto normativo que rege o Microssistema Concentrado de Formação de Precedentes Obrigatórios previsto no CPC se aplica ao processo do trabalho, e não apenas os recursos expressamente mencionados no citado art. 986-B. Como já se afirmou anteriormente, as normas que regem os diversos incidentes de formação de precedentes permanecem em constante interação, pois, também como dito, compõem um mircrosistema processual específico.
>
> Por isso, a força obrigatória da norma se encontrará presente, se resultar dos Incidentes de Resolução de Demandas Repetitivas – IRDR e de Assunção de Competência – IAC, ambos também aplicáveis ao processo do trabalho. (*Reforma do sistema recursal trabalhista*: de acordo com o CPC/2015, as Instruções Normativas do TST ns. 39 e 40/2016 e Emenda Constitucional n. 92/2016/Cláudio Brandão. 2. ed. São Paulo: LTr, 2016. p. 405.)

É que, embora o NCPC não seja explícito quanto a tal inserção do sistema recursal trabalhista, tal conclusão, de fato, pode ser extraída do art. 15 do citado Código (caráter supletivo ou subsidiário) e, também do art. 896-B da CLT que, na vigência do CPC de 1973, dizia aplicáveis ao Recurso de Revista as normas relativas ao julgamento dos recursos extraordinário e especial repetitivos.

Elaborando ainda mais o tema, o mesmo Cláudio Brandão, indica que "... a unidade do sistema é reafirmada, ao prever a necessidade de serem observados os precedentes firmados pelo Supremo Tribunal Federal e Tribunais Superiores ...", devendo ser observada "... a referência expressa no inciso III aos acórdãos preferidos no julgamento de recursos especiais repetitivos, o que pode ser lido como recursos de revista repetitivos, diante da equivalência havida entre o Superior Tribunal de Justiça, que aprecia os primeiros, e o Tribunal Superior do Trabalho, que julga os últimos...". (artigo de Cláudio Brandão em *Coleção Repercussões do Novo CPC*, v. 4, p. 617, Editora JusPodivm).

5. Incidente de Assunção de Competência (IAC) e Incidente de Resolução de Demandas Repetitivas (IRDR)

O NCPC estabeleceu, ao tratar da ordem dos processos nos tribunais, dois incidentes que merecem breve conceituação, em especial depois de definirmos acima que os normativos do TST e a doutrina citada corroboram entendimento de que existe de fato um "Microssistema Concentrado de Formação de Precedentes Obrigatórios" a atuar no sistema processual trabalhista.

Estamos no NCPC, nas disposições gerais do título que trata "da ordem dos processos nos tribunais" e o texto legal já nos alerta que cabe às Cortes "uniformizar sua jurisprudência", mantendo-a "estável, íntegra e coerente".

No artigo seguinte, como já apontamos, o Código determina que cabe aos juízes e tribunais observar, entre outros, os acórdãos em incidentes de assunção de competência ou de resolução de demandas repetitivas, em julgamento de recursos extraordinário e especial repetitivos e a orientação do plenário ou do órgão especial aos quais estiverem vinculados.

Quanto à assunção de competência (IAC), trata-se de incidente previsto no art. 947 do NCPC:

> Art. 947. É admissível a assunção de competência quando o julgamento de recurso, de remessa necessária ou de processo de competência originária envolver relevante questão de direito, com grande repercussão social, sem repetição em múltiplos processos.
>
> ...
>
> § 3º O acórdão proferido em assunção de competência vinculará todos os juízes e órgãos fracionários, exceto se houver revisão de tese.
>
> § 4º Aplica-se o disposto neste artigo quando ocorrer relevante questão de direito a respeito da qual seja conveniente a prevenção ou a composição de divergência entre câmaras ou turmas do tribunal.

O Ministro Cláudio Brandão, na obra já citada, sustenta que instrumento semelhante já estava em vigência no sistema recursal trabalhista por força do § 13 do art. 896 da CLT.

> § 13. Dada a relevância da matéria, por iniciativa de um dos membros da Seção Especializada em Dissídios Individuais do Tribunal Superior do Trabalho, aprovada pela maioria dos integrantes da Seção, o julgamento a que se refere o § 3º poderá ser afeto ao Tribunal Pleno. (Incluído pela Lei n. 13.015, de 2014)

O já citado Ato n. 491/SEGJUD.GP/TST traz, de fato, antecipação dos requisitos da assunção de competência, ao ditar que "a afetação a que se refere o *caput* deste artigo não pressupõe, necessariamente, a existência de diversos processos em que a questão relevante seja debatida".

Já o Incidente de Resolução de Demandas Repetitivas (IRDR) tem lugar quando houver, simultaneamente, efetiva repetição de processos que contenham controvérsia sobre a mesma questão unicamente de direito e risco de ofensa à isonomia e à segurança jurídica (art. 976).

Diferenciando os institutos de maneira didática, ao tratar do IRDR:

> 1. Finalidade do Incidente de Resolução de Demandas Repetitivas. Objetiva evitar que demandas repetitivas (ou seja, que envolvam a mesma discussão de questão exclusivamente de direito) possam gerar risco à isonomia e à segurança jurídica. Difere, nesse ponto, do incidente de assunção de competência porque neste último não se exige o risco à isonomia ou à segurança jurídica, nem a efetiva repetição de mesma questão de direito em demandas diferentes. Para o incidente de assunção de competência, basta a existência de questão de direito que seja relevante, como ampla repercussão social (ainda que a matéria possa eventualmente surgir ou já ter surgido em outros processos, art. 947, § 4º, CPC.). (*Novo Código de Processo Civil Comentado*. 2. ed. Editora Revista dos Tribunais, p. 1035, Luiz Guilherme Marinoni, Sérgio Cruz Arenhart e Daniel Mitidiero.)

Ambos os incidentes devem versar sobre questão unicamente de direito, obedecerão às regras de tramitação do IRDR e vincularão os tribunais prolatores e os juízes a eles ligados:

> 3. Julgamento. As razões constantes do acórdão resultante do julgamento do incidente de competência vinculam todos os órgãos fracionários e todos os juízes submetidos à autoridade do tribunal que o proferiu (art. 947, § 3º, CPC)...
>
> 4. Procedimento. Embora o código não defina com precisão o procedimento a ser adotado no incidente de assunção de competência, é evidente que, porque ele pode gerar decisão vinculante e obrigatória para todos os casos que discutam a mesma questão de direito (art. 947, § 4º, c/c art. 927, III, CPC), sua constitucionalidade depende da ampla participação daqueles que podem sofrer os efeitos da decisão. Por isso, o procedimento a ser empregado deve ser idêntico àquele utilizado para o incidente de resolução de demandas repetitivas... (*Novo Código de Processo Civil Comentado*. 2. ed. Editora Revista dos Tribunais, p. 1008, Luiz Guilherme Marinoni, Sérgio Cruz Arenhart e Daniel Mitidiero.)

Temos, pois, os dois incidentes aqui tratados para o fim de criar precedentes obrigatórios aos tribunais e aos juízes abrangidos em sua competência.

Temos, ainda, o art. 7º da IN n. 37/2015 do TST que, analisando a aplicabilidade do art. 332 do NCPC, recomenda ao juiz julgar liminarmente improcedente o pedido contrário a entendimento firmado em Incidente de Resolução de Demandas Repetitivas (IRDR) e Incidente de Assunção de Competência (IAC).

> Art. 7º Aplicam-se ao Processo do Trabalho as normas do art. 332 do CPC, com as necessárias adaptações à legislação processual trabalhista, cumprindo ao juiz do trabalho julgar liminarmente improcedente o pedido que contrariar:
>
> I – enunciado de súmula do Supremo Tribunal Federal ou do Tribunal Superior do Trabalho (CPC, art. 927, inciso V);
>
> II – acórdão proferido pelo Supremo Tribunal Federal ou pelo Tribunal Superior do Trabalho em julgamento de recursos repetitivos (CLT, art. 896-B; CPC, art. 1.046, § 4º);
>
> III – entendimento firmado em incidente de resolução de demandas repetitivas ou de assunção de competência;
>
> IV – enunciado de súmula de Tribunal Regional do Trabalho sobre direito local, convenção coletiva de trabalho, acordo coletivo de trabalho, sentença normativa ou regulamento empresarial de observância obrigatória em área territorial que não exceda à jurisdição do respectivo Tribunal (CLT, art. 896, b, *a contrario sensu*).

Por fim, a análise do TST quanto ao sistema de precedentes depois da vigência do NCPC e a fundamentação das decisões judiciais:

Art. 15. O atendimento à exigência legal de fundamentação das decisões judiciais (CPC, art. 489, § 1º) no Processo do Trabalho observará o seguinte:

I – por força dos arts. 332 e 927 do CPC, adaptados ao Processo do Trabalho, para efeito dos incisos V e VI do § 1º do art. 489 considera-se "precedente" apenas:

a) acórdão proferido pelo Supremo Tribunal Federal ou pelo Tribunal Superior do Trabalho em julgamento de recursos repetitivos (CLT, art. 896-B; CPC, art. 1046, § 4º);

b) entendimento firmado em incidente de resolução de demandas repetitivas ou de assunção de competência;

c) decisão do Supremo Tribunal Federal em controle concentrado de constitucionalidade;

d) tese jurídica prevalecente em Tribunal Regional do Trabalho e não conflitante com súmula ou orientação jurisprudencial do Tribunal Superior do Trabalho (CLT, art. 896, § 6º);

e) decisão do plenário, do órgão especial ou de seção especializada competente para uniformizar a jurisprudência do tribunal a que o juiz estiver vinculado ou do Tribunal Superior do Trabalho.

II – para os fins do art. 489, § 1º, incisos V e VI do CPC, considerar-se-ão unicamente os precedentes referidos no item anterior, súmulas do Supremo Tribunal Federal, orientação jurisprudencial e súmula do Tribunal Superior do Trabalho, súmula de Tribunal Regional do Trabalho não conflitante com súmula ou orientação jurisprudencial do TST, que contenham explícita referência aos fundamentos determinantes da decisão (*ratio decidendi*).

Questão interessante é verificar que o NCPC não criou entre os tribunais locais (Tribunais de Justiça e Tribunais Regionais Federais) e os Tribunais Superiores (STJ e STF) instrumento de novo julgamento, como temos no sistema do Ato n. 491 do TST (art. 3º), mas sim a figura da reclamação prevista no art. 988 do Código.

Ainda que não exista óbice para a utilização da figura da reclamação do art. 988 do NCPC ao processo do trabalho, temos que o sistema da Lei n. 13.015/2014 mostra-se mais efetivo e concebido para dar a chamada estabilidade da jurisprudência.

Referências bibliográficas

BRANDÃO, Cláudio. *Reforma do sistema recursal trabalhista*: de acordo com o CPC/2015, as Instruções Normativas do TST n. 39 e 40/2016 e Emenda Constitucional n. 92/2016. 2. ed. São Paulo: LTr, 2016. p. 20.

_____. *Coleção repercussões do Novo CPC*. Salvador: Editora JusPodivm. p. 617. v. 4.

CUNHA, Leonardo Carneiro da; DIDIER JR., Fredie. *Coleção repercussões do novo CPC*. Editora JusPodivm. p. 588. v. 4.

LIMA, Firmino Alves. A Lei n. 13.015/2014 como introdutora dos julgamentos de recursos repetitivos e da teoria dos precedentes no processo trabalhista. *Revista do TST*, v. 80, n. 4, out./dez. 2014.

MARINONI, Luiz Guilherme; ARENHART, Sérgio Cruz e MITIDIERO, Daniel. *Novo curso de processo civil*. São Paulo: Revista dos Tribunais, 2015. v. 2.

_____. *Novo Código de Processo Civil comentado*. 2. ed. Editora Revista dos Tribunais. p. 986.

SILVA, Narda Roberta da. *Revista de processo*, v. 228/2014. p. 343-354, fev./.2014 DTR\2014\325.